Jörg Zschocke

Der Mikroprozessor 6809

Jörg Zschocke

Der Mikroprozessor 6809

Herausgegeben von Harald Schumny

Springer Fachmedien Wiesbaden GmbH

1986

Ursprünglich erschienen bei Friedr. Vieweg & Sohn Verlagsgesellschaft mbH, Braunschweig 1986.

Umschlaggestaltung: Ludwig Markgraf, Wiesbaden

ISBN 978-3-528-04477-0 ISBN 978-3-663-14182-2 (eBook)
DOI 10.1007/978-3-663-14182-2

Vorwort

Der MC6809 von Motorola wird von Kennern als „der Größte unter den Kleinen" bezeichnet. Obwohl er unter den 8-Bit-Prozessoren sicher zu den leistungsfähigsten gehört, blieb er relativ unbekannt. Das vorliegende Buch soll ein wenig dazu beitragen, diesen Zustand zu ändern.

Bei der Gestaltung des Textes stand die anwendungsorientierte Information im Mittelpunkt. Dem Leser werden Problembeispiele in Form von Hardware-Entwürfen einschließlich der notwendigen Software aufgezeigt, die die eigene Problemlösung erleichtern. Eine breite Stoffauswahl und systematischer Aufbau sollen das Buch auch zum Nachschlagen geeignet machen. Vor allem durch die ersten Kapitel ist das Buch zum Selbststudium für den Anfänger geeignet, gerade auch als Einführungslektüre im Hinblick auf den 68000 und den 68020.

An dieser Stelle möchte ich mich ganz herzlich bei den Herren Dipl.-Ing. Safferthal von der Firma Dolch, Dietzenbach und Dipl.-Ing. Havel, Computer Graphics, München für ihre Mitarbeit am Buch bedanken. Ein Dankeschön auch an die Firma Motorola, München, speziell an Herrn Dipl.-Ing. Hilf, für die Bereitstellung von Informationen und Illustrationen.

Besondere Anerkennung verdient der Verlag Vieweg für die vertrauensvolle Zusammenarbeit und die gute Ausstattung des Buches. Ich möchte auch nicht unerwähnt lassen, daß nur durch die vielfältige Unterstützung meiner Frau – vor allem was die Schreibarbeit betrifft – dieses Buch möglich wurde.

Steinen-Weitenau, im August 1986 *Jörg Zschocke*

Inhaltsverzeichnis

1 Einführung in die Struktur und Arbeitsweise eines Mikroprozessorsystems

1.1 Einführung in die Hardware-Struktur

Wer sich heute einen Heimcomputer kauft, bekommt meist als Zugabe ein Handbuch mitgeliefert, das in die Bedienung des Gerätes einweist und in der Regel auch gleich eine Einführung in die Programmiersprache BASIC enthält. Recht bald möchte man dann "mehr machen" als nur in BASIC programmieren. Um effizienter programmieren zu können, ist es aber notwendig, mehr von der Struktur des Rechners zu verstehen. Dazu soll das nachfolgende Kapitel verhelfen.

1.1.1 Grundsätzlicher Systemaufbau

Ein Mikroprozessorsystem (Mikrocomputer) besteht im Prinzip aus drei Baugruppen (Bild 1.1): Mikroprozessor, Speicher, Ein-/Ausgabebaustein.

Der Mikroprozessor ist die Zentraleinheit (CPU: *Central Processing Unit*) eines Mikrocomputers. Er ist ein hochintegrierter Baustein, der für sich allein nicht arbeitsfähig ist. Er ist das Herz eines Mikrocomputers. Die Begriffe CPU und Mikroprozessor werden oft gleichwertig benutzt. Man kann die CPU in Rechenwerk und Steuerwerk aufteilen. Die CPU verarbeitet Daten in Abhängigkeit von einem Programm. Das Rechenwerk führt dabei die arithmetischen und logischen Verknüpfungen aus, während das Steuerwerk die betreffenden Abläufe steuert, und zwar innerhalb des Mikroprozessors selbst, als auch zwischen den einzelnen Komponenten. Das Steuerwerk veranlaßt das Lesen der Befehle aus dem Speicher und steuert ihre Ausführung. Die Operanden (Daten) werden vom Speicher oder vom Ein-/Ausgabebaustein in die CPU eingelesen, die Ergebnisse der Operation an den Speicher oder über den Ein-/Ausgabebaustein ausgegeben. Wie noch gezeigt wird, verfügt die CPU auch über kleine, aber schnelle Speicher (*Register*), in denen während der Verarbeitung Daten zwischengespeichert werden können.

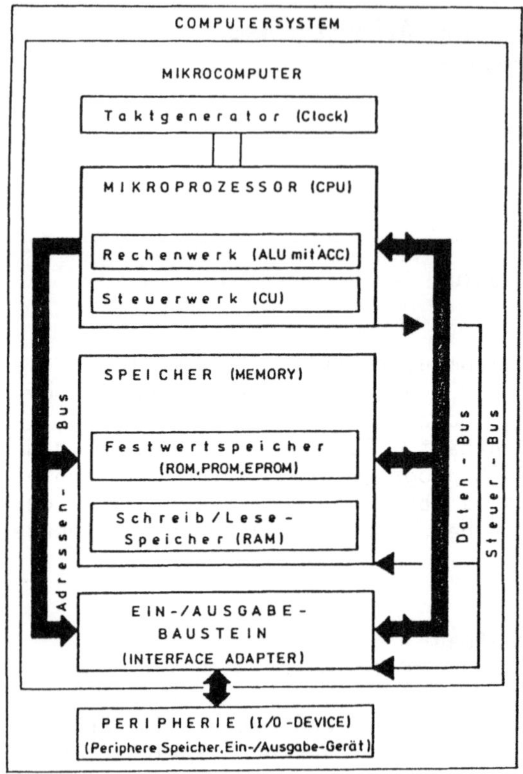

Bild 1.1 Aufbau eines Computersystems

Der Speicher (*Memory*) enthält das Programm und die Daten. Die kleinste Einheit eines Speichers ist der Speicherplatz. Dieser hat eine Länge von meist 8 Bit, die sogenannte Wortlänge. Jeder Speicherplatz hat eine "Hausnummer", eine sogenannte Adresse, die für ihn typisch ist, und über die nur er allein erreicht werden kann. Auch die Adresse wird als Bitmuster angegeben. Mit 16 Bits können z.B. maximal $2^{16} = 65536$ unterschiedliche Adressen angegeben werden. In der Datenverarbeitung gilt: $2^{10} = 1024 =$ 1K (K gelesen Kilo). Damit kann man schreiben:

$$2^{16} = 2^{6} \cdot 2^{10} = 64 \cdot 1024 = 64K.$$

Die Adreßlänge bestimmt den Adreßraum des Mikroprozessors. Man sagt: Ein Mikroprozessor mit 16 Adreßanschlüssen hat einen Adreßraum von 64K. In der Mikroprozessortechnik werden die Daten und die Adressen wegen der leichteren Handhabung meist im Hexadezimalsystem angegeben. Bild 1.2 zeigt die symbolische Darstellung eines Speichers mit 64K Speicherplätzen von je 8 Bit Wortlänge. Die eingetragenen Daten sind willkürlich.

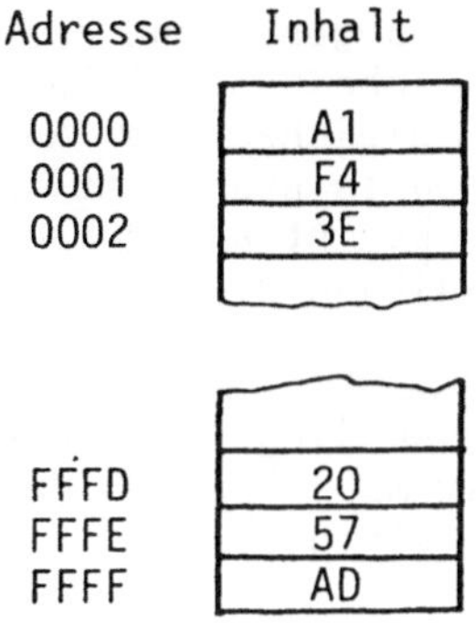

Adresse	Inhalt
0000	A1
0001	F4
0002	3E
FFFD	20
FFFE	57
FFFF	AD

Bild 1.2 Symbolische Darstellung eines Speichers

Die Adresse besteht also aus 16 Bit = 4 Hexadezimalziffern, und das Datenwort aus 8 Bit = 2 Hexadezimalziffern.

Die Ein-/Ausgabe-Einheit ermöglicht den Datenverkehr zwischen Mikrocomputer und der "Außenwelt". Sie bildet die Schnittstelle zwischen Mikroprozessorsystem und der Peripherie. Eine sehr häufige Bezeichnung lautet auch *Interface*. Ein Interface kann im einfachsten Fall aus einem Register bestehen, das zur Zwischenspeicherung dient. Es kann sich aber auch um einen hochkomplexen Baustein handeln, der selbst bestimmte Steuerfunktionen übernimmt. Der Mikroprozessor steht in ständigem Datenaustausch mit dem Speicher und dem Ein-/Ausgabebaustein. Dieser Datenaustausch ist auf Leitungen angewiesen. Alle diese Leitungen kann man in drei Bündel aufteilen, die man als Bus bezeichnet.

Der Adressen-Bus ist ein Leitungsbündel, das für die Weitergabe der Adressen von der CPU an den Speicher oder den Ein-/Ausgabebaustein sorgt. Da die CPU als einziger Baustein Adressen ausgeben kann, ist der Adressen-Bus *unidirektional*, d.h., die Signale können nur in einer Richtung laufen.

Der Daten-Bus ist ein Leitungsbündel, das die zu verarbeitenden Daten transportiert. Die Daten müssen in beiden Richtungen transportiert werden können. Der Daten-Bus ist daher *bidirektional* ausgelegt.

Der Steuer-Bus übermittelt Signale der CPU an die übrigen Bausteine, um das richtige Zusammenarbeiten aller Bausteine zu bewerkstelligen.

Alle drei Busse werden unter dem Begriff Systembus zusammengefaßt. Man sagt auch: ein Mikroprozessorsystem ist busorientiert. Am Bus können mehrere Baugruppen hängen, und zwar einzelne Register genauso wie größere Funktionseinheiten. Allerdings dürfen immer nur zwei Systemkomponenten gleichzeitig auf den Bus aufgeschaltet sein. Die Steuerung der Busse übernimmt in den meisten Fällen der Mikroprozessor selbst. Es ist allerdings auch möglich, daß ein externes Gerät die Verwaltung des Systembusses übernimmt.

Der Vorteil des Datenaustausches über Busse liegt in der modularen Erweiterbarkeit des Mikroprozessorsystems, ohne daß der Aufwand für die Verbindungstechnik ins Uferlose steigt.

Im folgenden soll noch kurz auf den Unterschied zwischen Taschenrechner und Mikrocomputer eingegangen werden. Mit einem Taschenrechner kann man recht komplizierte Operationen ausführen, indem man auf eine Taste drückt. Will man ein bestimmtes Problem bearbeiten, so muß man in der richtigen Reihenfolge die entsprechenden Tasten drücken und eventuell auch Zwischenergebnisse notieren. Auch die zu verarbeitenden Zahlen müssen eingegeben werden. Das aber heißt, die Geschwindigkeit, mit der das Problem abgearbeitet werden kann, hängt vom Menschen ab. Das wird beim Mikrocomputer vermieden, indem man die einzelnen Rechenschritte durch ein *Programm* steuert. Dieses Programm steht im Speicher des Computers (*stored program concept*). Das Programm besteht aus einer Anzahl von *Befehlen (instructions)*, die die CPU interpretieren und ausführen kann.

Wie bereits erwähnt, ist die kleinste Einheit, mit der ein Mikroprozessor normalerweise umgeht, ein *Byte* (1 Byte = 8 Bit). Ein solches Byte, das von der CPU immer in der gleichen Weise behandelt wird, kann sehr verschiedene Bedeutungen haben. Es kann zum Beispiel eine Zahl darstellen, die zu verarbeiten ist. Es kann einen Befehl an die CPU darstellen. Es kann sich um ein ASCII-Wort handeln, welches einen Buchstaben darstellt, oder es kann sich um den Teil einer Adresse handeln. Es kommt nur darauf an, wie das jeweilige Byte, also die Bitkombination, interpretiert wird. (ASCII: *American Standard Code for Information Interchange*, nach DIN: 7-Bit-Code für den Datenaustausch).

Arbeitet die CPU mit einer Wortlänge von 8 Bit, so sind auch die meisten anderen Komponenten auf 8 Bit abgestimmt, zum Beispiel Register oder Speicherplätze.

Um den Einstieg in die Mikrocomputertechnik zu erleichtern, soll zunächst ein Modellmikrocomputer besprochen werden. Dieser hat nach wie vor die wesentlichen Merkmale eines echten Mikroprozessors, aber ohne fortgeschrittene technische Merkmale.

Das Bild 1.3 zeigt das Blockschaltbild eines Modellmikrocomputers. Er besteht aus dem Mikroprozessor (CPU), dem Speicher und den Ein-/Ausgabe-Registern. Im folgenden sollen nur die CPU und der Speicher besprochen werden. Auf den Ein-/Ausgabebaustein wird später eingegangen.

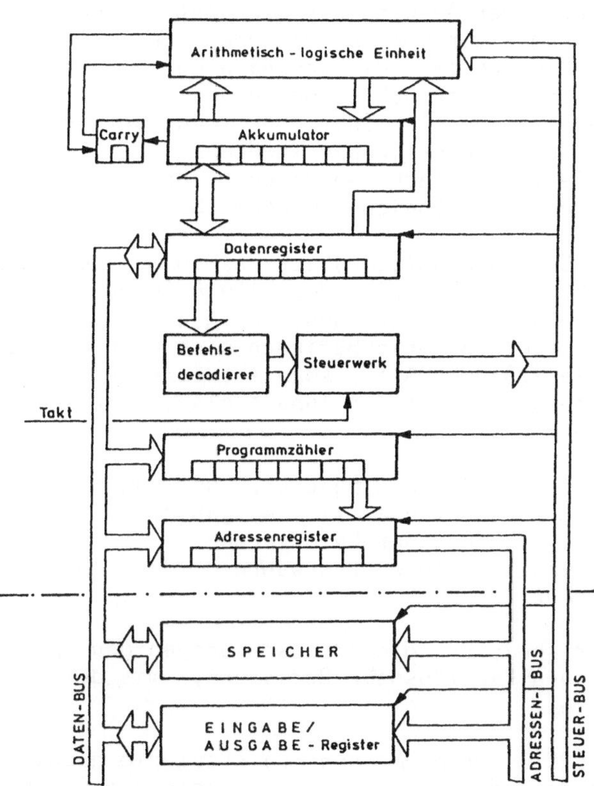

Bild 1.3 Blockschaltbild des Modellmikrocomputers

1.1.2 Mikroprozessor

Wie das Bild 1.3 zeigt, haben alle Register eine Wortlänge von 8 Bit.

Die arithmetisch-logische Einheit (ALU: *Arithmetic Logic Unit*) ist gewissermaßen das Herz des Mikroprozessors. Sie hat zwei Aufgaben:

1. Ausführung arithmetischer Operationen
2. Ausführung logischer Operationen

Die ALU hat zwei Eingänge. Der eine kommt vom Akkumulator, der andere vom Datenregister. Der Ausgang der ALU geht wieder auf den Akkumulator. Der Akkumulator und das Datenregister liefern an die ALU 8 Bit lange Binärworte, die sogenannten *Operanden*. Die beiden Operanden werden von der ALU so behandelt, wie es die Binärsignale am Steuereingang der ALU (die über den Steuer-Bus kommen) vorschreiben. Diese Steuersignale werden aus dem jeweiligen Befehlswort abgeleitet. Nach Beendigung der Operation speichert die ALU das Ergebnis im Speicher wieder ab.

Der Akkumulator (ACC: *Accumulator*) ist das am meisten benutzte Register in der CPU. Er hat eine doppelte Aufgabe: Vor der Operation enthält er einen der Operanden, nach der Operation enthält er das Ergebnis. Viele Befehle beziehen sich auch direkt auf den Akkumulator, wie z.B. "LDA": *Load Accumulator* (Lade Akkumulator). Dieser Befehl bringt den Inhalt eines Speicherplatzes in den Akkumulator.

Das Datenregister ist ein Zwischenspeicher, der eng mit dem Daten-Bus zusammenarbeitet. Es hat u.a. zwei Aufgaben:

1. Speicherung des Befehls während der Decodierung
2. Zwischenspeicherung eines Datenwortes während der Abspeicherung im Hauptspeicher.

Das Adressenregister speichert die Adressen desjenigen Speicherplatzes oder desjenigen Ein-/Ausgabe-Registers, mit dem die CPU gerade zusammenarbeitet.

Im Programmzähler (PC: *Program Counter*) steht die nächste zu bearbeitende Speicheradresse. Normalerweise werden die Befehle der Reihe nach aus dem Speicher in die CPU geholt (unverzweigtes Programm). Das heißt, der Inhalt des Programmzählers muß bei jedem Befehlszyklus um 1 erhöht werden. Man sagt, er wird inkrementiert. Die Stellenzahl des Programmzählers ist ein Maß für die Anzahl der zu adressierenden Speicherplätze. In unserem Modellcomputer hat der Programmzähler 8 Stellen. Es können damit 256 Speicherplätze (2^8) direkt adressiert werden.

Nachdem ein Befehl vom Speicher in das Datenregister geholt worden ist, decodiert der Befehlsdecodierer die einzelnen Bits und entscheidet dann, was zu tun ist.

Das Steuerwerk (CU: *Control Unit*) liefert über den Steuer-Bus an jeden Baustein entsprechende Signale, so daß diese wissen, was zu tun ist.

1.1.3 Speicher

Der Mikrocomputer wird mit Hilfe von Befehlen gesteuert. Diese Befehle bilden das Programm, welches im Speicher (*Memory*) abgespeichert ist. Ferner enthält der Speicher die Operanden, auf die die Befehle angewandt werden. Auch die Ergebnisse der Operationen werden zum Teil wieder im Speicher abgelegt.

Als Speicher für Mikrocomputer verwendet man fast nur Halbleiterspeicher. Auf die Technologie und Organisation solcher Speicher soll an dieser Stelle nicht weiter eingegangen werden. Man kann die Halbleiterspeicher unter ganz verschiedenen Gesichtspunkten in Gruppen aufteilen. An dieser Stelle soll folgende Aufteilung vorgenommen werden:

1. Festwert-Speicher (ROM: *Read Only Memory*)
   Diese Speicher können nur gelesen werden.

2. Schreib-/Lese-Speicher (RAM: *Random Access Memory*)
   Diese Speicher können nicht nur gelesen werden, sondern es kann auch in sie hineingeschrieben werden.

Im folgenden soll erklärt werden, wie die CPU und der Speicher Daten austauschen. In der CPU sind für diesen Datenaustausch das Adressenregister und das Datenregister zuständig. Das Ein-/Ausgabe-Register ist bei diesen Betrachtungen weggelassen.

Der Modellmikrocomputer benutzt einen Schreib-/Lese-Speicher mit 256 Speicherplätzen zu je 8 Bit, wie ihn Bild 1.4.a zeigt. Man spricht auch kurz von einem 256 x 8-Bit-Speicher. Der Speicher ist über die drei Busse mit der CPU verbunden. Der Adressen-Bus unseres Modellmikrocomputers ist 8 Bit breit. Das bedeutet, daß 256 Speicherplätze angewählt (adressiert) werden können. Der erste Speicherplatz hat die Adresse 0, der letzte die Adresse 255, binär ausgedrückt 11111111 und in der häufig angewandten hexadezimalen Schreibweise FF. Der Adressendecodierer decodiert die Adresse und wählt den entsprechenden Speicherplatz aus. Die Daten kommen und gehen über einen sogenannten *Tri-State-Buffer* (ein "Puffer" mit drei Zuständen). Die Ausgänge solcher Bausteine kennen außer dem "High"- und "Low"-Zustand noch einen dritten, hochohmigen Zustand. In diesem hochohmigen Zustand ist der Baustein abgeschaltet und beeinflußt den übrigen Datenverkehr auf dem Bus nicht mehr.

Der Speicher besitzt außerdem noch zwei Steuereingänge: R/$\overline{W}$ (*Read/Write*: lesen/schreiben) und CS (*Chip Select*: Chip-Auswahl). Der logische Pegel auf der R/$\overline{W}$-Leitung bestimmt, ob der Speicher sich im Lese- oder Schreibzustand befindet. Mit dem Signal CS wird der gesamte Speicher aktiviert. Man benötigt CS zur Auswahl des gewünschten Speichers, wenn mehrere Speicher parallel an denselben Adressleitungen hängen.

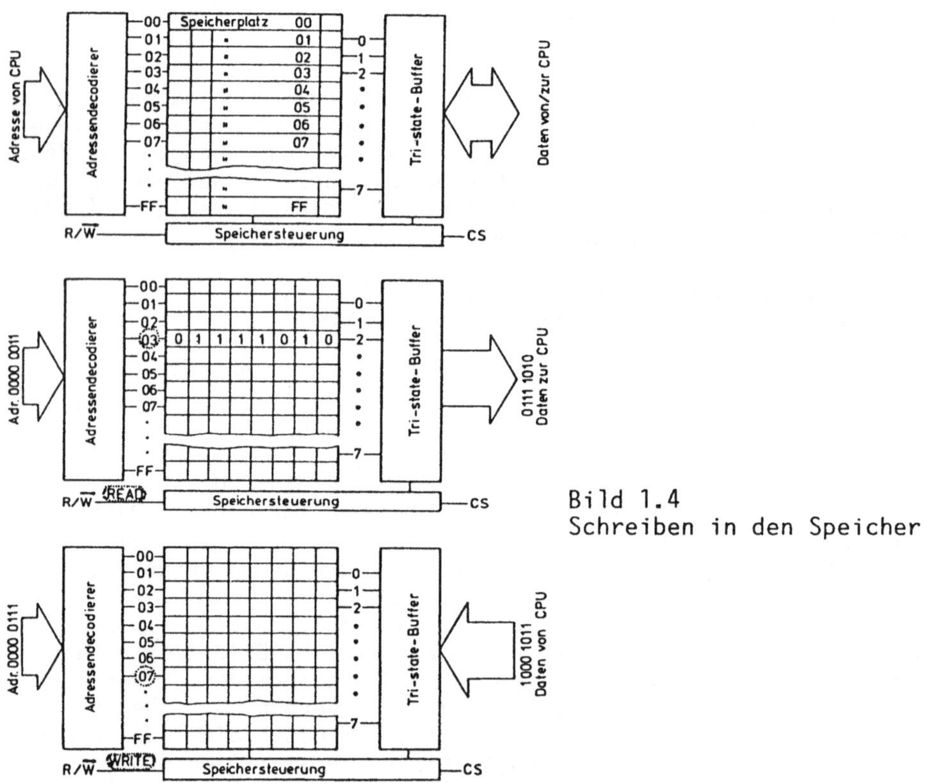

Bild 1.4
Schreiben in den Speicher

Bild 1.4.b zeigt, wie die CPU Daten aus dem Speicher liest. Es soll der Inhalt des Speicherplatzes Nummer \$03 ausgelesen werden. Die dort gespeicherte Zahl ist \$7A. Als erstes schaltet die CPU die Adresse $03 auf den Adressen-Bus. Der Decodierer entschlüsselt das Bitmuster und wählt den Speicherplatz aus. Als zweites legt die CPU die R/W-Leitungen auf High-Potential. Damit erscheint der ausgewählte Speicherinhalt an den Eingängen des Puffers. Das Signal an CS entscheidet, ob dann das Datenwort auf den Daten-Bus gelegt wird. Von dort kann es dann die CPU ablesen. Es sollte noch erwähnt werden, daß dieser Lesevorgang ohne Zerstörung des Speicherinhaltes abläuft (*nondestructive readout*).

Das Schreiben in den Speicher zeigt Bild 1.4.c. Die Zahl $8B soll am Platz mit der Nummer $07 gespeichert werden. Zunächst legt die CPU die Adresse $07 auf den Adressen-Bus, anschließend die Zahl $8B auf den Daten-Bus. Als nächstes sendet die CPU ein Schreibsignal, indem sie die R/W-Steuerleitung auf Low-Potential legt. Wenn der Speicher durch das entsprechende CS-Signal aktiviert ist, wird die Zahl von dem Puffer in die Speicherstelle $07 eingeschrieben. Der vorhergehende Inhalt ist damit gelöscht.

1.1.4 Ein-/Ausgabebaustein

Der Ein-/Ausgabebaustein (Interface-Baustein) dient zur Datenpufferung zwischen Mikroprozessor und Peripherie und zur Steuerung des Datenverkehrs. Er enthält dazu mindestens drei Register:
- ein Datenregister zur Zwischenspeicherung der Daten,
- ein Steuerregister zur Steuerung der Datenübertragung,
- ein Statusregister zur Anzeige der Betriebszustände.

Alle Register haben eine Adresse und werden von der CPU wie normale Speicherplätze behandelt.

Der Interface-Baustein übernimmt die Daten von der CPU über den System-Bus 8-Bit-parallel. Zwischen Interface-Baustein und Peripheriegerät kann die Datenverarbeitung entweder bitparallel oder bitseriell erfolgen.

1.2 Einführung in die Programmierung

1.2.1 Aufbau eines Befehls

Für die nachfolgenden Erklärungen verwenden wir ein einfaches Additionsbeispiel.

Beispiel:

Es sollen die beiden Dezimalzahlen 11 und 3 addiert werden.

Für diese einfache Aufgabe muß (im Gegensatz zum Taschenrechner) ein Programm geschrieben werden. Dazu wiederum muß der Programmierer wissen, welcher Befehlssatz ihm bei seinem Mikroprozessor zur Verfügung steht. Jeder Mikroprozessor-Hersteller liefert zu seinem Prozessor auch eine Befehlsliste. Für unsere Aufgabe benötigen wir aus dieser Liste drei Befehle, die im Bild 1.5 aufgeführt sind.

MNEMONIC	OPCODE		Beschreibung
	binär	hexadez.	
LDA #	10000110	86	Lade den Inhalt des nächsten Speicherplatzes in den Akkumulator.
ADD #	10001011	8B	Addiere den Inhalt des nächsten Speicherplatzes zum gegenwärtigen Inhalt des Akkumulators. Speichere das Ergebnis im Akkumulator.
HLT	00111110	3E	Halt für alle Operationen.

Bild 1.5 Befehle des Modellmikrocomputers

Die erste Spalte unserer Befehlstabelle enthält die Befehle in *mnemonischer Schreibweise*. Eigentlich besteht jeder Befehl aus einem Bitmuster, das die CPU auch lesen kann. Für den Programmierer aber ist es einfacher, wenn er bei der Erstellung eines Programms mit Abkürzungen umgehen kann, die der Umgangssprache entnommen sind.

Wenn der Anwender sein Programm mit diesen *Mnemonics* schreibt, schreibt er sein Programm in *Assemblersprache*. Diese Sprache versteht der Rechner nicht, oder jedenfalls nicht ohne weiteres. Es gibt nun zwei Möglichkeiten:

a) Der Programmierer überläßt die Umsetzung des in Assemblersprache geschriebenen Programms dem Rechner selbst. Der Rechner bewältigt dies wiederum mit einem Programm, dem sogenannten *Assemblerprogramm*.

> Das Assemblerprogramm übersetzt das in Assemblersprache geschriebene Programm (also die Mnemonics) in die Maschinensprache des Rechners (also die zugehörigen Bitmuster).

b) Der Programmierer assembliert "von Hand" mit Hilfe einer von der Firma gelieferten Tabelle. Dabei kann er die Mnemonics in Hexadezimalzahlen umsetzen und diese über eine Hexadezimaltastatur eingeben, oder er setzt sie in das Binärmuster direkt um und gibt dann Bit für Bit über Tasten oder Schalter ein. Letzteres Verfahren ist sehr mühselig. Mit der Hexadezimaltastatur arbeiten die meisten Kits.

Die zweite Spalte der Befehlstabelle enthält den Opcode, eine Abkürzung für Operationscode. Der Opcode ist in binärer und in hexadezimaler Schreibweise angegeben. Der Opcode repräsentiert den Befehl, den die CPU ausführen soll. Meist folgt nach dem Opcode der Operand.

> Der Opcode gibt an, was getan werden soll.
> Der Operand gibt an, womit die Operation auszuführen ist.

Beispiel:

Wir können nun das Programm für unser Problem schreiben.

```
LDA  11
ADD   3
HLT
```

Damit die CPU das Programm bearbeiten kann, müssen wir es in den Speicher schreiben. Wie man es in den Speicher bekommt, wird später erklärt. Bei welchem Speicherplatz wir beginnen, spielt keine Rolle.

In unserem Beispiel beginnen wir mit dem Speicherplatz mit der Nummer 0, also mit der Adresse 0000. Ferner müssen wir daran denken, daß jeder Speicherplatz eine Länge von 8 Bit, also einem Byte hat. Der erste Befehl LDA 11 benötigt also 2 Speicherplätze, denn er ist 2 Bytes lang. Das erste Byte enthält den Opcode für den Ladebefehl, das zweite Byte enthält den Operanden 11. Der Rechner kann das Programm selbstverständlich einzig und allein in binärer Form speichern. Wir haben bei unserem Modellcomputer eine Hexadezimaltastatur zur Verfügung. Die Umsetzung in die binäre Form geschieht durch Hardware. Das Programmbeispiel im Bild 1.6 ist daher vollkommen in hexadezimaler Form geschrieben, wie es der Programmierer "von Hand" mit Hilfe der Befehlstabelle assembliert. Daneben ist das Programm in der binären Form angegeben, wie es auch im Speicher steht. Unser Programm ist also 5 Bytes lang und benötigt daher 5 Speicherplätze.

Adresse hexadez.	binär	SPEICHER	Programm hexadezimal
00	00000000	10000110	86
01	00000001	00001011	0B
02	00000010	10001011	8B
03	00000011	00000011	03
04	00000100	00111110	3E
FD	11111101		
FE	11111110		
FF	11111111		

Bild 1.6 Programmbeispiel

1.2.2 Bearbeitung eines Befehls

Die Abarbeitung der Befehle erfolgt immer in der gleichen, sich ständig wiederholenden Weise. Man unterscheidet zwischen Holphase (*Fetch-Phase*) und Ausführungsphase (*Execute-Phase*).

Während der Holphase wird der Befehl vom Speicher geholt und anschließend von der CPU decodiert. Für alle Befehle benötigt die Holphase die gleiche Zeit, da immer die gleichen Operationen durchlaufen werden.

Während der Ausführungsphase führt die CPU die dem Befehl entsprechende Operation aus. Da die Befehle unterschiedlich sind, läuft auch die Ausführungsphase unterschiedlich ab. Dies wiederum bedeutet einen unterschiedlichen Zeitaufwand. Mit Hilfe unseres kleinen Programms soll gezeigt werden, wie die CPU Befehle holt und dann ausführt.

1.2.3 Ablauf eines Programms

Die Bearbeitung des Beispielprogramms zerfällt in 5 Phasen:

a) Holen des ersten Befehls (Opcode-Byte)

b) Ausführen des ersten Befehls (Operanden-Byte)
c) Holen des zweiten Befehls (Opcode-Byte)
d) Ausführen des zweiten Befehls (Operanden-Byte)
e) Holen und Ausführen des dritten Befehls

Damit die CPU überhaupt mit der Arbeit beginnen kann, muß der Programmzähler auf die Adresse des ersten Speicherplatzes gesetzt werden, wo der erste Befehl unseres Programms steht. Wie der Programmzähler auf diese Adresse gesetzt wird, wie also der Computer gestartet wird, wird später erklärt. Wir nehmen jetzt an, daß der Programmzähler mit 00000000 geladen ist. Der gesamte Ablauf, wie er im folgenden erklärt wird, steht unter der Regie des Steuerwerks. Die im nachflogenden Text eingekreisten Zahlen beziehen sich auf die jeweiligen Bilder.

a) Holen des ersten Befehls

Anhand von Bild 1.7.a soll die Holphase des ersten Befehls erklärt werden.

(1) Der Inhalt des Programmzählers wird in das Adressenregister geschrieben, welches mit dem Adressen-Bus verbunden ist. Somit steht auf dem Adressen-Bus die Adresse des gewünschten Speicherplatzes.

(2) Der Inhalt des Programmzählers wird um 1 erhöht. Der Inhalt des Adressenregisters wird dabei nicht geändert!

(3) Über den Daten-Bus wird der Inhalt des ausgewählten Speicherplatzes in das Datenregister der CPU eingelesen. Im Datenregister steht also zu diesem Zeitpunkt der Opcode des Ladebefehls (10000110).

(4) Aufgrund der internen Beschaltung weiß das Steuerwerk, daß nach der Abarbeitung des vorhergehenden Befehls immer ein Opcode in das Datenregister eingelesen wird. Somit wird jetzt das Bitmuster im Datenregister in den Befehlsdecodierer gebracht, wo es decodiert wird. Hier wird also das Bitmuster 10000110 als Ladebefehl erkannt. Das am Befehlsdecodierer angeschlossene Steuerwerk erzeugt daraufhin die Impulse, die für die Ausführung des Ladebefehls notwendig sind.

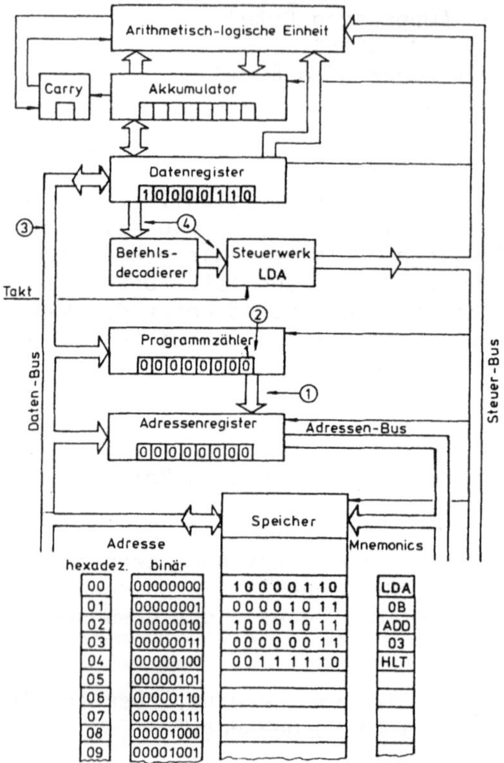

Bild 1.7.a Holen des ersten Befehls

b) Ausführen des ersten Befehls

Bild 1.7.b zeigt das Ausführen des ersten Befehls.

(1) Der Inhalt des Programmzählers (also die Adresse des nächsten Byte) wird in das Adressenregister geschrieben. Damit liegt die Adresse des Operanden auf dem Adressen-Bus.

(2) Der Inhalt des Programmzählers wird um 1 erhöht. Damit ist er bereit für die nächste Holphase.

(3) Über den Daten-Bus wird der Inhalt des adressierten Speicherplatzes in das Datenregister der CPU eingelesen. Im Datenregister steht also nun der Operand des ersten Befehls, nämlich 00001011.

(4) Der Inhalt des Datenregisters wird in den Akkumulator eingelesen.

Bei dem Befehl LDA 11 (86 0B) ist die Adresse des Operanden einfach zu erhalten: Der Inhalt des Programmzählers wird um 1 erhöht. Nicht immer ist die Bildung der Adresse so einfach. Oft muß die Operandenadresse erst berechnet werden.

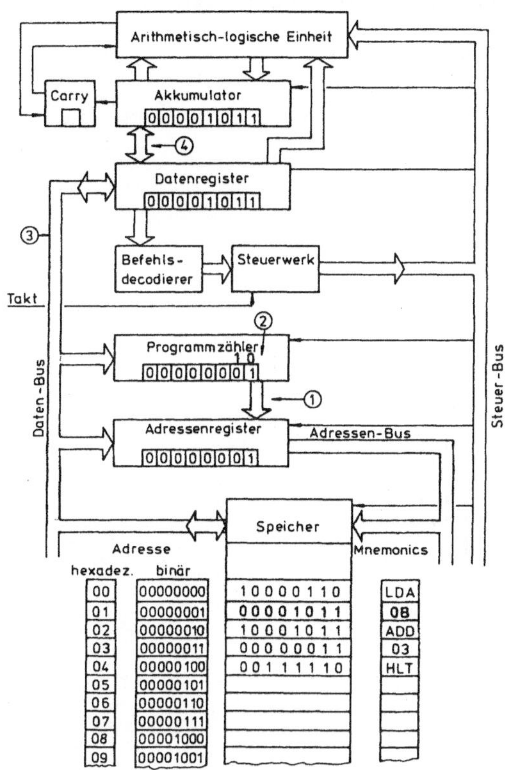

Bild 1.7.b Ausführen des ersten Befehls

c) Holen des zweiten Befehls

Anhand von Bild 1.7.c soll die Holphase des zweiten Befehls erklärt werden.

(1) Der Inhalt des Programmzählers wird in das Adressenregister geschrieben. Damit liegt die Adresse des Opcodes auf dem Adressen-Bus.

(2) Der Inhalt des Programmzählers wird um 1 erhöht.

(3) Über den Daten-Bus wird der Inhalt des ausgewählten Speicherplatzes in das Datenregister eingelesen.

(4) Der Inhalt des Datenregisters gelangt in den Befehlsdecodierer und wird dort decodiert. Daraufhin bildet das Steuerwerk die dem Additionsbefehl entsprechenden Impulse.

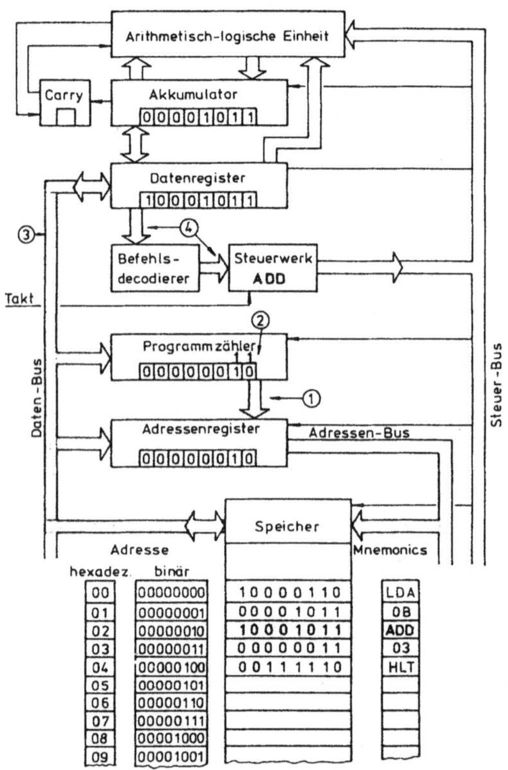

Bild 1.7.c Holen des zweiten Befehls

d) Ausführen des zweiten Befehls

Bild 1.7.d zeigt das Ausführen des zweiten Befehls.

(1) Der Inhalt des Programmzählers wird in das Adressenregister geschrieben. Damit liegt die Adresse des Operanden auf dem Adressen-Bus.

(2) Der Inhalt des Programmzählers wird um 1 erhöht.

(3) Über den Daten-Bus gelangt der Operand in das Datenregister.

(4A) Das Datenregister legt den Operanden an den einen Eingang der ALU.

(4B) Der Akkumulator legt den anderen Operanden (vom vorhergehenden Befehl!) an den anderen Eingang der ALU.

(5) Die ALU führt die Addition aus und lädt anschließend die Summe in den Akkumulator. Dabei wird der vorige Inhalt (also der eine Summand) zerstört.

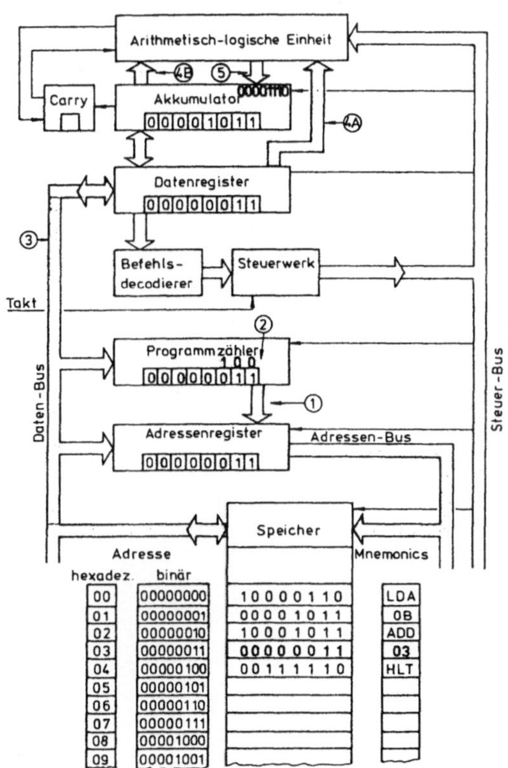

Bild 1.7.d Ausführen des zweiten Befehls

e) Holen und Ausführen des dritten Befehls

Nachdem die Summe berechnet ist und im Akkumulator steht, hat der Rechner seine Aufgabe getan. Er hält aber nun nicht von allein an, sondern er muß durch den HALT-Befehl gestoppt werden. Wie diese Phase abläuft, zeigt Bild 1.7.e.

Die Holphase läuft genau so ab wie in den vorhergehenden Fällen. Nachdem der Opcode decodiert ist, werden durch das Steuerwerk die dem Haltsignal entsprechenden Steuersignale gebildet und damit die Ausführungsphase eingeleitet. Diese ist hier besonders einfach: Alle Operationen werden gestoppt. Das geht einfach dadurch, daß das Steuerwerk keine Signale mehr produziert.

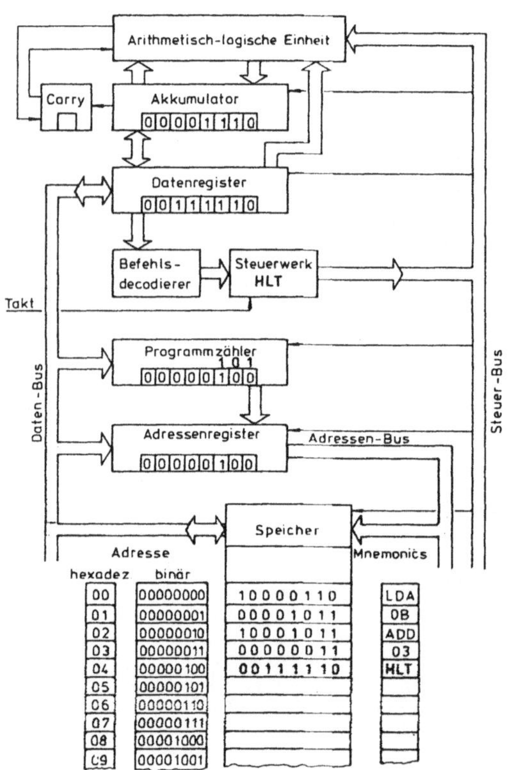

Bild 1.7.e Der Halt-Befehl

2 Der Mikroprozessor 6809

2.1 Mikroprozessorsystem 6809

2.1.1 Entwurfsphilosophie

Der Ein-Chip-Mikroprozessor 6809 ist die neueste Entwicklung innerhalb der 8-Bit-Mikroprozessorfamilie. Er ist aus dem 6800 entstanden - neben dem 8080 von Intel einem der Großväter der Mikroprozessoren. Hinsichtlich seiner Architektur und seines Befehlsvorrats ist er eine Weiterentwicklung des 6800, die in bezug auf Leistungsfähigkeit beträchtlich über diesem liegt. Beim Entwurf des Chips hatten die Entwicklungsingenieure bei Motorola zwei Ziele im Auge. Zum einen sollten für die Anwender des 6800 die Kosten und Mühen bei der Umstellung auf einen modernen Prozessor so gering wie möglich gehalten werden, zum anderen sollte der neue Prozessor Leistungen vorweisen, die an die 16-Bit-Prozessoren wie 68000, 8086 oder Z8000 heranreichen. Alle Entwickler, die die Kosten einer Umstellung auf 16-Bit-Rechner scheuen, finden im 6809 ein Chip mit großer Leistungsfähigkeit und hoher Flexibilität, das für viele Anwendungen, vor allem in der Prozeßrechentechnik und Systemtechnik völlig ausreichend ist. Und dies alles bei einem erstaunlich niedrigen Preis.

Der Befehlsvorrat des 6800 ist von den Mnemonics (*source code*) her gesehen zum Befehlsvorrat des 6809 aufwärts kompatibel. Das heißt, ein 6800-Quellenprogramm kann von einem 6809-Assembler assembliert werden und dann vom 6809 ausgeführt werden. Auf der Ebene des Objektcodes (Maschinencodes) herrscht keine Kompatibilität.

Der 6809 weist gegenüber dem 6800 einige neue Befehle auf, wie z.B.

- Verschiebung (*transfer*) zwischen allen internen Registern
- Austausch (*exchange*) von Registerinhalten untereinander
- 16-Bit-Arithmetik
- 16-Bit-Stackhandling

Die Anzahl der Befehle ist aber nur ein Kriterium bei der Beurteilung der Leistungsfähigkeit eines Mikroprozessors. Weit wichtiger ist die Frage nach der Flexibilität - auf wieviele verschiedene Arten kann ein Prozessorbefehl ein Datenwort behandeln? Nun, je mehr Adressierungsarten er aufzuweisen hat, umso flexibler kann er ein Datenwort behandeln. Im Vergleich zum 6800 fällt die weitaus größere Anzahl äußerst leistungsfähiger Adressierungsarten auf, wie z.B.

- Indexed
- Autoincrement
- Autodecrement

Der 6809 benutzt 19 verschiedene Adressierungsarten in Verbindung mit 59 Grundbefehlen. Dies ergibt einen Befehlssatz von insgesamt 1464 Befehlen. Damit dürfte der 6809 den leistungsstärksten Befehlssatz bei den 8-Bit-Prozessoren vorweisen können.

In letzter Zeit sind bei den 8-Bit-Mikroprozessoren zwei Entwicklungsrichtungen festzustellen:

- Ein-Chip-Mikrocomputer für kleine spezielle Anwendungen
- Ein-Chip-Mikroprozessoren für Systemanwendungen

Als Beispiele für Ein-Chip-Mikrocomputer (*single-chip microcomputer*) seien aus der Motorolaproduktion der 6801 und der 6805 genannt. Zum Beispiel in der Autoindustrie oder Unterhaltungselektronik werden diese Chips in großer Zahl eingesetzt. Vor allem die CMOS-Version setzt sich immer mehr durch. Der 6801 zum Beispiel enthält neben der CPU 6800 RAM-und ROM- (bzw. EPROM-) Speicher, einen Timer, einen parallelen und einen seriellen Ausgang - und dies alles in einem 40-Pin-Gehäuse.

Demgegenüber ist der 6809 ohne externe Speicher (RAM und ROM) nicht arbeitsfähig. Dafür ist er aber ein hochentwickelter Prozessor, der 16-Bit-Eigenschaften aufweist. Das Rechenwerk ist zwar 8 Bit, die interne Busstruktur aber 16 Bit. Ferner enthält er vier 16-Bit-Register und zwei Akkumulatoren, die zu einem 16-Bit-Akkumulator zusammengeschaltet werden können. Ein 8-Bit-Zeigerregister adressiert jede Seite (1 Seite = 256 Bytes) des 64-K-Adreßraumes.

Für Systemanwendungen ist der 6809 hervorragend geeignet. Von der Hardware hergesehen weist er zum Beispiel die Signale BUS REQUEST und BUS GRANT auf. Diese Signale ermöglichen *Multiprozessorbetrieb*.

Von der Software her gesehen ist völlig positionsunabhängige Programmierung möglich (*relocatable program*). Dies ermöglicht einen modularen Programmaufbau. Ein komplexes Problem wird in Modulen entwickelt, die unabhängig voneinander getestet werden, bevor sie z.B. an einer ganz anderen Stelle im Speicherraum plaziert werden. Ein verschiebbares Programm darf keine absoluten Adressen enthalten. Alle Adressen müssen relativ zum Start des Programms sein. Beim 6809 sind ferner sogenannte wiedereintrittsfeste Unterprogramme (*re-entrant program*) möglich. Solche Unterprogramme können von Interruptroutinen aufgerufen werden, ohne daß Fehler entstehen, also zum Beispiel die Rückkehradresse des Unterprogramms verloren geht. Die hier aufgeführten Eigenschaften des 6809 begünstigen natürlich auch die Implementierung von strukturierten Hochsprachen wie z.B. Pascal, denn sie ermöglichen das Kompilieren in einen effizienteren und damit schnelleren Maschinencode.

Den 6809 gibt es für verschiedene Taktfrequenzen zu kaufen: der 6809 für 1 MHz, der 68A09 für 1,5 MHz, der 68B09 für 2 MHz. Alle Ausführungen benötigen für die Takterzeugung als einziges externes Bauelement einen Quarz, denn die übrigen Teile des Oszillators sind mit auf dem Prozessorchip integriert. Es gibt aber auch eine Version mit externer Takterzeugung - den 6809E.

Durch seine Leistungsfähigkeit hat sich der 6809 in der Industrie schon durchgesetzt. Aber auch in Home- und Personalcomputern trifft man ihn immer öfter an, z.B. im Dragon 32, dem TO7 von Thomson-Brand, in dem in der USA sehr stark verbreiteten TRS80-Color Computer und im Eurocom I und II. Der 6809 ist eine sehr preisgünstige Möglichkeit für alle diejenigen, die ihr 6502-System (oder ihr 6800/6802-System) schneller, leistungsfähiger und komfortabler machen wollen. Für viele Home- bzw. Personalcomputer werden zum Teil schon komplette Umrüstsätze auf 6809 angeboten, sogar mit Betriebssystem auf Disk - so zum Beispiel für den Apple oder für den EUROCOM I. Und alle diejenigen, die den 6502 schon in Assembler programmiert haben, werden von den Möglichkeiten des 6809 begeistert sein. Dieses Buch soll "beim Umsteigen" helfen. Aber auch für den Neuling im Computerland bietet es eine Möglichkeit, sich Schritt für Schritt in die Mikroprozessortechnik einzuarbeiten.

Nachfolgend wollen wir uns zunächst einmal anschauen, wie ein 6809-System überhaupt aufgebaut ist, um anschließend dann den Prozessor selbst näher kennenzulernen.

2.1.2 Organisation eines Standardsystems

Ausgehend von unserem Modell im Kapitel 1.2 wollen wir uns nun ein echtes 6809-System anschauen. Es soll in diesem Kapitel aber nur ein Überblick über das Gesamtsystem und das Zusammenwirken der einzelnen Baugruppen gegeben werden. Eine genaue Beschreibung der einzelnen Baugruppen und ihrer Verbindungen erfolgt später.

Jeder Mikroprozessor-Hersteller bietet eine sogenannte Familie von Bauelementen an, aus der der Anwender auswählen kann, um sich sein eigenes System aufzubauen. Bei den meisten Herstellern sind die einzelnen einander entsprechenden Baugruppen zwar in ihrem Aufbau und in ihrer Arbeitsweise sehr unterschiedlich, in ihrer Funktion aber sehr ähnlich. In Bild 2.1 ist ein sogenanntes Minimalsystem aufgebaut. Unter einem Minimalsystem versteht man ein System, bei dem die CPU unterhalb ihrer einfachen Lastgrenze betrieben wird. Aus der Mikroprozessorfamilie 6809 wurden für das Minimalsystem ausgewählt:

CPU 6809 - Herz des Systems; enthält Rechenwerk, Steuerwerk und einige schnelle Register; bearbeitet Daten entsprechend dem vorgegebenen Programm.
ROM 6830 - Festwertspeicher für Programme (z.B. Monitorprogramm)
RAM 6810 - Schreib-/Lese-Speicher für das Benutzerprogramm, Ergebnisse und Daten.
PIA 6820 - Interface-Einheit, die die Verbindung zur Peripherie herstellt. Die Daten werden parallel ausgegeben.
ACIA 6850 - Interface-Einheit, die Daten an die Peripherie seriell ausgibt. ACIA ist für ein Minimalsystem nicht unbedingt notwendig.

Der Mikroprozessor benötigt zu seinem Betrieb einen *Takt*. Dieser wird beim 6809 intern erzeugt. Als externe Bauelemente sind für die Takterzeugung nur ein Quarz und zwei kleine Kondensatoren nötig. Außerdem wird noch eine Schaltung benötigt, mit deren Hilfe man den Mikroprozessor starten kann und, falls erwünscht, auch wieder in einen gegebenen Anfangszustand zurücksetzen kann. Oft ist diese Schaltung auch so ausgelegt, daß sie einen kurzzeitigen Betriebsspannungsausfall überbrücken kann.

Um das System "zum Laufen" zu bringen, sind alle Baugruppen an eine Spannung von +5V zu legen und untereinander in geeigneter Weise zu verbinden. Dieses Verbinden geschieht heute meist nach dem Buskonzept. D.h., alle Baugruppen sind über Sammelschienen (Bus) miteinander verbunden. Wie bereits in Kapitel 1 erwähnt, unterscheidet man drei Arten:

Adressen-Bus, *Daten-Bus*, *Steuer-Bus*.

Die Bus-Spezifikationen der einzelnen Hersteller unterscheiden sich sehr stark, und zwar nicht bezüglich der Anzahl der Leitungen, sondern bezüglich der Art der Steuerleitungen und dem Zeitverhalten (*timing*). Das ist auch der Grund, warum jeder Mikroprozessor-Hersteller seine eigene Bauelementefamilie anbietet, bei der die einzelnen Bauteile genau auf das jeweilige Bus-System abgestimmt sind.

Der Daten-Bus des 6809 ist 8 Bit breit und bidirektional. D.h., die Daten können in beiden Richtungen fließen. Der Adressen-Bus ist 16 Bit breit und unidirektional. Im Normalfall kann nur die CPU Daten auf den Adressen-Bus legen. Wie später noch gezeigt wird, ist aber der Speicherzugriff auch durch andere Baugruppen möglich. Man spricht dann von *Direct Memory Access* (DMA).

Wie Bild 2.1 zeigt, kann die CPU zum Beispiel den ROM-Speicher ansprechen, indem sie an A14 und A15 eine 1 legt. Eine bestimmte Adresse innerhalb des ROM wird dann durch A0 - A9 ausgewählt. Der Benutzer kann die Adressenkombinationen der einzelnen Speicherbereiche selbst bestimmen. Er muß nur darauf achten, daß sich die einzelnen Speicherbereiche nicht überlappen. Wie das Bild weiter zeigt, wird der PIA-Baustein wie ein Speicher angesteuert. D.h., daß der Mikroprozessor 6809 keine speziellen Ein-/Ausgabe-Befehle kennt, sondern ein Peripheriegerät über einen Interface-Baustein mit Hilfe ganz normaler Speicher-Lese-/Schreib-Befehle ansteuert.

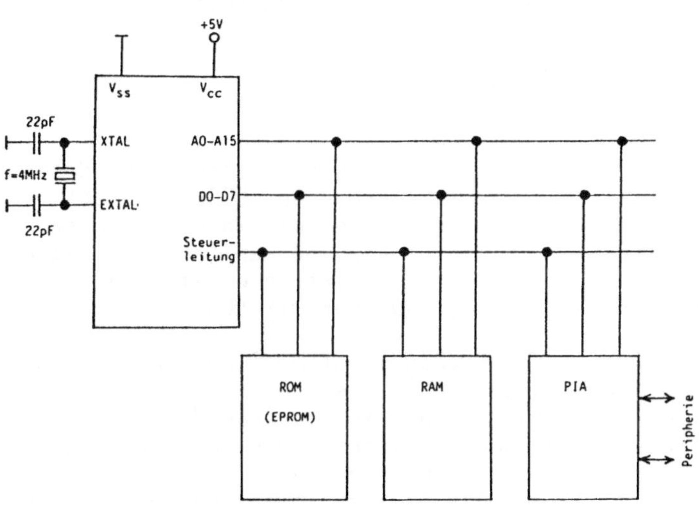

Bild 2.1 Minimalsystem 6809

Wie ebenfalls später noch gezeigt wird, ist die CPU in der Lage, Daten durch Programmunterbrechung zu übertragen. Dazu dient die Leitung IRQ (*Interrupt Request*).

Die Art der Speicher, die beim Aufbau eines Systems zum Einsatz kommen, hängt von der Anwendung und der Stückzahl ab. Wird ein System in hoher Stückzahl gebaut und ändert sich seine Aufgabenstellung über längere Zeit nicht, so wird ein ROM verwendet. Das ROM wird von der Herstellerfirma im Kundenauftrag programmiert. Es gibt auch Festwertspeicher, die vom Kunden selbst programmiert werden können, sogenannte PROMs. Bei der Entwicklung von Mikroprozessorsystemen kommen auch sogenannte EPROMs zum Einsatz. Das sind Speicher, die elektrisch programmiert werden können und durch ultraviolettes Licht wieder gelöscht werden können. Handelt es sich um kleinere Stückzahlen, so daß der Einsatz eines ROM nicht lohnt, können EPROMs auch im konkreten Anwendungsfall benutzt werden. Für veränderliche Programme oder variable Daten wird der RAM-Speicher verwendet.

In der Regel ist ein Minimalsystem ausbaubar, so auch das hier gezeigte System 6809. Man muß bei größeren Systemen allerdings zusätzliche Bauteile verwenden, sogenannte Bus-Extender. Das sind Bauteile, die die elektrische Belastung der CPU herabsetzen. Man kann auch Systeme mit mehreren CPU-Bausteinen aufbauen, die alle den gleichen Speicher benutzen. Ferner kann man zwei selbständige Mikroprozessorsysteme miteinander verbinden, z.B. über ein paralleles Interface mit Zwischenspeicher.

2.1.3 Architektur der CPU 6809

Unter der Architektur eines Prozessors versteht man dessen innere logische Struktur. Der Mikroprozessor 6809 besteht im Grunde aus vielen tausend Gatterfunktionen, die in sogenannter n-Kanal-MOS-Technik auf einem Siliziumchip von wenigen mm^2 Fläche realisiert sind. Dieses Chip wiederum steckt in einem Gehäuse mit 40 Pins aus Plastik (P-suffix) oder aus Keramik (L-suffix).

Es ist im Rahmen dieses Buches nicht möglich und für den Anwender auch gar nicht erforderlich, das Innere des Prozessors hier detailliert darzustellen. Für Sie als Anwender sind zwei Dinge wichtig. Zunächst müssen Sie lernen, den 6809 zu programmieren. Dabei will Ihnen dieses Buch helfen. Dann müssen Sie wissen, mit welchen Bausteinen der 6809 zusammenarbeiten kann, um einen vollwertigen Computer zu ergeben. Der Fachmann spricht von *Systemtechnik*. Und schließlich das Wichtigste: Sie müssen lernen, wie man den Computer an Peripheriegeräte anschließt und wie man diese Schnittstellen programmiert. In diesem Zusammenhang ist es wichtig, etwas über die Wirkung der verschiedenen Prozessorsignale und über das zeitliche Zusammenwirken dieser Signale, das sogenannte *Timing*, zu erfahren. Dieser letztgenannte Problemkreis wird gemeinhin als *Interfacetechnik* bezeichnet. Systemtechnik und Interfacetechnik sind Schwerpunkte in diesem Buch.

Zunächst aber zum Programmieren. Um den Prozessor 6809 programmieren zu können, müssen wir seinen Befehlssatz kennen. Und wir müssen wissen, welche Register in welcher Weise von den verschiedenen Befehlen beeinflußt werden. Für den Anwender sind nur die Register wichtig, die er durch Befehle erreichen kann. Die Zusammenfassung all dieser Register nennt man Programmiermodell. Das *Programmiermodell* der CPU 6809 zeigt Bild 2.2.

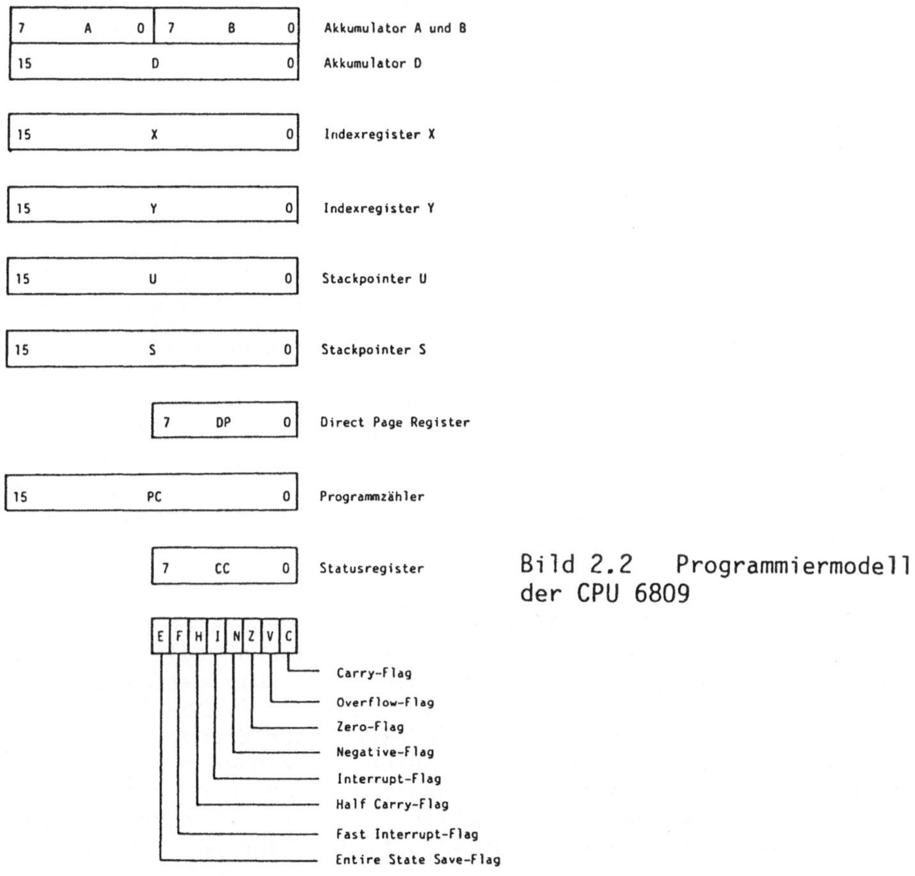

Bild 2.2 Programmiermodell der CPU 6809

Einige der Register kennen wir schon von unserem Modellmikrocomputer her. Auch der 6800- und der 6502-Anwender wird einiges wiedererkennen. Nachfolgend sollen nun die Register im einzelnen besprochen werden.

Akkumulatoren (A, B, D). Der Akkumulator ist das wichtigste Register in der CPU. Im Gegensatz zu unserem Modellprozessor verfügt der 6809 über zwei, bzw. für manche Befehle sogar über drei Akkumulatoren. Die Akkumulatoren A und B sind 8-Bit-Register, die vor und während der jeweiligen Operation die Operanden bereitstellen und die nach der Operation das Ergebnis aufnehmen. Zwei Akkumulatoren sind beim Programmieren von großem Vorteil. Als Beispiel sei eine Operation erwähnt, die mehrmals wiederholt werden muß. Die Operation wird mit Akkumulator A durchgeführt, während Akkumulator B als Zähler fungiert.

Von manchen Befehlen werden die beiden Akkumulatoren als Einheit betrachtet. Sie bilden dann den 16-Bit-Akkumulator D. Dabei bildet der Akkumulator A das Higher Byte und der Akkumulator B das Lower Byte. Benutzt wird der Akkumulator D in derselben Weise wie die beiden einzelnen Akkumulatoren. Er dient vor allem für arithmetische Operationen.

Programmzähler (PC). Der Programmzähler ist ein 16-Bit-Register, welches die jeweils nächste abzuarbeitende Adresse enthält. Im Normalfall wird der Programmzähler automatisch inkrementiert. Ferner ist es aber möglich, daß sein Inhalt durch einen Sprungbefehl verändert wird. Da der Programmzähler 16 Bit lang ist, kann die CPU 6809 2^{16} = 65536 unterschiedliche Adressen ansprechen.

Der Programmzähler wird außerdem für zwei Adressierungsarten verwendet. Bei der *Branch Relative*-Adressierung wird er zur Berechnung des Sprungziels verwendet. Bei der Adressierung *Program Counter Relative* dient er als Basisregister zur Bestimmung der Speicheradresse. Wir werden uns mit diesen Adressierungsarten noch genauer beschäftigen.

Indexregister (X, Y). Diese beiden 16-Bit-Register sind eine große Hilfe bei der Abarbeitung von Datenfeldern jeglicher Art. Dazu hat der 6809 die *Indexed*-Adressierung. Wir werden sie im nächsten Kapitel kennenlernen. Sie hat wesentlichen Anteil an der Flexibilität des 6809. Die Indexregister dienen dabei als Basisregister. Eine ganze Menge Befehle beziehen sich auf die Indexregister. So kann deren Inhalt zum Speicher und wieder zurück geschoben werden. Arithmetische Operationen können ausgeführt werden. Mit sehr einfachen Befehlen kann der Inhalt zum Stack gebracht werden und von dort auch wieder geholt werden. Sogar als Stack Pointer können sie verwendet werden.

Stack Pointer (U, S). Der Stapelzeiger, nachfolgend wie allgemein üblich mit dem englischen Begriff Stack Pointer (SP) bezeichnet, ist ebenfalls ein 16-Bit-Register, daß zum Arbeiten mit dem Stack benötigt wird. Beim *Stack* handelt es sich um eine spezielle Art Speicher. Wegen seiner Bedeutung wird er später noch genauer erklärt. Der 6809 hat zwei Stack Pointer. Der *User Stack Pointer* (U) wird vom Prozessor selbst nicht benutzt, sondern steht zur alleinigen Verfügung des Programmiers. Der *Hardware Stack Pointer* (S) wird automatisch von der CPU benutzt, wenn ein Unterprogrammaufruf erfolgt oder ein Interrupt eintritt. Aber auch vom Programmierer kann dieser Stack Pointer benutzt werden. Nur muß man dabei große Sorgfalt walten lassen. Wie wir noch sehen werden, zeigen beide Register im Gegensatz zum 6800 immer auf die Spitze des Stack. Beide Register sind außerdem genauso wie die Indexregister für die indizierte Adressierung verwendbar. Für die Register X, Y, U und S wird der Sammelbegriff Zeigerregister verwendet.

Direct Page Register (DP). Dieses 8-Bit-Register wird in Zusammenhang mit der *Direct*-Adressierung verwendet. Es adressiert die einzelnen Seiten des Speichers. Jede Seite (*page*) ist ein Block von 256 Bytes. Bei den 16 Adreßleitungen des 6809 kann der gesamte Adreßraum also in 256 Seiten aufgeteilt werden. Das DP-Register enthält die Seitennummer. Oder anders ausgedrückt - es enthält das Higher Byte der Adresse. Wie wir in Kapitel 2.2.2 noch sehen werden, ermöglicht das DP-Register dem Programmierer, jede Adresse mit der Direct-Adressierung zu erreichen. Für den 6800-Anwender war das nur für die Seite 0 möglich. Bei einem Reset wird das DP-Register aber automatisch gelöscht, so daß zum 6800 Kompatibilität besteht.

Statusregister (CCR). Dieses 8-Bit-Register wird im Englischen *Condition Code Register* (CCR) genannt. Bei dem CC-Register handelt es sich eigentlich um eine Aneinanderreihung einzelner Flipflops, den sogenannten *Flags*. Wozu dienen diese Flags? Um dies zu erklären, müssen wir ein wenig weiter ausholen. Was den Mikroprozessor gewissermaßen intelligenter macht, ist seine Fähigkeit, auf unterschiedliche Bedingungen in entsprechender Weise zu reagieren. Der Mikroprozessor kann also Entscheidungen treffen.

Beispiele:

1. Ist das Ergebnis einer Operation, welches nun im Akkumulator steht, positiv oder negativ?
2. Ist der Akkumulatorinhalt Null?

3. Ergab eine Operation im Ergebnis einen Übertrag von der höchsten Stelle des Akkumulators, also von Bit 7?
4. Sind zwei Zahlen gleich?

Um eine Bedingung abfragen zu können und dann in der richtigen Weise reagieren zu können, hat der Mikroprozessor zwei Hilfsmittel:
1. das Condition Code Register (Statusregister)
2. die bedingten Verzweigungsbefehle.

Mit den Verzweigungsbefehlen beschäftigen wir uns in Kapitel 2.3. Nachfolgend wollen wir uns die einzelnen Flags noch etwas genauer ansehen.

Das *Carry-Flag* (C-Flag) ist gewissermaßen eine Erweiterung des Akkumulators. Es zeigt einen Übertrag aus dem MSB (Most Significant Bit) bei arithmetischen Operationen mit vorzeichenlosen Dualzahlen an.

Beispiel:

```
               11100001
              +10001101
Carry ----> (1)01101110
```

Das C-Flag wird gesetzt, wenn sich aus den beiden höchsten Stellen ein Übertrag ergibt.

Beispiel:

```
               00000010
              -00000100
Borrow --> (1) 11111110
```

Auch bei der Subtraktion kann das C-Flag gesetzt werden, und zwar wenn Bit 7 eine 1 "borgen" muß (*borrow*).

Wie später noch gezeigt wird, hat das C-Flag auch Bedeutung bei Verschiebebefehlen.

Das *Overflow-Flag* (V-Flag) ist beim Rechnen in Zweierkomplement-Arithmetik von Bedeutung. Bei einer 8-Bit-Dualzahl in Zweierkomplementdarstellung wird das MSB für das Vorzeichen verwendet. Die restlichen 7 Bits ergeben einen Zahlenbereich von -128_{10} bis $+127_{10}$. Wird dieser Zahlenbereich überschritten, so wird das vom V-Flag angezeigt, indem es auf 1 gesetzt wird. Wird der Zahlenbereich eingehalten, so hat das V-Flag den Wert 0. Eine Bereichsüberschreitung kann in der Zweierkomplement-Arithmetik nur bei der Addition zweier positiver oder zweier negativer Zahlen auftreten. Hat das Ergebnis ein anderes Vorzeichen als die beiden Summanden, so liegt es außerhalb des Zahlenbereichs.

Beispiel:

```
  0 1100001      97
+ 0 1010100     +84
 (1)0110101     181
```

Das Ergebnis wäre richtig, wenn alle Bitmuster reine Dualzahlen repräsentieren würden. Da die Zahlen aber in Zweierkomplementdarstellung vorliegen, ist das Ergebnis falsch. Der Grund für den Fehler ist der Übertrag von Bit 6 auf Bit 7. Das Bitmuster des Ergebnisses stellt die Zahl -75 dar. Das V-Flag wird auf 1 gesetzt.

Beispiel:

```
  1 0011111     (-97)
+ 1 0101100    +(-84)
 1(0)1001011    -181
```

Das Ergebnis ist falsch, da die Zahl -181 außerhalb des zulässigen Zahlenbereichs liegt. Das Ergebnis ist positiv (MSB = 0), obwohl die beiden Summanden negativ sind (MSB = 1).

Das *Zero-Flag* (Z-Flag) zeigt an, ob sich nach einer Operation im Akkumulator lauter Nullen befinden. Das Z-Flag wird benötigt, wenn Bitmuster verglichen werden. Wie später noch gezeigt wird, reagiert das Z-Flag auch auf andere CPU-Register (Stack Pointer, Indexregister). Häufig wird das Z-Flag dazu verwendet, einen Schleifenzähler abzufragen, ob er bei Null angelangt ist.

Das *Negative-Flag* (N-Flag) testet das MSB (also Bit 7) des Akkumulators. Ein gesetztes MSB (MSB = 1) zeigt an, daß die Dualzahl negativ ist. MSB = 0 bedeutet, daß die Dualzahl positiv ist.

Das N-Flag ist nicht an arithmetische Operationen gebunden. Es spielt zum Beispiel in Verbindung mit dem C-Flag eine wichtige Rolle bei Verschiebebefehlen. Oder es zeigt völlig unabhängig von der vorausgegangenen Operation den Zustand des MSB an.

Das *Half-Carry-Flag* (H-Flag) erlaubt es, im BCD-Code zu rechnen. Je zwei Ziffern werden in einem 8-Bit-Wort dargestellt. Das H-Flag wird gesetzt, wenn ein Übertrag von Bit 3 nach Bit 4 erfolgt. Wie später noch gezeigt wird, wird das H-Flag vom DAA-Befehl (*Decimal Adjust Accumulator*) so ausgewertet, daß das Ergebnis im BCD-Format erscheint.

Das *Interrupt-Mask-Flag* (I-Flag) kann vom Programm gesetzt und gelöscht werden. Wenn I = 1, so wird eine Programmunterbrechung (*Interrupt*) verhindert, bei I = 0 wird sie zugelassen. Der Interrupt wird später noch ausführlich besprochen.

Die bisher besprochenen Flags hat auch schon der 6800 vorzuweisen. Die restlichen zwei Flags (Bit 6 und 7) sind beim 6800 ständig 1. Beim 6809 stehen an dieser Stelle die beiden neuen Flags (F-Flag und E-Flag). Das *Fast-Interrupt-Mask-Flag* (F-Flag) gehört zu einem speziellen Interruptanschluß des 6809 für besonders schnelle Interruptausführung ($\overline{FIRQ}$-Pin). Bei seiner normalen Unterbrechung (am Pin $\overline{IRQ}$) werden sämtliche Register auf den Stack gerettet. Wenn ein schnelles Interruptsignal (an Pin $\overline{FIRQ}$) erkannt wird, werden nur die Inhalte vom Programmzähler und Condition Code Register auf den Stack gerettet. Das F-Flag ist ein Maskenbit für den schnellen Interrupt. Wenn es gelöscht ist (F = 0) wird der schnelle Interrupt zur CPU durchgelassen, bei F = 1 wird er gesperrt.

Das *E-Flag* ist gewissermaßen ein Statusflag. Wenn ein schneller Interrupt ($\overline{FIRQ}$) erkannt und zugelassen wurde, wird das E-Flag automatisch gelöscht (E = 0). Nach der Rückkehr von dem Interruptprogramm weiß dann die CPU, daß sie nur zwei Registerinhalte vom Stack wieder zurückholen muß, nämlich den Programmzählerinhalt und den Inhalt des Statusregisters. Treffen andere Arten von Interrupts bei der CPU ein, wird das E-Flag gesetzt. Da der 6809 sehr vielfältige Interruptmöglichkeiten hat, dieses Thema aber nicht ganz einfach ist, müssen wir uns in einem späteren Kapitel nochmals eingehender damit befassen.

Sie sind nun mit der internen Registerstruktur des 6809 vertraut. Bevor wir uns den einzelnen Befehlen mit all ihren verschiedenen Adressierungsarten zuwenden, wollen wir uns noch kurz das Befehlsformat des 6809 anschauen.

2.1.4 Adressierung und Befehlsformat beim 6809

Wie Bild 2.1 zeigt, arbeitet der Mikroprozessor sowohl mit reinen Lesespeichern (ROM oder EPROM) als auch mit Schreib-/Lesespeichern (RAM) zusammen. In diesen Speichern stehen die Befehle, die die CPU abarbeiten muß, also das Programm. Im ROM steht z.B. ein Monitorprogramm, das die Herstellerfirma mitgeliefert hat. Im EPROM hat der Anwender ein Steuerprogramm für eine Werkzeugmaschine fest eingeschrieben. Im RAM entwickelt und testet er sein Programm. Im ROM werden außerdem unveränderliche Parameter untergebracht, im RAM hingegen veränderbare Daten.

Zu einem Minimalsystem gehört auch mindestens ein Interface-Baustein (Schnittstellenbaustein), der den Anschluß von Peripheriegeräten ermöglicht. Interface-Bausteine, wie z.B. der noch zu besprechende Parallele-Interface-Baustein (PIA 6821) werden vom

6809 wie Speicher behandelt. D.h., es sind keine besonderen Ein-/Ausgabebefehle nötig.

Beim Entwurf eines Mikroprozessorsystems müssen wir uns gut überlegen, wo wir alle diese Bausteine unterbringen wollen. Am besten fertigen wir uns zunächst einen *Adreßplan* vom gesamten *Adreßraum* an. Einen solchen Adreßplan zeigt für den 6809 Bild 2.3. Der 6809 hat einen aus 16 Leitungen bestehenden Adreßbus. Wie wir bereits wissen, ergibt das $2^{16} = 2^6 \cdot 2^{10} = 64$ K unterschiedliche Adressen. Jede Adresse ist die Hausnummer eines Speicherplatzes. Ein Speicherplatz umfaßt 8 Bit = 1 Byte. Es ist die kleinste adressierbare Einheit. Man kann damit auch sagen: Der 6809 kann 64 KByte adressieren. Bei der Gestaltung des Adreßplans hat der Anwender grundsätzlich Freiheit. Es gibt aber gewisse Kriterien, die sich eingebürgert haben, oder die vom Prozessor her vorgegeben sind. Wer sich ein fertiges System kauft, ist auch schon an gewisse Vorgaben gebunden.

Der im Bild 2.3 gezeigte Adreßplan ist eine sehr häufige Konfiguration. ROM-Speicher wird in der Regel zu den höheren Adressen gelegt, RAM zu den niedrigen. Es sei nochmals auf den Unterschied zwischen Adresse (16 Bit) und Inhalt (8 Bit) des Speicherplatzes hingewiesen. Die Adressen werden wir immer hexadezimal angeben. Wie bereits erwähnt, hat der 6809 die Fähigkeit, die Speicherplätze auf sehr unterschiedliche Art und Weise anzusprechen. Dies ermöglichen ihm die sehr vielseitigen *Adressierungsarten*, denen ein gesondertes Kapitel gewidmet ist. Wie wir noch sehen werden, geht es dabei immer um die Bestimmung der *effektiven Adresse*, auch *aktuelle Adresse* genannt. Sie kann im einfachsten Fall unmittelbar hinter dem OP-Code stehen, sie kann aber auch das Ergebnis einer komplizierten Berechnung sein.

Nun noch ein paar Worte zum Datentransport und zum Befehlsformat. Wie alle 8-Bit-Prozessoren hat der 6809 8 bidirektionale Datenleitungen. Er hat also eine Datenbusbreite von 8 Bit. Es können 8 Bit = 1 Byte parallel übertragen werden. Beim 68000 sind es 16 Bit. Der 8-Bit-parallele, 1-Byte-serielle Datenverkehr zwischen CPU und Speicher bringt es mit sich, daß die Rechnerbefehle in der Regel aus mehreren Bytes bestehen; denn nur in wenigen Fällen paßt die gesamte für einen Befehl notwendige Information in ein einziges Byte. Beim 6809 können die Befehle eine Länge zwischen einem Byte und fünf Bytes haben. Wie wir in Kapitel 1.2.1 gelernt haben, besteht ein Befehl aus Opcode und Operand. Im strengeren Sinne spezifiziert der Opcode die auszuführende Operation. In der Mikroprozessortechnik wird aber bei einigen Fällen der Operand mit den Opcode zusammen in ein Byte gepackt, zum Beispiel wenn sich die Operation auf ein CPU-

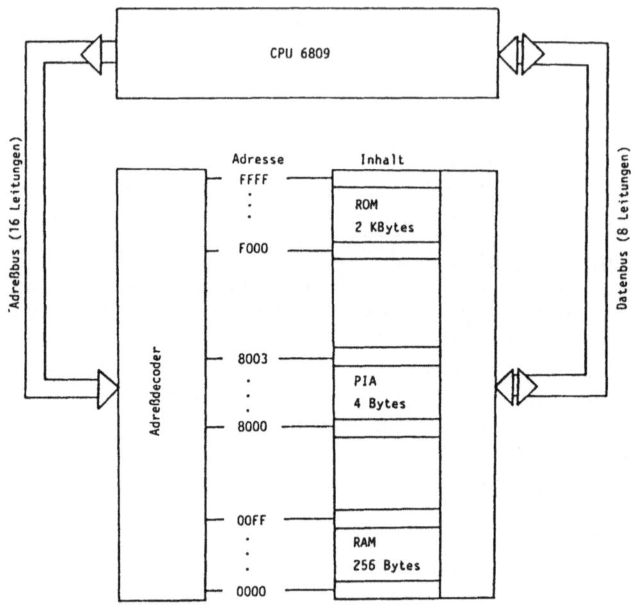

Bild 2.3 6809 mit Adreßplan

Register bezieht. Man spricht dann von 1-Byte-Befehlen. Ein Beispiel zeigt Bild 2.4. Die übrigen Befehlsformate haben aber alle einen Operandenteil. Dieser Operandenteil des Befehls kann unmittelbar die für die Operation nötige Zahl enthalten (Bild 2.4b) oder auch die Adresse der Zahl (Bild 2.4c). Das Operandenfeld kann ein oder zwei Byteslang sein. Für die besonders universelle Adressierungsart "Indexed" ist nach dem Opcodefeld ein sogenanntes *Post Byte* notwendig. Ein Beispiel zeigt Bild 2.4d. Für manche Befehle sind für den Opcode zwei Bytes nötig (Bild 2.4e).

Sie sollten nun eine Vorstellung davon haben, wie ein Mikroprozessorsystem aufgebaut ist, welche Register zum Programmieren wichtig sind und wie die Befehle beim 6809 aufgebaut sind. Im nächsten Kapitel wollen wir die einzelnen Adressierungsarten ganz genau besprechen; denn ihre Beherrschung ist für gute Programmierung Voraussetzung.

a) 1-Byte-Befehl

```
 Opcode
 7      0
|01001111|
```

4F
CLRA
Dieser Befehl löscht den Inhalt des Akkumulators A, schreibt also lauter Nullen in den ACCA.

b) 2-Byte-Befehl

```
 Opcode    Operand
 15      8 7      0
| 10001011 |11101000|
```

8B E8
ADDA #$E8
Dieser Befehl addiert zum Inhalt des Akkumulators A die Zahl $E8 und schreibt das Ergebnis in den Akkumulator A.

c) 3-Byte-Befehl

```
 Opcode         Adresse
 24       16 15       8 7      0
| 10110110 | 11100000 00000000 |
```

B6 E000
LDA $E000
Dieser Befehl lädt den Akkumulator A mit der Zahl unter der Adresse E000.

d) 4-Byte-Befehl

```
 Opcode     Post Byte       Adresse
 32      25 24      16 15       8 7      0
| 10101111 | 10011111 | 11110001 00000000 |
```

AF 9F F100
STX [$F100]
Dieser Befehl speichert den Inhalt des Indexregisters X in einem Speicherplatz ab, dessen effektive Adresse unter der Adresse $F100 zu finden ist.

e) 5-Byte-Befehl

```
          Opcode           Post Byte       Adresse
 40       33 32      25 24      16 15       8 7      0
| 00010000   10101111 | 10011111 | 11110001 00000000 |
```

10 AF 9F F100
STY [$F100]
Dieser Befehl speichert den Inhalt des Indexregisters Y in einem Speicherplatz ab, dessen effektive Adresse unter der Adresse $F100 zu finden ist.

Bild 2.4 Befehlsformate des 6809

2.2 Adressierungsarten des 6809

Nach der Decodierung des Opcode-Bitmusters erkennt die CPU, unter welcher Adresse der Operand zu finden ist, oder sie weiß zumindest, wie dessen Adresse zu berechnen ist, bzw. sie weiß, wohin das Ergebnis einer Operation gespeichert werden soll.

Einer begrenzten Anzahl von Datenleitungen steht eine große Anzahl von Speicherplätzen, Interface-Bausteinen und internen Registern gegenüber, die alle möglichst bequem und schnell erreicht werden sollen. Es gibt daher auch eine große Vielfalt von Adressierungsarten. Bei der Gestaltung der Adressierungsarten muß sich der Mikroprozessor-Hersteller über einige Aspekte Gedanken machen:

1. Der Operand soll möglichst schnell adressiert werden können.
2. Die Adresse soll möglichst wenige Speicherplätze beanspruchen.
3. Das Programm soll möglichst einfach werden.

Die Adressierungsarten des 6809 sind unter diesen Gesichtspunkten geschaffen worden. Bild 2.5 gibt einen Überblick. Es gibt sechs Grundarten der Adressierung, wobei man auf 14 verschiedene Adressierungsarten kommt, wenn man die Variationen mit einbezieht. Die sechs Grundarten sind: *Inherent*, *Immediate*, *Extended*, *Direct*, *Branch Relative*, *Indexed*. Angewandt auf die 59 Befehle ergibt das 1464 verschiedene Operationen. 6502- bzw. 6802-Anwender werden erstaunt sein, wie vielfältig z.B. die Indexed-Adressierung ist. Beim 6800 war der Offset nur eine 8-Bit lange, vorzeichenlose Dualzahl. Beim 6809 gibt es Null-Offset, Konstanten-Offset (5-, 8-, oder 16-Bit), Akkumulator-Offset (A, B oder D) und Autoincrement und Autodecrement. Sehr brauchbar ist auch die *Indirect*-Adressierung, die auf all diese indizierten Adressierungsarten anwendbar ist. Mit der Indirect-Adressierung wird eine Speicherzelle adressiert, die noch nicht den Operanden selbst enthält, sondern nur dessen Adresse. Indirect-Adressierung steht auch für die Extended- und Program Counter Relative-Adressierung zur Verfügung. Auch die Immediate-Adressierung ist im Vergleich zum 6800 komfortabler geworden. Sie wird benutzt von den Transfer- und Exchange-Befehlen und wird auch Register-Adressierung genannt. Sämtliche Registerinhalte können beim 6809 ausgetauscht oder verschoben werden. Die Branch Relative-Adressierung ermöglicht es der CPU, Sprünge relativ zum Programmzählerstand auszuführen. Dies wiederum ermöglicht es dem Programmierer positionsunabhängige Programme zu schreiben.

1.	Inherent		
2.	Immediate		
3.	Extended		
4.	Direct		
5.	Branch Relative		
6.	Indexed		
6.1	Indexed nicht Indirect	6.2	Indexed Indirect
6.1.1	Constant Offset	6.2.1	Constant Offset Indirect
6.1.2	Accumulator Offset	6.2.2	Accumulator Offset Indirect
6.1.3	Autoincrement/ Decrement	6.2.3	Autoincrement by 2/ Decrement by 2 Indirect
6.1.4	Program Counter Relative	6.2.4	Program Counter Relative Indirect
		6.2.5	Extended Indirect

Bild 2.5 Adressierungsarten des Mikroprozessors 6809

Ganz besonders intensiv müssen wir uns mit dem Post Byte beschäftigen. Dieses Post Byte steht im Befehl unmittelbar hinter dem Opcode. Es hat vielfältige Funktion. So legt es die Adressierungsart fest, also z.B. Immediate (Register), Indexed, Indexed Indirect, Extended Indirect, Program Counter Relative. Es gibt außerdem an, welche Register in welcher Weise an der Operation beteiligt sind, also z.B. beim Transfer oder Austausch von Registerinhalten.

Um die Fähigkeiten des 6809 wirklich ausnützen zu können, müssen Sie die Adressierungsarten gut beherrschen. Daher ist dieses Kapitel so wichtig, und daher sind auch so viele Beispiele vorhanden. Es sei an dieser Stelle noch darauf hingewiesen, daß der Inhalt einer Speicherzelle oder eines Registers in Klammern geschrieben wird, also z.B. (X) für den Inhalt des Indexregisters X. Die Adresse einer Speicherzelle bzw. eines Registers wird ohne Klammern geschrieben.

2.2.1 Inherent-Adressierung

Diese Adressierungsart wird von 1-Byte-Befehlen verwendet. Die Adresse des Registers, auf dessen Inhalt der Befehl wirkt, ist mit im Opcode enthalten. Ein Beispiel hierfür ist der Befehl:

Beispiel:

CLRA: Clear Accumulator A

Dieser Befehl löscht den Akkumulator A. Das heißt, der Inhalt von Akkumulator A wird durch Nullen ersetzt.

In diesem Zusammenhang soll noch die Bedeutung des sogenannten *CPU-Zyklus* (Maschinenzyklus) erklärt werden:

Ein CPU-Zyklus ist die minimale Zeit, die zum Holen eines Datenbytes benötigt wird.

Eine typische Zeit hierfür ist 1 µs. Festgelegt wird diese Zeit durch den Taktgenerator des Mikroprozessors. Mikroprozessoren arbeiten mit einem zum Teil mehrphasigen Takt, von dem alle prozessorinternen Abläufe und die Signalübertragungen auf dem Bussystem abgeleitet werden. Genaue Zeitbedingungen müssen den Datenblättern entnommen werden. Allgemein gilt, die Zeit, die zum Abholen und zur Ausführung eines Befehls nötig ist, wird in CPU-Zyklen gemessen.

Bei der Inherent-Adressierung benötigt auch die Befehlsausführung genau einen CPU-Zyklus. Das heißt, die minimale Zeit für das Holen und Ausführen eines Befehls mit Inherent-Adressierung beträgt zwei CPU-Zyklen. Die meisten Adressierungsarten benötigen mehr CPU-Zyklen.

2.2.2 Register-Adressierung

Beim 6809 kann der Inhalt eines jeden Registers in ein anderes Register überführt werden oder auch mit diesem ausgetauscht werden. Einzige Bedingung ist, daß die Register gleiche Länge haben. Das alles geschieht mit im Grunde nur zwei Befehlen:

TFR (*Transfer Registers*)
EXG (*Exchange Registers*)

Beim 6800 gibt es nur einige wenige Transfer-Befehle - und alle mit verschiedenen Mnemonics (z.B. TAB - Transfer A nach B). Beim 6809 gibt es 42 verschiedene Transfer-Möglichkeiten und 21 Möglichkeiten, Register auszutauschen. Stellen Sie sich vor, Sie müßten 63 Mnemonics lernen, allein für diese beiden Befehlsgruppen! Statt dessen verwenden diese Befehle die Register-Adressierung. Sie ist eine Art Inherent-Adressierung, jedoch mit einer Länge von zwei Byte. Das Byte nach dem Opcode wird Post Byte genannt. Es legt fest, welche Register an dem Transfer bzw. Austausch beteiligt sind.

Beispiel:

EXG X,U
Exchange the contents of Index Register X and the User Stack Pointer.
Dieser Befehl vertauscht den Inhalt des Indexregisters X mit dem Inhalt des User Stack Pointers.

Das Befehlsformat bei der Register-Adressierung zeigt Bild 2.6.

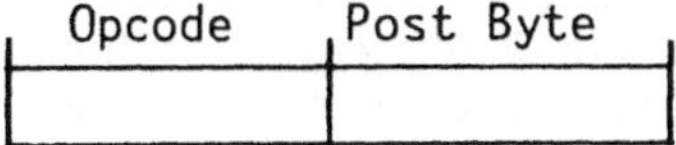

Bild 2.6 Befehlsformat bei EXG bzw. TFR-Befehlen

An dieser Stelle müssen wir uns zum ersten Mal mit dem Post Byte beschäftigen. Wie das Bild 2.7 zeigt, steht in der oberen Hälfte des Post Byte die Adresse des Quellenregisters (*source register*), - also woher die Daten genommen werden - und in der unteren Hälfte die Adresse des Zielregisters (*destination register*) - also wohin die Daten gebracht werden. Dem Bild sind auch die Bitmuster für die einzelnen Register zu entnehmen.

Beispiel:

Welche zwei Register werden durch den Befehl EXG $A9 vertauscht? Mit Hilfe von Bild 2.7 können Sie das Post Byte entschlüsseln und feststellen, daß das Statusregister CC mit dem Akkumulator B vertauscht wird.

Wenn Sie diese Adressierungsart in Zukunft einsetzen, vergessen Sie nicht, daß die beiden Register gleiche Länge haben müssen, also 8 Bit mit 8 Bit und 16 Bit mit 16 Bit!

Quellenregister (source)				Zielregister (destination)			
b7	b6	b5	b4	b3	b2	b1	b0

Bitmuster	Register
0000	D
0001	X
0010	Y
0011	U
0100	S
0101	PC
1000	A
1001	B
1010	CC
1011	DP

Bild 2.7 Bedeutung des Post Byte bei Transfer und Exchange

Auch die Stack-Befehle PSH (*push*) und PUL (*pull*) sind 2-Byte-Befehle und bestehen aus Opcode und Post Byte. Das Post Byte gibt bei diesen Befehlen an, welche Register in den speziellen Speicherbereich , den man Stack nennt, gebracht werden sollen oder von dort geholt werden sollen. Wie Bild 2.8 zeigt, gehört zu jeder Bitposition ein Register. Enthält die entsprechende Bitposition eine 1, ist das Register von der Aktion betroffen.

Beispiel:

```
PSHS A,B,PC
Push A, B, PC onto the S stack
```

Dieser Befehl bringt die Inhalte von A, B und PC auf den S-Stack. Aus Bild 2.8 kann man das zugehörige Post Byte ablesen: $86 = %10000110

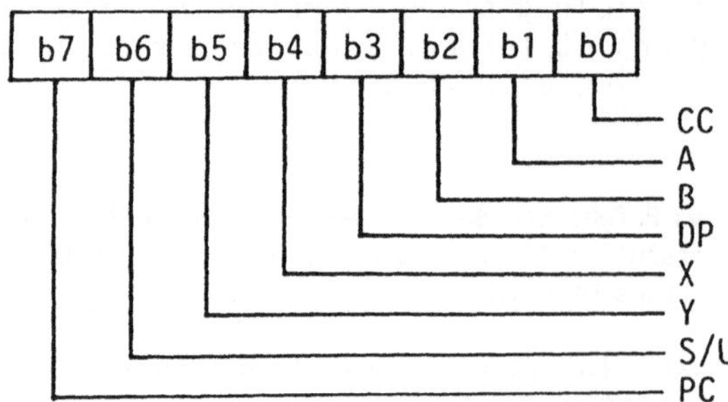

Bild 2.8 Bedeutung des Post Byte bei PSH und PUL

Wir werden uns im Kapitel 2.3 noch genauer mit Stackoperationen befassen. Sie sind sehr wichtig, aber nicht ganz einfach zu verstehen.

2.2.3 Immediate-Adressierung

Bei einem Befehl mit Immediate-Adressierung steht hinter dem Opcode unmittelbar (*immediate*) die Zahl, die von der CPU verarbeitet werden soll. Der Operandenteil des Befehls enthält also nicht erst eine Adresse, wo das Datenwort (die Zahl) zu finden ist, sondern unmittelbar die zu verarbeitende Zahl selbst. Nachdem der Opcode eines Befehls eingelesen und decodiert wurde, wird der Programmzähler inkrementiert. Damit enthält er automatisch die Adresse des Operanden.

Beispiel:

```
LDAA #$8E
Load $8E immediate into accumulator A
```

Dieser Befehl lädt den Akkumulator mit der Hexzahl 8E.

Die Immediate-Adressierung wird verwendet, wenn Registerinhalte geladen, addiert, subtrahiert, verglichen oder logisch verknüpft werden sollen. Wie Bild 2.9 zeigt, kann die Länge des Befehls zwischen zwei und vier Bytes betragen. Bezieht sich der Befehl auf die Akkumulatoren A und B, ist er zwei Bytes lang - ein Byte für den Opcode und ein Byte für den Operanden. Bezieht sich der Befehl auf die Register D, X, Y, S oder U, so ist der Befehl drei oder vier Bytes lang. Je nach Register besteht der Opcode aus einem oder zwei Bytes, der Operand hat auf jeden Fall zwei Bytes.

Opcodes mit zwei Bytes Länge werden wir noch öfter antreffen, weil mit 8 Bits nur $2^8 = 256$ verschiedene Befehle zu definieren sind; der 6809 weist aber wesentlich mehr Befehle auf.

Opcode (1 oder 2 Byte)		Operand (1 oder 2 Byte)	

Bild 2.9 Befehlsformat bei der Immediate-Adressierung

An einigen weiteren Beispielen sollen noch ein paar Bemerkungen zur Schreibweise gemacht werden.

Beispiel:

LDAA #7	# kennzeichnet die unmittelbare (immediate) Wertangabe des Operanden
LDAA #%00000111	% kennzeichnet den folgenden Zahlenwert als Binärmuster
LDX #$F12F	$ kennzeichnet eine Hexadezimalzahl; $F12F ist gleichbedeutend mit $F12F_{16}$

2.2.4 Extended-Adressierung

Bei der Extended-Adressierung enthält der Operandenteil des Befehls immer die 16 Bit lange effektive Adresse (Bild 2.10). Damit ist der gesamte 64-K-Adreßraum ansprechbar. Diese Adressierungsart wird bisweilen auch Absolute-Adressierung genannt.

Beispiel:

LDA $478E

Load the contents of memory location $478E into accumulator A

Dieser Befehl lädt den Inhalt der Speicherzelle mit der Adresse $478E in den Akkumulator A.

Bedenken Sie bei der Verwendung der Extended-Adressierung, daß Ihre Programme damit absolute Adressen enthalten und daher nicht mehr verschiebbar sind. Überlegen Sie zunächst, ob Direct-Adressierung möglich ist, denn Sie sparen damit auch Speicherplatz, oder ob Program Counter Relative-Adressierung sinnvoll ist. Es gibt auch Fälle, wo die Extended-Adressierung benutzt werden muß, z.B. bei festen Ein-/Ausgabe-Adressen von Peripheriegeräten. Wir erinnern uns, daß diese vom 6809 wie Speicheradressen behandelt werden. Eine andere Form der Extended-Adressierung, nämlich Extended Indirect, wollen wir später besprechen.

Opcode	Operand		

Bild 2.10 Befehlsformat bei der Extended-Adressierung

2.2.5 Direct-Adressierung und Direct Page Register

Aus Gründen des leichteren Verständnisses wollen wir uns für alle diejenigen, die weder den 6502 noch den 6800 kennen, einmal anschauen, was Direct-Adressierung beim 6800 bedeutet.

Beim 6800 sind direkt-adressierte Befehle 2-Byte-Befehle. Dem Opcode folgt eine 1-Byte-Adresse. Bei diesem Byte handelt es sich um den niederwertigen Teil der effektiven Adresse. Der höherwertige Teil wird von der CPU automatisch ergänzt, und zwar mit dem Wert 00. Damit ist nur der Speicherbereich mit den ersten 256 Speicherzellen adressierbar, also von \$0000 bis \$00FF. Beim 6502 sagt man für diesen Bereich *Zero-Page-Modus*. In diesem Zusammenhang müssen wir uns das *Seitenkonzept* bei der Speicherverwaltung anschauen (Bild 2.11).

Der gesamte adressierbare Speicherbereich von $2^{16} = 65536$ Speicherzellen läßt sich in 256 Blöcke von je 256 Zellen zerlegen. Mit ein wenig Potenzrechnung ist das leicht einzusehen.

$$2^{16} = 2^8 \cdot 2^8 = 256 \cdot 256 = 65536$$

Diese Blöcke werden auch *Seiten* genannt. Man stellt sich dabei den Speicher als ein Buch vor. Dieses Buch hat 256 Seiten zu jeweils 256 Zeilen mit 8 Bits pro Zeile.

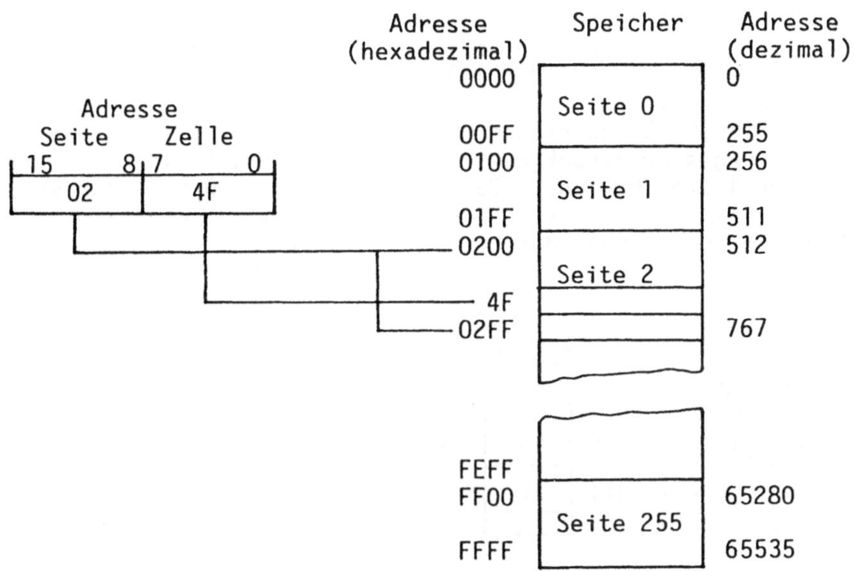

Bild 2.11 Seitenkonzept

Die Direct-Adressierung beim 6800 bezog sich nun nur auf die Seite 0. Beim 6502 heißt sie Zero-Page-Adressierung.

Beispiel:

```
LDA $8E
Load the contents of memory $008E into accumulator A
```

Dieser Befehl lädt den Inhalt des Speicherplatzes $008E in den Akkumulator A. Ganz genau die gleiche Wirkung erreicht man mit dem Befehl

```
LDA $008E.
```

Dieser Befehl benutzt die Extended-Adressierung.

Die offensichtlichen Vorteile der Direct-Adressierung sind die, daß nur zwei Bytes pro Befehl benötigt werden (im Gegensatz zu drei bei Extended-Adressierung) und damit natürlich auch weniger Maschinenzyklen erforderlich sind. Damit ist es für den 6800-Programmierer klar, daß er auf der ersten Speicherseite nur Direct-Adressierung verwendet. Ein ebenso offensichtlicher Nachteil der Direct-Adressierung ist es aber, daß sie eben nur auf dieser ersten Speicherseite verwendbar ist. Dieses Problem ist nun beim 6809 elegant gelöst. Im ganzen Speicherbereich können Sie bei diesem Prozessor Direct-Adressierung verwenden, und zwar mit Hilfe des *Direct Page Register* (DP). Dieses Register enthält das MSB (*Most Significant Byte*) der effektiven Adresse. Das LSB (*Least Significant Byte*) der effektiven Adresse steht im Operandenteil des Befehls (Bild 2.12). Würde in Bild 2.12 das DP-Register 00 enthalten, so würde der gleiche Befehl (LDA $3C) die Speicherzelle $003C ansprechen. Bei einem Reset des 6809 werden sämtliche Register zurückgesetzt. Damit enthält also auch das DP-Register lauter Nullen. Damit arbeitet die Direct-Adressierung wie beim 6800. Das DP-Register ermöglicht es also, den Adreßbereich des 6809 "durchzublättern" wie die Seiten eines Buches.

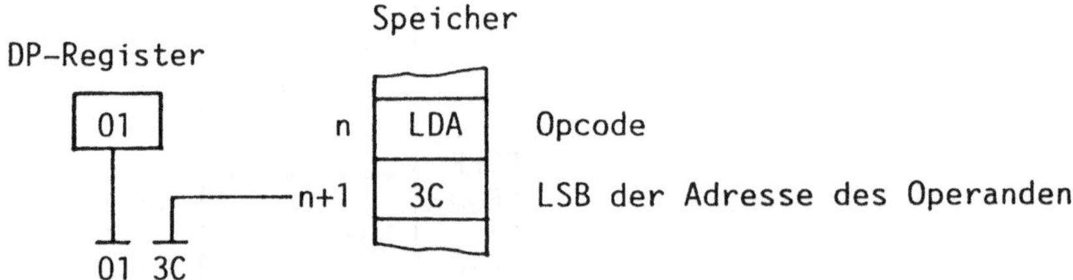

Der Befehl LDA $3C lädt den Akkumulator mit dem Inhalt der Speicherzelle $013C.

Bild 2.12 Direct-Adressierung mit DP-Register

An einem weiteren Beispiel wollen wir uns nochmals den Unterschied zwischen Immediate- und Direct-Adressierung ganz klar machen.

Beispiel:

LDA #$EF (86EF)

Die Zahl EF wird in den Akkumulator geladen.

LDA $EF (96EF)

Die Zahl im Speicherplatz mit der Adresse $00EF wird in den Akkumulator geladen (vorausgesetzt: DP enthält 00).

Die Immediate-Adressierung ist sehr nützlich, wenn es sich bei den Operanden z.B. um eine Konstante handelt, die sich während des gesamten Programmablaufs nicht ändert. Dann ist es sinnvoll, diese Konstante unmittelbar in den Operandenteil des Befehls zu schreiben. Oft ist der Operand jedoch eine Variable, die auf verschiedene Weise behandelt werden soll. In diesem Fall wendet man die Direct-Adressierung an.

Es sei auch nochmals extra daraufhingewiesen, daß die Direct-Adressierung auch dann nur eine 1-Byte-Adresse im Befehl enthält, wenn sich der Befehl auf ein 16-Bit-Register bezieht (Bild 2.13).

Wie bereits erwähnt, eignet sich der 6809 sehr gut für problemorientierte Hochsprachen. Das DP-Register hat daran Anteil. Um dies zu erklären, müssen wir die Begriffe globale Variable und lokale Variable kennen. *Lokale Variable* sind nur in

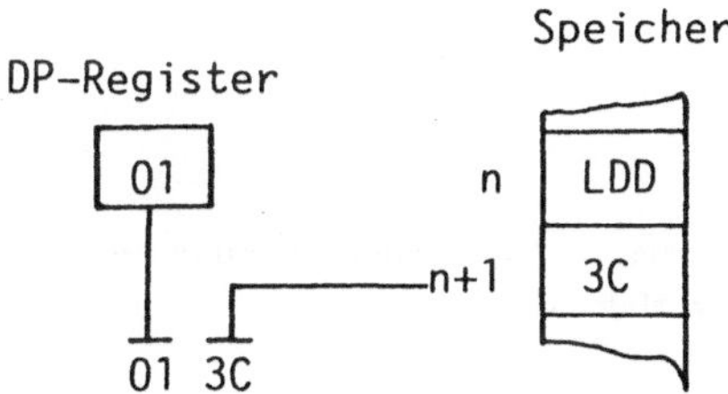

Effektive Adresse

Der Befehl LDD $3C holt von der Speicherstelle mit der Adresse $013C den Inhalt und bringt ihn in das MSB des Akkumulators D, dann geht er automatisch nach Adresse $013D und holt sich dort das LSB für den Akkumulator D.

Bild 2.13 Laden des Akkumulators D

Unterprogrammen (bzw. Modulen) definiert. *Globale Variable* sind im gesamten Programm verfügbar. Die globalen Variablen können auf eine bestimmte Seite geschrieben werden, auf die das DP-Register dann "zeigt", also deren Seitennummer es enthält. Die lokalen Variablen werden auf dem Stack untergebracht. Das DP-Register unterstützt auch sogenannte *Multitasking-Operationen*. Von Multitasking spricht man, wenn verschiedene Aufgaben (*tasks*), die aber miteinander in einer Beziehung stehen, im gleichen Programm abgehandelt werden. Jedes Problem wird dann auf einer extra Seite vom Hauptprogramm bearbeitet und vom DP-Register aus verwaltet.

2.2.6 Branch Relative-Adressierung

Die Programme, die wir bis jetzt geschrieben haben, waren alle sogenannte "Geradeaus-Programme". Das heißt, die Befehle werden in festgelegter Reihenfolge abgearbeitet, also so, wie sie aufgeschrieben wurden. Damit sind die Möglichkeiten des Mikroprozessors bei weitem nicht ausgeschöpft, und auch von der Praxis her ist die "Geradeaus-Programmierung" oft nicht anwendbar. Der Mikroprozessor bietet die Möglichkeit; eine bestimmte Anzahl von Befehlen abzuarbeiten und danach eine Gruppe von Befehlen zu überspringen und in einem ganz anderen Speicherbereich weiterzuarbeiten. Diese Möglichkeit wird geschaffen durch die

Verzweigungsbefehle (*branch*) und die

Sprungbefehle (*jump*).

Diese Art von Befehlen gestatten das wiederholte Ausführen einer Instruktion (Schleife) oder den Sprung in einen anderen Programmteil. Die Verzweigungsbefehle benutzen die Relative-Adressierung.

Beispiel:

BRANCH $7F (Relative)

Der aktuelle Programmzählerstand sei $0004. Der Rechner springt zum Speicherplatz Nummer $0083, denn $0004 + $007F = $0083.

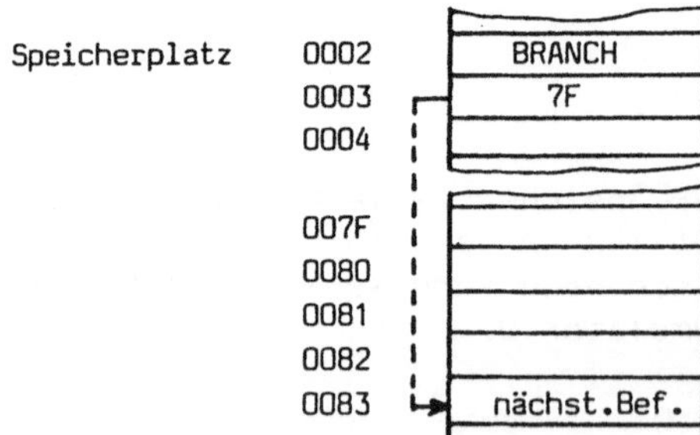

Sie ermöglicht es, ein Programmteil beliebig zu verschieben, ohne daß die relative Adresse geändert werden muß. Dies ist besonders beim Arbeiten mit Unterprogrammen sehr hilfreich. Bei der Relative-Adressierung stellt die Zahl im zweiten Byte des Befehls nicht die Adresse selbst dar, sondern diese Zahl muß zum aktuellen Stand des Programmzählers addiert werden, um die wirkliche Adresse für die nächste Instruktion zu bilden.

Nachfolgend soll genau gezeigt werden, wie die CPU einen Verzweigungsbefehl ausführt. Der einfacheren Darstellung wegen wollen wir dazu den Modellmikrocomputer aus Kapitel 2.1 verwenden.

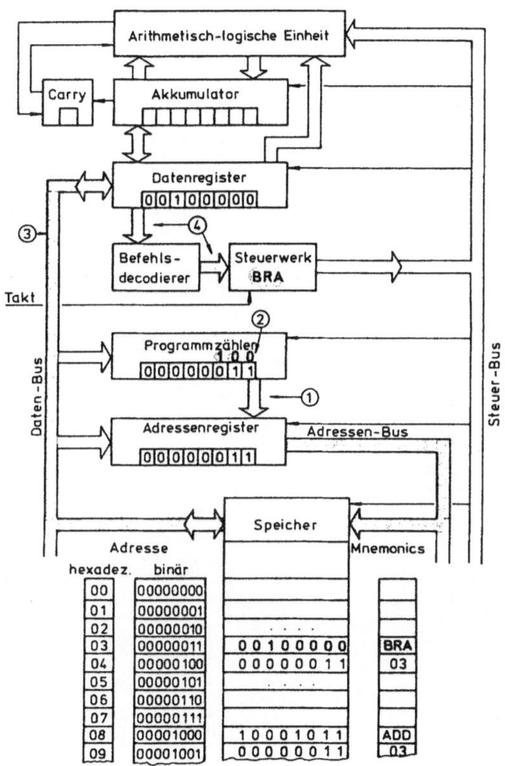

Bild 2.14a Holen des Befehls

Ausführung eines Verzweigungsbefehls. Die Bilder 2.14a/b/c zeigen einen Programmausschnitt mit einem Verzweigungsbefehl. Die im nachfolgenden Text eingekreisten Zahlen beziehen sich auf diese Bilder. Der Befehl BRA bedeutet "*Branch Always*". Das heißt, der Rechner soll auf jeden Fall verzweigen. Die Verzweigung ist nicht an eine Bedingung gebunden. Man spricht von unbedingter Verzweigung (*unconditional branch*).

Anhand des BRA-Befehls soll die Ausführung eines Verzweigungsbefehls durch die CPU gezeigt werden. Man kann drei Bearbeitungsteile unterscheiden:

a) Holen des Befehls (Opcode)
b) Holen der relativen Adresse
c) Berechnen der tatsächlichen Adresse.

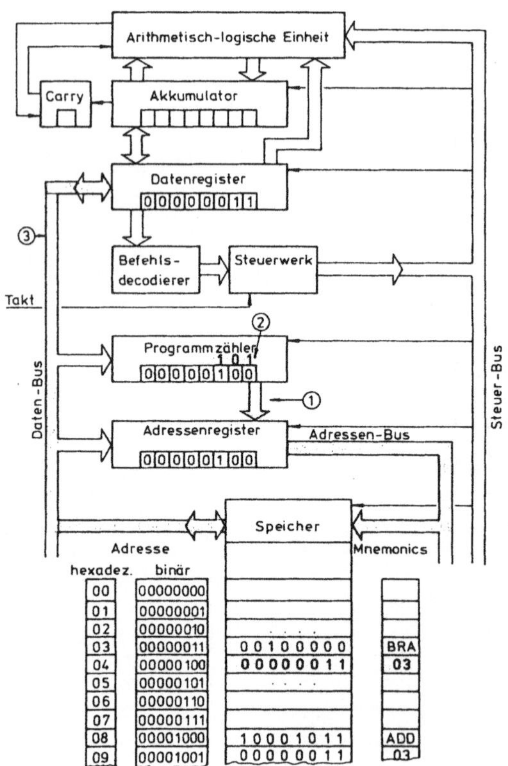

Bild 2.14b Holen der relativen Adresse

a) Holen des Befehls (Bild 2.14a)

(1) Der Inhalt des Programmzählers wird in das Adressenregister geschrieben, welches mit dem Adressen-Bus verbunden ist.

(2) Der Inhalt des Programmzählers wird um 1 erhöht.

(3) Über den Daten-Bus wird der Inhalt des Speicherplatzes Nummer $0003 in das Datenregister eingelesen.

(4) Der Inhalt des Datenregisters wird decodiert. Die CPU erkennt, daß es sich um einen Verzweigungsbefehl handelt.

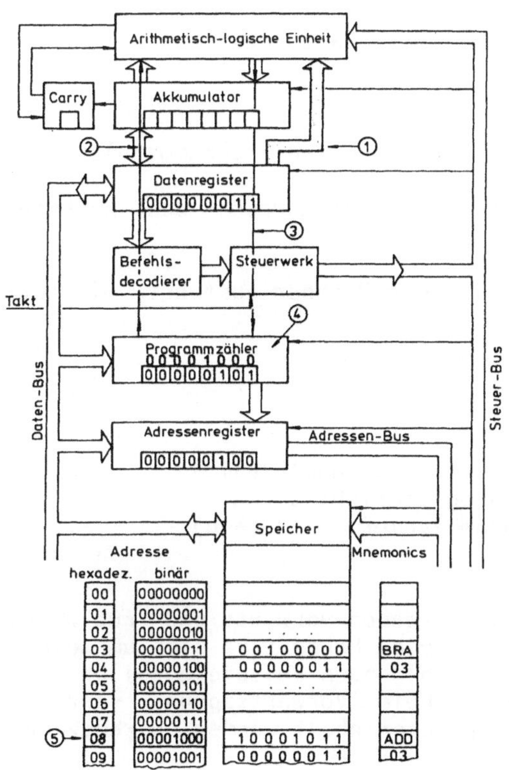

Bild 2.14c Berechnen der tatsächlichen Adresse

b) Holen der relativen Adresse (Bild 2.14b)

(1) Der Inhalt des Programmzählers ($0004) wird in das Adressenregister geschrieben.

(2) Der Inhalt des Programmzählers wird um 1 erhöht.

(3) Der Inhalt des adressierten Speicherplatzes wird über den Daten-Bus in das Datenregister gelesen.

c) Berechnen der tatsächlichen Adresse (Bild 2.14c)

Das Datenregister enthält jetzt die relative Adresse.

(1) Die ALU addiert nun den Inhalt des Datenregisters.

(2) zum Inhalt des Programmzählers und

(3) speichert die Summe wieder zurück in den Programmzähler.

(4) Dieser enthält nun die tatsächliche Adresse des nächsten abzuarbeitenden Befehls.

(5) Der nächste Befehl, den also der Rechner ausführt, lautet: ADD $0003.

Adreßberechnung:

00000000 00000101	Programmzählerinhalt (alt)
+00000000 00000011	Datenregisterinhalt
00000000 00001000	Programmzählerinhalt (neu)

Vorwärtssprung. Programmsprünge können vorwärts und rückwärts ausgeführt werden. Bei dem Beispiel handelt es sich um einen Vorwärtssprung. Die beiden nachfolgenden Beispiele sollen die Berechnung der relativen Adresse beim Vorwärtssprung verdeutlichen. Speicheradresse und Speicherinhalt werden hexadezimal angegeben.

Beispiel:

Wohin verzweigt der Rechner bei der angegebenen Instruktion?

Adresse	Speicher-inhalt	Mnemonic
0024	20	BRA
0025	05	05
0026	-	-
0027	-	-
0028	-	-
0029	-	-
002A	-	-
002B	86	LDA #
002C	77	77

Der Programmzähler enthält die Adresse der nächsten Instruktion, während der BRA-Befehl ausgeführt wird. Er steht also in diesem Beispiel auf 0026. \$0026 + \$05 = \$002B. Der nächste Befehl wird also von der Speicherstelle \$002B geholt.

Beispiel:

Welche relative Adresse muß in Speicherplatz \$0025 geschrieben werden, damit der Rechner nach Speicherplatz \$002C springt?

Der Programmzähler steht wieder auf \$0026. Diese Zahl ist jetzt von der Bestimmungsadresse zu subtrahieren. Die Differenz ist die relative Adresse. Also: \$002C - \$0026 = \$06.

Rückwärtssprung. Soll ein Teil des Programms nochmals oder noch mehrmals wiederholt werden, so ist ein Rückwärtssprung nötig. Um vorwärts und rückwärts springen zu können, benutzt man für die relative Adresse die *Zweierkomplementdarstellung*. Damit kann man einen Zahlenbereich von -128_{10} bis $+127_{10}$ überstreichen. Man muß noch berücksichtigen, daß der Programmzähler während der Adressenberechnung auf den nächsten Befehl zeigt.

Wir verwenden folgende Abkürzungen:

PC Adresse des ersten Bytes der Verzweigungsinstruktion
D Zieladresse
R Relative Adresse - abgespeichert als Zweierkomplementzahl im zweiten Byte des Verzweigungsbefehls.

Damit kann die Beziehung zwischen relativer und absoluter Adresse des Verzweigungsbefehls durch eine Gleichung ausgedrückt werden:

$$D = (PC + 2) + R$$

Da die relative Adresse aus 7 Bits besteht, muß sich die absolute Adresse (Zieladresse) in bestimmten Grenzen bewegen:

$$(PC + 2) - 128 \leq D \leq (PC + 2) + 127$$

Die folgenden zwei Beispiele dienen zur Erläuterung. Speicheradresse und Speicherinhalt sind wieder hexadezimal angegeben.

Beispiel:

Wohin verzweigt der Rechner bei der angegebenen Instruktion?

Adresse	Speicherinhalt	Mnemonic
0024	-	-
0025	-	-
0026	86	LDA #
0027	77	77
0028	-	-
0029	-	-
002A	20	BRA
002B	FA	FA
002C	-	-
002D	-	-

Die relative Adresse ist $FA ($11111010_2$). In Zweierkomplementdarstellung ist das -6. Das heißt, der Programmzähler soll 6 Plätze rückwärts springen, und zwar von dem Platz aus, wo er bei Berechnung der Adresse steht, also $002C. Wenn man von Hand die relative Adresse bestimmen muß, zählt man die Plätze im Programm einfach ab, wenn es sich nur um wenige übersprungene Bytes handelt. Ansonsten kann man die absolute Adresse in Zweierkomplement-Arithmetik auch berechnen.

Programmzählerstand (alt)	002C
Relative Adresse	+FFFA
Programmzählerstand (neu)	10026

Der Übertrag wird ignoriert. Somit wird die nächste Instruktion vom Speicherplatz Nummer $0026 geholt.

Die in der Praxis häufiger auftretende Aufgabe besteht darin, die relative Adresse zu bestimmen, wenn die Zieladresse bekannt ist. Auch diese Aufgabe wird dem Programmierer in der Regel durch den Assembler abgenommen. Wenn man allerdings von

Hand assembliert, muß man wie folgt vorgehen:

1. Subtrahiere die Zieladresse vom aktuellen Zählerstand.
2. Bilde das Zweierkomplement der Differenz.

Beispiel:

Welche relative Adresse muß in Speicherplatz $00E3 geschrieben werden, damit der Rechner nach Speicherplatz $000A springt?

Adresse	Speicher-inhalt	Mnemonic
0009	-	-
000A	86	LDA #
000B	77	77
000C	-	-
000D	-	-
000E	-	-
000F	-	-
00E0	-	-
00E1	-	-
00E2	20	BRA
00E3	F6	F6
00E4	-	-

aktueller Zählerstand: 00E4
Zieladresse -000A
Differenz 000A

davon das Zweierkomplement: F6
Die gesuchte relative Adresse lautet $F6.

a) Short Branch-Befehlsformat

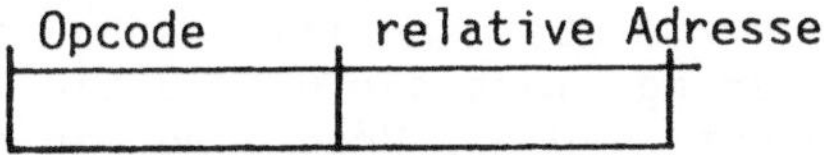

b) Long Branch-Befehlsformat

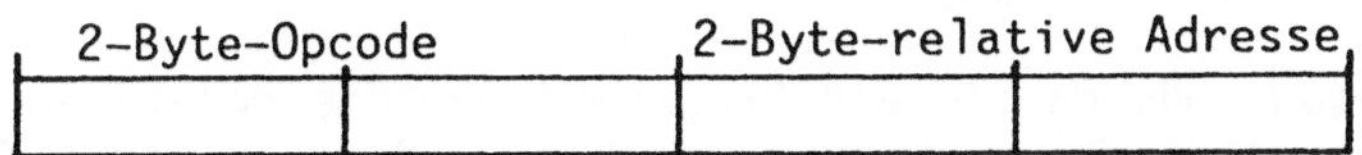

Bild 2.15 Formate der Verzweigungsbefehle mit Branch Relative-Adressierung

Die bisher verwendeten Beispiele haben alle das Short-Branch-Format verwendet, wie es Bild 2.15 zeigt. Beim 6800 gab es nur dieses Format. Der Nachteil ist dabei aber die geringe Sprungweite, wenngleich die meisten in einem Programm vorkommenden Sprünge nur über eine kurze Distanz gehen. Beim 6809 ist dieser Nachteil mit der Einführung der *Long Branch*-Befehle ausgeräumt.

Bild 2.15b zeigt das Format von Long Branch-Befehlen. Einem 2-Byte-Opcode folgt eine 2 Byte lange relative Adresse. Das nachfolgende Beispiel zeigt eine Adreßberechnung bei Long Branch.

Beispiel:

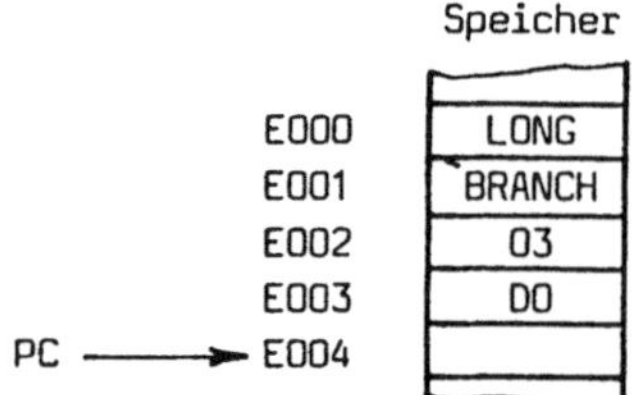

Wohin verzweigt der Befehl LONG BRANCH $0300?

Da der Befehl eine Länge von 4 Bytes hat (zwei für den Opcode, zwei für die Adresse), steht der Programmzähler auf $E004; dazu die relative Adresse addiert:

```
  E004
+ 03D0
  E3D4   Die CPU verzweigt zur Adresse $E3D4.
```

Der Mikroprozessor kann auch in Abhängigkeit von einer Bedingung springen. Die große Gruppe der bedingten Verzweigungsbefehle werden wir in Kapitel 2.3 besprechen. Alle diese Befehle benutzen die hier besprochene Branch Relative-Adressierung. Man kann für einen bedingten Sprung auch den Befehl JMP (*jump*) nehmen. Damit ist das Programm aber positionsabhängig. Der Vorteil der relativen Adressierung liegt darin, daß sie Programme verschiebbar (*relocatable*) macht. D.h., Programme, in denen nur relativ zum Programmzähler gesprungen wird, können in jeden beliebigen Speicherbereich geladen werden, ohne daß Sprungadressen ausgetauscht werden müssen.

Übrigens müssen Sie als Programmierer die relativen Adressen im Normalfall nicht von Hand ausrechnen. Bei kleineren Kits gibt es dazu eine Monitorroutine. Bei Rechnern mit einem Betriebssystem macht das der Assembler. Man muß dann die Zieladresse als Marke (*Label*) angeben.

2.2.7 Indexed-Adressierung

Diese Adressierungsart ist sehr vielseitig und macht den 6809 so leistungsfähig. Es gibt viele verschiedene Arten der Indexed-Adressierung. Alle benutzen ein Basisregister. Dieses Basisregister kann eines der beiden Indexregister sein, oder einer der beiden Stack Pointer oder auch der Programmzähler.

Im Basisregister steht die Basisadresse.
Im Befehl steht die Offset-Adresse (Distanzadresse, Displacement).
Die Summe aus Basisadresse und Offset-Adresse ergibt die effektive Adresse.

Auch bei dieser Adressierungsart spielt das Post Byte wieder eine Rolle. Es teilt dem Prozessor mit, in welchem Register die Basisadresse steht, und welche Art von Offset benutzt wird. Das Befehlsformat bei der Indexed-Adressierung zeigt Bild 2.16. Man erkennt, daß auf einem ein- oder zwei-Byte-langen Opcode das Post Byte folgt. Auf das Post Byte folgt entweder gar keine Offset-Angabe oder ein zwei- oder drei-Byte Offset.

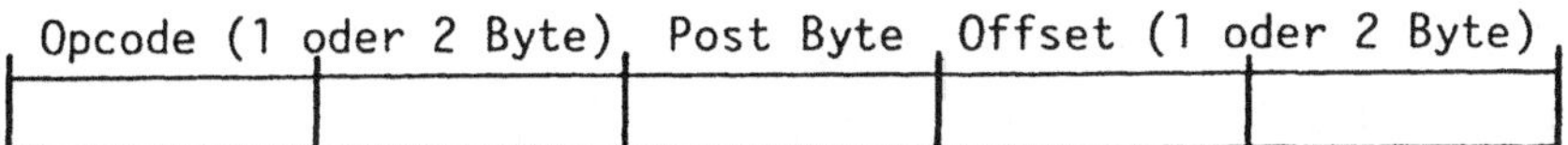

Bild 2.16 Befehlsformat bei der Indexed-Adressierung

Wegen ihrer Bedeutung soll die Handhabung der Indexed-Adressierung noch an Hand einiger kleiner Programme erklärt werden. Bild 2.17 zeigt, wie die CPU einen Befehl mit Indexed-Adressierung behandelt.

Im ersten Befehl wird die Adresse in das Indexregister geladen. Dieser erste Befehl benutzt seinerseits die Immediate-Adressierung, was durch das Symbol # zum Ausdruck kommt. Der nächste Befehl veranlaßt zunächst eine Adressenberechnung: Zum Indexregister-Inhalt wird die Hexadezimalzahl 70 addiert. Dies ergibt die aktuelle Adresse $0A70. Weiter bewirkt der Befehl, daß die unter dieser Adresse stehende Zahl $2D in den Akkumulator A geladen wird. Der Inhalt des Indexregisters bleibt dabei unverändert.

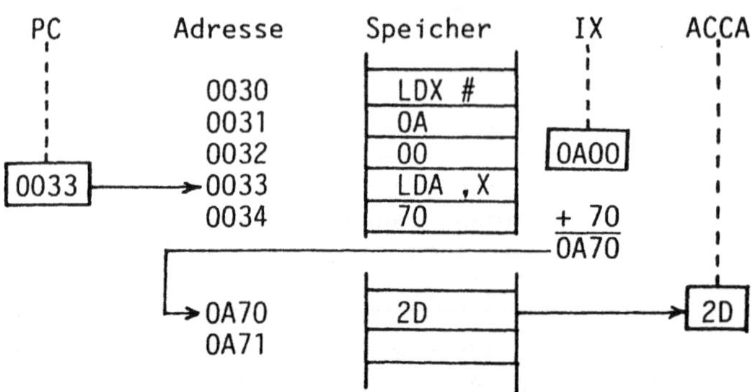

Bild 2.17 Indexed-Adressierung

Wir wollen nun die verschiedenen Varianten der Indexed-Adressierung im einzelnen besprechen.

Constant-Offset Indexed-Adressierung. Zum Inhalt des durch das Post Byte festgelegten Registers wird ein Offset in Zweierkomplementdarstellung hinzuaddiert. Die Summe stellt die effektive Adresse dar. Dieser Offset kann verschiedene Bitlänge haben:

1. 0-Bit (kein Offset, Zero-Offset)
2. 5-Bit (Offsetbereich von -16_{10} bis $+15_{10}$)
3. 8-Bit (Offsetbereich von -128_{10} bis $+127_{10}$)
4. 16-Bit (Offsetbereich von -32768_{10} bis $+32767_{10}$)

Zero-Offset. Bei dieser Adressierung gibt es keinen Offset. Die entsprechenden Befehle haben auch keinen Operandenteil. Ein Befehl mit Zero-Offset Indexed-Adressierung besteht aus einem ein oder zwei Byteslangen Opcode, gefolgt von einem Post Byte. Da es keinen Offset gibt, enthält das Basisregister bereits die effektive Adresse, also die Adresse des Operanden, der in der betreffenden Operation benutzt wird. Das Post Byte legt die Adressierungsart Zero-Offset fest und bestimmt das Register, das als Basisregister verwendet wird. Da Befehle mit Zero-Offset Indexed-Adressierung sehr wenig Bytes benötigen und außerdem keine Offsetberechnung nötig ist, ist Zero-Offset die schnellste indizierte Adressierungsart. Nachfolgend ist noch ein Beispiel angeführt.

Beispiel:

```
LDA ,X    (A6 84)
```

Dieser Befehl lädt den Inhalt des Speicherplatzes, dessen Adresse im Indexregister X steht, in den Akkumulator.

5-Bit-Offset. Ein Befehl mit dieser Adressierungsart hat ebenfalls keinen Operandenteil, sondern nur den ein oder zwei-Bytes langen Opcode und das nachfolgende Post Byte. Die Angabe des Offset steht mit im Post Byte. Die fünf niederwertigen Bits im Post Byte bilden den Offset, und zwar in Zweierkomplementdarstellung. Das höchstwertige von den fünf Bits stellt das Vorzeichenbit dar. Ist es 0, handelt es sich um eine positive Zahl, bei 1 um eine negative. Statt 5-Bit-Offset könnten wir deshalb auch sagen: ±4-Bit-Offset. Der Offsetbereich geht also von -16_{10} (10000_2) bis $+15_{10}$ (01111_2). Diesen 5-Bit-Offset addiert die CPU zum im Post Byte spezifizierten Basisregister. Die Summe ergibt die effektive Adresse.

Beispiel:

```
LDA -1,Y    (A6 3F)
```

Dieser Befehl addiert zunächst zum Inhalt des Indexregisters Y die Zahl -1_{10} (11111_2). Dies ergibt die effektive Adresse. Dort holt er den Operanden und bringt ihn in den Akkumulator A.

Diese Adressierungsart benötigt mehr Prozessorzeit, weil eine Adreßberechnung nötig ist.

Beispiel:

```
LDA ,X
```

Dieser Befehl benutzt Zero-Offset.

```
LDA 0,X
```

Dieser Befehl benutzt den 5-Bit-Offset mit dem Wert 0.

Natürlich sollte man immer den ersten Befehl benutzen. Der 6809-Assembler erzeugt automatisch, unabhängig davon, welchen der beiden Befehle Sie benutzen, den gleichen Objektcode (A6 84).

8-Bit-und 16-Bit-Offset. Diese Adressierungsart verwendet einen ein oder zwei Bytes langen Operanden. Dieser steht hinter dem ein oder zwei Bytes langen Opcode und dem Post Byte. Das Post Byte legt die Adressierungsart fest (8 Bit oder 16 Bit) und spezifiziert das verwendete Basisregister. Der Offset wird zum Inhalt des Basisregisters addiert und ergibt die effektive Adresse. Da die Darstellung des Offset wieder in Zweierkomplement-Arithmetik erfolgt, geht der zu erfassende Adreßbereich bei 8-Bit-Offset (bzw. bei ±7 Bit) von -128_{10} (10000000_2) bis $+127_{10}$

(01111111_2), bei 16-Bit-Offset (bzw. bei ±15 Bit) von -32768_{10} bis $+32767_{10}$. Bei einem 2-Byte-Offset kommt das MSB (Most Significant Byte) zuerst.

Beispiel:

```
LDA $24,X
```

Dieser Befehl addiert zunächst zum Inhalt des Indexregisters X die Zahl $24. Dies ergibt die effektive Adresse. Dort holt er den Operand und bringt ihn in den Akkumulator A.

```
LDX -64000,S
```

Dieser Befehl addiert zunächst zum Inhalt des Hardware Stack Pointers S die Zahl -64000_{10}. Dies ergibt die effektive Adresse. Von dort holt er das MSB für das X-Register. Dann geht er automatisch eine Speicherstelle weiter und holt dort das LSB für das X-Register.

Accumulator-Offset. Bei dieser Adressierungsart kann nicht nur die Basisadresse, sondern auch der Offset variiert werden. Als Basisregister können nur die Register X, Y, S und U dienen, also nicht der Programmzähler. Der Offset steht im Akkumulator A, B oder D. An einem Beispiel werden Sie noch den großen Vorteil dieser Adressierungsart erkennen. Man kann nämlich den Offset berechnen oder variieren - und zwar kurz bevor er im indizierten Befehl benutzt wird. Die effektive Adresse ergibt sich auch hier wieder aus der Addition von Basisadresse (im Indexregister oder im Stack Pointer) und Offset (im Akkumulator). Die Offset-Angabe erfolgt auch hier in Zweierkomplementdarstellung.

Beispiel:

```
LDA B,X
```

Dieser Befehl addiert zum Indexregisterinhalt den Inhalt des Akkumulators B. Unter dieser Adresse steht der Operand, der in den Akkumulator A geladen wird.

Es sei nochmals darauf hingewiesen, daß die Angabe des Offset bei der indizierten Adressierung immer in Zweierkomplementdarstellung erfolgt. So unterscheidet sich zum Beispiel der Befehl ABX von dem Befehl im obigen Beispiel dadurch, daß der Inhalt des Akkumulators B als eine vorzeichenlose Dualzahl betrachtet wird.

Auch sei nochmals erwähnt, daß die indizierten Adressierungsarten den Inhalt der Basisregister nicht verändern.

Autoincrement und Autodecrement. Bei der Bearbeitung von Listen oder Zeichenketten (*strings*) muß man ein Byte nach dem anderen bearbeiten. Ist das zu bearbeitende Datenwort ein Byte lang, muß man anschließend die Adresse um 1 erhöhen (oder auch erniedrigen) um zum nächsten Byte zu kommen. Bei einer zwei Byteslangen Zahl muß die Adresse um 2 vorwärts (oder rückwärts) gezählt werden. Bei dieser Aufgabe hilft die Autoincrement (Decrement)-Adressierung sehr. Der Befehl besteht hier nur aus einem ein oder zwei Byteslangen Opcode und dem Post Byte. Im Post Byte ist festgelegt, ob Autoincrement oder Autodecrement verwendet wird und um welchen Betrag inkrementiert oder decrementiert werden soll. Bei der Autoincrement—Adressierung enthält das betreffende Basisregister die effektive Adresse des Operanden. Ist der indizierte Befehl bearbeitet, also der angesprochene Operand verwertet, wird die Adresse im Basisregister automatisch um 1 erhöht. Besteht der Operand aus zwei Bytes,wird zunächst das MSB und dann das LSB des Operanden geholt. Anschließend wird die Adresse um 2 erhöht. Das Basisregister zeigt also automatisch immer auf den nächsten abzuarbeitenden Speicherplatz. Die Daten im Speicher werden von den niederen zu den höheren Adressen hin abgearbeitet.

Bei Autodecrement geht das umgekehrt. Hier wird zunächst einmal das Basisregister um 1 bzw. um 2 erniedrigt. Anschließend wird dann der Operand geholt. Damit kann man also einen Speicherbereich rückwärts von den höheren zu den niederen Adressen hin abarbeiten. Man muß bei der Benutzung von Autodecrement Indexed-Adressierung aufpassen, daß man die Adresse M+1 benutzt, wenn der erste Operand in M steht; denn es wird zunächst dekrementiert und dann erst der Operand geholt. Zum besseren Verständnis seien noch ein paar Beispiele angegeben.

Beispiel:

```
LDA ,X+
```

Dieser Befehl holt von der im Indexregister X stehenden Adresse den Operanden und lädt ihn in den Akkumulator A. Anschließend erhöht er den Inhalt des Indexregisters um den Wert 1.

Beispiel:

```
LDD ,--Y
```

Dieser Befehl dekrementiert zunächst das Indexregister Y um den Wert 2. Von dieser neuen Adresse wird dann das MSB des Operanden geholt und in den Akkumulator gebracht. Von der nächsten Speicherstelle wird dann automatisch das LSB des Operanden geholt und in den Akkumulator D gebracht.

Die Autoincrement- Adressierung wird auch *Post-Increment* genannt, weil eben das Basisregister erst nach dem Abholen des oder der Operanden inkrementiert wird. Die Autodecrement-Adressierung heißt auch *Pre-Decrement*, weil zunächst dekrementiert wird, und dann erst der adressierte Operand bearbeitet wird.

Die Indexed-Adressierung ist sehr leistungsfähig, aber auch nicht ganz einfach zu verstehen. Wir werden deshalb in einem späteren Kapitel noch einige Übungsbeispiele dazu angeben. An dieser Stelle sei noch ein Beispiel angeführt, das den Unterschied zwischen den einzelnen Adressierungsarten nochmals verdeutlichen soll.

Beispiel:

LDX #$0010

Dieser Befehl lädt das Indexregister X mit der Zahl $0010. Benutzt wird die Immediate-Adressierung.

LDX $0010

Dieser Befehl holt aus dem Speicherplatz mit der Adresse $0010 das MSB und bringt es ins Indexregister. Anschließend holt er automatisch vom nächsthöheren Speicherplatz das LSB und lädt es ins Indexregister. Benutzt wird die Extended-Adressierung.

LDX $10 (DP = 00)

Dieser Befehl macht ganz genau das gleiche wie der vorhergehende, nur daß er die Direct-Adressierung verwendet, d.h. die zwei führenden Nullen in der Adresse $0010 werden von den CPU automatisch ergänzt, sofern das Direct Page Register 00 enthält.

Bis jetzt ist dem Leser vielleicht nur aufgefallen, daß die CPU beim Abarbeiten eines indizierten Befehls sehr viel mehr zu tun hat, als wenn sie einen Befehl in Direct-Adressierung bearbeitet. Welche Vorteile bietet nun die Indexed-Adressierung? Die Indexed-Adressierung ist sehr gut geeignet, um einen ganzen Speicherbereich in der gleichen Art zu manipulieren. Sie steht in engem Zusammenhang mit der schon erwähnten Schleifentechnik.

Beispiele:

1. Aufeinanderfolgende Zahlen in einem Speicherbereich sollen addiert werden.
2. Ein bestimmter Speicherbereich soll null gesetzt werden.
3. Eine Zeichenkette soll an ein Display ausgegeben werden.
4. Von einem Peripheriegerät kommende Daten sollen in einem bestimmten Speicherbereich abgelegt werden.
5. Behandlung von Zahlen in Mehrfach-Genauigkeitsdarstellung (multiple precision value).

Das nachfolgende Programm dient der Umspeicherung eines Zahlenblocks von einem Speicherbereich in den anderen.

Eine Liste von $20 Zahlen steht im Speicherbereich mit der Anfangsadresse $0050. Die Adresse der letzten Zahl ist $006F. Diese Zahlen sollen in den Speicherbereich $00A0 bis $00BF geschrieben werden. In Direct-Adressierung würde das Programm so aussehen:

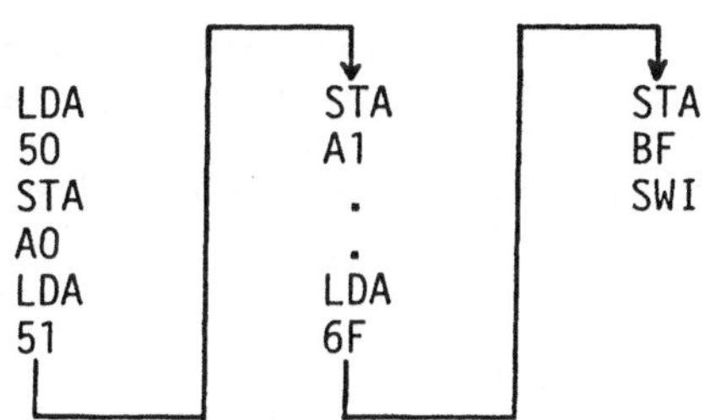

Ganz wesentlich verkürzen läßt sich nun ein solches Programm mit Hilfe der Schleifentechnik und unter Anwendung der Indexed-Adressierung. Unser Programm stehe in den ersten Plätzen unseres RAM-Speichers:

Adresse	Mnemonics
0000	LDX #
0001	00
0002	50
0003	→ LDA ,X
0004	00
0005	STA ,X
0006	50
0007	LEAX 1,X
0008	CMPX #
0009	00
000A	70
000B	BNE
000C	F6
000D	SWI

Das Indexregister wird mit der ersten Adresse unseres Speicherbereichs geladen, aus dem Zahlen geholt werden sollen. Man faßt das Indexregister auch als Zeiger auf und sagt, das Indexregister zeigt auf die erste Speicheradresse. Der Inhalt dieses Speicherplatzes wird nun von indizierten 2-Byte-Befehlen manipuliert.

Der zweite Befehl hat als Offset-Adresse $00. Er lädt also den Inhalt des Speicherplatzes, dessen Adresse im Indexregister steht, in den Akkumulator A, also den Inhalt des Speicherplatzes $0050. Bei der dritten Instruktion ist die Offset-Adresse $50. Zur Bildung der Adresse für den STA-Befehl muß also der Inhalt des Indexregisters (0050) und die Offset-Zahl addiert werden. Die Summe ergibt die tatsächliche Adresse $00A0. Dorthin wird der Inhalt des Akkumulators A abgespeichert. Anschließend wird der Indexregisterinhalt um 1 erhöht, und dann mit $0070 verglichen. Dies ist der erste Speicherplatz, der nicht mehr bearbeitet werden soll. Da keine Gleichheit vorliegt, springt das

Programm zurück zum LDA ,X-Befehl. Die Schleife wird so lange wiederholt, bis der letzte Speicherplatz umgespeichert ist. Dann zeigt das Indexregister auf die Adresse $0070. Der Vergleich ergibt Null, das Z-Flag wird gesetzt. Der BNE-Sprungbefehl wird nicht mehr ausgeführt. Der SWI-Befehl hält den Rechner an.

2.2.8 Program Counter Relative-Adressierung

Diese Adressierungsart erlaubt die schon erwähnte positionsunabhängige Programmierung. Es werden im Programm keine festen Adressen angegeben, sondern es wird immer auf den Programmzähler Bezug genommen. Daher kann ein solches Programm im Speicher hin und her geschoben werden. Das Format zeigt Bild 2.18.

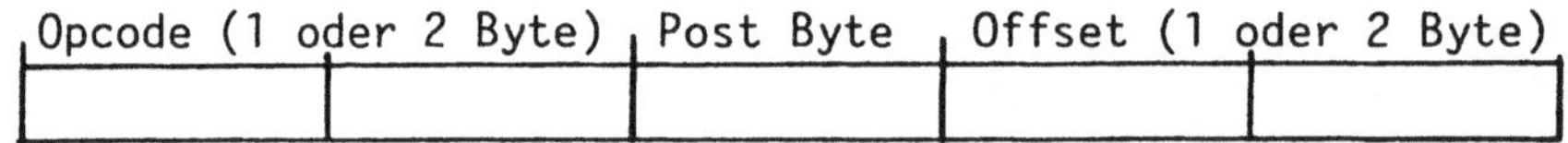

Bild 2.18 Befehlsformat bei der Program Counter Relative-Adressierung

Bei der Program Counter Relative-Adressierung gibt es nur einen 8-Bit- oder 16-Bit-Offset (also keinen Zero- oder 5-Bit-Offset). Auch hier ist der Offset eine Zahl in Zweierkomplementdarstellung. Er wird addiert zum aktuellen Programmzählerstand. Dies ergibt die effektive Adresse. Der Programmzählerinhalt wird bei dieser Adreßberechnung nicht verändert. Das ist der Unterschied zur Branch Relative-Adressierung, wo der Programmzähler die effektive Adresse enthält, zu der dann die CPU springt. Die Program Counter Relative-Adressierung wird deshalb auch zu den indizierten Adressierungsarten gezählt. Sie benutzt auch das Post Byte, welches die Adressierungsart festlegt.

Beispiel:

```
LDA $10,PC    (A6 8C 10)
```

Angenommen der Opcode dieses Befehls steht unter der Adresse $0100, dann addiert die CPU zu der Adresse $0103 die Zahl $10. Die effektive Adresse ist damit $0113. Dort steht der Operand. Denken Sie bei dieser Adressierungsart daran, daß der Programmzähler zuerst auf den nächsten abzuarbeitenden Befehl gesetzt wird. In unserem Beispiel steht der nächste Opcode unter der Adresse $0103.

In diesem Beispiel wurde ein positiver 8-Bit-Offset verwendet. 16-Bit-Offset kommt bei dieser Addressierung auch häufig vor, da die Programmteile, die positionsunabhängig geschrieben sind, im

Speicherraum oft weit auseinanderliegen, wie z.B. der Programmbereich und der Datenbereich. Allerdings muß der Programmierer die Offsetadresse in der Regel nicht selbst ausrechnen. Der Assembler tut dies für ihn, sofern eine Marke angegeben wurde.

Beispiel:

```
LDA M1,PCR
```

Bei diesem Befehl rechnet das Assemblerprogramm den Abstand zwischen der Adresse dieses Befehls und der Marke M1 aus und setzt den entsprechenden Offset (1 oder 2 Bytes) selbst in den Befehl ein.

2.2.9 Indirect-Adressierung

Bei dieser Adressierungsart erhält die CPU den Operanden nur indirekt über eine Zwischenadresse. Indirekte Adressierung bedeutet:

> Die Adresse im Operandenteil bezeichnet einen Speicherplatz, der zunächst nur die Adresse des Operanden enthält und nicht schon den Operanden selbst.

Wir wollen uns das an einem Beispiel näher ansehen (Bild 2.19). Nehmen wir an, ein Befehl, der Indirect-Adressierung benutzt, enthält in seinem Operandenteil die Adresse $E000. Dann steht unter dieser Adresse die effektive Adresse des Operanden. Genauer gesagt, der Speicherplatz $E000 enthält das MSB der effektiven Operandenadresse (E1), der Speicherplatz $E001 das LSB der Operandenadresse (00).

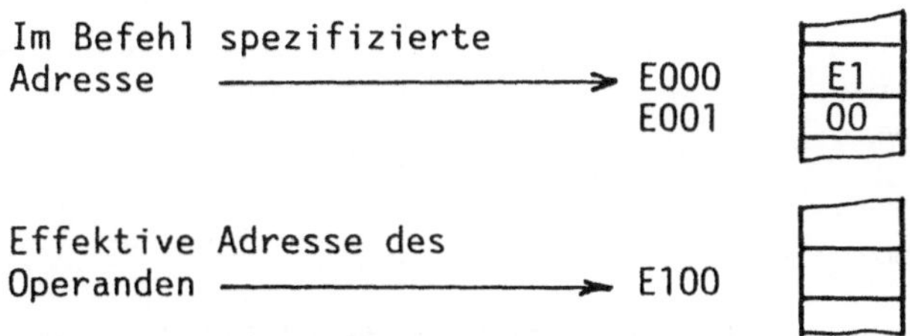

Bild 2.19 Indirect-Adressierung

Die Indirect-Adressierung wird von allen indizierten Adressierungsarten verwendet, mit Ausnahme von Autoincrement/Decrement um 1. (Eine Adresse ist immer zwei Bytes lang, daher kann nicht nur um 1 inkrementiert oder dekrementiert werden.) Außerdem wird Indirect-Adressierung noch von Program Counter Relative-und Extended-Adressierung verwendet. Gekennzeichnet wird die Indirect-Adressierung durch das Post Byte. Bit 4 = 1 bedeutet Indirect-Adressierung. In Assemblerschreibweise werden zur Kennzeichnung Klammern verwendet.

Beispiel:

LDA [$E000]

Die Indirect-Adressierung erlaubt den Zugriff auf verschiedene effektive Adressen, ohne daß im Programm eine Adresse geändert werden muß; denn die Adresse, die im Programm steht, ist die Adresse der effektiven Adresse und nicht die effektive Adresse selbst.

Es soll nun noch etwas näher auf die einzelnen Arten der Indirect-Adressierung eingegangen werden.

Extended Indirect-Adressierung. Die zwei Bytes im Operandenteil des Befehls bilden die Adresse des Speicherplatzes, wo die effektive Adresse des Operanden zu finden ist.

Beispiel:

LDA [$E100]

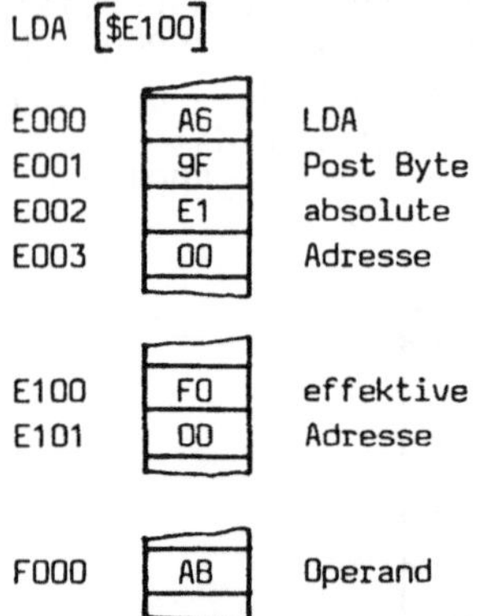

Der Befehl LDA [$E100] besteht aus vier Bytes. Nach Opcode und Post Byte folgt die Adresse $E100, unter der die effektive Adresse des Operanden ($F000) zu finden ist. Von $F000 wird der Operand (AB) in den Akkumulator A geholt.

Program Counter Relative Indirect-Adressierung. Hierbei handelt es sich um eine sehr elegante Adressierungsart, die Ähnlichkeit mit der Relative-Adressierung hat, mit dieser aber nicht verwechselt werden darf. Schauen wir uns gleich ein Beispiel an.

Beispiel:

LDD [1D,PCR]

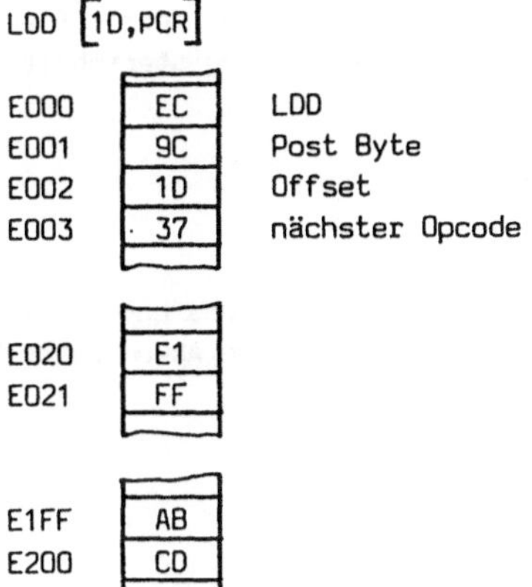

Welche Zahl steht nach Ausführung dieses Befehls im Akkumulator D?

Der Programmzähler zeigt schon auf den nächsten Opcode. Er enthält also $E003. Der 8-Bit-Offset beträgt $1D. Damit wird folgende Adreßberechnung durchgeführt:

```
  E003
+   1D
  ----
  E020
```

In $E020 steht das MSB der effektiven Adresse (E1), in $E021 das LSB (FF). Von der Adresse $E1FF holt die CPU damit das MSB des Operanden und lädt es in den Akkumulator D und von der Adresse $E200 holt sie das LSB für den Akkumulator D. Damit steht im Akkumulator D die Zahl $ABCD.

Indexed Indirect-Adressierung. Auch die Indexed-Adressierung gibt es in der indirekten Form.

Beispiel:

LDB [50,X] (das Indexregister soll $E100 enthalten)

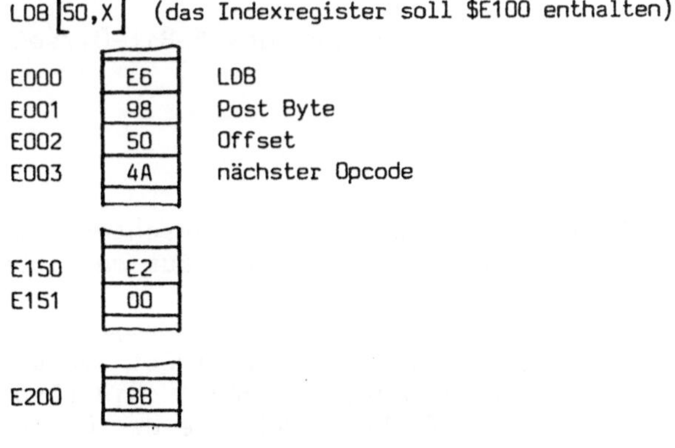

Welche Zahl steht nach Ausführung dieses Befehls im Akkumulator B?

Zunächst wird die Adresse des Speicherplatzes berechnet, der die effektive Adresse des Operanden enthält. Dazu addieren wir zum Basisregisterinhalt den Offset dazu.

```
  E100
+   50
  E150
```

In $E150 steht das MSB der effektiven Adresse (E2), in $E151 das LSB (00). Von der Adresse $E200 holt die CPU die Zahl $88 und lädt sie in den Akkumulator B.

2.2.10 Das Post Byte

Wegen seiner Bedeutung wollen wir uns das Post Byte nochmals genauer anschauen. Das Post Byte legt fest:

1. die Adressierungsart
2. das Basisregister
3. die Länge des Offsets, bzw. den für den Offset zu verwendende Akkumulator.

Man kann das Post Byte in 4 Felder einteilen (Bild 2.20).

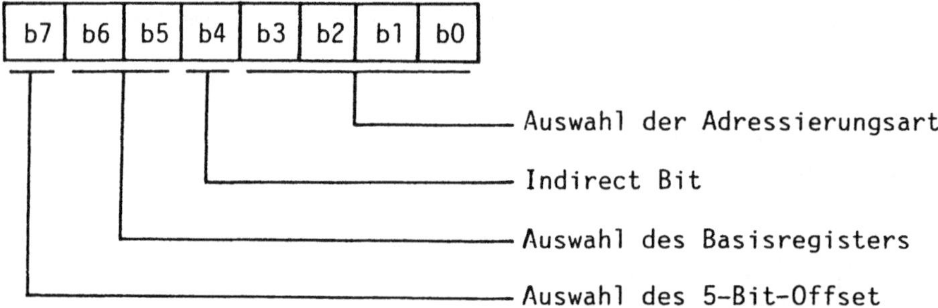

Bild 2.20 Post Byte-Format

Die Bits 0 bis 3 dienen der Auswahl der gewünschten Adressierungsart. Die entsprechenden Bitmuster sind aus der Tabelle 2.1 zu entnehmen.

Bit 4 legt fest, ob Indirect oder nicht Indirect verwendet wird. Bit 4 = 1 bedeutet Indirect-Adressierung. Die absolute Adresse im Befehl gibt an, wo die effektive Adresse des Operanden steht.

Bit 5 und 6 wählen das Basisregister aus. Die zu den verschiedenen Basisregister gehörenden Bitmuster sind ebenfalls Tabelle 2.1 zu entnehmen.

Bit 7 ist immer 1, außer wenn ein 5-Bit-Offset benutzt wird. Dazu hat es den Wert 0. Bit 0 bis 4 bilden in diesem Falle den Offset in Zweierkomplementdarstellung.

Aus Tabelle 2.1 ist auch die Assemblerschreibweise zu entnehmen. Wir werden diese Schreibweise in vielen Beispielen noch vertiefen.

Tabelle 2.1 Post Byte und Assembler-Code bei der Indexed-Adressierung

		Non Indirect				Indirect			
Type	Forms	Assembler Form	Postbyte OP Code	+~	+#	Assembler Form	Postbyte OP Code	+~	+#
Constant Offset From R (twos complement offset)	No Offset	,R	1RR00100	0	0	[,R]	1RR10100	3	0
	5 Bit Offset	n,R	0RRnnnnn	1	0	defaults to 8-bit			
	8 Bit Offset	n,R	1RR01000	1	1	[n,R]	1RR11000	4	1
	16 Bit Offset	n,R	1RR01001	4	2	[n,R]	1RR11001	7	2
Accumulator Offset From R (twos complement offset)	A - Register Offset	A,R	1RR00110	1	0	[A,R]	1RR10110	4	0
	B - Register Offset	B,R	1RR00101	1	0	[B,R]	1RR10101	4	0
	D - Register Offset	D,R	1RR01011	4	0	[D,R]	1RR11011	7	0
Auto Increment/Decrement R	Increment By 1	,R+	1RR00000	2	0	not allowed			
	Increment By 2	,R++	1RR00001	3	0	[,R++]	1RR10001	6	0
	Decrement By 1	,-R	1RR00010	2	0	not allowed			
	Decrement By 2	,--R	1RR00011	3	0	[,--R]	1RR10011	6	0
Constant Offset From PC (twos complement offset)	8 Bit Offset	n,PCR	1XX01100	1	1	[n,PCR]	1XX11100	4	1
	16 Bit Offset	n,PCR	1XX01101	5	2	[n,PCR]	1XX11101	8	2
Extended Indirect	16 Bit Address	-	-	-	-	[n]	10011111	5	2

R = X,Y,U or S   X = 00   Y = 01
X = Don't Care   U = 10   S = 11

+~ and +# indicate the number of additional cycles and bytes for the particular variation.

Die Benutzung der Tabelle 2.1 soll noch an einem Beispiel geübt werden.

Beispiel:

Der Inhalt von Akkumulator B soll unter Verwendung eines konstanten Offsets von -3 unter einer durch den User Stack festgelegten Adresse abgelegt werden. Wie lautet der Befehl in Assemblerschreibweise und wie lautet das Post Byte?

Befehl: STB -3,U

Post Byte: 01011101_2 = \$5D

Bit 7 = 0 zeigt 5-Bit Offset an.

Bit 6/5 = 10 wählt den User Stack als Basisregister aus.

Bit 0 - 4: 11101_2 stellt in Zweierkomplementdarstellung die Zahl -3 dar.

2.3 Befehlssatz des MC6809

Der Befehlsvorrat der CPU 6809 umfaßt 59 Grundbefehle. Kombiniert mit den im vorherigen Kapitel besprochenen Adressierungsarten ergeben sich insgesamt aber 1464 Einzelbefehle. Demgegenüber hat der 6800 zwar 72 Grundbefehle, aber nur 197 Befehle insgesamt. Einige Befehle sind beim 6809 weggefallen, einige dazugekommen. Vor allem aber sind die am meisten benutzten Befehle wie z.B. die Befehle LOAD, STORE, TRANSFER ganz neu konzipiert worden, so daß sie viel leistungsstärker sind. So kann z.B. der Datentransport zwischen zwei gleichlangen Registern durch einen einzigen Befehl bewirkt werden, nämlich TFR R1,R2. Beim 6800 waren das einzelne Befehle wie z.B. Transfer A nach B (TAB), transfer A nach CCR (TAP), usw.

Wenn Sie den 6800 bereits kennen, wird Ihnen in den nachfolgenden Kapiteln einiges vertraut vorkommen. Aus Gründen der Kompatibilität wurden nämlich die Mnemonics beibehalten, bis auf die neuen Befehle natürlich. Auf der Ebene des Maschinencodes besteht keine Kompatibilität mehr.

Die CPU-Befehle kann man nach verschiedenen Gesichtspunkten einteilen. In diesem Buch soll folgende Einteilung vorgenommen werden: *Register- und Datentransportbefehle, arithmetische und logische Befehle, Vergleichs- und Testbefehle, Verzweigungs- und Sprungbefehle, sonstige Befehle.* Die einzelnen Befehlsgruppen sind anschließend in Tabellen übersichtlich zusammengestellt und werden jeweils im Anschluß an die Tabellen besprochen. Die Legende der ersten Tabelle bezieht sich auch auf die anderen Tabellen in diesem Kapitel. Die vielen Beispiele sollen die Wirkungsweise der verschiedenen Befehle verdeutlichen, vor allem auch deren Zusammenwirken mit den einzelnen Adressierungsarten. Im Anhang befindet sich eine Zusammenfassung des gesamten Befehlssatzes des Mikroprozessors 6809, wie er den Unterlagen der Firma Motorola entnommen wurde. Mit einer solchen Befehlstabelle müssen Sie beim Programmieren umgehen können. Das vorliegende Kapitel soll dabei helfen, ein solches oder ähnliches Datenblatt benutzen zu lernen. Dies ist auch ein Grund, warum im folgenden die englische Bezeichnung der Befehle beibehalten wurde.

2.3.1 Register- und Datentransportbefehle

Tabelle 2.2 zeigt die Register- und Datentransportbefehle sowie alle zum Programmieren notwendigen Informationen. Die erste Spalte enthält die mnemotechnischen Abkürzungen der Befehle

Tabelle 2.2 Register- und Datentransportbefehle

Befehl-	Mnemonics	Inherent			Direct			Extended			Immediate			Indexed[1]			Relative			Befehl-Wirkung	CC-Register 5	3	2	1	0
		OP	~	#	OP	~	#	OP	~	#	OP	~	#	OP	~	#	OP	~[5]	#		H	N	Z	V	C
LD	LDA				96	4	2	B6	5	3	86	2	2	A6	4+	2+				M→A	.	↕	↕	0	.
	LDB				D6	4	2	F6	5	3	C6	2	2	E6	4+	2+				M→B	.	↕	↕	0	.
	LDD				DC	5	2	FC	6	3	CC	3	3	EC	5+	2+				M:M+1→D	.	↕	↕	0	.
	LDS				10 DE	6	3	10 FE	7	4	10 CE	4	4	10 EE	6+	3+				M:M+1→S	.	↕	↕	0	.
	LDU				DE	5	2	FE	6	3	CE	3	3	EE	5+	2+				M:M+1→U	.	↕	↕	0	.
	LDX				9E	5	2	BE	6	3	8E	3	3	AE	5+	2+				M:M+1→X	.	↕	↕	0	.
	LDY				10 9E	6	3	10 BE	7	4	10 8E	4	4	10 AE	6+	3+				M:M+1→Y	.	↕	↕	0	.
ST	STA				97	4	2	B7	5	3				A7	4+	2+				A→M	.	↕	↕	0	.
	STB				D7	4	2	F7	5	3				E7	4+	2+				B→M	.	↕	↕	0	.
	STD				DD	5	2	FD	6	3				ED	5+	2+				D→M:M+1	.	↕	↕	0	.
	STS				10 DF	6	3	10 FF	7	4				10 EF	6+	3+				S→M:M+1	.	↕	↕	0	.
	STU				DF	5	2	FF	6	3				EF	5+	2+				U→M:M+1	.	↕	↕	0	.
	STX				9F	5	2	BF	6	3				AF	5+	2+				X→M:M+1	.	↕	↕	0	.
	STY				10 9F	6	3	10 BF	7	4				10 AF	6+	3+				Y→M:M+1	.	↕	↕	0	.
TFR	R1,R2	1F	7	2																R1→R2[2]	.	.	.	.	.
EXG	R1,R2	1E	7	2																R1↔R2[2]	.	.	.	.	.
LEA	LEAS													32	4+	2+				EA[3]→S	.	.	.	.	.
	LEAU													33	4+	2+				EA[3]→U	.	.	.	.	.
	LEAX													30	4+	2+				EA[3]→X	.	.	↕	.	.
	LEAY													31	4+	2+				EA[3]→Y	.	.	↕	.	.
PSH	PSHS	34	5+[4]	2																Push registers on S stack	.	.	.	.	.
	PSHU	36	5+[4]	2																Push registers on U stack	.	.	.	.	.
PUL	PULS	35	5+[4]	2																Pull registers from S stack	.	.	.	.	.
	PULU	37	5+[4]	2																Pull registers from U stack	.	.	.	.	.

Notes:

1. Given in the table are the base cycles and byte counts. To determine the total cycles and byte counts add the values from the indexing modes table.
2. R1 and R2 may be any pair of 8-bit or any pair or 16-bit registers.
   The 8-bit registers are: A, B, CC, DP
   The 16-bit registers are: X, Y, U, S, D, PC
3. EA is the effective address.
4. The PSH and PUL instructions require 5 cycles plus 1 cycle for each byte pushed or pulled.
5. 5(6) means: 5 cycles if branch not taken, 6 cycles if taken.
6. SWI sets I&F bits. SWI2 and SWI3 do not affect I&F.
7. Conditions codes set as a direct result of the instruction.
8. Value of half-carry flag is undefined.
9. Special Case - carry set if b7 is SET.

Legend:

OP Operation code (hexadezimal)
~ Number of MPU cycles
\# Number of program bytes
\+ Arithmetic plus
\- Arithmetic minus
· Multiply
$\overline{M}$ Complement of M
→ Transfer into
H Half-carry from bit 3
N Negative (sign bit)
Z Zero (byte)
V Overflow, twos complement
C Carry from bit 7
↕ Test and set if true, cleared otherwise
• Not affected
CC Condition code register
: Concatenation
∨ Logical OR
∧ Logical AND
⊻ Logical exclusive OR

im Motorola-Assembler-Format. In den Spalten der einzelnen Adressierungsarten ist nochmals eine Unterteilung vorgenommen worden. Unter OP (*Operation Code*) ist die hexadezimale Codierung des Befehls angegeben. Die mit ~ gekennzeichnete Spalte gibt die

Anzahl der Maschinenzyklen an, die zur Bearbeitung des betreffenden Befehls erforderlich sind. Die mit # markierte Spalte enthält die Anzahl der Bytes des betreffenden Befehls. In der Spalte Befehl-Wirkung wird die Wirkung des Befehls in symbolischer Schreibweise angegeben. Die letzte Spalte gibt darüber Aufschluß, wie der betreffende Befehl die Flags im Statusregister beeinflußt. Die Legende von Tabelle 2.2 bezieht sich auch auf die nachfolgenden Befehlstabellen.

Die ersten beiden Gruppen in Tabelle 2.2 bilden die Load- und Store-Befehle. Ihre Wirkungsweise ist aus der Tabelle ersichtlich. Es sei aber nochmals extra erklärt, wie 16-Bit-Register behandelt werden. Bei der im Operandenteil des Befehls eingetragenen Adresse M holt die CPU die Zahl und lädt sie in das Higher Byte R_H des Registers. Anschließend geht sie automatisch zum nächsten Speicherplatz, der die Adresse M+1 hat, holt dort die betreffende Zahl und lädt sie ins Lower Byte R_L des Registers.

Beispiel:

```
LDX $E000

E000  | AB |
E001  | CD |
```

Nach Ausführung dieses Befehls steht im Indexregister X die Zahl $ABCD_{16}$.

Der Akkumulator D ist insofern ein besonders 16-Bit-Register, als sein höherwertiger Teil aus dem Akkumulator A und sein niederwertiger Teil aus dem Akkumulator B gebildet wird. Durch den Befehl LDD (*load accumulator D*) wird deshalb zunächst der Akkumulator A mit dem höherwertigen Datenbyte geladen und anschließend der Akkumulator B mit dem niederwertigen Datenbyte. Beim Befehl STD (*store accumulator D*) wird entsprechend zunächst der Inhalt von Akkumulator A in die Speicherzelle mit der Adresse M abgelegt und anschließend automatisch der Inhalt von Akkumulator B in die Speicherzelle M+1 geschrieben.

Der Befehl TFR (*transfer R1 to R2*) ermöglicht es dem Programmierer, den Inhalt eines Registers in ein anderes Register zu überführen. Voraussetzung ist, daß die beiden Register gleiche Länge haben. Der Befehl besteht aus zwei Bytes, dem Opcode und dem Post Byte (Bild 2.21). Das Post Byte legt die beiden Register fest.

Beispiel:

```
TFR A,CCR
```

```
1F 8A
```

Dieser Befehl verschiebt den Inhalt von Akkumulator A in das Condition Code Register.

Der Befehl EXG (*exchange R1 with R2*) ermöglicht es, den Inhalt von Registern gleicher Länge zu vertauschen. Welche Register an der Operation beteiligt sind, legt auch hier wieder das Post Byte fest (Bild 2.21).

Beispiel:

```
EXG D,X
1E 01
```

Dieser Befehl vertauscht die Inhalte von Akkumulator D und Indexregister X.

SOURCE	DESTINATION

Registerzuordnung:

0000	≙	D	0101	≙	PC
0001	≙	X	1000	≙	A
0010	≙	Y	1001	≙	B
0011	≙	U	1010	≙	CCR
0100	≙	S	1011	≙	DPR

Bild 2.21 Transfer/Exchange Post Byte

Der LEA-Befehl (*load effective address*) ist eine Spezialität des 6809, deren Nutzen nicht auf den ersten Blick erkennbar ist. Dieser Befehl arbeitet nur mit den vier Indexregistern S, U, X und Y zusammen und verwendet ausschließlich die indizierte Adressierung. Zunächst wollen wir uns einmal anschauen, was beim LEA-Befehl alles passiert. Wie wir bereits wissen, ist bei der indizierten Adressierung die effektive Adresse das Ergebnis einer Berechnung. Der LEA-Befehl lädt nun diese effektive Adresse in das betreffende Register und nicht, wie sonst üblich, den unter dieser Adresse stehenden Zelleninhalt.

Beispiel:

```
LEAX -4,X
```

subtrahiert 4 vom Indexregister X.

```
LEAU B,U
```

addiert den Inhalt von Akkumulator B zum Inhalt des Indexregisters U und schreibt das Ergebnis in U. Es sei nochmals daran erinnert, daß der Inhalt von Akkumulator B eine vorzeichenbehaftete Zahl (Zweierkomplement) darstellt.

```
LEAY 4,X
```
addiert 4 zum Indexregister X und speichert das Ergebnis ins Indexregister Y.

Der LEA-Befehl ist beim Arbeiten mit Unterprogrammen sehr hilfreich. Wer den 6800 kennt, dem ist vielleicht schon aufgefallen, daß es beim 6809 keine Befehle wie INX oder DEX gibt. Sie sind auch nicht nötig, denn das Inkrementieren und Dekrementieren kann man mit dem LEA-Befehl erledigen, und zwar bei allen vier Indexregistern in der gleichen Weise.

Beispiel:

```
LEAX 1,X
```
inkrementiert das Indexregister X

```
LEAS -1,S
```
dekrementiert den Stack Pointer S

Bevor wir uns nun den letzten beiden Befehlen in Tabelle 2.2 (PSH und PUL) zuwenden, müssen Sie etwas über den Stack erfahren.

Der Stack. Der Stack ist eine besondere Art von Speicher. Von anderen Speichern unterscheidet er sich durch die Art des Zugriffs und der Adressierung. Bevor auf den Stack eingegangen wird, sollen die Begriffe Silospeicher und Stapelspeicher erklärt werden.

Der Silospeicher (*First In First Out: FIFO*) ist ein serieller Speicher. Die Daten werden in derselben Reihenfolge ausgegeben, wie sie eingeschrieben werden. Vom normalen Schieberegister unterscheidet sich der Silospeicher durch die Tatsache, daß die Daten nicht taktweise in Richtung Ausgang geschoben werden, sondern nach dem Einlesen sofort bis zum Boden des "Silos" durchsinken. Eine spezielle Steuerschaltung regelt die Ein- und Ausgabe. Die Ein- und Ausgabegeschwindigkeiten dürfen verschieden sein, solange die Speicherkapazität nicht überschritten wird. Damit eignet sich dieser Speicher z.B. als Puffer zur Anpassung unterschiedlicher Geschwindigkeiten von Sender und Empfänger einer Übertragungsstrecke.

Beim Stapelspeicher (*Last in First Out: LIFO*) werden die zuletzt eingelesenen Daten zuerst wieder ausgelesen. Den Einschreibvorgang bezeichnet man beim Stapelspeicher mit PUSH und den Auslesevorgang mit PULL. Auch hier sorgt eine Steuerschaltung dafür, daß die Daten ohne Einwirkung des Taktes bis zum letzten freien Platz des Stapels "sinken".

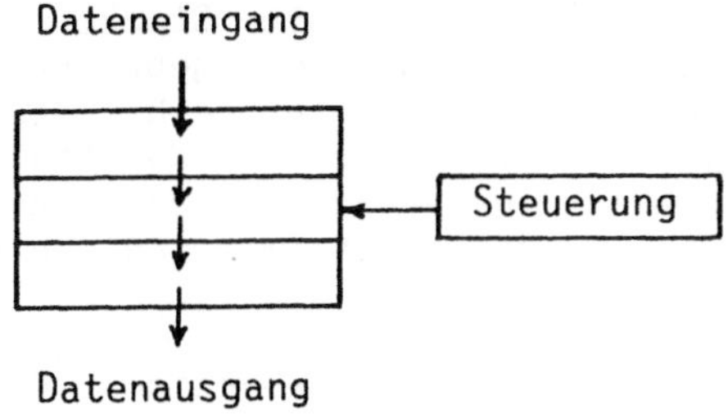

Bild 2.22 Prinzip eines Silospeichers

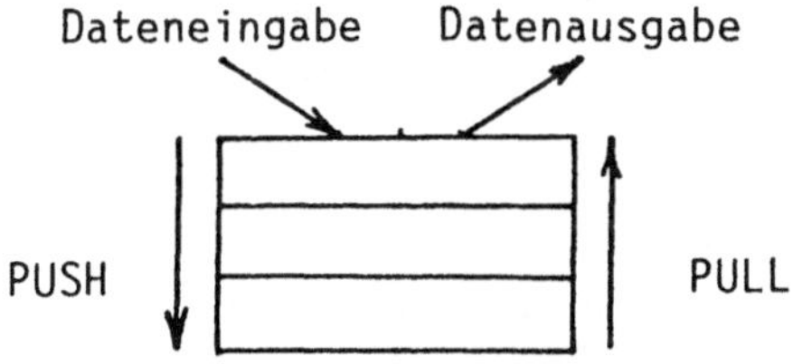

Bild 2.23 Prinzip eines Stapelspeichers

Der Stack in einem Mikroprozessor arbeitet nach dem LIFO-Prinzip. Es werden nun in den Mikroprozessor nicht extra spezielle Register für den Stack eingebaut, sondern ein Teil des Arbeitsspeichers (RAM) wird als Stack-Bereich deklariert. Der Programmierer kann also den Teil des RAM, den er als Stack verwenden will, selbst definieren. Dazu muß er den sogenannten *Stack Pointer* (Stapelzeiger) benutzen. Das ist ein 16-Bit-Register in der CPU. Der 6809 hat zwei solche Stack Pointer, einen *User Stack Pointer* (U) und einen *Hardware Stack Pointer* (S). Wir wollen uns zunächst einmal den S-Stack Pointer näher anschauen. Dieser wird vom 6809 automatisch dazu benutzt, den System Stack zu verwalten. Wird z.B. ein Unterprogramm aufgerufen, so muß die Rückkehradresse im Programmzähler auf den S-Stack gerettet werden. Bei einer Programmunterbrechung ($\overline{IRQ}$) werden automatisch alle Registerinhalte auf den S-Stack gerettet. Beim $\overline{FIRQ}$ (*fast interrupt request*) werden nur der Programmzählerstand und der Inhalt des Condition Code Registers auf den S-Stack gerettet. Wir werden die Themen Unterprogramme und Interrupts später noch genauer besprechen. Es soll hier zunächst nur der Umgang mit dem Stack erläutert werden.

Der Hardware Stack Pointer S verwaltet den System Stack. Er enthält immer die Adresse des zuletzt auf den Stack gebrachten Datenworts. Der deutsche Ausdruck für Stack Pointer heißt Stapelzeiger. Der Stapelzeiger zeigt auf das zuletzt auf den Stack gebrachte Byte. 6800-Anwender müssen hier umdenken; denn beim 6800 gibt es nur einen Stapelzeiger und der zeigt immer auf die erste freie Stelle im Stack.

Der User Stack Pointer U verwaltet einen Stackbereich, der allein dem Benutzer (User) vorbehalten bleibt. Der Prozessor benutzt diesen Stack-Bereich nicht. Der U-Pointer zeigt auf die zuletzt beschriebene Stelle im U-Stack.

Die Register S und U kennen wir bereits von der indizierten Adressierung her. Wie die "normalen" Indexregister X und Y können auch die Stack Pointer S und U als Indexregister verwendet

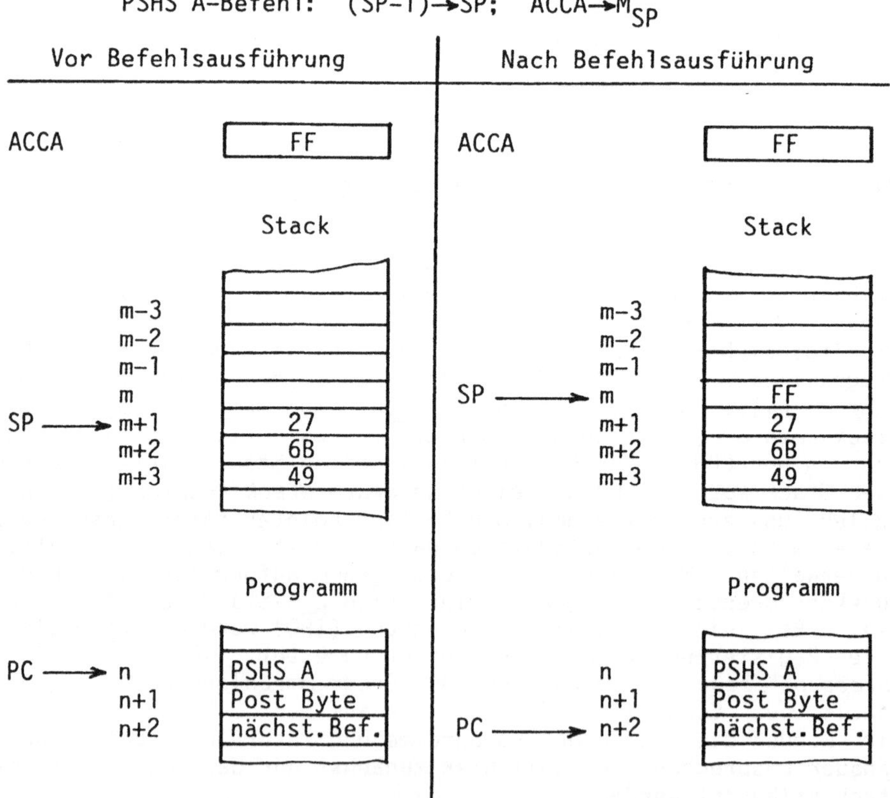

Bild 2.24 Ausführung des Push-Befehls

werden. Nachfolgend wollen wir aber nur ihren Einsatz bei der Stack-Verwaltung untersuchen. Dazu müssen wir uns jetzt die beiden Befehle PSH und PUL vornehmen. Die Wirkung dieser Befehle verdeutlichen die Bilder 2.24 und 2.25.

Mit Hilfe des PSH-Befehls können, wie Bild 2.24 zeigt, Register auf den Stack gebracht werden. Die Befehlsausführung ist am Befehl PSHS A erklärt. Zunächst wird der Inhalt des Stack Pointers S um 1 vermindert. Anschließend wird der Inhalt von Akkumulator A in den Stack-Platz gebracht, auf den der Stack Pointer jetzt zeigt. Soll ein 16-Bit-Register auf den Stack gebracht werden, wird der Stack Pointer zuerst um 2 erniedrigt; denn er muß nach Abschluß der Operation auf die letzte besetzte Stelle zeigen.

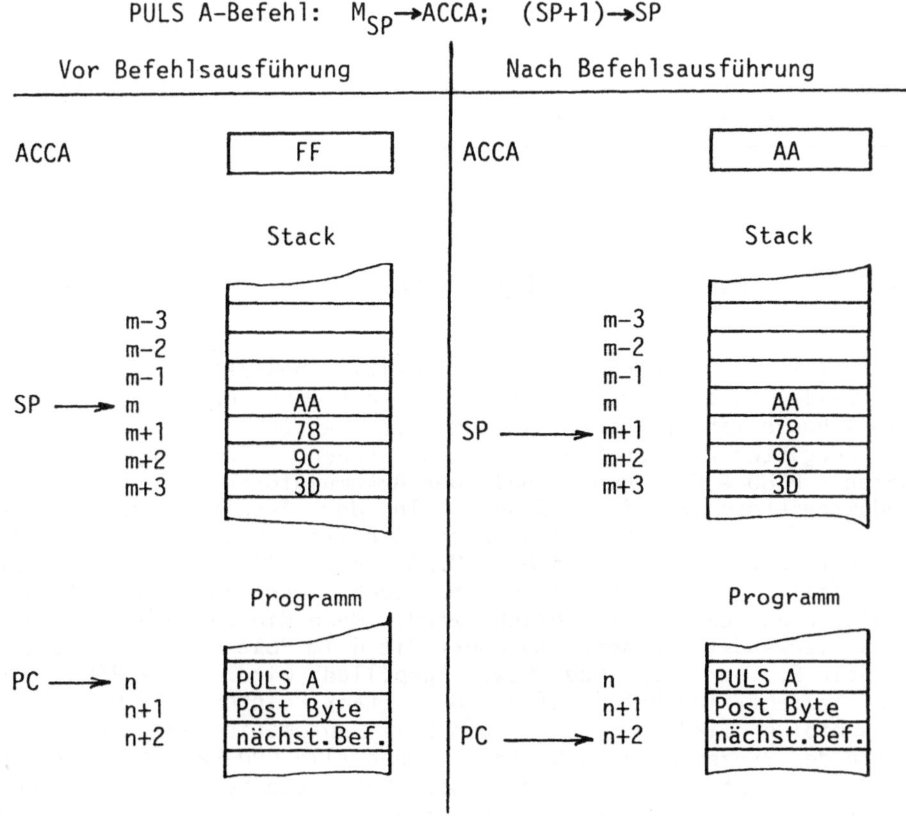

Bild 2.25 Aufsührung des Pull-Befehls

Beim PUL-Befehl geht das ganze umgekehrt (Bild 2.25). Als Beispiel sei der Befehl PULS A verwendet. Zunächst wird der Inhalt des adressierten Stack-Platzes in den Akkumulator geladen. Anschließend wird der Stack Pointer dann um 1 erhöht. Er zeigt dann wieder auf den letzten mit Information belegten Stack-Platz.

Mit PSH und PUL kann man mit einem 2-Byte-Befehl eine beliebige Anzahl von CPU-Registern auf den im Befehl definierten Stack bringen oder von dort holen. Das zweite Byte ist auch bei diesen beiden Befehlen das Post Byte. Es legt diesmal fest, welche Register auf den Stack gebracht werden sollen, bzw. von dort geholt werden sollen, und in welcher Reihenfolge dies zu geschehen hat (Bild 2.26).

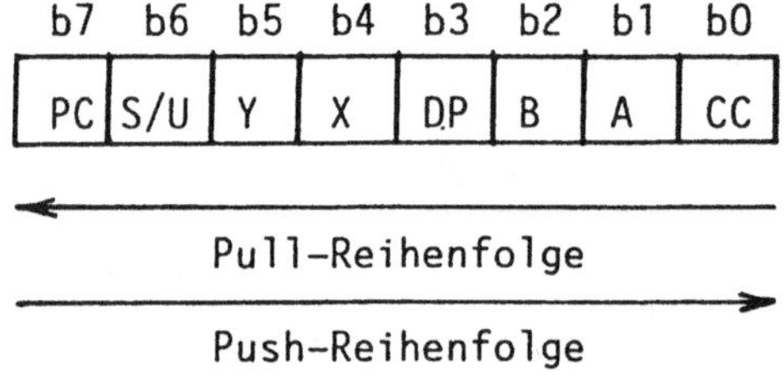

Bild 2.26 Push/Pull Post Byte Format

Eine 1 in der entsprechenden Bit-Position bewirkt, daß das betreffende Register auf den Stack gebracht wird, bzw. geholt wird. Wie schon erwähnt, können ein Register, mehrere Register oder gar kein Register auf den Stack gebracht werden. So bringt z.B. der Befehl PSHU A,B,X den Inhalt der Akkumulatoren A, B und des Indexregisters X auf den Stack. In der Assemblerschreibweise spielt dabei die Reihenfolge der Register keine Rolle. Die Reihenfolge, wie sie in Bild 2.26 dargestellt ist, wird auf jedenfall eingehalten, also z.B. auch, wenn nur ein Teil der Register auf den Stack gebracht wird. Wenn die Befehle PSHU oder PULU verwendet werden, markiert Bit 6 im Post Byte den Stack Pointer S, der "gepushed" bzw. "gepulled" wird. Bei PSHS und PULS bezieht sich Bit 6 auf den User Stack Pointer U. Die obige Reihenfolge wird übrigens auch beim automatischen "Stacking" durch den Prozessor eingehalten. Wenn alle CPU-Register auf den Stack gebracht werden, sind 12 Speicherplätze belegt; denn der Akkumulator D muß nicht extra abgespeichert werden, da er aus den Akkumulatoren A und B besteht

Einen Stack sollte man in der Regel am Ende des RAM-Bereichs anlegen, da er zu niederen Adressen hinwächst. Dies geschieht durch Laden des betreffenden Stack Pointers mit der Anfangsadres-

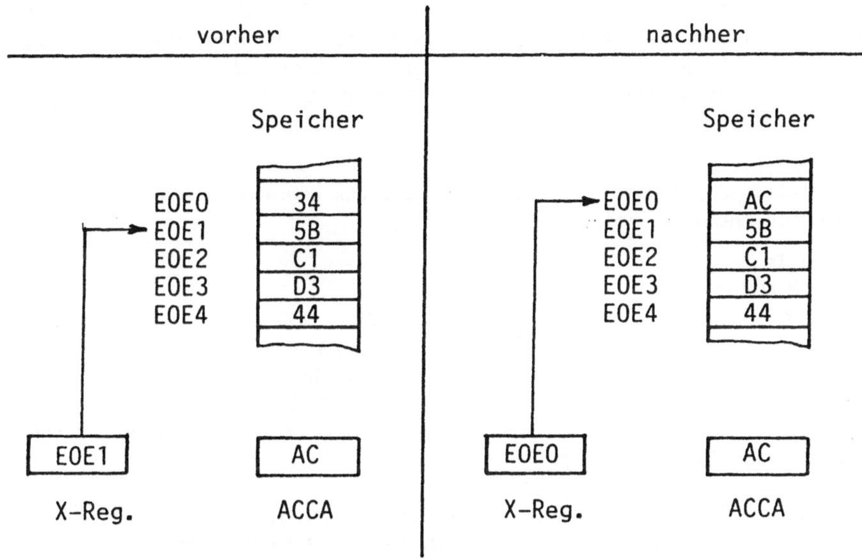

Bild 2.27 Wirkung von STA ,-X

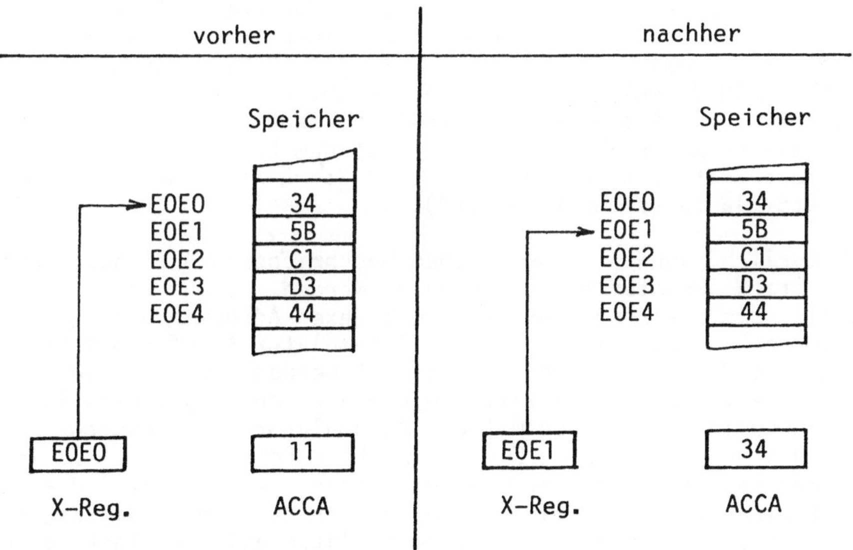

Bild 2.28 Wirkung von LDA ,X+

se, auch *Stacktop* genannt. Hingegen beginnt das Benutzerprogramm meist am Anfang des RAM-Bereichs. Steht wenig RAM-Bereich zur Verfügung, muß der Programmierer aufpassen, daß die beiden Bereiche nicht ineinander hineinwachsen. Noch eine Bemerkung zur Behandlung eines 16-Bit Registers. Da der Stack zu niederen Adressen hin wächst, wird bei PSH zunächst das niederwertige Byte auf den Stack gebracht und anschließend dann das höherwertige. Bei PUL ist die Reihenfolge genau umgekehrt.

Beispiel:

Die Register B, CC, PC und X sollen auf den S-Stack gebracht werden. Wie lautet der Befehl in Mnemonics und im Hexcode?

Der Befehl lautet:

PSHS B,CCR,PC,X (34 95)

$34 ist der Opcode von PSHS (siehe Tabelle 2.2). $95 ist das Post Byte, in dualer Schreibweise 10010101_2. Das Post Byte wurde aus Bild 2.26 entnommen. Aus diesem Bild geht auch die Reihenfolge hervor, in der die Register auf den Stack gebracht werden: PC, X, B, CCR. Das CC-Register steht also unter der niederwertigsten Adresse (stack top) und der Programmzähler unter der höchstwertigen Adresse (stack bottom).

Beim 6809 zeigt der Stack Pointer - im Gegensatz zum 6800 - auf den Wert, der zuletzt auf den Stack gebracht wurde. Diese Änderung wurde beim 6809 vorgenommen, damit auch die Indexregister X und Y als Stack Pointer eingesetzt werden können. Und zwar geschieht dies durch Verwendung der indizierten Adressierung mit Autoincrement/Decrement. So ist z.B. der Befehl STA ,-X ein Push-Befehl, der den Akkumulator A auf einen Stack bringt, der durch das Indexregister festgelegt ist (Bild 2.27). Im Gegensatz zum echten PSH-Befehl, der die Flags nicht beeinflußt, wird hier das CC-Register entsprechend manipuliert; denn es handelt sich um einen ganz normalen Store-Befehl. Mit dem Befehl LDA ,X+ kann man andererseits das letzte Byte vom X-Stack holen und damit den Akkumulator laden (siehe Bild 2.28).

Natürlich können in der soeben beschriebenen Art auch die beiden Stack Pointer S und U benutzt werden, denn sie können ebenfalls als Basisregister für die Indexed-Adressierung eingesetzt werden. Soll also z.B. der Akkumulator A auf den Y-Stack gebracht werden, oder von dort geholt werden, so lauten die Befehle STA ,-Y bzw. LDA ,Y+. Diese Art von Stackoperationen gehen natürlich nicht nur mit dem Akkumulator A, sondern mit allen Registern, für die es Store- und Load-Befehle gibt. Es ist allerdings darauf zu achten, daß um 2 inkrementiert bzw. dekrementiert wird, wenn sich die Stackoperation auf ein 16-Bit-Register bezieht; denn dieses belegt zwei Plätze auf dem Stack (Bild 2.29).

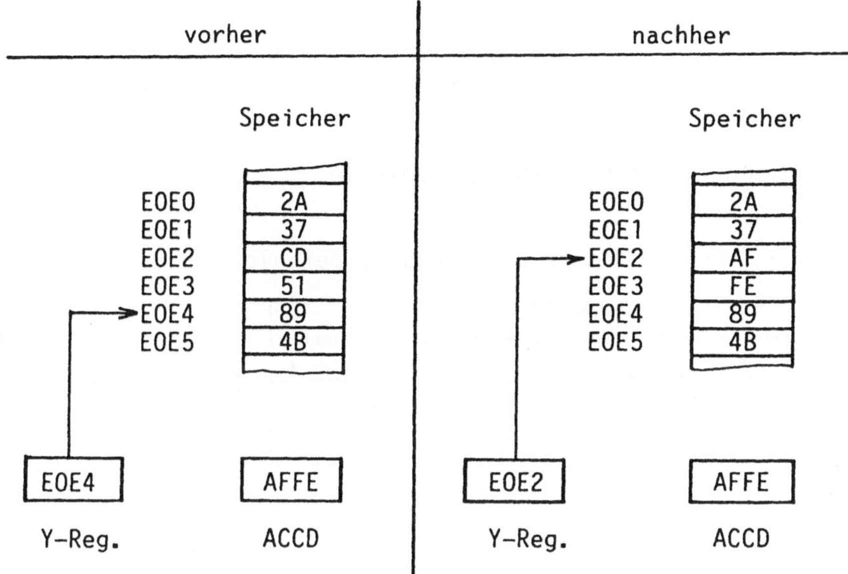

Bild 2.29 Wirkung von STD ,--Y

Auch Register wie DP oder CC, für die es keine Store- und Load-Befehle gibt, sind auf den Stack zu bringen. Man behilft sich mit einem Trick, wie das folgende Beispiel zeigt.

Beispiel:

Der Akkumulator A, das Condition Code Register und der Stack Pointer S sind auf den Y-Stack zu bringen. Wie lautet die Befehlssequenz in Assembler und Maschinencode (hex)?

```
TFR CCR,B    (1F A9)
STD ,--Y     (ED A3)
STS ,--Y     (10 EF A3)
```

Der Transfer-Befehl bringt das CC-Register in den Akkumulator B, der sich ja abspeichern läßt. Da beide Akkumulatoren abzuspeichern sind, kann man den STD-Befehl verwenden. Zunächst wird B abgespeichert, dann A. Danach wird das S-Register abgespeichert, und zwar mit dem niederwertigen Byte S_L zuerst. Die Post Bytes wurden dem Bild 2.21 und der Tabelle 2.1 entnommen.

Beispiel:

Das X-Register, der Akkumulator A und das DP-Register wurden der Reihe nach auf den Y-Stack gebracht. Mit welchen Befehlen können die Register wieder in der richtigen Reihenfolge geladen werden?

```
LDB ,Y+
TFR B,DP
LDA ,Y+
LDX ,Y++
```

2.3.2 Arithmetische und logische Befehle

Tabelle 2.3 Arithmetische und logische Befehle

Befehl-Mnemonics		Adressierungsarten																		Befehl-Wirkung	CC-Register				
		Inherent			Direct			Extended			Immediate			Indexed			Relative				5	3	2	1	0
		OP	~	#	OP	~	#	OP	~	#	OP	~	#	OP	~	#	OP	~	#		H	N	Z	V	C
ADD	ADDA				9B	4	2	BB	5	3	8B	2	2	AB	4+	2+				A+M→A	↕	↕	↕	↕	↕
	ADDB				DB	4	2	FB	5	3	CB	2	2	EB	4+	2+				B+M→B	↕	↕	↕	↕	↕
	ADDD				D3	6	2	F3	7	3	C3	4	3	E3	6+	2+				D+M:M+1→D	↕	↕	↕	↕	↕
ADC	ADCA				99	4	2	B9	5	3	89	2	2	A9	4+	2+				A+M+C→A	↕	↕	↕	↕	↕
	ADCB				D9	4	2	F9	5	3	C9	2	2	E9	4+	2+				B+M+C→B	↕	↕	↕	↕	↕
ABX		3A	3	1																B+X→X (Unsigned)	·	·	·	·	·
SUB	SUBA				90	4	2	B0	5	3	80	2	2	A0	4+	2+				A−M→A	8	↕	↕	↕	↕
	SUBB				D0	4	2	F0	5	3	C0	2	2	E0	4+	2+				B−M→B	8	↕	↕	↕	↕
	SUBD				93	6	2	B3	7	3	83	4	3	A3	6+	2+				D−M:M+1→D	·	↕	↕	↕	↕
SBC	SBCA				92	4	2	B2	5	3	82	2	2	A2	4+	2+				A−M−C→A	8	↕	↕	↕	↕
	SBCB				D2	4	2	F2	5	3	C2	2	2	E2	4+	2+				B−M−C→B	8	↕	↕	↕	↕
DAA		19	2	1																Decimal adjust A	·	↕	↕	0	↕
MUL		3D	11	1																AxB→D	·	·	↕	·	9
CLR	CLRA	4F	2	1																0→A	·	0	1	0	0
	CLRB	5F	2	1																0→B	·	0	1	0	0
	CLR				0F	6	2	7F	7	3				6F	6+	2+				0→M	·	0	1	0	0
INC	INCA	4C	2	1																A+1→A	·	↕	↕	↕	·
	INCB	5C	2	1																B+1→B	·	↕	↕	↕	·
	INC				0C	6	2	7C	7	3				6C	6+	2+				M+1→M	·	↕	↕	↕	·
DEC	DECA	4A	2	1																A−1→A	·	↕	↕	↕	·
	DECB	5A	2	1																B−1→B	·	↕	↕	↕	·
	DEC				0A	6	2	7A	7	3				6A	6+	2+				M−1→M	·	↕	↕	↕	·
SEX		1D	2	1																Sign extend B into A	·	↕	↕	0	·
AND	ANDA				94	4	2	B4	5	3	84	2	2	A4	4+	2+				A∧M→A	·	↕	↕	0	·
	ANDB				D4	4	2	F4	5	3	C4	2	2	E4	4+	2+				B∧M→B	·	↕	↕	0	·
	ANDCC										1C	3	2							CC∧IMM→CC					1
EOR	EORA				98	4	2	B8	5	3	88	2	2	A8	4+	2+				A⊻M→A	·	↕	↕	0	·
	EORB				D8	4	2	F8	5	3	C8	2	2	E8	4+	2+				B⊻M→B	·	↕	↕	0	·
OR	ORA				9A	4	2	BA	5	3	8A	2	2	AA	4+	2+				A∨M→A	·	↕	↕	0	·
	ORB				DA	4	2	FA	5	3	CA	2	2	EA	4+	2+				B∨M→B	·	↕	↕	0	·
	ORCC										1A	3	2							CC∨IMM→CC					7

Wie Tabelle 2.3 zeigt, gibt es beim 6809 Befehle zum Addieren, Subtrahieren und sogar Multiplizieren. Wir wollen uns zunächst einmal die Additionsbefehle etwas näher anschauen. Der Befehl ADD bewirkt eine additive Verknüpfung des jeweiligen Akkumulators (A, B oder D) mit dem adressierten Speicherplatz. Außer den Interrupt-Flags werden von dieser Befehlsgruppe alle anderen Statusflags (H, N, Z, V und C) beeinflußt. Es sei an dieser Stelle nochmals daraufhingewiesen, daß das Statusregister sofort nach der Ausführung eines Befehls gesetzt wird. Eine Abfrage und eine eventuelle bedingte Verzweigung hat damit zu erfolgen, bevor das Statusregister erneut verändert wird.

Der ADC-Befehl (*add with carry*, addiere mit Übertrag) berücksichtigt den jeweiligen Wert des C-Flags. Auch bei diesem Befehl wird zunächst der Inhalt des Akkumulators zum Inhalt des adressierten Speicherplatzes addiert und zu dieser Summe dann noch der Inhalt des C-Flags. Ein Übertrag aus der vorhergehenden Operation wird also zum Ergebnis der laufenden Operation dazugezählt. Das Ergebnis wird im Akkumulator abgespeichert.

Der ADC-Befehl wird vorwiegend dazu verwendet, Zahlen in Mehrfach-Genauigkeitsdarstellung (*multi-precision representation*) zu verarbeiten. Mit einem Byte kann man vorzeichenlose Zahlen von 0 bis 255_{10} darstellen. In den meisten Fällen reicht dieser Umfang nicht aus. Man nimmt dann ein Vielfaches von Bytes und speichert diese der Reihe nach an aufeinanderfolgenden Speicherplätzen ab. Der größere Bereich zur Darstellung einer Zahl hat zur Folge, daß mehr Befehle ausgeführt werden müssen, und damit die Berechnung länger dauert als in einem Mikroprozessorsystem mit größerer Wortlänge.

Wie der ADC-Befehl gehandhabt wird, soll am nachfolgenden Programmbeispiel gezeigt werden. Es sollen zwei Zahlen in Mehrfach-Genauigkeitsdarstellung addiert werden. Dieses Beispiel zeigt auch, wie die weiter vorn besprochene Indexed-Adressierung sehr nützlich eingesetzt werden kann.

Der ABX-Befehl addiert eine 8-Bit lange, vorzeichenlose Dualzahl, die sich im Akkumulator B befindet, zum Indexregister X und speichert das Ergebnis in X. Der ABX-Befehl ist ein Byte lang und verwendet die Inherent-Adressierung. Er ist zu unterscheiden vom Befehl LEAX B,X. Dieser Befehl benötigt zwei Bytes und behandelt den Inhalt von Akkumulator B als eine Zahl in Zweierkomplementdarstellung. Es ist also ein Offset möglich, der von -128 bis +127 reicht.

Die Subtraktionsbefehle SUB und SBC enthalten die gleichen Befehlstypen wie die Additionsbefehle. Der einzige Unterschied besteht darin, daß die Subtraktionsbefehle das H-Flag im Condition Code Register nicht beeinflussen. Das hat wichtige Auswirkungen auf die Anwendung des im folgenden zu besprechenden DAA-Befehls.

Der DAA-Befehl (*decimal adjust accumulator*) ist eine sehr komfortable Möglichkeit des Mikroprozessors 6809, mit Dezimalzahlen zu rechnen. In Verbindung mit dem ADD- bzw. ADC-Befehl

Beispiel:

Addition von zwei Zahlen in Mehrfach-Genauigkeitsdarstellunn

```
                    *BEISPIEL
                    *
                    *Addition                                    nauikeitsdarstellung
                    *
                    *
0060                          OR
0060 5634           MEM1      FD.
0062 5476           MEM2      FDI
0064 02             B         FCL
0065                MEM3      RME
                    *
                    *
0000                          ORG     $0000
0000 8E   0060                LDX     #MEM1     Lade IX mit der Adresse des LSB1
0003 108E 0062                LDY     #MEM2     Lade IY mit der Adresse des LSB2
0007 D6   64                  LDB     B         Lade Akku B mit Anzahl der Bytes
0009 1C   FE                  CLC
000B A6   84        ADDIT     LDA     0,X       Byte vom ersten Summanden
000D A9   A4                  ADCA    ,Y        Byte vom zweiten Summanden
000F A7   84                  STA     ,X        Erebnis abspeichern
0011 30   01                  LEAX    1,X
0013 31   21                  LEAY    1,Y
0015 5A                       DECB
0016 26   F3                  BNE     ADDIT     die naechsten Bytea addieren
0018 3F                       SWI

0 ERROR(S) DETECTED

SYMBOL TABLE:

ADDIT  000B   B      0064   MEM1   0060   MEM2   0062   MEM3   0065
```

Die beiden Zahlen sind jeweils zwei Bytes lang.
Folgende Addition wird ausgeführt:

```
 3456
+7654
-----
 AAAA
```

Das Ergebnis steht in den Speicherplätzen 0021 und 0022. Der Opcode in Spalte 2 wurde der Befehlstabelle des 6809 entnommen, die im Anhang aufgeführt ist.

gestattet der DAA-Befehl, direkt im BCD-Code zu rechnen. Nach der Addition zweier BCD-Zahlen wird das Ergebnis, sofern nötig, mit Hilfe des DAA-Befehls korrigiert, d.h. auf das richtige Format gebracht.

Der Leser sei an dieser Stelle auf den Anhang verwiesen. Dort wird an Hand von Beispielen die Addition im BCD-Code erklärt. Bei der Addition von zwei zweistelligen BCD-Zahlen können vier verschiedene Möglichkeiten auftreten.

1. Das Ergebnis ist eine korrekte BCD-Zahl, also kleiner oder gleich 1001.

2. Die niederwertige Stelle des Ergebnisses ist größer als 1001. Das kann sich dadurch äußern, daß eine sogenannte Pseudotetrade auftritt, oder daß an die höherwertige Stelle ein Übertrag geliefert wird. In diesem Fall muß durch die Addition von 06_{10} = 00000110 korrigiert werden.
3. Die höherwertige Stelle des Ergebnisses ist größer als 1001. In diesem Fall muß durch die Additon von 60_{10} korrigiert werden.
4. Beide Stellen des Ergebnisses sind größer als 1001. In diesem Fall muß mit 66_{10} korrigiert werden.

Beispiel:

Addition von BCD-Zahlen

```
                        *BEISPIEL:
                        *
                        *Addition von BCD-Zahlen
                        *
                        *
0060                            ORG     $0060
0060 5634               MEM1    FDB     $5634
0062 5476               MEM2    FDB     $5476
0064 02                 B       FCB     $02
0065                    MEM3    RMB     $02
                        *
                        *
0000                            ORG     $0000
0000 8E    0060                 LDX     #MEM1     Lade IX mit der Adresse des LSB1
0003 108E 0062                  LDY     #MEM2     Lade IY mit der Adresse des LSB2
0007 D6    64                   LDB     B         Lade Akku B mit Anzahl der Bytes
0009 1C    FE                   CLC
000B A6    84           ADDIT   LDA     0,X       Byte vom ersten Summanden
000D A9    A4                   ADCA    ,Y        Byte vom zweiten Summanden
000F 19                         DAA
0010 A7    84                   STA     ,X        Erebnis abspeichern
0012 30    01                   LEAX    1,X
0014 31    21                   LEAY    1,Y
0016 5A                         DECB
0017 26    F2                   BNE     ADDIT     die naechsten Bytea addieren
0019 3F                         SWI

0 ERROR(S) DETECTED

SYMBOL TABLE:

ADDIT  000B    B      0064   MEM1   0060   MEM2   0062   MEM3   0065
```

Folgende Adition wird ausgeführt:

$$\begin{array}{r} 3456_{10} \\ +7654_{10} \\ \hline 11110_{10} \end{array}$$

Die höchste 1 steht im C-Flag. Die übrigen Stellen stehen in Speicherplatz \$0021 und \$0022. In \$0021 stehen die beiden niederwertigen BCD-Zahlen und in \$0022 die beiden höherwertigen.

Um diese Korrekturen auszuführen, könnte man ein Programm schreiben. Für den vorliegenden Mikroprozessor ist dies aber nicht nötig, weil die Korrektur automatisch durch den DAA-Befehl veranlaßt wird. Der DAA-Befehl führt zunächst zwei Tests durch:

1. Es wird geprüft, ob eine Pseudotetrade vorliegt.
2. Es wird geprüft, ob ein Übertrag aus dem Half-Carry- oder aus dem Carry-Flag vorliegt.

Fällt einer dieser Tests positiv aus, so wird korrigiert. Das nachfolgende Beispiel zeigt die Addition von zwei vierstelligen Dezimalzahlen. Zwei BCD-Ziffern passen in ein Byte, also benötigen wir jeweils zwei Byte für die beiden Summanden. Das Beispiel hat große Ähnlichkeit zum vorhergehenden Beispiel.

In Zeile $000D ist der DAA-Befehl eingefügt, also unmittelbar hinter dem Additionsbefehl. Da das Programm eine Zeile länger ist, ändert sich bei dem bedingten Sprung die relative Adresse von $ED in $EC.

Es gehört nicht zur Stärke von Mikroprozessoren, arithmetische Operationen auszuführen. Erfordert das die Aufgabenstellung, so fügt man zu seinem System am besten einen Arithmetikprozessor hinzu. Immerhin hat aber der 6809 auch eine Möglichkeit zum Multiplizieren.

Der MUL-Befehl (*multiply A times B*, multipliziere A mit B) ermöglicht es mit einem einzigen Befehl, zwei 8-Bit lange, vorzeichenlose Dualzahlen, die in den Akkumulatoren A und B stehen, miteinander zu multiplizieren. Das Ergebnis, eine 16-Bit lange, ebenfalls vorzeichenlose Dualzahl, wird in den Akkumulator D eingeschrieben (Bild 2.30).

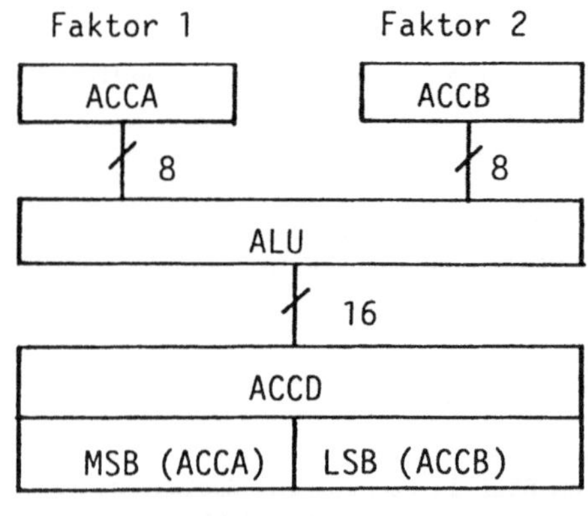

Bild 2.30 Bearbeitung des MUL-Befehls

Der vorhergehende Inhalt der beiden Akkumulatoren A und B, also der Multiplikand und der Multiplikator, sind nach der Multiplikation verloren. Der MUL-Befehl ist ein 1-Byte-Befehl, der Inherent-Adressierung verwendet. Er vereinfacht die Multiplikation von Mehrbytezahlen ganz erheblich (multiprecision multiplication). Für eine Verarbeitung von Faktoren, die aus mehreren Bytes bestehen, ist natürlich ein Programm zu schreiben. Dieses Programm wird aber erheblich einfacher, als wenn nur Additionsbefehle zur Verfügung stehen wie beim 6802 oder 6502.

Der CLR-Befehl ist aus der Tabelle einsichtig und bedarf keiner weiteren Erklärung.

Die Befehle INC und DEC dienen zum Inkrementieren bzw. Dekrementieren. Inkrementieren bedeutet Erhöhen eines Register- oder Speicherzelleninhalts um 1, Dekrementieren bedeutet Vermindern um 1. Bei diesen beiden Befehlsgruppen sind einige Unterschiede zum 6800 festzuhalten. Sie können nur auf die beiden Akkumulatoren A und B angewandt werden und auf jeden beliebigen Speicherplatz M. Will man z.B. eines der vier Indexregister X, Y, U oder S inkrementieren oder dekrementieren, so muß man den Befehl LEA (load effective address) anwenden. Dies wurde im vorherigen Kapitel bereits gezeigt.

Der SEX-Befehl ermöglicht es, eine 8-Bit-Zahl in Zweierkomplementdarstellung, die im Akkumulator B steht, auf 16 Bit vorzeichenrichtig auszuweiten. Bei Ausführung dieses Befehls werden in den Akkumulator lauter Einsen geschrieben, wenn Bit 7 von Akkumulator B den Wert 1 hat, sonst lauter Nullen. Dieser Befehl ermöglicht das Rechnen von vorzeichenbehafteten Zahlen mit 16 Bit Länge.

Die Befehle AND, OR und EOR sind die logischen Befehle des 6809. Die Verknüpfung wird bitweise mit dem Inhalt des angegebenen Akkumulators und der adressierten Speicherzelle ausgeführt. Bei Immediate-Adressierung wird nicht der Inhalt der Zelle M sondern die Zahl M selbst bitweise verknüpft. Bei all diesen Befehlen wird das Ergebnis wieder im betreffenden Akkumulator abgespeichert. Im Gegensatz dazu wird beim COM-Befehl, der anschließend besprochen wird, auch bitweise logisch verknüpft, aber das Ergebnis wird nicht abgespeichert, sondern es werden nur die Flags im Statusregister beeinflußt.

AND- und OR-Befehle werden sehr häufig zum Aus- und Einblenden von Bits in ein Datenbyte verwendet.

Beispiel:

```
ANDA #$0F
```

Mit diesem Befehl können die vier oberen Bits ausgeblendet werden. Dies ist z.B. bei der Codewandlung ASCII→BCD notwendig.

vor Befehlsausführung:	ACCA	00111001
Maske		00001111
nach Befehlsausführung:	ACCA	00001001

Beispiel:

ORA #$30

Mit diesem Befehl können im oberen Teil die zwei Einser eingeblendet werden. Dies ist z.B. bei der Codewandlung BCD→ASCII notwendig.

vor Befehlsausführung:	ACCA	00000111
Maske		00110000
nach Befehlsausführung:	ACCA	00110111

Beispiel:

EORA #$81

Mit diesem Befehl kann geprüft werden, welche Bits im Akkumulator A nicht mit der Maske $81 übereinstimmen.

vor Befehlsausführung:	ACCA	10000000
Maske		10000001
nach Befehlsausführung:	ACCA	00000001

In Bitposition 0 stimmen also ACCA und Maske nicht überein.

In der Prozeßtechnik werden diese Befehle zum Überprüfen von Schalterpositionen oft verwendet.

Die Befehle ANDCC und ORCC ermöglichen es dem Anwender, das Condition Code Register zu beeinflussen. Diese zwei Befehle ersetzen eine ganze Reihe von 6800 Befehlen wie z.B. SEC, CLC, SEI, CLI. Um ein bestimmtes Flag im CC-Register zu setzen, oderiert man die Position mit 1. Um ein bestimmtes Flag zu löschen, undiert man die Position mit 0. Es ist also möglich, bestimmte Flags zu beeinflussen und andere unberührt zu lassen.

Beispiel:

Die Flags N und C im Condition Code Register sollen gelöscht werden. Wie lautet der Befehl?

Es muß UND-verknüpft werden. Das N-Flag steht in Bitposition 3, das C-Flag in 0, also muß das Datenbyte in diesen Positionen eine 0 aufweisen, in den anderen eine 1, damit die übrigen Flags unberührt bleiben. Damit lautet der Befehl:

ANDCC #$F6 (1C F6)

Beispiel:

Die Flags F und I sollen gesetzt werden. Wie lautet der Befehl?

Um ein Flag zu setzen, muß man mit 1 ODER-verknüpfen. Das F-Flag und das I-Flag befinden sich in den Bitpositionen 6 bzw. 4, also muß das Datenwort in diesen Positionen eine 1 enthalten, in allen übrigen eine 0. Damit lautet der Befehl:

ORCC #$50 (1A 50)

Beispiel:

Erklären Sie, was die nachfolgenden Befehle bewirken:

a) ORCC #$01
b) ANDCC #$00
c) ORCC #$00

a) setzt das C-Flag und läßt alle anderen Flags unverändert.
b) löscht das gesamte Condition Code Register.
c) bewirkt überhaupt nichts, weil alle Bits mit 0 ODER-verknüpft werden.

2.3.3 Komplementierungs- und Schiebebefehle

Tabelle 2.4 Komplementierungs- und Schiebebefehle

Befehl-Mnemonics		Adressierungsarten: Inherent			Direct			Extended			Immediate			Indexed[1]			Relative			Befehl-Wirkung	CC-Register 5	3	2	1	0
		OP	~	#	OP	~	#	OP	~	#	OP	~	#	OP	~	#	OP	~[2]	#		H	N	Z	V	C
COM	COMA	43	2	1																$\overline{A} \to A$	•	↕	↕	0	1
	COMB	53	2	1																$\overline{B} \to B$	•	↕	↕	0	1
	COM				03	6	2	73	7	3				63	6+	2+				$\overline{M} \to M$	•	↕	↕	0	1
NEG	NEGA	40	2	1																$\overline{A}+1 \to A$	8	↕	↕	↕	↕
	NEGB	50	2	1																$\overline{B}+1 \to B$	8	↕	↕	↕	↕
	NEG				00	6	2	70	7	3				60	6+	2+				$\overline{M}+1 \to M$	8	↕	↕	↕	↕
ASL	ASLA	48	2	1																A	8	↕	↕	↕	↕
	ASLB	58	2	1																B	8	↕	↕	↕	↕
	ASL				08	6	2	78	7	3				68	6+	2+				M c b_7 b_0	8	↕	↕	↕	↕
ASR	ASRA	47	2	1																A	8	↕	↕	•	↕
	ASRB	57	2	1																B	8	↕	↕	•	↕
	ASR				07	6	2	77	7	3				67	6+	2+				M b_7 b_0 c	8	↕	↕	•	↕
LSL	LSLA	48	2	1																A	•	↕	↕	↕	↕
	LSLB	58	2	1																B 0	•	↕	↕	↕	↕
	LSL				08	6	2	78	7	3				68	6+	2+				M c b_0 b_7	•	↕	↕	↕	↕
LSR	LSRA	44	2	1																A	•	0	↕	•	↕
	LSRB	54	2	1																B 0	•	0	↕	•	↕
	LSR				04	6	2	74	7	3				64	6+	2+				M b_7 b_0 c	•	0	↕	•	↕
ROL	ROLA	49	2	1																A	•	↕	↕	↕	↕
	ROLB	59	2	1																B	•	↕	↕	↕	↕
	ROL				09	6	2	79	7	3				69	6+	2+				M c b_7 ← b_0	•	↕	↕	↕	↕
ROR	RORA	46	2	1																A	•	↕	↕	•	↕
	RORB	56	2	1																B	•	↕	↕	•	↕
	ROR				06	6	2	76	7	3				66	6+	2+				M c b_7 → b_0	•	↕	↕	•	↕

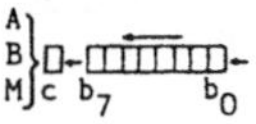

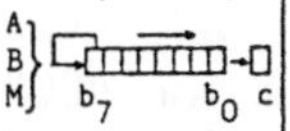

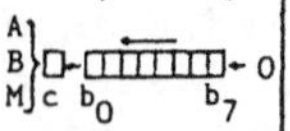

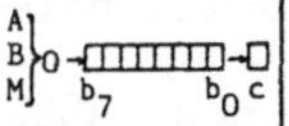

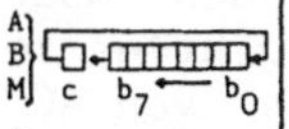

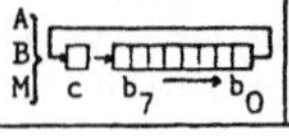

Die Befehle COM und NEG bilden das Einer- bzw. das Zweierkomplement. Über dieses Thema können Sie im Anhang nachlesen, wenn Sie sich noch nicht sicher fühlen.

Bei den ROL- und ROR-Befehlen (rotierende Verschiebebefehle) wird das Carry-Flag mit in die Verschiebung einbezogen. Bei ROL wird das C-Flag nach b0 geschoben und b7 gelangt in das C-Flag. Bei ROR gelangt das C-Flag nach b7 und b0 wird ins C-Flag transportiert. Bei beiden Befehlen werden gleichzeitig alle Bits nach links bzw. nach rechts geschoben.

Die Rotationsbefehle ermöglichen es, den Akkumulatorinhalt oder Speicherplatzinhalt hin und her zu verschieben, ohne ihn zu zerstören. So ist es z.B. möglich, ganz bestimmte Bits in das C-Flag oder MSB zu schieben, sie dort mit Hilfe des Statusregisters zu testen, und anschließend wieder in ihre Ausgangslage zurückzuschieben. Auch bei der Multiplikation und Division von vorzeichenlosen Dualzahlen finden diese Befehle Verwendung. Für jeden Befehl ist anschließend noch ein Beispiel angegeben.

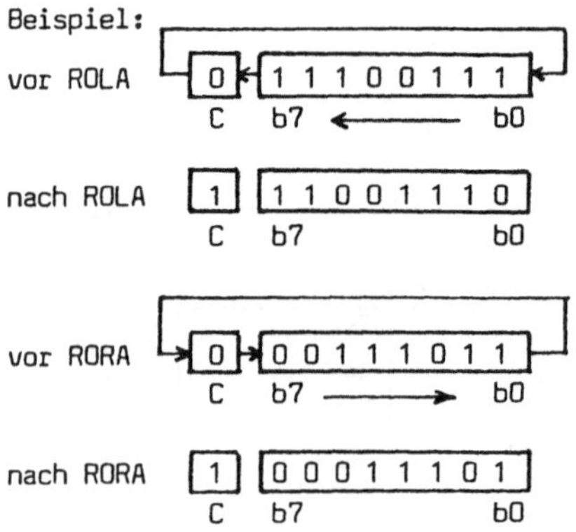

Bei den LSR-Befehlen (logische Verschiebebefehle) werden alle Bits von ACCX oder M um eine Stelle nach rechts geschoben. Das LSB wird in das C-Flag eingeschrieben und in das MSB kommt eine 0. Diese Befehle sind zur Division von vorzeichenlosen Zahlen und zum Bit-Test geeignet.

Bei den ASL- und ASR-Befehlen (arithmetische Verschiebebefehle) gibt es keinen Umlauf des Datenwortes. Bei ASL werden alle Bits von ACCX oder M um eine Stelle nach links geschoben. b7 gelangt in das C-Flag, und in b0 wird eine 0 eingeschrieben. Bei ASR werden alle Bits von ACCX oder M um eine Stelle nach rechts geschoben. b0 gelangt in das C-Flag, und b7 bleibt unverändert. Die arithmetischen Verschiebebefehle werden zur Multiplikation und Division von Zahlen in Zweierkomplementdarstellung verwendet. Dabei ist b7 das Vorzeichenbit. Die beiden nachfolgenden Beispiele verdeutlichen dies.

Es sei noch auf eine kleine Kuriosität hingewiesen. Zwischen den Befehlen ASL und LSL gibt es keinen Unterschied, weder in der Funktion noch im Opcode. Man kann dieses Schieben eben als arithmetisch oder als logisch links schieben betrachten, ganz wie es einem gefällt.

Beispiel:

Multiplikation mit 2 durch arithmetisch links Schieben

C	b7							b0	
0	0	0	0	0	0	0	1	1	3
0	0	0	0	0	0	1	1	0	6
0	0	0	0	0	1	1	0	0	12
0	0	0	0	1	1	0	0	0	24
0	0	0	1	1	0	0	0	0	48
0	0	1	1	0	0	0	0	0	96
0	1	1	0	0	0	0	0	0	192
1	1	0	0	0	0	0	0	0	-

Beispiel:

Division durch 2 durch arithmetisch rechts Schieben

C	b7							b0	
0	0	0	0	1	1	0	0	0	24
0	0	0	0	0	1	1	0	0	12
0	0	0	0	0	0	1	1	0	6
0	0	0	0	0	0	0	1	1	3
1	0	0	0	0	0	0	0	1	-

2.3.4 Vergleichs- und Testbefehle

Vergleichs- und Testbefehle sind Befehle, die den Inhalt der betreffenden Register nicht verändern, sondern nur das Condition Code Register beeinflussen, und zwar in Abhängigkeit von dem Vergleich. Einem Vergleichs- oder Testbefehl sollte deshalb sinnvollerweise stets ein bedingter Verzweigungsbefehl folgen, der die betreffenden Flags abfragt und in Abhängigkeit davon die CPU veranlaßt, entsprechend zu verzweigen.

Der CMP-Befehl ist dem Subtraktionsbefehl ähnlich. Aber hier wird kein Ergebnis gebildet, und die Operanden werden nicht verändert. Nur das Condition Code Register wird beeinflußt. Mit dem CMP-Befehl wird der Inhalt eines Registers (A, B, D, X, Y, S, U) mit einer Zahl im Operandenteil des Befehls (bei Immediate-Adressierung) oder mit dem Inhalt eines Speicherplatzes M verglichen. Anschließend kann dann entsprechend dem Ergebnis verzweigt werden.

Tabelle 2.5 Vergleichs- und Testbefehle

Befehl-Mnemonics		Adressierungsarten Inherent			Direct			Extended			Immediate			Indexed'			Relative			Befehl-Wirkung	CC-Register 5	3	2	1	0
		OP	~	#	OP	~	#	OP	~	#	OP	~	#	OP	~	#	OP	~'	#		H	N	Z	V	C
BIT	BITA				95	4	2	B5	5	3	85	2	2	A5	4+	2+				Bit Test A A∧M	•	↕	↕	0	•
	BITB				D5	4	2	F5	5	3	C5	2	2	E5	4+	2+				Bit Test B B∧M	•	↕	↕	0	•
CMP	CMPA				91	4	2	B1	5	3	81	2	2	A1	4+	2+				Compare with A A-M	8	↕	↕	↕	↕
	CMPB				D1	4	2	F1	5	3	C1	2	2	E1	4+	2+				Compare with B B-M	8	↕	↕	↕	↕
	CMPD				10 93	7	3	10 B3	8	4	10 83	5	4	10 A3	7+	3+				Compare with D D-M:M+1	•	↕	↕	↕	↕
	CMPS				11 9C	7	3	11 BC	8	4	11 8C	5	4	11 AC	7+	3+				Compare with S S-M:M+1	•	↕	↕	↕	↕
	CMPU				11 93	7	3	11 B3	8	4	11 83	5	4	11 A3	7+	3+				Compare with U U-M:M+1	•	↕	↕	↕	↕
	CMPX				9C	6	2	BC	7	3	8C	4	3	AC	6+	2+				Compare with X X-M:M+1	•	↕	↕	↕	↕
	CMPY				10 9C	7	3	10 BC	8	4	10 8C	5	4	10 AC	7+	3+				Compare with Y Y-M:M+1	•	↕	↕	↕	↕
TST	TSTA	4D	2	1																Test A A-0	•	↕	↕	0	•
	TSTB	5D	2	1																Test B B-0	•	↕	↕	0	•
	TST				0D	6	2	7D	7	3				6D	6+	2+				Test M M-0	•	↕	↕	0	•

Beispiel:

Der Akkumulator A soll die Zahl AB enthalten. Wie wirkt sich der nachfolgende Befehl auf die Flags aus?

```
CMPA #$AA
```

Es wird die Subtraktion AB - AA ausgeführt. Da das Ergebnis größer 0 ist, wird das C-Flag gelöscht (bei Übertrag), das V-Flag gelöscht (keine Bereichsüberschreitung), das Z-Flag gelöscht (Ergebnis nicht Null), das N-Flag gelöscht (Ergebnis positiv).

Der BIT-Testbefehl hat Ähnlichkeit mit dem AND-Befehl. Aber auch hier wird kein Ergebnis gebildet, sondern nur das Condition Code Register entsprechend beeinflußt. Man kann mit diesem Befehl die beiden Akkumulatoren Bit für Bit durchtesten. Dieser Test ist dazu geeignet, z.B. den Betriebszustand eines Peripheriegerätes, dessen Statusregister man vorher in den Akkumulator A gebracht hat, abzufragen.

Beispiel:

Es soll der Status von Bit 7 in Akkumulator B geprüft werden. Wie lautet der Befehl und wie wird das CCR beeinflußt?

```
BITB #$80
```

Wenn Bit 7 in ACCA gesetzt ist, ergibt die UND-Verknüpfung in Bitposition 7 eine 1, d.h. das Z-Flag ist gelöscht. Wird aber das Z-Flag von dem BITB-Befehl gesetzt, dann bedeutet das, daß ACCB in Bit 7 eine 0 hat, und so die UND-Verknüpfung 0 ergibt.

Der TST-Befehl wird verwendet, um festzustellen, ob der Akkumulator A oder B oder der Speicherplatz M positiv, negativ oder Null ist. Arithmetisch bedeutet der Test eine Subtraktion von Null von dem betreffenden Registerinhalt. Dabei wird dann das N- und das Z-Flag beeinflußt.

2.3.5 Verzweigungs- und Sprungbefehle

Die in der Tabelle aufgeführten Verzweigungsbefehle benutzen alle die relative Adressierungsart. Es gibt für jeden Befehl eine Variante für den kurzen Sprung und eine Variante für den langen Sprung. Wir haben das im Kapitel "Relative Adressierung" besprochen. Die Verzweigungsbefehle kann man in zwei Gruppen einteilen, unbedingte Verzweigung und bedingte Verzweigung.

Bei den *unbedingten Verzweigungsbefehlen* springt die CPU eben unabhängig von einer Bedingung. Beim 6809 sind das die Befehle BRA (*branch always*), BRN (*branch never*) und BSR (*branch to subroutine*). Der BRA-Befehl hat die gleiche Wirkung wie der JMP-Befehl (*jump*), nur benutzt er eben die relative Adressierungsart. Sie erinnern sich sicher, welchen Vorteil das hat? - Man kann positionsunabhängig programmieren. Der BRN-Befehl ist scheinbar ein unsinniger Befehl. Er ist zwei Byte, bzw. in der Langform vier Byte lang und ist in gewisser Weise mit dem NOP-Befehl (*no operation*) vergleichbar. Die CPU arbeitet den Befehl ab und tut aber im Grunde nichts. Warum hat Motorola einen solchen Befehl in den 6809 eingebaut? - Da die CPU sowieso nie verzweigt, spielt es für den BRN-Befehl keine Rolle, wie der Operand (also die relative Adresse) lautet. Man kann nun einen sinnvollen Opcode gewissermaßen im Operandenteil des BRN-Befehls "verstecken". Wenn die CPU den Befehl das erste Mal liest, wird sie auch den "versteckten" Opcode als relative Adresse lesen und nicht verzweigen, sondern zum nächsten Befehl weitergehen. Man kann nun später auf diesen Opcode zurückspringen und die CPU führt ihn aus. Der Sinn dieses Programmtricks wird noch in einem Beispiel erklärt.

Die *bedingten Verzweigungsbefehle* werden vom Rechner nur dann ausgeführt, wenn die Verzweigungsbedingung erfüllt ist. Um festzustellen, ob diese Bedingung erfüllt ist, testet der Prozessor eine oder auch mehrere Flags im Condition Code Register. Wir wollen uns zunächst einmal die einfachen Verzweigungsbefehle anschauen. Die Verzweigungsbedingung wird durch den Zustand eines Flags gebildet.

Tabelle 2.6 Verzweigungs- und Sprungbefehle

Befehl-Mnemonics		Addressierungsarten: Inherent OP	~	#	Direct OP	~	#	Extended OP	~	#	Immediate OP	~	#	Indexed OP	~	#	Relative OP	~[5]	#	Befehl-Wirkung	CC-Register 5 3 2 1 0 H N Z V C
BCC	BCC																24	3	2	Branch C=0	. . . . .
	LBCC																10 24	5(6)	4	Long branch C=0	. . . . .
BCS	BCS																25	3	2	Branch C=1	. . . . .
	LBCS																10 25	5(6)	4	Long branch C=1	. . . . .
BEQ	BEQ																27	3	2	Branch Z=1	. . . . .
	LBEQ																10 27	5(6)	4	Long branch Z=1	. . . . .
BGE	BGE																2C	3	2	Branch ≥zero	. . . . .
	LBGE																10 2C	5(6)	4	Long branch ≥ zero	. . . . .
BGT	BGT																2E	3	2	Branch >zero	. . . . .
	LBGT																10 2E	5(6)	4	Long branch > zero	. . . . .
BHI	BHI																22	3	2	Branch higher	. . . . .
	LBHI																10 22	5(6)	4	Long branch higher	. . . . .
BHS	BHS																24	3	2	Branch higher or same	. . . . .
	LBHS																10 24	5(6)	4	Long branch higher or same	. . . . .
BLO	BLO																25	3	2	Branch lower	. . . . .
	LBLO																10 25	5(6)	4	Long branch lower	. . . . .
BLS	BLS																23	3	2	Branch lower or same	. . . . .
	LBLS																10 23	5(6)	4	Long branch lower or same	. . . . .
BLT	BLT																2D	3	2	Branch <zero	. . . . .
	LBLT																10	5(6)	4	Long branch < zero	. . . . .
BMI	BMI																2B	3	2	Branch minus	. . . . .
	LBMI																10 2B	5(6)	4	Long branch minus	. . . . .
BNE	BNE																26	3	2	Branch Z≠0	. . . . .
	LBNE																10 26	5(6)	4	Long branch Z≠0	. . . . .
BPL	BPL																2A	3	2	Branch plus	. . . . .
	LBPL																10 2A	5(6)	4	Long branch plus	. . . . .
BRA	BRA																20	3	2	Branch always	. . . . .
	LBRA																16	5	3	Long branch always	. . . . .
BRN	BRN																21	3	2	Branch never	. . . . .
	LBRN																10 21	5	4	Long branch never	. . . . .
BSR	BSR																8D	7	2	Branch to subroutine	. . . . .
	LBSR																17	9	3	Long branch to subroutine	. . . . .
BVC	BVC																28	3	2	Branch V=0	. . . . .
	LBVC																10 28	5(6)	4	Long branch V=0	. . . . .
BVS	BVS																29	3	2	Branch V=1	. . . . .
	LBVS																10 29	5(6)	4	Long branch V=1	. . . . .
JMP					0E	3	2	7E	4	3				6E	3+	2+				Jump EA[3]→PC	. . . . .
JSR					9D	7	2	BD	8	3				AD	7+	2+				Jump to subroutine	. . . . .
RTS		39	5	1																Return from subroutine	. . . . .
RTI		3B	6/15	1																Return from Interrupt	7
SWI	SWI1[6]	3F	19	1																Software Interrupt 1	. . . . .
	SWI2[6]	10 3F	20	2																Software Interrupt 2	. . . . .
	SWI3[6]	11 3F	20	2																Software Interrupt 3	. . . . .

Tabelle 2.7 Einfache Verzweigungsbefehle

Befehl	Verzweigungsbedingung	
BCC	(C) = 0	Branch if carry clear
BCS	(C) = 1	Branch if carry set
BEQ	(Z) = 1	Branch if equal zero
BNE	(Z) = 0	Branch if not equal zero
BMI	(N) = 1	Branch if minus
BPL	(N) = 0	Branch if plus
BVC	(V) = 0	Branch if overflow clear
BVS	(V) = 1	Branch if overflow set

Werden vorzeichenlose Dualzahlen miteinander verglichen, so können die Befehle aus Tabelle 2.8 angewendet werden.

Tabelle 2.8 Verzweigungsbefehle für vorzeichenlose Zahlen

Befehl	Verzweigungsbedingung	
BHI	$(C) \vee (Z) = 0$	Branch if higher
BLS	$(C) \vee (Z) = 1$	Branch if low or same
BHS	C = 0	Branch if higher or same
BLO	C = 1	Branch if lower

Die Tabelle 2.9 zeigt die Verzweigungsbefehle, die nach Vergleichsoperationen mit vorzeichenbehafteten Zahlen (Zweierkomplement) angewendet werden.

Tabelle 2.9 Verzweigungsbefehle für vorzeichenbehaftete Zahlen

Befehl	Verzweigungsbedingung	
BGE	$(N) \not\equiv (V) = 0$	Branch if greater or equal zero
BLT	$(N) \not\equiv (V) = 1$	Branch if lower zero
BGT	$(Z) \vee [(N) \not\equiv (V)] = 0$	Branch if greater zero
BLE	$(Z) \vee [(N) \not\equiv (V)] = 1$	Branch if lower or equal zero

Es sei noch darauf hingewiesen, daß die Befehle BHS und BCC, sowie BLO und BCS jeweils denselben Opcode haben. Es ist so eine verschiedene Betrachtungsweise des gleichen Sachverhaltes möglich. Anschließend sollen nun noch einige Befehle anhand von Beispielen näher erläutert werden.

Beispiel:

Mit dem Register X soll eine Verzögerungsschleife aufgebaut werden, indem X mit dem Wert $00FF geladen und anschließend dekrementiert wird. Hat X den Wert 0 erreicht, soll die Schleife verlassen werden. Das Programm kann so aussehen:

```
     :
     LDX #$00FF
 M1  LEAX ,-X
     CMPX #$0000
     BNE M1
     :
```

Zum Dekrementieren des Indexregisters wird der Befehl LEAX verwendet, denn den 6800-Befehl DEX gibt es beim 6809 nicht. Nach jedem Dekrementieren vergleicht der Compare-Befehl den Indexregisterinhalt mit Null. Wenn der Wert noch nicht Null ist, wird auf die Marke M1 zurückgesprungen und erneut dekrementiert. Wenn der Prozessor BNE liest, verzweigt er, sofern das Z-Flag den Wert Null hat. Solange aber das Ergebnis des Compare-Befehls ungleich Null ist, bleibt das Z-Flag Null. Erst wenn das X-Register auf Null dekrementiert ist, liefert der Compare-Befehl eine Null im Ergebnis, damit setzt er auch das Z-Flag auf 1. Damit ist die Verzweigungsbedingung für den BNE-Befehl nicht mehr erfüllt. Der Prozessor springt nicht mehr zu M1 zurück, sondern arbeitet weiter.

Ist der CMP-Befehl wirklich nötig?

Wenn wir in der Tabelle 2.2 die letzte Spalte anschauen, stellen wir fest, daß vom LEAX-Befehl als einziges Flag das Z-Flag beeinflußt wird. Damit könnte der BNE-Befehl unmittelbar auf den LEAX-Befehl folgen und der CMP-Befehl könnte eingespart werden. Würden wir das Register U als Zähler benutzen, wäre CMP erforderlich; denn LEAU beeinflußt die Flags nicht.

Wie lautet die relative Adresse des BNE-Befehls?

Durch Rückwärtszählen finden wir leicht F8.

Beispiel:

Was bewirkt der nachfolgende Programmteil?

```
     :
 M2  CMPA ,X+
     BLT M2
     LDA ,-X
     :
```

Der Inhalt einer Liste wird mit den Inhalt von Akkumulator A verglichen. Der Prozessor sieht dabei die Zahlen als vorzeichenbehaftete Zahlen an. Solange die Zweierkomplementzahl im Akkumulator A kleiner ist als die Zweierkomplementzahl im adressierten Speicherplatz, verzweigt der Prozessor zurück nach M2 und vergleicht den Akkumulatorinhalt mit dem nächsten Speicherplatz. Der CMPA-Befehl benutzt Autoincrement-Indexed-Adressierung. D.h., nachdem die Vergleichsoperation ausgeführt wurde, wird das Indexregister X um 1 erhöht. Damit ist der nächste Speicherplatz adressiert. Sobald der Speicherplatz, dessen Inhalt kleiner oder gleich dem Akkumulatorinhalt ist, gefunden ist, wird der Akkumulator A mit dieser Zahl neu geladen. Dabei muß Autodecrement-Indexed-Adressierung angewandt werden. Anders ausgedrückt: Der CMP-Befehl hat schon auf die nächste Speicheradresse inkrementiert (deshalb auch post-increment genannt), daher muß zunächst wieder dekrementiert (auch pre-decrement genannt) werden, um den alten Speicherplatz wieder zu erreichen. Dann kann die Zahl in den Akkumulator geladen werden.

Was passiert, wenn man in dem Beispiel den BLT-Befehl durch den Befehl BLO ersetzt?

Der einzige Unterschied besteht darin, daß die Zahlen im Akkumulator und in den Speicherplätzen als vorzeichenlose Dualzahlen betrachtet werden. Bei BLO verzweigt der Rechner so lange, wie die vorzeichenlose Dualzahl im Akkumulator kleiner als die vorzeichenlose Dualzahl im adressierten Speicherplatz ist.

In der Tabelle 2.6 sind auch noch die Sprungbefehle aufgeführt. Die Bedeutung des Befehls JMP ist aus der Tabelle einsichtig. Um ein verschiebbares Programm zu erreichen, sollte er nach Möglichkeit vermieden werden.

Die Befehle JSR und RTS sind Unterprogrammbefehle. Sie werden später noch genauer besprochen, ebenso die Interrupt-Befehle SWI und RTI.

2.3.6 Sonstige Befehle

Tabelle 2.10 Sonstige Befehle

Befehl-	Adressierungsarten																		Befehl-	CC-Register				
	Inherent			Direct			Extended			Immediate			Indexed			Relative				5	3	2	1	0
Mnemonics	OP	~	#	OP	~	#	OP	~	#	OP	~	#	OP	~	#	OP	~[s]	#	Wirkung	H	N	Z	V	C
CWAI	3C	20	2																AND CC (CC ∧ IMM–CC), then wait for interrupt					1
NOP	12	2	1																No Operation	.	.	.	.	.
SYNC	13	≥2	1																Synchronize to Interrupt	.	.	.	.	.

Der NOP-Befehl wirkt sich nur auf den Programmzähler aus. Er erhöht dessen Inhalt um 1 und benötigt dazu zwei CPU-Zyklen. Er hält Speicherplatz frei, falls man später noch zusätzliche Befehle einfügen will. Falls man nach der Programmerstellung wieder Befehle weglassen muß, kann man das "Loch" mit NOP-Befehlen stopfen. Das ist einfacher als das gesamte Programm vorzurücken.

Der CWAI-Befehl ist ein Halt-Befehl ähnlich dem WAI-Befehl beim 6800. Im Kapitel über Interrupt-Behandlung werden wir uns diesen Befehl noch genauer anschauen.

Der SYNC-Befehl wurde geschaffen, um ein Programm, das auf dem 6809 läuft, mit Impulsen, die von externer Hardware auf den 6809 zukommen, zu synchronisieren. Dies kann z.B. bei sehr schnellem Datenaustausch zwischen Prozessor und Peripherie der Fall sein. Auch dieser Befehl wird im Kapitel über Interruptbehandlung noch eingehender besprochen.

Für die 6800-Benutzer, die ihre Software auf den 6809 umschreiben möchten, sind in Tabelle 2.11 die 6800-Befehle, die es beim 6809 nicht gibt, aufgeführt und der entsprechende 6809-Befehl (bzw. Befehlssequenz) angegeben.

Tabelle 2.11 Ersatzbefehle des 6809 für den 6800

6800 Befehl	6809 Befehl
ABA	PSHS B; ADDA ,S+
CBA	PSHS B; CMPA ,S+
CLC	ANDCC #FE
CLI	ANDCC #EF
CLV	ANDCC #FD
CPX	CMPX
DES	LEAS -1,S
DEX	LEAX -1,X
INS	LEAS 1,S
INX	LEAX 1,X
LDAA	LDA
LDAB	LDB
ORAA	ORA
ORAB	ORB
PSHA	PSHS A
PSHB	PSHS B
PULA	PULS A
PULB	PULS B
SBA	PSHS B; SUBA ,S+
SEC	ORCC #01
SEI	ORCC #10
SEV	ORCC #02
STAA	STA
STAB	STB
TAB	TFR A,B; TST A
TAP	TFR A,CC
TBA	TFR B,A; TST A
TPA	TFR CC,A
TSX	TFR S,X
TXS	TFR X,S
WAI	CWAI #FF

2.4 Prozessorsignale und Interrupt-Verhalten

MC6809

Signal	Pin	Pin	Signal
VSS	1	40	$\overline{HALT}$
$\overline{NMI}$	2	39	XTAL
$\overline{IRQ}$	3	38	EXTAL
$\overline{FIRQ}$	4	37	$\overline{RESET}$
BS	5	36	MRDY
BA	6	35	Q
VCC	7	34	E
A0	8	33	$\overline{DMA/BREQ}$
A1	9	32	R/$\overline{W}$
A2	10	31	D0
A3	11	30	D1
A4	12	29	D2
A5	13	28	D3
A6	14	27	D4
A7	15	26	D5
A8	16	25	D6
A9	17	24	D7
A10	18	23	A15
A11	19	22	A14
A12	20	21	A13

MC6809E

Signal	Pin	Pin	Signal
VSS	1	40	$\overline{HALT}$
$\overline{NMI}$	2	39	TSC
$\overline{IRQ}$	3	38	LIC
$\overline{FIRQ}$	4	37	$\overline{RESET}$
BS	5	36	AVMA
BA	6	35	Q
VCC	7	34	E
A0	8	33	BUSY
A1	9	32	R/$\overline{W}$
A2	10	31	D0
A3	11	30	D1
A4	12	29	D2
A5	13	28	D3
A6	14	27	D4
A7	15	26	D5
A8	16	25	D6
A9	17	24	D7
A10	18	23	A15
A11	19	22	A14
A12	20	21	A13

Bild 2.31 Pinbelegung des 6809 und 6809E

Nachdem wir nun den 6809 aus der Sicht des Programmierers kennengelernt haben, wollen wir uns auch noch mit der Hardwareseite etwas genauer beschäftigen. Was bis jetzt in diesem Buch geschrieben wurde, gilt für den 6809 genauso wie für den 6809E. Nur in der Pinbelegung, also in den Signalleitungen, unterscheiden sich die beiden. Der 6809E ist ein Prozessor mit externem Taktgenerator. Das mag manchem Leser nicht mehr zeitgemäß erscheinen. Aber gerade dieser externe Taktgenerator ermöglicht es dem Anwender, den 6809 in einer sehr modernen Applikation einzusetzen, nämlich Multiprozessorbetrieb. Die Tatsache, daß der 6809E die zwei Anschlüsse für den Quarz nicht benötigt, hat zwei extra Statusleitungen ermöglicht, die Multiprozessorbetrieb unterstützen. Wir werden darauf noch eingehen. Wir wollen zunächst einmal die Signalleitungen des 6809 Pin für Pin besprechen. Dabei machen wir der Übersichtlichkeit halber folgende Einteilung: *Versorgung/Takt*, *Daten/Adressen*, *Bus-Status*, *Bus-Timing*, *Steuerleitung*.

Der 6809, dessen Pinbelegung Bild 2.31 zeigt, ist ein synchrones, digitales Schaltwerk, das in HMOS (*high-density NMOS*)-Technik auf einem wenigen mm^2 großen Siliziumkristall aufgebaut und in ein 40-poliges Dual-in-Line Gehäuse (DIL) gepackt ist. Das Gehäuse gibt es als Standard Plastik Gehäuse (P suffix) oder als Keramikgehäuse (L suffix).

2.4.1 Versorgung und Takterzeugung

Wie die meisten Mikroprozessoren benötigt auch der 6809 eine Spannungsversorgung von +5V ± 5%. Sie wird an Pin 7 (V_{CC}) gelegt. Die maximale Stromaufnahme beträgt 200 mA bei einer Verlustleistung von 1 Watt. Pin 1 (V_{SS}) ist der Masseanschluß (*ground*). V_{ss} steht für *Substrat-Voltage*. Das Substrat ist der Siliziumchip, auf dem der Prozessor realisiert ist.

Der 6809 hat seinen eigenen Taktgenerator an Bord. Extern muß nur noch der Quarz angeschlossen werden, um den Taktgenerator zum Laufen zu bringen. Der Quarz muß an die Pins 38 und 39 (EXTAL und XTAL) angeschlossen werden. Der normale 6809 arbeitet mit einer maximalen Taktfrequenz von f = 1 MHz. Da der Takt im Chip nochmals durch 4 geteilt wird, muß die Schwingfrequenz des Quarzes 4 MHz sein, um einen Prozessorsystemtakt von 1 MHz zu erreichen. Man kann natürlich auch mit einem preiswerten Fernsehquarz arbeiten (f = 3,579 MHz). Das ergibt dann einen Systemtakt von f = 894,75 kHz. In der Arbeitsgeschwindigkeit des Prozessors macht das also keinen großen Unterschied. Der einzige Vorteil einer Taktfrequenz von f = 1 MHz ist der, daß bei Verzögerungsschleifen die erwünschte Verzögerung leichter zu berechnen ist, da man mit einer Periodendauer von T = 1 µs anstatt T = 1,11763 µs rechnen kann. Wenn Sie sich selbst ein 6809-System aufbauen wollen, dann sollten Sie hier bei der Takterzeugung sorgfältig vorgehen. Der Schwingquarz sollte so dicht wie möglich neben die Pins 38 und 39 gesetzt werden, damit die Verbindungsleitungen kurz bleiben. Quarze können außer auf ihrer Grundfrequenz auch auf sogenannten Oberwellen schwingen. Damit sie das nicht tun, werden noch zwei kleine Kondensatoren hinzugeschaltet. Welchen Wert diese Kapazitäten haben müssen und wie sie geschaltet werden zeigt Bild 2.32.

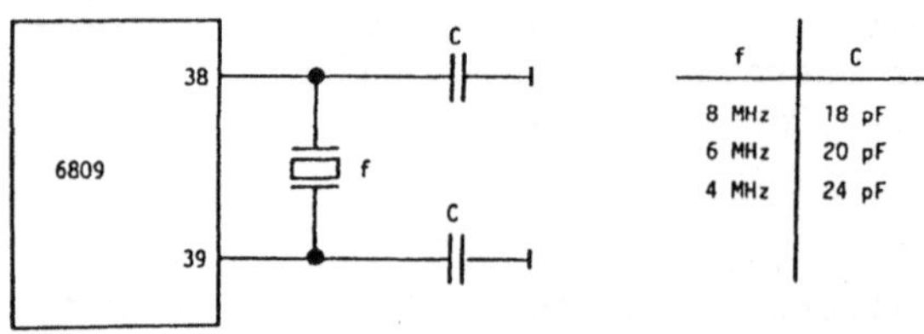

f	C
8 MHz	18 pF
6 MHz	20 pF
4 MHz	24 pF

Bild 2.32 Takterzeugung für den 6809

Man kann den 6809 auch mit einem externen TTL- oder CMOS-Takt betreiben. Das externe Taktsignal, welches viermal so groß sein sollte, wie das erwünschte Prozessorsignal, muß an Pin 38 (EXTAL) gelegt werden. Pin 39 (XTAL) muß an Masse gelegt werden. Ein LC-Generator sollte nicht zur Takterzeugung verwendet werden.

Nun noch ein paar Worte zur Prozessorgeschwindigkeit. Das ist ein Begriff, der von der Werbung arg strapaziert wurde. Der 6809 ist auch in einer 1,5 MHz-Version erhältlich, und zwar als 68A09, sowie in einer 2 MHz-Version als 68B09. Die Prozessorzeit ist aber nicht das einzige Kriterium für die Leistungsfähigkeit eines Mikroprozessors. Um diese Leistungsfähigkeit objektiv beurteilen zu können, verwendet man den Begriff *Prozessordurchsatz*. In diesen Begriff gehen verschiedene Kriterien mit ein, wie z.B. Befehlssatz, Adressierungsarten, Timing usw. Gemessen an all diesen Kriterien zusammen ist der 6809 einer der leistungsstärksten 8-Bit-Prozessoren überhaupt. Im übrigen lautet für Probleme, für die extrem hohe Rechengeschwindigkeit gefordert wird, die Lösung sowieso *Bit Slice-Prozessoren* oder *Multiprozessorbetrieb*, und nicht ein Mikroprozessor mit einem 100 MHz-Takt. Im übrigen darf die Taktfrequenz auch einen minimalen Wert nicht unterschreiten. Der beträgt beim 6809 f_{min} = 100 kHz. Das entspricht einer Zykluszeit von 10 µs. Grund hierfür sind die dynamischen Register des Prozessors, die mindestens alle 10 µs eine Auffrischung benötigen. Man spricht von *Refreshing*.

2.4.2 Daten und Adressen

Der *Adressen-Bus* wird durch die Anschlüsse 8 bis 23 gebildet. Die Ausgänge sind in Tri-state-Technik aufgebaut. Jeder Ausgang ist imstande, eine Schottky TTL-Last oder vier LS TTL-Lasten plus 90 pF zu treiben. Zur Beurteilung der Belastbarkeit von Ausgängen dient der Begriff *Fanout*. Was bedeutet das? - Nehmen wir uns einmal das Datenblatt eines typischen Bausteins aus der TTL-Serie vor. Dort finden wir z.B. beim 7400 zwei verschiedene Eingangsströme: 40 µA bei H-Potential am Eingang und 1,6 mA bei L-Pegel am Eingang. Bei diesen beiden Werten spricht man von einer Standard-TTL-Last. Der gleiche Baustein kann am Ausgang 400 µA bzw. 16 mA vertragen. D.h. die Ausgangsströme sind 10 mal höher als die entsprechenden Eingangsströme. Dies bedeutet, ein TTL-Ausgang kann 10 TTL-Eingänge treiben. Man sagt, der Baustein hat ein Fanout von 10. Da der 6809 in NMOS-Technik aufgebaut ist, kann er nur eine Standard TTL-Last treiben. Die Tabelle 2.12 gibt einen kleinen Überblick über die Belastbarkeit der verschiedenen TTL-Typen. Wenn Sie in Mikroprozessorschaltungen TTL-Technik einsetzen, sollten Sie nur 74LSXXX

Bausteine verwenden. Diese sind schneller und stellen eine geringere Belastung für die treibende Ausgangsstufe dar als normale TTL-Gatter. So kann z.B. ein Adreßausgang des Mikroprozessors 4 LS-Lasten treiben. Bei der Dimensionierung eines Minimalsystems müssen Sie sehr sorgfältig vorgehen, um den 6809 nicht zu überlasten. Je höher die Taktfrequenz des Prozessors ist, um so mehr spielt auch die kapazitive Belastbarkeit eine Rolle. Bei ca. 10 pF pro Gattereingang und 20 pF pro Zuleitung ist die Belastungsgrenze von 90 pF ziemlich schnell erreicht. Deshalb muß man beim Aufbau eines größeren Systems Treiber (Buffer) einsetzen. Mit diesem Thema wollen wir uns aber erst in einem späteren Kapitel genauer beschäftigen.

Tabelle 2.12 Strombelastung bei TTL-Gattern

Typ	Eingangsstrom		Ausgangsstrom	
	Low (0)	High (1)	Low (0)	High (1)
7400	1,6 mA	40 µA	16 mA	400 µA
74H00	2 mA	50 µA	20 mA	500 µA
74L00	0,18 mA	10 µA	3,6 mA	200 µA
74LS00	0,36 mA	20 µA	8 mA	400 µA
74S00	2 mA	50 µA	20 mA	1000 µA

Wie wir bereits wissen, sind die Adreßleitungen des Prozessors unidirektional, d.h. sie arbeiten stets als Ausgang und können abgeschaltet (hochohmig gemacht) werden. Wir werden uns damit gleich noch etwas genauer beschäftigen.

Der *Daten-Bus* wird durch die Anschlüsse 24 bis 31 gebildet. Auch er hat Tri-state-Treiber, ist aber bidirektional, d.h. die Daten können in beiden Richtungen fließen. Treiben kann ein Datenausgang ebenfalls eine TTL-Last bzw. 4 LS-Lasten bei einer Kapazität von 130 pF.

2.4.3 Bus-Status

Die beiden Anschlüsse BS (*bus status*) an Pin 5 und BA (*bus available*) an Pin 6 geben über den Zustand des Daten- und Adreßbus bzw. der R/$\overline{W}$-Leitung Auskunft. Tabelle 2.13 gibt eine Übersicht.

Wenn der Prozessor arbeitet, sind die Daten- und Adreßleitungen, sowie die R/$\overline{W}$-Leitung des Prozessors auf den Systembus durchgeschaltet. Dies wird angezeigt durch BA = 0. Der Programmablauf kann hardwaremäßig durch Anlegen von L-Pegel an den HALT-Anschluß (Pin 40) oder softwaremäßig durch den CWAI-Befehl unterbrochen werden. Begibt sich die CPU nach Beendigung des letzten Befehls in den Halt-Zustand, schaltet sie die Tristate-Treiber von Adreßbus, Datenbus und der R/W-Leitung in den hochohmigen Zustand (*floating bus*). Dieser Zustand wird angezeigt durch BA = 1. Damit können externe Geräte auf den Systembus zugreifen (DMA-Transfer) oder zwei Mikroprozessoren können sich einen Bus teilen (*multiprocessing*). Die Daten an den BA- und BS-Pins werden mit der positiven Flanke des Q-Taktes gültig. Wie die Tabelle 2.13 zeigt, gibt es vier mögliche Kombinationen, die wie folgt belegt sind: *Normal (oder Running)*, *Interrupt oder Reset Acknowledge (IACK)*, *Sync. Acknowledge (SYNC)* und *Halt/Bus Grant*.

Tabelle 2.13 6809-Zustandstabelle

CPU-Zustand	Bus Available (BA)	Bus Status (BS)
Normal (Running)	0	0
Interrupt or Reset Acknowledge	0	1
Sync acknowledge	1	0
Halt or Bus Grant Acknowledge	1	1

Wir wollen diese vier Zustände jetzt im einzelnen besprechen. Der erste Zustand ist offensichtlich. Der Prozessor arbeitet, er führt die einzelnen Befehle aus.

Der *Zustand IACK* zeigt an, daß der Prozessor einen der möglichen Interrupts akzeptiert hat und den entsprechenden Vektor holt. Es kann sich dabei um folgende Vektoren handeln: RESET, NMI, IRQ, FIRQ, SWI, SWI2 und SWI3. Diese Statuskombination (BA = 0, BS = 1) ermöglicht die Bildung eines Signals, welches anzeigt, daß ein Interrupt akzeptiert wurde. Es ist sogar möglich, festzustellen, um welchen Interrupt es sich handelt. Wie wir noch sehen werden, befinden sich alle Interruptvektoren am Schluß des Adreßraums, genauer von FFF2 bis FFFF. Wenn ein Interrupt akzeptiert wurde, springt die CPU in diesen Adreßbereich und holt sich den zugehörigen Interruptvektor. Indem man nun außer BA und BS auch noch die Adreßleitungen A1, A2 und A3 decodiert, kann man sogar feststellen, um welchen Interrupt es sich handelt. Eine einfache Decoderschaltung zu diesem Zwecke zeigt Bild 2.33.

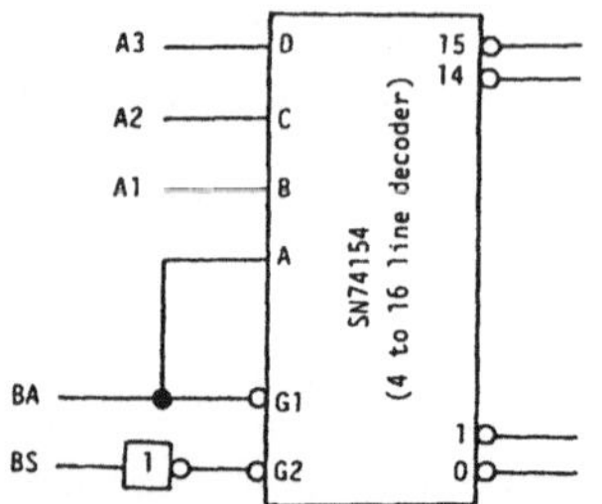

Bild 2.33 Einfache Decoderschaltung zur Interrupt-Erkennung

Wie das Bild zeigt, muß Adreßleitung A0 nicht decodiert werden, da jeder Vektor zwei Speicherplätze einnimmt. Wird also z.B. ein $\overline{\text{FIRQ}}$ ausgelöst, so springt die CPU automatisch zunächst zur Adresse FFF6, d.h. A3 = A2 = 1 und A1 = 0. Damit geht der Ausgangspin 6 des Decoders auf L und zeigt damit an, daß ein $\overline{\text{FIRQ}}$ ausgelöst wurde.

Der *SYNC-Zustand* zeigt an, daß der Prozessor auf einen externen Synchronisationsimpuls wartet. Wir werden auf diesen Sachverhalt im Zusammenhang mit dem SYNC-Befehl nochmals zurückkommen.

Der *Zustand Halt/Bus Grant* zeigt an, daß die CPU angehalten hat und die Busse hochohmig geworden sind. Damit ist ein Zugriff durch externe Baugruppen auf den Systembus möglich. Dieser Zustand wird normalerweise durch L-Pegel and den CPU-Anschlüssen $\overline{\text{HALT}}$ (Pin 40) oder $\overline{\text{DMA REQ}}$ (Pin 33) ausgelöst. Auch mit dieser Betriebsart werden wir uns noch genauer beschäftigen.

Die *R/$\overline{W}$-Leitung (read/write)* von Pin 32 kann man als Status- oder als Steuerleitung betrachten. Wir wollen sie uns jetzt näher anschauen, da ihr Verständnis für das anschließend zu besprechende Bus Timing notwendig ist. Die R/$\overline{W}$-Leitung zeigt die Richtung des Datenflusses auf dem Datenbus an. R/$\overline{W}$ = 1 bedeutet, daß die CPU liest. R/$\overline{W}$ = 0 bedeutet, daß die CPU schreibt. Das R/$\overline{W}$-Signal wird mit der positiven Flanke des Q-Taktes gültig. Die R/$\overline{W}$-Leitung befindet sich im hochohmigen Zustand, wenn der BA-Anschluß H-Pegel führt. Auf den Lese- und Schreibvorgang wird noch genauer im nächsten Kapitel eingegangen.

6800-Spezialisten werden beim 6809 das Signal VMA (*valid memory address*) vermissen. Dieses Signal dient beim 6800 dazu, eine gültige Adresse auf dem Adreßbus anzuzeigen. Beim 6809 ist das anders gelöst. Wenn die CPU den Datenbus nicht benutzt, gibt sie auf dem Adreßbus ständig FFFF aus und hält dabei gleichzeitig die R/$\overline{W}$-Leitung auf High und die BS-Leitung auf Low. (R/$\overline{W}$ = 1; BS = 0). Durch externe Logik kann dieser Zustand erfaßt werden, wenn man ungültige Adressen erkennen will. Man beachte, daß der

Prozessor bei einem Reset auch FFFF auf den Datenbus ausgibt, aber in diesem Fall ist BS = 1.

2.4.4 Bus-Timing

Wie wir wissen, erzeugt der 6809 seinen Takt selbst. Die meisten anderen Mikroprozessorbausteine benötigen aber ebenfalls ein Taktsignal. Zwei Taktsignale stellt der 6809 zur Verfügung: Den *E-Takt* an Pin 34 und den *Q-Takt* an Pin 35. Der E-Takt ist sozusagen der Haupttakt - vergleichbar mit dem Ø2 Signal beim 6809. Das Bild 2.34 zeigt den E- und Q-Takt für einen Maschinenzyklus. Unter einem *Maschinenzyklus* versteht man die Zeit von einer fallenden Flanke von E bis zur nächsten. Bei 1 MHz Taktfrequenz dauert also ein Maschinenzyklus 1 µs.

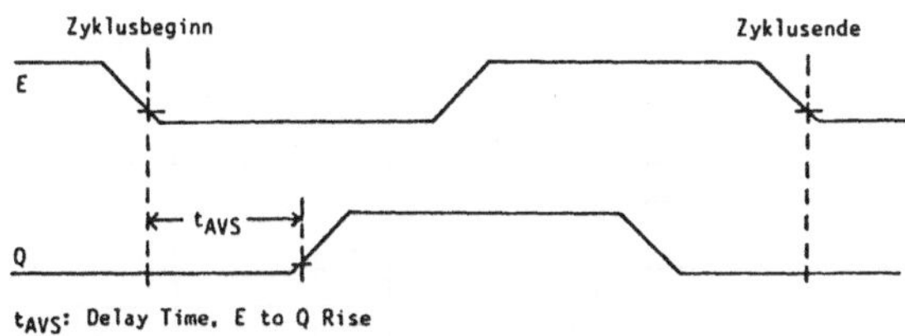

Bild 2.34 Beziehung zwischen E und Q

Das Q-Signal ist ein Quadrature Clock Signal, das gegenüber E um +90° phasenverschoben ist (Bild 2.34). Adressen von der CPU sind mit der aufsteigenden Flanke von Q gültig. Daten werden mit der fallenden Flanke von E übernommen. Beim Schreiben sind Daten vom Prozessor auf dem Datenbus mit der steigenden Flanke von E gültig. Das ist der Grund, weshalb ein RAM das E-Signal miterhalten muß, ein ROM aber nicht.

Wir wollen uns nun genauer zunächst mit dem *Read-Timing* befassen (Bild 2.35). Die im Text angegebenen Zeiten beziehen sich auf 1 MHz-Taktfrequenz. Wenn der Zyklus beginnt, geht R/$\overline{W}$ auf High-Pegel und die Adressen erscheinen auf dem Adreßbus. Der Baustein wird adressiert. 50 ns vor der ansteigenden Flanke von Q müssen die Adressen gültig und die R/$\overline{W}$-Leitung auf 1 sein. Dies ist der Beginn der *Access Time* (Speicher-Lesezugriffszeit). Spätestens nach dieser Zeit müssen die Daten auf dem Datenbus der CPU zur Verfügung gestellt werden, damit für die minimale *Setup Time* (Datensetzzeit t_{DSR} = 80 ns) die Daten der CPU zum Lesen zur

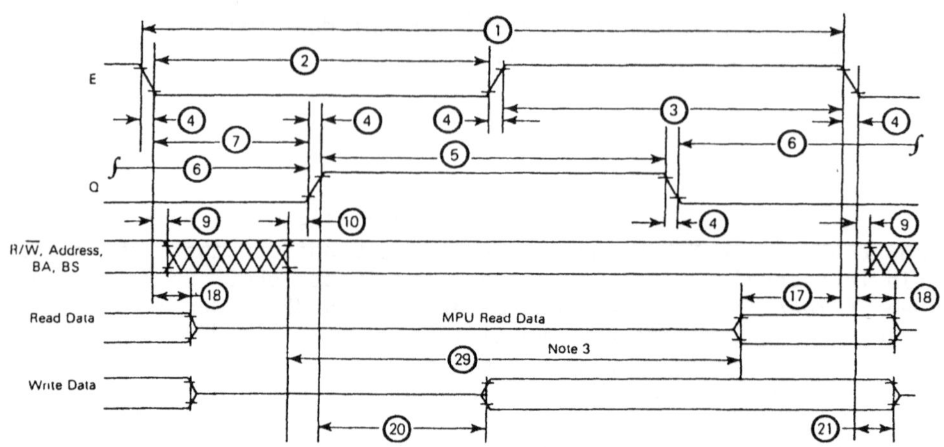

BUS TIMING CHARACTERISTICS (See Notes 1 and 2)

Ident. Number	Characteristics	Symbol	MC6809 Min	MC6809 Max	MC68A09 Min	MC68A09 Max	MC68B09 Min	MC68B09 Max	Unit
1	Cycle Time (See Note 5)	t_{cyc}	1.0	10	0.667	10	0.5	10	µs
2	Pulse Width, E Low	PW_{EL}	430	5000	280	5000	210	5000	ns
3	Pulse Width, E High	PW_{EH}	450	15500	280	15700	220	15700	ns
4	Clock Rise and Fall Time	t_r, t_f	–	25	–	25	–	20	ns
5	Pulse Width, Q High	PW_{QH}	430	5000	280	5000	210	5000	ns
6	Pulse Width, Q Low	PW_{QL}	450	15500	280	15700	220	15700	ns
7	Delay Time, E to Q Rise	t_{AVS}	200	250	130	165	80	125	ns
9	Address Hold Time* (See Note 4)	t_{AH}	20	–	20	–	20	–	ns
10	BA, BS, R/$\overline{W}$, and Address Valid Time to Q Rise	t_{AQ}	50	–	25	–	15	–	ns
17	Read Data Setup Time	t_{DSR}	80	–	60	–	40	–	ns
18	Read Data Hold Time*	t_{DHR}	10	–	10	–	10	–	ns
20	Data Delay Time from Q	t_{DDQ}	–	200	–	140	–	110	ns
21	Write Data Hold Time*	t_{DHW}	30	–	30	–	30	–	ns
29	Usable Access Time (See Note 3)	t_{ACC}	695	–	440	–	330	–	ns
	Processor Control Setup Time (MRDY, Interrupts, $\overline{DMA/BREQ}$, $\overline{HALT}$, $\overline{RESET}$) (Figures 6, 8, 9, 10, 12, and 13)	t_{PCS}	200	–	140	–	110	–	ns
	Crystal Oscillator Start Time (Figures 6 and 7)	t_{RC}	–	100	–	100	–	100	ms
	Processor Control Rise and Fall Time (Figures 6 and 8)	t_{PCr}, t_{PCf}	–	100	–	100	–	100	ns

*Address and data hold times are periodically tested rather than 100% tested.

NOTES:
1. Voltage levels shown are $V_L \leq 0.4$ V, $V_H \geq 2.4$ V, unless otherwise specified.
2. Measurement points shown are 0.8 V and 2.0 V, unless otherwise specified.
3. Usable access time is computed by: 1 – 4 – 7 max + 10 – 17.
4. Hold time (9) for BA and BS is not specified.
5. Maximum t_{cyc} during MRDY or $\overline{DMA/BREQ}$ is 16 µs.

Bild 2.35 Read und Write Zyklus

Verfügung stehen. Bei einer Zykluszeit von 1 µs ergibt das für die Access Time t_{Acc} = 695 ns. In dieser Zeit müssen die angesprochenen Speicher- oder Interfacebausteine ihre Daten zur Verfügung stellen. Wenn wir zu unserem Minimalsystem noch Speicher hinzufügen, so benötigen wir Bausteine zum Decodieren und Bus-treiber. Alle diese Bausteine sind zwar schnell, weil sie meist in TTL-Technik ausgeführt sind, aber sie benötigen dennoch eine gewisse Zeit, um durchzuschalten. Diese Zeit müssen wir von der Access Time abziehen. Setzen wir für die Decodierer und Treiber 45 ns an, dann bleiben bei 1 µs-Zykluszeit also 650 ns für den Speicher übrig. Handelt es sich z.B. um das EPROM 2716, so würde die 450 ns-Version genügen. Verwenden wir aber den 68A09 und betreiben ihn mit einer Taktfrequenz von 1,5 MHz, was einer Zykluszeit von 667 µs entspricht, so sieht die Sache viel ungünstiger aus. Die Access Time beträgt nur noch 440 ns. Rechnen wir noch 45 ns für die Adreßlogik ab, so bleibt für die Access Time des EPROMs nur noch 395 ns übrig. Wir müßten also die schnellere, aber eben auch teurere 300 ns-Version wählen.

Wie sieht nun das *Write-Timing* aus? Bild 2.35 zeigt das Geschehen auf den Busleitungen für einen Maschinenzyklus. Das Verhalten der Adreßleitungen ist das gleiche wie beim Lesen. Die R/$\overline{W}$-Leitung aber geht auf 0, um anzuzeigen, daß der Prozessor Daten auf den Datenbus ausgibt. 50 ns vor der positiven Q-Flanke müssen diese Signale stabil sein. Mit der positiven Flanke von Q beginnt die *Data Delay Time* zu laufen. Sie beträgt maximal t_{DDQ} = 200 ns. Spätestens nach dieser Zeit gibt die CPU die Daten auf den Bus aus. Gleichzeitig geht das E-Signal auf High. Man kann also auch sagen, daß beim Schreiben mit der positiven Flanke von E die Daten auf dem Bus gültig werden. Anschließend müssen die Daten die *Setup Time* (Datensetzzeit t_{DSW}) stabil anstehen, damit der Schreibvorgang in den Speicher erfolgen kann. Mit der fallenden Flanke von E werden die Daten übernommen. Sie müssen nach der fallenden Flanke von E nochmals die *Data Hold Time* (Datenhaltezeit t_{DHW}) anstehen; das sind etwa 30 ns. Die Data Setup Time beträgt also beim Schreiben ca. eine halbe Taktperiode, also ca. 500 ns. Diese Zeit stehen die Daten dem Speicher oder Interfacebaustein zur Verfügung.

Es sei nochmals angemerkt, daß alle Bausteine, in die geschrieben wird, seien es nun Speicher oder auch Interface-Bausteine, das E-Signal vom Prozessor erhalten müssen; denn mit der aufsteigenden Flanke werden die Daten gültig und der Schreibvorgang wird bei dem betreffenden Bauteil eingeleitet; mit der fallenden Flanke wird die Information dann in das Bauteil übernommen. ROMs oder EPROMs hingegen benötigen den E-Takt nicht, da aus diesem Baustein nur gelesen wird. In diesem Falle müssen die Daten nach der Access Time stabil anstehen, damit sie dann von der fallenden Flanke von E in den Prozessor übernommen werden können. Fassen wir nochmals kurz zusammen: Adressen werden beim Schreiben und beim Lesen mit der positiven Flanke von Q gültig. Daten müssen beim Lesen spätestens nach Verstreichen der Access

Time auf dem Bus stehen, beim Schreiben werden sie mit der aufsteigenden Flanke von E gültig. Übernommen werden sie beim Schreiben und beim Lesen durch die fallende Flanke von E in den Speicher bzw. in die CPU.

Der MREADY-Anschluß (*memory ready*) an Pin 36 beeinflußt die beide Taktsignale E und Q. Und zwar streckt er den Takt, damit die Access Time für die Daten länger wird. Auf diese Weise können auch langsamere Bausteine mit dem Prozessor zusammenarbeiten. Im normalen Betrieb ist MRDY = 1. Wird der Pin 36 auf Low gelegt, so wird E und Q gestreckt, und zwar auf insgesamt höchstens 10 µs (bei der 1 MHz-Version).

2.4.5 Halt-Steuerung und DMA-Transfer

Wir müssen nun noch einige Signale besprechen, die die Steuerung des Prozessors betreffen. Wir wollen mit der $\overline{HALT}$-Leitung beginnen und anschleißend dann das Reset- und Interrupt-Verhalten des 6809 untersuchen.

Die *$\overline{HALT}$-Leitung* des 6809 (Pin 40) ist Low-aktiv. D.h., bei einer 0 an diesem Eingang wird der Prozessor angehalten. In vielen Anwendungen wird der HALT-Anschluß fest auf H-Pegel verdrahtet, weil man ihn nicht braucht. Was passiert aber nun, wenn man Low-Pegel anlegt? Wegen der praktischen Bedeutung dieser Frage wollen wir uns das anhand von Bild 2.36 genau anschauen.

Wenn an den $\overline{HALT}$-Anschluß 0 gelegt wird, hält der Prozessor am Ende des gerade laufenden Befehls an. Solange 0-Pegel ansteht, bleibt er dann auch angehalten, ohne daß die Information in den Registern der CPU verloren geht. Die beiden Taktsignale E und Q laufen weiter. Der Datenbus, der Adreßbus und die R/W-Leitung wird in den hochohmigen Zustand geschaltet, also freigegeben. Dieser floatende Zustand wird angezeigt, indem die BA-Leitung auf High geht. Die BS-Leitung geht ebenfalls auf High, um anzuzeigen, daß sich der Prozessor im Halt/Bus Grant-Mode befindet. Wie Bild 2.36 zeigt, spricht die *Processor Control Setup Time* t_{PCS} eine große Rolle. Geht das HALT-Signal noch vor dieser Zeit t_{PCS}, die bei der fallenden Flanke des vorletzten zum gerade laufenden Befehl gehörenden Taktes Q endet, in den Low-Zustand, so wird nach Beendigung dieses Befehls in den Halt-Zustand übergegangen. Geht das Halt-Signal erst später in den Low-Zustand, wird auch der nachfolgende Befehl noch ausgeführt.

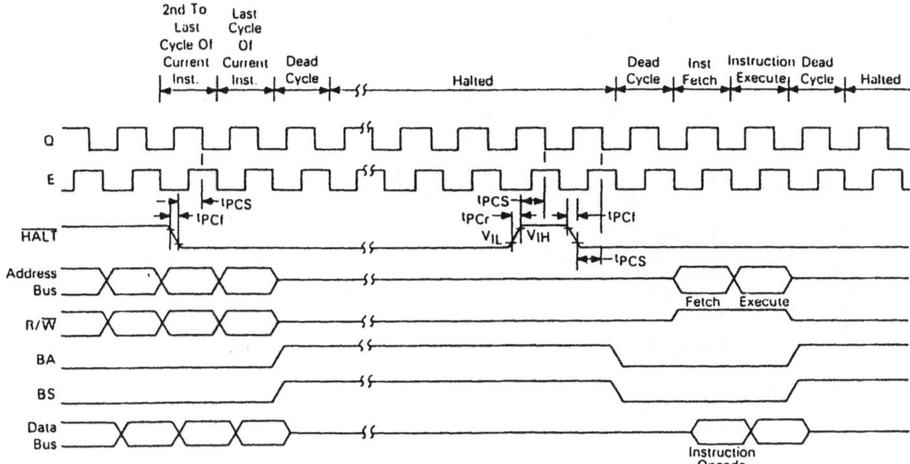

Bild 2.36 Zeitdiagramm für den Übergang in den HALT-Zustand der CPU und für den Einzelschrittbetrieb

Befindet sich der Prozessor im Halt-Zustand, so reagiert er auf keine externen Signale (z.B. IRQ, FIRQ) mit Ausnahme des Signals DMA-Request. Wie dieses Signal verarbeitet wird und was es bewirkt, wird anschließend besprochen. Es gibt noch eine Ausnahme: Treffen während des Halt-Zustandes ein RESET-Signal oder ein NMI-Signal ein, so werden diese in der CPU zwischengespeichert. Beim Verlassen des Halt-Mode führt dann der Prozessor zunächst die zugehörigen Interrupt-Service-Routinen aus.

Der HALT-Anschluß wird normalerweise zur Fehlersuche verwendet, indem eine externe Schaltung die Steuerung der Busse übernimmt und den Prozessor immer nur einen Schritt abarbeiten läßt. Man spricht in diesem Falle von *Einzelschritt-Betrieb*. Dabei führt die HALT-Leitung normalerweise Low-Pegel und wird für jeweils eine Taktperiode in den High-Zustand gebracht. Dadurch kann der Prozessor immer nur einen Befehl ausführen. Auf diese Weise hat der Programmierer die Möglichkeit, nach jedem Befehl zu überprüfen, ob der Prozessor auch das tut, was er will. Bild 2.37 zeigt eine einfache Schaltung zur Erzeugung von Einzelimpulsen.

Der Halt-Mode erlaubt auch DMA-Transfer für langsamere Peripheriegeräte. Eine Möglichkeit für schnelles DMA (*direct memory access*) bietet der Anschluß DMA/BREQ (Pin 33). Zunächst wollen

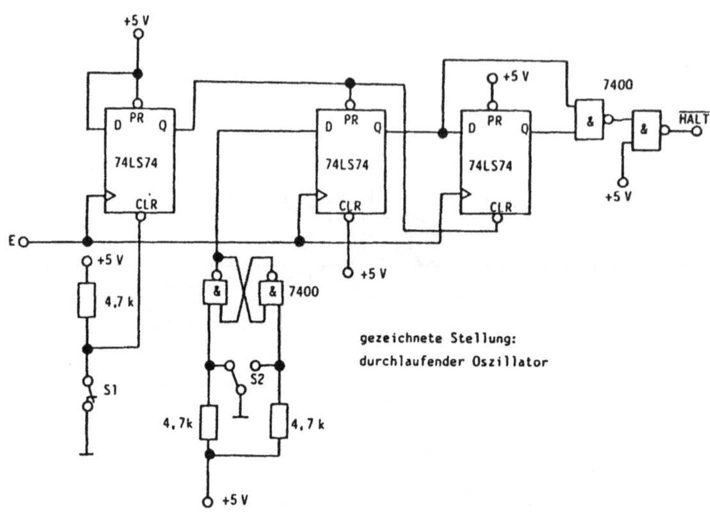

Bild 2.37 Erzeugung von Einzelimpulsen

wir aber erst einmal klären, was DMA überhaupt ist. Eine häufige Aufgabe in der Datenverarbeitung besteht darin, große Datenmengen möglichst schnell von einem Peripheriegerät (z.B. einer Floppy Disk) in den Speicher des Rechners (bzw. umgekehrt) zu übertragen. Würde dieser Datenverkehr mit Load- und Store-Befehlen abgewickelt und müßte somit über die CPU laufen, so würde das viel zu viel Zeit in Anspruch nehmen. Deshalb wird in einem solchen Fall die CPU vom Systembus abgekoppelt und die Kontrolle über den Bus für die Zeit der Datenübertragung einem speziellen Baustein übergeben, der *DMA-Controller* genannt wird. Bei Motorola ist das der Baustein 6844, auf den wir in einem späteren Kapitel noch eingehen werden. Wir wollen uns an dieser Stelle nur kurz mit den Verfahren beschäftigen, die bei DMA-Transfer angewandt werden. Es sind drei: *Halt Mode*, *Cycle Stealing* und *Bus Multiplexing*.

Bei DMA im Halt Mode legt der DMA-Controller die $\overline{\text{HALT}}$-Leitung auf Low-Pegel und übernimmt die Kontrolle über die Busse. Die Taktversorgung erfolgt nach wie vor vom Prozessor aus. Der Prozessor bleibt solange im Halt-Zustand, bis der Datentransfer beendet ist.

Bei DMA im Cycle Stealing Mode legt der DMA-Controller die Leitung $\overline{\text{DMA}}/\overline{\text{BREQ}}$ auf Low-Pegel. Der Prozessor arbeitet den gerade noch laufenden Befehl ab und schaltet dann die Busse hochohmig, so daß der DMA-Controller die Kontrolle übernehmen kann. Zur Anzeige dieses Zustandes wird gleichzeitig BA und BS auf 1 gelegt. Der DMA-Controller hat nun bis zu 15 Zyklen Zeit, bevor die CPU wieder kurz die Kontrolle über die Busse übernimmt (*bus stealing*), um die internen Register der CPU aufzufrischen.

Bei der dritten Methode (*bus multiplexing*) erfolgt der Datentransfer, wenn das E-Taktsignal Low ist. Da dieses Verfahren einen hohen Schaltungsaufwand erfordert und dementsprechend selten angewandt wird, wollen wir hier nicht näher darauf eingehen.

2.4.6 Reset-Verhalten

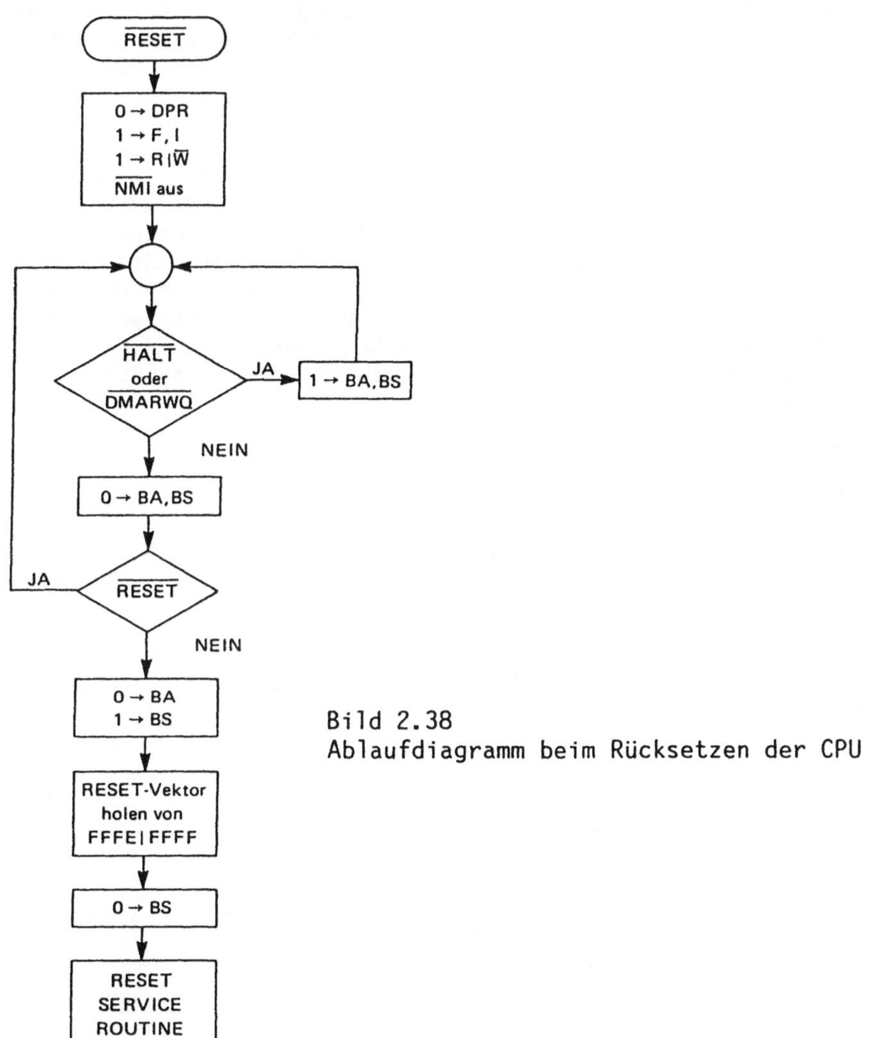

Bild 2.38
Ablaufdiagramm beim Rücksetzen der CPU

Beim Einschalten eines Computers muß als erstes der Programmzähler mit der Startadresse des Programms geladen werden. Dies kann nun nicht per Programm geschehen, denn es läuft noch keinerlei Programm. Das Starten muß also vom Prozessor selbst durchgeführt werden. Man spricht in diesem Fall von *Kaltstart*. Aber auch während der Prozessor läuft, muß die Möglichkeit bestehen, den Prozessor jederzeit wieder neu starten zu können. Man nennt das *Warmstart*. Zur Durchführung eines Kalt- oder Warmstarts besitzt der Prozessor den $\overline{\text{RESET}}$-Anschluß (Pin 37). Low-Pegel am $\overline{\text{RESET}}$-Eingang startet den Reset-Vorgang. Der $\overline{\text{RESET}}$-Anschluß hat Schmitt-Trigger-Verhalten. Er schaltet erst, wenn am Eingang 4 V erreicht sind, im Gegensatz zu dem normalen TTL-Pegel von 2,4 V für High an den übrigen Eingängen. Das hat den Vorteil, daß bei den anderen Bausteinen der Reset-Vorgang früher beginnt und auch früher abgeschlossen ist als bei der CPU. Zum Kaltstart kann also ein billiges RC-Netzwerk verwendet werden. Wird nun ein Reset ausgelöst, so springt der Prozessor automatisch an die Adressen FFFE und FFFF und holt dort den sogenannten *Reset-Vektor* ab. Dieser Vektor bildet die Startadresse der *Reset-Service-Routine*. Das Reset-Signal ist im Grunde ein Interrupt-Signal. Bei allen Interrupts springt der Prozessor in ein spezielles, zu diesem Interrupt gehörendes Programm, das sogenannte *Interrupt-Service-Programm*. Die Anfangsadresse des Programms wird *Interrupt-Vektor* genannt. Beim 6809 stehen diese Interrupt-Vektoren alle in den letzten Speicherplätzen des Adreßraumes. Den Adreßplan für die Interrupt-Vektoren beim 6809 zeigt Bild 2.39.

Vektorplatz	Vektorbezeichnung
FFF0/FFF1	reserviert
FFF2/FFF3	SWI3
FFF4/FFF5	SWI2
FFF6/FFF7	$\overline{\text{FIRQ}}$
FFF8/FFF9	$\overline{\text{IRQ}}$
FFFA/FFFB	SWI
FFFC/FFFD	$\overline{\text{NMI}}$
FFFE/FFFF	$\overline{\text{RESET}}$

Bild 2.39 Speicherplan für die Interrupt-Vektoren des 6809

Wir werden auf dieses Bild bei der Besprechung der anderen Interrupt-Möglichkeiten nochmals zurückkommen. Nehmen wir einmal an, der Interruptvektor für Reset heißt F000. Im Speicherplatz mit der Adresse FFFE steht damit F0 und in FFFF steht 00. Diesen Wert F000 liest der Prozessor nach Auslösen eines Reset in den Programmzähler. Anschließend fängt er bei dieser Adresse an zu arbeiten. Das Programm, das dort beginnt, nennt man *Monitorprogramm.* Es ist 1 oder 2K lang und ist im Grunde ein Betriebsprogramm, welches nach dem Einschalten die Kontrolle über den Rechner übernimmt und auch verschiedene Funktionstasten bedient. Dieses Monitorprogramm wird meist vom Hersteller mitgeliefert und zwar in einem ROM. Man kann sich den Monitor aber auch selbst entwickeln und z.B. in ein EPROM einschreiben.

Fassen wir nochmals zusammen: Der Reset-Interrupt dient dazu, für das System einen definierten Anfangszustand herzustellen. Wenn das System eingeschaltet wird, soll das Monitorprogramm die Kontrolle übernehmen. Auch wenn sich der Prozessor z.B. im Anwenderprogramm befindet, sollte ein Rücksprung in das Monitorprogramm jederzeit möglich sein. In einem Fall spricht man von Kaltstart, im anderen Fall von Warmstart. Für diese beiden Aufgaben hat die CPU einen besonderen Anschluß, den $\overline{\text{RESET}}$-Anschluß. Wird dieser Anschluß auf 0 gelegt, so wird das System in jedem Fall neu initialisiert. Anhand von Bild 2.38 wird erklärt, was im einzelnen passiert, wenn ein Reset-Signal eintrifft.

Sobald am $\overline{\text{RESET}}$-Anschluß länger als einen CPU-Zyklus eine 0 anliegt, wird das laufende Programm sofort abgebrochen, und das DP-Register gelöscht. Die Flags I und F werden gesetzt, so daß die zugehörigen Interrupts die Reset-Routine nicht unterbrechen können. Auch der nicht maskierbare Interrupt ($\overline{\text{NMI}}$) kann Reset nicht unterbrechen. Wenn jedoch ein solcher $\overline{\text{NMI}}$ auftaucht, so wird seine auslösende Flanke gespeichert und sobald ein Befehl bearbeitet wird, der den Stack Pointer S lädt (also z.B. LDS; LEAS; TFR R,S; EXG R,S) wird die zu $\overline{\text{NMI}}$ gehörende Interrupt-Service-Routine bearbeitet. Nur zwei Signale können die Bearbeitung von Reset wirklich unterbrechen. Das sind die Signale $\overline{\text{HALT}}$ und $\overline{\text{DMA/BREQ}}$. Sind diese beiden Signale nicht aktiv, so werden die Ausgänge BA und BS auf 0 gesetzt, um anzuzeigen, daß die CPU arbeitet. Geht nun der $\overline{\text{RESET}}$-Anschluß wieder zurück auf H-Pegel (mindestens 4 V!), so gehen die Statussignale in den Interrupt-Acknowledge-Zustand, also BA = 0 und BS = 1. Anschließend springt die CPU an die Adressen FFFE und FFFF und lädt deren Inhalt in den Programmzähler. Bei diesem Inhalt handelt es sich um den Reset-Interruptvektor, der die Startadresse der Reset-Routine darstellt. BS wird wieder gelöscht, um anzuzeigen, daß die CPU arbeitet - nämlich in der Reset-Routine.

Sind während des Reset-Vorgangs die Anschlüsse $\overline{HALT}$ oder $\overline{DMA}/\overline{BREQ}$ aktiv, also 0, stellt sich der entsprechende DMA-Mode ein, also der Halt-Mode oder der Cycle-Stealing Mode. Geht während des DMA-Mode das Reset-Signal als erstes wieder in den High-Zustand, so wird nach Beendigung des DMA-Mode, also sobald $\overline{HALT}$ oder $\overline{DMA}$ wieder auf 1 gehen, sofort über den Reset-Vektor zur Ausführung der Reset-Routine übergegangen. Es sei nochmals darauf hingewiesen, daß $\overline{HALT}$ oder $\overline{DMA}/\overline{BREQ}$ den Ablauf von Reset unterbrechen können, aber nicht umgekehrt! Werden allerdings RESET oder auch NMI während eines Halt-Zustandes empfangen, so werden sie vom Prozessor gespeichert und sofort nach Aufhebung des Halt-Zustandes ausgeführt.

2.4.7 Hardware-Interrupts

Interrupt-Prinzip. Wird der Mikroprozessor in der Meßtechnik oder in der Steuer- und Regelungstechnik eingesetzt, so muß er in der Lage sein, sehr schnell auf neue Situationen zu reagieren. Diese neuen Situationen können zu beliebigen Zeitpunkten eintreten. In solchen Fällen wird die Interrupt-Verarbeitung eingesetzt. Interrupt-Verarbeitung bedeutet:

> Der Mikroprozessor erhält vom Peripheriegerät eine Aufforderung, das gerade laufende Programm zu unterbrechen (*Interrupt Request*) und statt dessen ein spezielles Programm (*Interrupt Service Routine*) zu bearbeiten (Bild 2.40).

Die CPU hat einen besonderen Anschluß, über den sie Unterbrechungsanforderungen entgegennehmen kann. Trifft ein Unterbrechungssignal auf dieser Leitung ein, so wird intern im Steuerregister ein Interrupt-Flipflop gesetzt. Die CPU kann damit den gerade laufenden Befehl zu Ende führen, um sich dann der Unterbrechung zuzuwenden. D.h., der Interrupt ist vom CPU-Takt unabhängig. Das muß er auch sein, da die zu einer Unterbrechung führenden Ereignisse in der Regel in keinem festen Zeitverhältnis zum CPU-Takt erfolgen, also asynchron sind.

Nachdem ein Interruptsignal eingetroffen ist, treten zwei Probleme auf:

1. Was geschieht mit dem Programm, das gerade läuft?
2. Wie erhält die CPU die Anfangsadresse des Interrupt-Programmes, das sie bearbeiten soll?

zu 1.:
Einige oder sämtliche Registerinhalte (je nach Interrupt) - einschließlich dem Programmzählerstand - werden automatisch auf den

Stack gerettet. Nach Abarbeiten der Interrupt-Routine werden alle Parameter wieder in die CPU gebracht, so daß der Rechner im Hauptprogramm da weitermachen kann, wo er unterbrochen wurde.

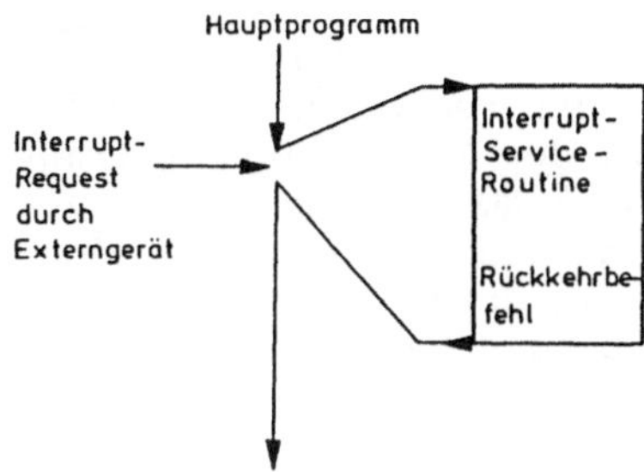

Bild 2.40 Schematische Darstellung eines Interrupts

zu 2.:
Nach dem Eintreffen eines Interrupts wird der Programmzähler durch Hardware auf einen bestimmten Wert gesetzt, der meist am oberen Ende eines ROM fest gespeichert ist. Dieser Wert heißt *Interrupt-Vektor*. Er bildet die Anfangsadresse für das Interrupt-Programm.

Im folgenden soll noch etwas genauer zusammengestellt werden, was nach dem Eintreffen eines Interruptsignals alles passiert:

1. Die CPU erkennt den Interrupt am Ende eines Befehls.
2. Das Interrupt-Flag wird gesetzt (*Interrupt-Mask-Bit*), um den Interrupt-Eingang zu sperren. Dies verhindert weiteres Unterbrechen durch die gleiche Ursache.
3. Das Gerät, welches den Interrupt verursacht hat, wird über das Akzeptieren des Interrupts unterrichtet. Dies kann über eine spezielle Leitung oder über Software geschehen (*Interrupt Acknowledge*).
4. Rettung sämtlicher Registerinhalte der CPU auf den Stack. Dies geschieht automatisch.
5. Identifikation des Interrupts: Mit Hilfe von Software oder Hardware erkennt die CPU die Quelle der Interrupt-Anforderung.
6. Abarbeiten des Interrupt-Service-Programms.
7. Am Schluß dieses Programms steht immer ein RTI-Befehl (*Return from Interrupt*). Dieser Befehl bewirkt, daß die auf dem Stack abgespeicherten Registerinhalte wieder in die CPU gebracht werden. Damit kann die CPU ihre Arbeit genau dort fortsetzen, wo sie unterbrochen wurde.

Ein Interrupt-Ablauf hat Ähnlichkeit mit einem Unterprogramm. Der wesentliche Unterschied ist der, daß ein Unterprogramm nur zu festen, vom Programmierer bestimmten Zeiten erscheint, ein Interrupt hingegen zu vorher nicht bekannten Zeiten eintreffen kann.

Der 6809 hat neben dem bereits besprochenen Reset-Interrupt noch drei weitere Interrupts: $\overline{\text{NMI}}$ (*non-maskable interrupt*), $\overline{\text{FIRQ}}$ (*fast interrupt request*) und $\overline{\text{IRQ}}$ (*interrupt request*). Alle Interrupts sind Low-aktiv. Allerdings ist der $\overline{\text{NMI}}$ flankengetriggert (*edge triggered*), $\overline{\text{RESET}}$, $\overline{\text{IRQ}}$ und $\overline{\text{FIRQ}}$ hingegen sind zustandsgetriggert (*level triggered*) und müssen mindestens einen CPU-Zyklus Low bleiben, damit sie richtig erkannt werden. Wir wollen sie nun nachfolgend im einzelnen besprechen.

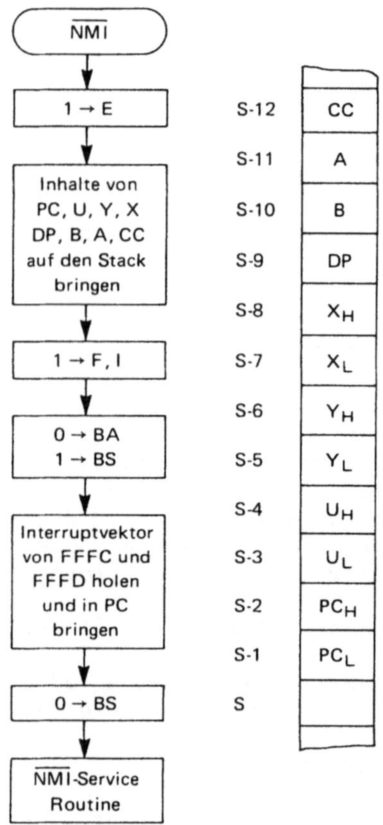

Bild 2.41 Ablaufdiagramm beim $\overline{\text{NMI}}$-Interrupt

Nichtmaskierbarer Interrupt ($\overline{NMI}$). Wenn an den $\overline{NMI}$-Anschluß des 6809 (Pin 2) eine aktive Flanke (1/0-Sprung) kommt, wird ein Interrupt ausgelöst. Dieser Interrupt ist, wie der Name schon sagt, durch den Programmierer nicht zu maskieren. Das heißt, die $\overline{NMI}$-Service-Routine wird auf jeden Fall ausgeführt. Wie wir bereits wissen, gibt es nur zwei Ausnahmen von dieser Regel: $\overline{RESET}$ und $\overline{HALT}$. Erscheint während des Reset-Vorganges ein $\overline{NMI}$, so wird er gespeichert, bis die Reset-Operation beendet ist; anschließend wird der $\overline{NMI}$ ausgeführt. Auch im Halt-Zustand wird ein $\overline{NMI}$ gespeichert und ausgeführt, sobald der Prozessor aus dem Halt-Zustand herauskommt. Was nun im einzelnen passiert, wenn eine $\overline{NMI}$-Anforderung eintrifft, zeigt Bild 2.41.

Wenn der $\overline{NMI}$-Pin auf Low-Pegel geht, wird das Programm unterbrochen, sobald der gerade laufende Befehl abgearbeitet ist. Dann wird im Condition Code Register das E-Flag gesetzt, um anzuzeigen, daß alle Register auf den Stack gerettet werden, mit Ausnahme des Stack Pointers S; denn dieser steuert das Retten der Register. Nach dem Setzen des E-Flags werden die Register gerettet. Dies ist notwendig, damit der Prozessor nach Abarbeiten der $\overline{NMI}$-Service-Routine weiß, wo und mit welchen Registerinhalten er weitermachen soll. Wie Bild 2.41 auch zeigt, geschieht das Abspeichern der Register auf den Stack in einer ganz bestimmten Reihenfolge. Nach dem Retten der Register werden die Flags I und F gesetzt, so daß die $\overline{NMI}$-Routine nicht von einem der beiden maskierbaren Interrupts unterbrochen werden kann. Durch einen weiteren $\overline{NMI}$ könnte der $\overline{NMI}$ allerdings erneut unterbrochen werden. Besteht diese Gefahr, muß das durch eine externe Logik verhindert werden, weil sonst der Stack überläuft. Die Bus-Status Leitungen zeigen den Zustand Interrupt Acknowledge, also BA = 0 und BS = 1. Die CPU springt nun zu den Adressen FFFC und FFFD. Dort muß der zu $\overline{NMI}$ gehörende Interrupt-Vektor stehen. Dieser Vektor wird geholt und in den Programmzähler geladen.

BS geht auf 0, um anzuzeigen, daß die CPU normal arbeitet; und zwar arbeitet sie die $\overline{NMI}$-Service-Routine ab. Am Ende dieser Service-Routine muß auf jeden Fall der Befehl RTI (*return from interrupt*) stehen. Bei seiner Ausführung speichert der Prozessor die im Stack abgelegten Registerinhalte wieder in die Register zurück. Außerdem werden die I- und F-Flags wieder in ihren ursprünglichen Zustand gebracht. Der Programmzähler wird wieder mit dem Wert geladen, den er vor dem Interruptsprung hatte, so daß die CPU auch weiß, wo sie weitermachen muß.

Maskierbarer Interrupt ($\overline{IRQ}$). Der $\overline{IRQ}$ wird verwendet, wenn ein Programm nicht unterbrochen werden darf. Zu Beginn des Programmabschnittes, der nicht unterbrochen werden darf, wird das I-Flag im Condition Code Register gesetzt. Dies geschieht mit dem Befehl ORCC #$10. Wird nun beim Abarbeiten dieses Programmteils ein $\overline{\text{IRQ}}$ angefordert, also Pin 3 auf 0 gelegt, so reagiert der Prozessor zunächst nicht. Die Unterbrechung wird erst dann ausgeführt, wenn das I-Flag nach dem betreffenden Programmabschnitt per Befehl wieder gelöscht wurde (ANDCC #$EF). Damit wird der $\overline{\text{IRQ}}$ freigegeben. Der weitere Verlauf ist jetzt ähnlich dem bei $\overline{\text{NMI}}$ (Bild 2.42). Nur wird natürlich der $\overline{\text{IRQ}}$-Vektor unter einer anderen Adresse geholt, nämlich FFF8 und FFF9. Das Interrupt-Maskenbit (I-Flag) im Statusregister wird gesetzt, so daß weitere Unterbrechungen (z.B. durch die gleiche Ursache) gesperrt sind. $\overline{\text{NMI}}$ unterbricht die $\overline{\text{IRQ}}$-Service-Routine, da er auf den Zustand des I-Flags keine Rücksicht nimmt. Wie Bild 2.42 zeigt, wird das F-Flag nicht gesetzt. D.h., ein $\overline{\text{FIRQ}}$ hat höhere Priorität als ein $\overline{\text{IRQ}}$.

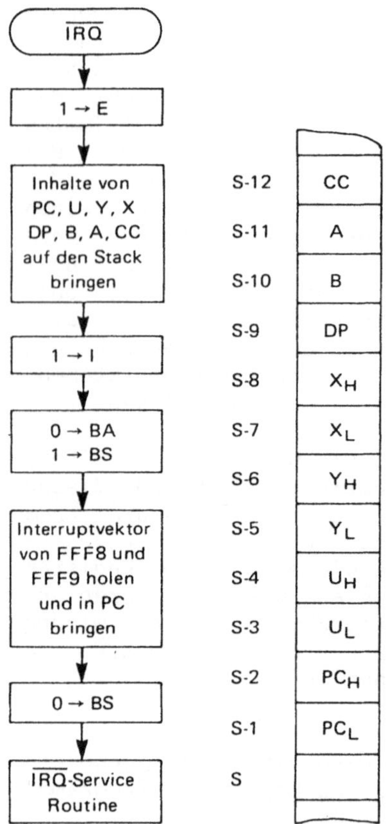

Bild 2.42
Ablaufdiagramm beim $\overline{\text{IRQ}}$-Interrupt

Der Anschluß $\overline{IRQ}$ stellt für den Anwender eine komfortable Möglichkeit dar, in die laufende Arbeit der CPU einzugreifen. Es gibt ein kleines Problem durch die Tatsache, daß der $\overline{IRQ}$-Vektor normalerweise im ROM liegt; denn am Ende des Adreßbereichs, wo sich die Interrupt-Vektoren befinden, liegt meist der Monitor des Systems. Oft wird dieses Problem so gelöst: Der $\overline{IRQ}$-Vektor unter den Adressen FFF8 und FFF9 heißt z.B. FE80. Die Interrupt-Service-Routine beginnt damit bei FE80. Das ist ROM-Bereich und die Routine ist Teil des Monitors und damit vom Programmierer nicht beeinflußbar. Sie besteht allerdings aus nur einem Befehl, nämlich einem Sprungbefehl, der Extended-Indirect-Adressierung verwendet, also z.B. JMP [$0300]. $0300 sei RAM-Bereich. Dann kann der Anwender im $0300 und $0301 die Anfangsadresse der $\overline{IRQ}$-Routine hineinschreiben, also z.B.: $0100. Da der JMP-Befehl mit indirekter Adressierung arbeitet, ist die Zahl $0300 nicht das Sprungziel selbst, sondern in $0300 und $0301 steht das Sprungziel, also $0100. Dort beginnt die $\overline{IRQ}$-Service-Routine.

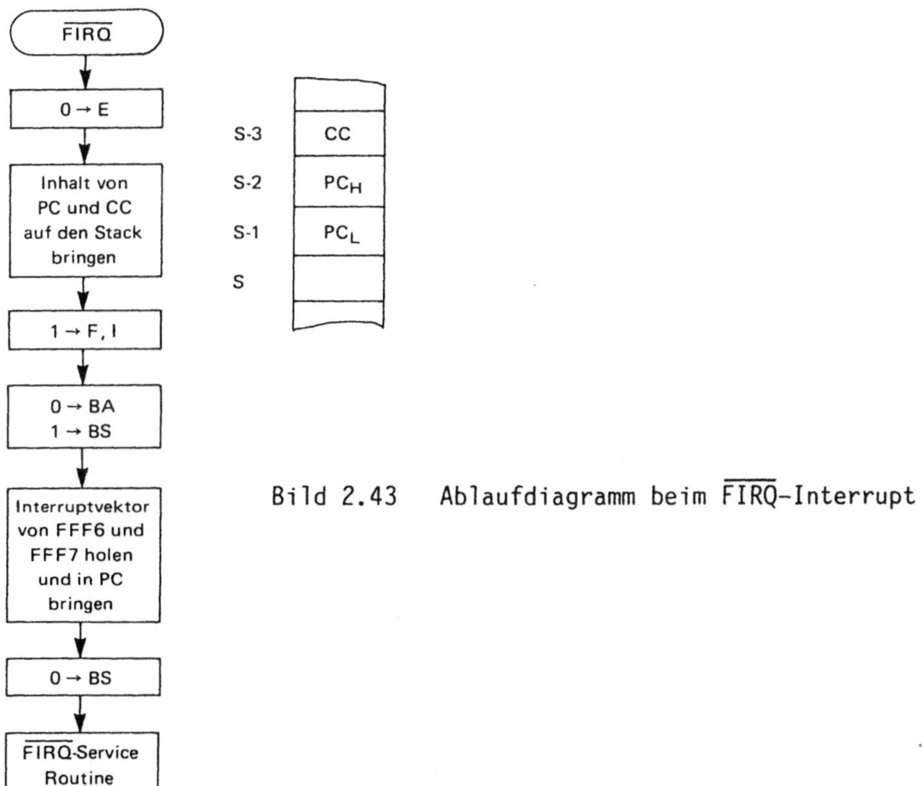

Bild 2.43 Ablaufdiagramm beim $\overline{FIRQ}$-Interrupt

Fast Interrupt ($\overline{FIRQ}$). Beim $\overline{FIRQ}$ handelt es sich um einen schnellen Interrupt. Wie Bild 2.43 zeigt, ist der Ablauf sehr ähnlich zu dem beim normalen $\overline{IRQ}$. Der Hauptunterschied ist die Tatsache, daß nur zwei Register auf den Stack gerettet werden, nämlich der Programmzähler und das Condition Code Register. Um dies anzuzeigen, wird zu Beginn das E-Flag auf 0 gesetzt. Außerdem werden das I- und das F-Flag gesetzt, so daß keine weitere Unterbrechung erfolgen kann, außer durch $\overline{NMI}$. Der $\overline{FIRQ}$-Vektor ist unter den Adressen FFF6 und FFF7 abgelegt.

2.4.8 Software-Interrupts

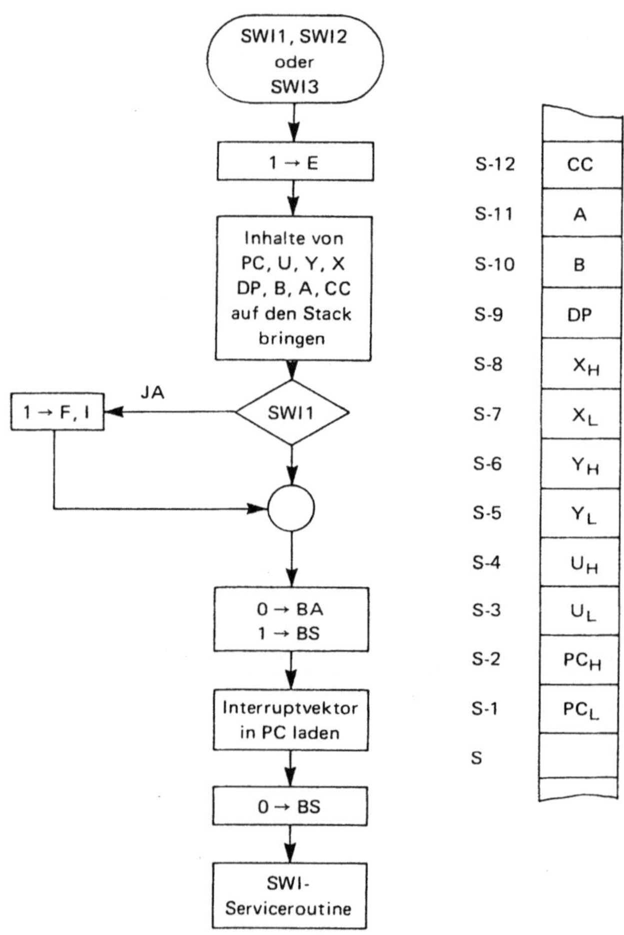

Bild 2.44 Ablaufdiagramm bei SWI1, SWI2 oder SWI3

Der *Software-Interrupt* ist gewissermaßen eine programmierte Unterbrechung. Er wird im Grunde wie ein Hardware-Interrupt bedient. Er eignet sich sehr gut zur Einzelschrittsteuerung eines Programms und damit zum Austesten. Man kann sich z.B. den Stack-Inhalt ausdrucken lassen, der nach Ausführung des Interrupts die aktuellen Registerinhalte der CPU enthält. Ist das Programm ausgetestet, muß die SWI-Instruktion wieder entfernt werden.

Beim 6809 gibt es drei SWI-Befehle (höchste Priorität zuerst): SWI1, SWI2, SWI3. Was nach einem SWI-Befehl alles passiert, zeigt Bild 2.44. Der laufende Befehl wird zu Ende bearbeitet. Dann wird das E-Flag gesetzt, um anzuzeigen, daß alle Register der CPU (bis auf den Stack Pointer S) auf den Stack gerettet werden. Dies wird anschließend getan und zwar in der im Bild gezeigten Reihenfolge. Handelt es sich um einen SWI1-Interrupt, so werden die Flags I und F gesetzt, damit sich $\overline{IRQ}$ und $\overline{FIRQ}$ nicht auswirken können. Wenn die Interrupts SWI2 oder SWI3 ausgeführt werden, sind der $\overline{IRQ}$- und der $\overline{FIRQ}$-Interrupt zugelassen, es sei denn man sperrt sie durch Setzen des I- bzw. F-Flags innerhalb der SWI-Service-Routine. Anschließend zeigt der Prozessor an, daß der SWI-Interrupt akzeptiert worden ist, indem er BA auf 0 und BS auf 1 legt (interrupt acknowledge). Nachdem der Interrupt-Vektor für SWI geholt worden ist, geht BS auf 0 zurück; denn die CPU arbeitet ab jetzt normal, nämlich in dem Service-Programm, das zu dem SWI gehört. Dieses muß wie alle Interrupt-Service-Routinen mit RTI abschließen.

2.4.9 Befehle mit Interrupt-Eigenschaften

Der CWAI-Befehl ist der Wait-Befehl des 6809. Er hat Ähnlichkeit mit dem WAI-Befehl des 6800. Was beim CWAI-Befehl geschieht, zeigt Bild 2.45.

Der CWAI-Befehl ist ein 2-Byte-Befehl. Nach dem Opcode folgt noch ein Datenbyte. Dieses Datenbyte wird UND-verknüpft mit dem aktuellen Inhalt des Condition Code Registers. Das Ergebnis dieser UND-Verknüpfung wird wieder im CC-Register abgespeichert. Anschließend wird das E-Flag gesetzt, um anzuzeigen, daß alle CPU-Register auf den S-Stack gerettet werden. Die Reihenfolge ist die gleiche wie bei allen anderen Interrupts auch. Nach dem die Register auf den Stack gebracht sind, geht der Prozessor in eine Warteschleife. Aus dieser Warteschleife kommt er nur über einen der vier Hardware-Interrupts ($\overline{RESET}$, $\overline{NMI}$, $\overline{IRQ}$, $\overline{FIRQ}$) wieder heraus. Wie Bild 2.45 zeigt, muß das I-Flag gelöscht sein, soll der $\overline{IRQ}$ aus der Warteschleife herausführen. Damit die Schleife über $\overline{FIRQ}$ verlassen werden kann, muß das F-

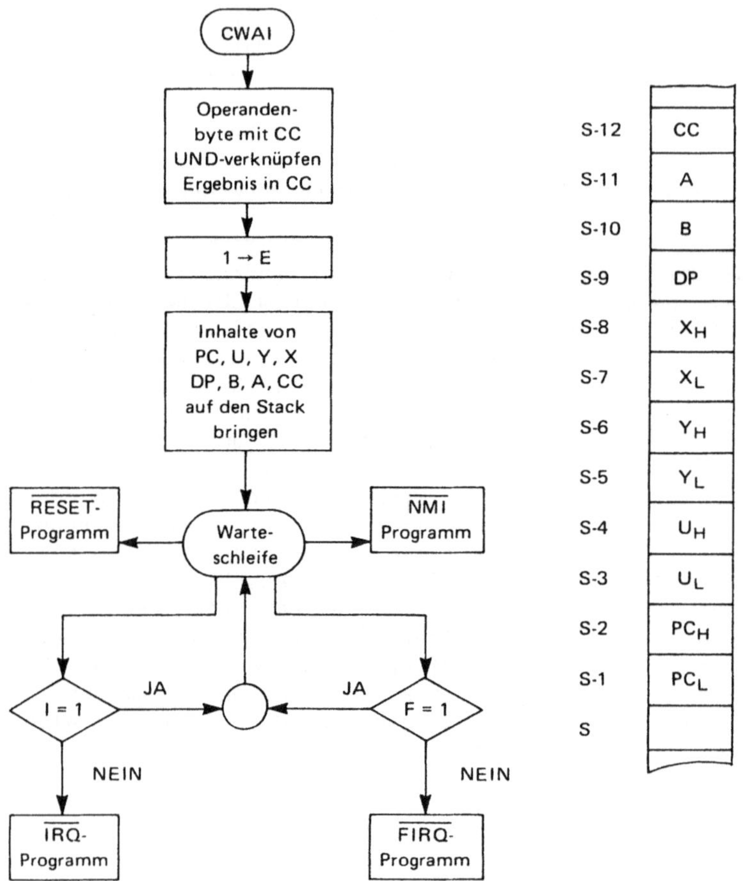

Bild 2.45 Ablaufdiagramm beim CWAI-Befehl

Flag gelöscht sein. Durch entsprechende Gestaltung des Datenbytes vom CWAI-Befehl kann man das als Programmierer beeinflussen.

Beispiel:

CWAI-Datenbyte	Wirkung
$10	disable $\overline{IRQ}$
$40	disable $\overline{FIRQ}$
$FF	disable beide Interrupts, CCR bleibt unverändert
$EF	enable $\overline{IRQ}$
$BF	enable $\overline{FIRQ}$
$AF	enable beide Interrupts
$00	CCR wird gelöscht

Tritt in der Wartephase ein Hardware-Interrupt auf, so wird dieser ausgeführt, sofern die Interruptmasken gelöscht sind. Da die Registerinhalte bereits beim Eintritt in die Warteschleife gerettet wurden, verkürzt sich die Zeit zwischen dem Auftreten des Interrupts und dem Beginn der Interrupt-Routine. Der CWAI-Befehl eignet sich also z.B. dafür, ein Programm an bestimmter Stelle zu stoppen und auf eine Dateneingabe per Interrupt zu warten. Im Gegensatz zum WAI-Befehl beim 6800 werden beim CWAI-Befehl des 6809 die Busse nicht hochohmig geschaltet.

Der SYNC-Befehl bietet die Möglichkeit, externe Hardwaresignale (z.B. Interrupts) mit dem Prozessortakt zu synchronisieren. Der Befehl bewirkt, daß der 6809 in eine Wait-for-interrupt-Schleife geht. Man nennt das den *Syncing-Zustand*. Während dieser Zeit sind die Busse hochohmig. Kommt ein Hardware-Interrupt, können zwei Dinge passieren:

1. Wenn der Interrupt nicht maskiert ist und für länger als drei CPU-Zyklen aktiv ist, verläßt der 6809 die Warteschleife und arbeitet die betreffende Service-Routine ab.

2. Wenn der Interrupt maskiert ist oder kürzer als drei Maschinenzyklen dauert, arbeitet der 6809 einfach diesen nach dem Befehl im Hauptprogramm ab; er ignoriert also die Interrupt-Anforderung.

Im ersten Fall ähnelt SYNC sehr dem CWAI-Befehl, außer daß die CPU-Register nicht abgespeichert werden. Im zweiten Fall hingegen kann der SYNC-Befehl dazu benutzt werden, einen Interrupt mit dem Hauptprogramm zu synchronisieren. Dies geschieht folgendermaßen: Wir nehmen an, daß es sich um einen $\overline{IRQ}$ handelt. Im Hauptprogramm wird das I-Flag gesetzt. Auf diese Weise wird ein normaler Interrupt ($\overline{IRQ}$) gesperrt. Anschließend kommt der SYNC-Befehl. Dieser Befehl bringt die CPU in den SYNC-Wartezustand. Kommt nun ein Interrupt, geht also die $\overline{IRQ}$-Leitung auf 0, so wird nicht in die $\overline{IRQ}$-Service-Routine gesprungen, sondern, weil das I-Flag gesetzt wurde, arbeitet der Prozessor im Hauptprogramm weiter. Die nun im Hauptprogramm folgenden Befehle können den Interrupt bedienen. Anschließend wird das I-Flag wieder zurückgesetzt. Der SYNC-Befehl hält also das Hauptprogramm so lange an, bis ein $\overline{IRQ}$-Signal eintrifft, und dann geht es im Hauptprogramm weiter und nicht in einer Interrupt-Routine. Auf diese Weise kann also ein Interrupt, der ein zum Prozessortakt asynchrones Ereignis ist, mit dem laufenden Programm synchronisiert werden.

Im Bild 2.46 ist nochmals eine Übersicht aller Interrupts beim 6809 und ihre Bearbeitung gegeben.

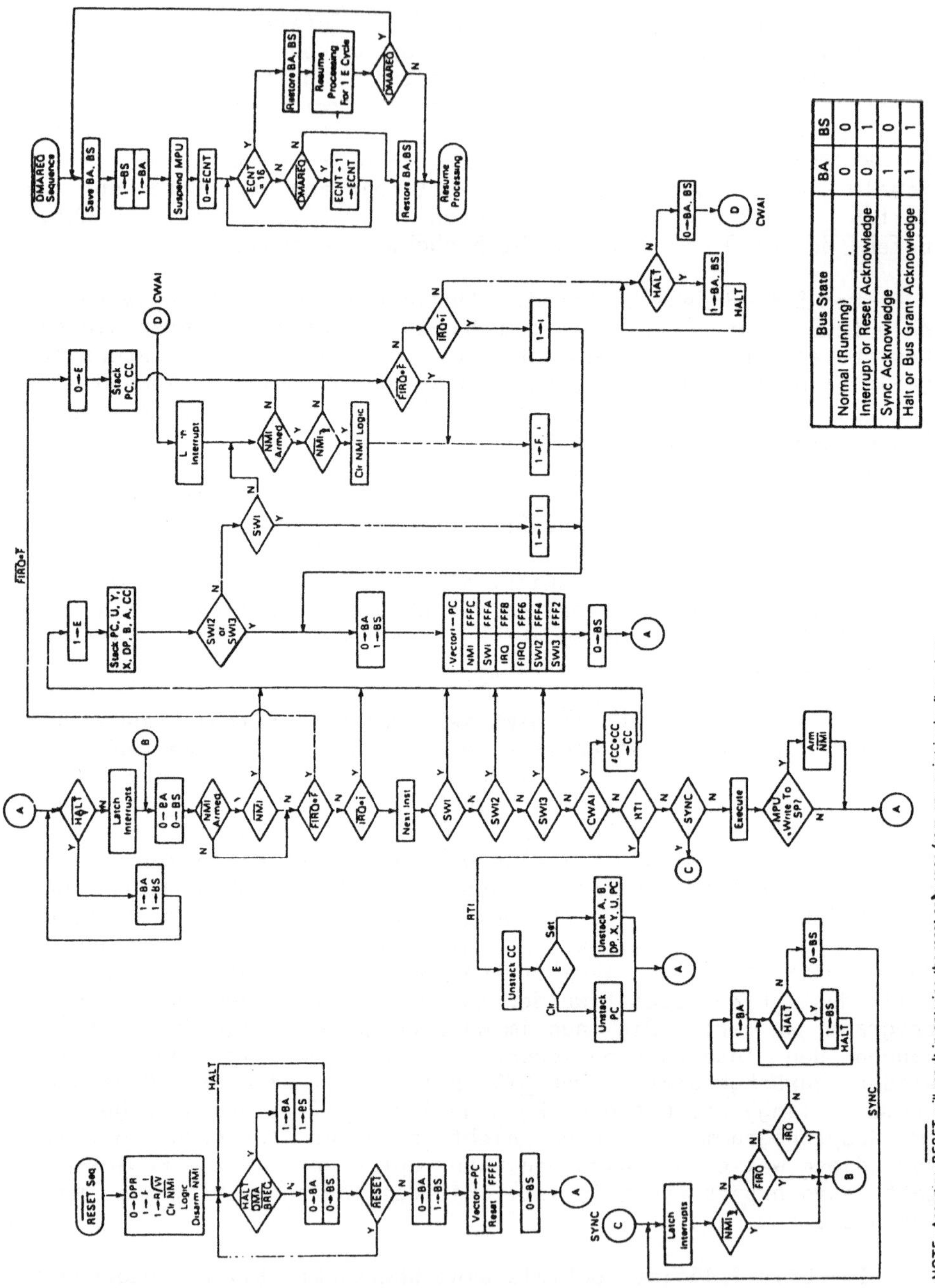

Bild 2.46 Interrupts beim 6809

2.4.10 Der 6809E

Signal	Pin		Pin	Signal
(Vss) Ground	1	(D)	40	$\overline{\text{Halt}}$
($\overline{\text{NMI}}$) Non-Maskable Interrupt	2	A | B	39	TSC
($\overline{\text{IRQ}}$) Interrupt Request	3		38	(LIC) Last Instruction Cycle
($\overline{\text{FIRQ}}$) Fast Interrupt Request	4	X	37	$\overline{\text{RESET}}$
(BS) Bus Status	5		36	(VMA) Valid Memory Address
(BA) Bus Available	6	Y	35	Qin
(Vcc) +5 Volt Power	7		34	Ein
A0	8	S	33	Busy
A1	9		32	R/$\overline{\text{W}}$
A2	10	U	31	D0
A3	11		30	D1
A4	12	PC	29	D2
A5	13		28	D3
A6	14	DP	27	D4
A7	15		26	D5
A8	16	CC	25	D6
A9	17		24	D7
A10	18		23	A15
A11	19		22	A14
A12	20		21	A13

Bild 2.47 Der 6809E

Der 6809E ist die Version des 6809, die keinen eingebauten Taktgenerator besitzt. Sonst ist das Chip aber in der gleichen Technik und in den gleichen Gehäuseformen (P oder L) erhältlich. Die Pinbelegung des 6809E zeigt Bild 2.47. Die Pins 34 (E) und 35 (Q) sind beim 6809E Eingänge. Die Phasenbeziehung zwischen E und Q ist aber die gleiche wie beim normalen 6809. Der Q-Takt ist voll TTL-kompatibel. Der E-Takt muß für High und Low höhere bzw. niedere Pegel haben; denn er wird dazu benutzt, die inneren MOS-Schaltkreise zu treiben. Bild 2.48 zeigt einen Schaltungsvorschlag zur Erzeugung der beiden Taktsignale. Man beachte, daß der 6809E die Oszillatorfrequenz nicht nochmals durch 4 teilt. Da die beiden Flipflops einen Teiler 4:1 bilden, muß der Oszillator auf dem Vierfachen der gewünschten Taktfrequenz f_c schwingen. Die Leitungen E_{in} und Q_{in} können direkt mit den Pins 34 und 35 des Prozessors verbunden werden. Die Leitungen E_{out} und Q_{out} stehen für weitere Schaltkreise zur Verfügung.

Beim 6809E finden wir vier Steuersignale, die es beim 6809 nicht gibt: *BUSY* (Pin 33), *Advanced Valid Memory Address (AVMA)*

(Pin 36), *Last Instruction Cycle (LIC)* (Pin 38), *Three State Control (TSC)* (Pin 39). Die Statusleitung BUSY zeigt an, daß der 6809E auf den Speicher zugreift. In Multiprozessorsystemen wird dieses Signal von einer externen Schaltung ausgewertet, die dafür sorgt, daß immer nur ein Prozessor auf den Speicher zugreift (*bus arbitration*).

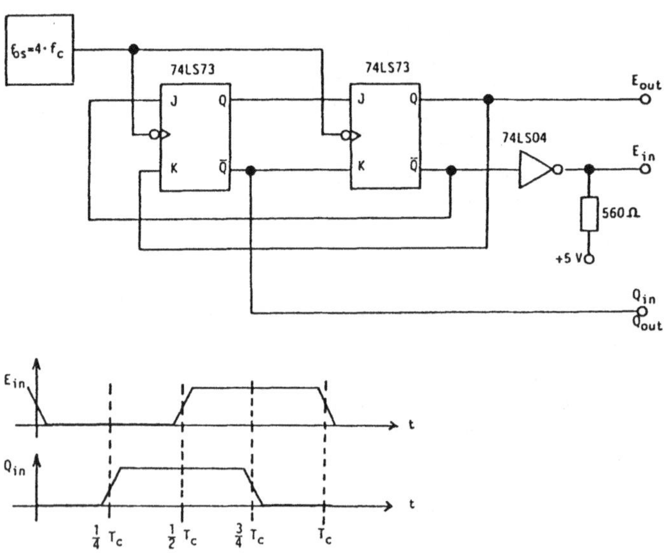

Bild 2.48 Externer Taktgenerator für den 6809E

Die Statusleitung LIC ist während des letzten Zyklus einer Befehlsbearbeitung aktiv, also High. Deshalb ist der nächste Zyklus immer die Holphase für den Opcode (*instruction fetch*). Auch diese Leitung ist zur Unterstützung von Multiprozessorbetrieb gedacht; denn wenn ein Prozessor bald mit der Bearbeitung eines Befehls fertig ist, kann der andere sich schon vorbereiten.

Die Statusleitung AVMA geht auf High, wenn der 6809E mit dem nächsten CPU-Zyklus den Daten- und Adressenbus benutzen will. So haben andere Geräte, wie z.B. ein DMA-Controller oder eine andere CPU Gelegenheit, den Bus frei zu geben.

Die Steuerleitung TSC ermöglicht es, den Daten- und Adressenbus sowie die R/$\overline{W}$-Leitung in den hochohmigen Zustand zu versetzen, indem High-Pegel angelegt wird. So können andere Geräte auf den Bus zugreifen. Diese Leitung hat also Ähnlichkeit mit dem $\overline{DMA}$/BREQ-Anschluß beim 6809.

3 Mikroprozessorbausteine

3.1 Speicherbausteine

Die Speicher in einem Mikroprozessorsystem sind heute als Halbleiterspeicher ausgeführt, gleich welche Aufgabe sie auch ausführen. Auch als Arbeitsspeicher hat der Halbleiterspeicher den Ferritkernspeicher verdrängt. Es sind heute eine Fülle von Halbleiterspeichern unterschiedlicher Technologien und unterschiedlicher Leistungsfähigkeit auf dem Markt. Beinahe für jeden Zweck gibt es einen speziellen Speicher. In 1.2.3 wurde schon ein kleiner Einblick in die Halbleiterspeichertechnik gegeben. In diesem Kapitel wollen wir uns noch etwas gründlicher mit der Materie befassen, wenngleich einschränkend gesagt werden muß, daß auch an dieser Stelle nicht mehr als ein Einblick gegeben werden kann. Nach dem Studium dieses Kapitels ist der Leser in der Lage, Datenblätter über Speicher zu lesen. Er erhält eine gute Grundlage, um sich in die Fachliteratur einzuarbeiten.

Der Halbleiterspeicher hat gegenüber anderen Speichern nur Vorteile. Daß er sich nicht schon früher durchgesetzt hat, lag einzig und allein am Preis. 1967 betrug der Preis pro Halbleiterbit 10 Pf, 1980 0,1 Pf. Es soll nun noch etwas auf diese Vorteile eingegangen werden. Die Speicher sind mit den anderen Komponenten im Datenverarbeitungssystem kompatibel. Es gibt nur noch eine Technologie - die Technologie der Halbleiter. Das vereinfacht die Herstellung, was wiederum die Rechner billiger macht. Der Betrieb des Rechners wird ebenfalls einfacher und damit störungsfreier; denn es wird mit etwa gleichen Signalpegeln und mit annähernd gleichen Schaltzeiten gearbeitet.

Die Arbeitsgeschwindigkeit ist ein ganz wichtiges Kriterium für Speicher. Gerade auf diesem Gebiet hat sich der Halbleiter sehr schnell die Spitzenstellung geholt. Bei ECL-Speichern, die allerdings eine relativ geringe Kapazität haben, werden Zugriffszeiten von 10 ns erreicht. Bei den häufigsten Speichern, den MOS-Speichern sind 50 ns zur Zeit typisch. Von großem Interesse für den Anwender ist ferner die Kapazität. Auch hier werden immer noch gewaltige Fortschritte gemacht. Es sind heute Speicher auf dem Markt (in NMOS-Technik), die von 1 KBit bis 16 KBit reichen. Am 64-KBit-Speicher wird gearbeitet.

Nachfolgend werden zuerst einige allgemeine Merkmale von Speichern besprochen. Anschließend wird auf die verschiedenen technologischen Prinzipien eingegangen, soweit sie zur Beurteilung von Speichereigenschaften für das Verständnis notwendig sind. Zuletzt wird auf die wichtigsten Speichertypen eingegangen, wobei auch ganz konkret einige Bausteine, die zur Zeit weit verbreitet sind, vorgestellt werden.

3.1.1 Ordnungsprinzip und Kenngrößen von Speichern

Jeder Speicher besteht aus Speicherplätzen. Jeder Speicherplatz wird fortlaufend numeriert. Die Nummer eines Speicherplatzes ist seine *Adresse*. Jeder Speicherplatz besteht aus Zellen, in der Regel acht. Jede Zelle kann 1 Bit speichern. Jeder Speicherplatz faßt also in der Regel 8 Bit oder 1 Byte. 1 Byte ist damit die kleinste adressierbare Informationsmenge, die man normalerweise aus einem Speicher herausholen kann.

Speicher kann man nach drei kennzeichnenden Größen beurteilen: Kapazität, Zugriffszeit, Preis pro Bit.

Unter der *Kapazität* eines Speichers versteht man die Anzahl der Speicherzellen, die auf einem IC integriert sind. Die Einheit ist das Bit bzw. KBit. Es gilt:

$$
\begin{aligned}
1 \text{ KBit} &= 2^{10} \text{ Bit} = 1024 \text{ Bit}\\
2 \text{ KBit} &= 2^{11} \text{ Bit} = 2048 \text{ Bit}\\
4 \text{ KBit} &= 2^{12} \text{ Bit} = 4096 \text{ Bit}\\
8 \text{ KBit} &= 2^{13} \text{ Bit} = 8192 \text{ Bit}\\
16 \text{ KBit} &= 2^{14} \text{ Bit} = 16384 \text{ Bit}\\
32 \text{ KBit} &= 2^{15} \text{ Bit} = 32768 \text{ Bit}\\
64 \text{ KBit} &= 2^{16} \text{ Bit} = 65536 \text{ Bit}\\
1 \text{ KByte} &= 2^{10} \text{ Byte} = 1024 \text{ Byte.}
\end{aligned}
$$

Kleine Anlagen (Mikroprozessorsysteme) reichen bis 64 KByte, mittlere Anlagen bis 512 KByte und große Anlagen mehr als 512 KByte.

Die *Zugriffszeit* ist der Zeitraum, der benötigt wird, um eine Information aus einer Speicherzelle zu lesen.

Der *Preis pro Bit* ist natürlich ein wichtiger Faktor bei der Auswahl eines Speichers. Große Speicherkapazität und kurze Zugriffszeit kosten Geld.

3.1.2 Einteilung der Halbleiterspeicher

In diesem Kapitel sollen vier Unterteilungen vorgenommen werden:

Einteilung nach der Zugriffsart Einteilung nach dem Verwendungszweck Einteilung nach der Art der Speicherzelle Einteilung nach der Technologie

Einteilung nach der Zugriffsart. Auf der Ebene der Speicherorganisation gibt es Speicher mit

wahlfreiem Zugriff (Random Access), (RAM, ROM) seriellem Zugriff (Schieberegister), Assoziativ-Speicher.

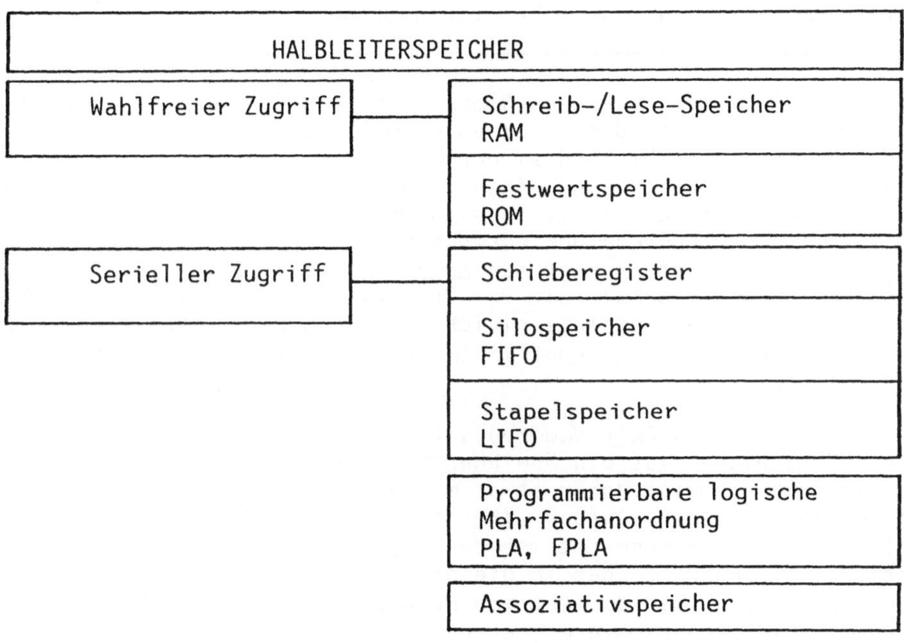

Bild 3.1 Halbleiterspeicher

Bei Speichern mit wahlfreiem Zugriff hat jeder Speicherplatz eine eigene Adresse und kann über diese Adresse direkt erreicht werden. Speicher mit wahlfreiem Zugriff haben kurze Zugriffszeiten.

Bei Speichern mit seriellem Zugriff kann der einzelne Speicherplatz nicht direkt erreicht werden, sondern der Zugang ist nur nach einer bestimmten Anzahl von Schritten definierter Länge möglich, die wiederum von der Lage des anzusprechenden Speicherplatzes im Speicher abhängt. Es gibt nur einen Eingang und einen Ausgang.

Bei Assoziativ-Speichern werden die Daten nach den Inhaltsmerkmalen abgespeichert. Diese Art von Speichern wird hier nicht besprochen.

Einteilung nach dem Verwendungszweck. Nach dem Verwendungszweck kann man folgende Einteilung vornehmen:

Schreib-/Lese-Speicher mit wahlfreiem Zugriff (RAM) Festwertspeicher mit wahlfreiem Zugriff (ROM) Schreib-/Lese-Speicher mit seriellem Zugriff Programmierbare logische Mehrfachanordnung (PLA)

Ein RAM (*Random Access Memory*) ist ein Speicher mit wahlfreiem Zugriff. Die Daten können - im Gegensatz zum ROM - beliebig oft eingeschrieben und wieder ausgelesen werden. Jeder Speicherplatz ist durch eine eigene Adresse gekennzeichnet. Der Zugriff erfolgt nach freier Wahl direkt zum Speicherplatz. Die Zeit, die vom Anlegen der Adresse bis zum Erscheinen der Ausgangsdaten vergeht, nennt man Zugriffszeit. Diese setzt sich zusammen aus der Schaltzeit der Steuerschaltung (*circuit delay*), die für jeden Speicherplatz gleich ist, und der Ausbreitungszeit der Daten in der Speichermatrix (*array delay*). Die letztere ist die kürzere.

Ein ROM (*Read Only Memory*) ist ein Festwertspeicher. Auch der ROM-Speicher ist ein Speicher mit wahlfreiem Zugriff. Die Bezeichnung RAM ist daher etwas mißverständlich, hat sich aber eingebürgert. Der Aufbau ähnelt dem des RAM-Speichers. Der entscheidende Unterschied ist der, daß die Information bei der Herstellung unveränderbar in die einzelnen Speicherzellen eingeschrieben wird. Man spricht von Programmierung des Festwertspeichers. Die Programmierung erfordert eine spezielle Maske, und ist daher nur bei der Herstellung möglichst großer Stückzahlen mit gleichem Speicherinhalt rentabel. Wie beim RAM kann die

Information jeder einzelnen Speicherzelle direkt über die Adresse in der entsprechenden Zugriffszeit ausgelesen werden.

Ein PROM (*Programmable Read Only Memory*) ist ebenfalls ein Festwertspeicher. Er kann aber vom Anwender selbst mit Hilfe einfacher Programmiergeräte programmiert werden. Der Programmierprozess ist irreversibel.

Ein REPROM (*Reprogrammable Read Only Memory*) ist ein löschbarer Festwertspeicher. Beim REPROM ist es möglich, die einmal eingeschriebene Information wieder zu löschen und den Speicher neu zu programmieren. Das Löschen und das erneute Programmieren erfolgt wesentlich langsamer als das Auslesen. Daher ist der REPROM nicht mit einem RAM zu vergleichen. Zum Löschen gibt es zwei verschiedene Methoden: Man löscht mit Hilfe von UV-Licht den gesamten Speicher. Oder man löscht nur bestimmte Speicherplätze mit Hilfe elektrischer Impulse.

Alle drei ROM-Typen haben den großen Vorteil, daß bei Wegfall der Speisespannung der Speicherinhalt nicht verloren geht. Sie heißen daher auch "Nichtflüchtige Speicher" (*non volatile memories*). Im Vergleich zu den RAM sind die Festwertspeicher einfacher aufgebaut. Durch die höhere Dichte, und damit den geringeren Platzbedarf und durch den geringeren Energiebedarf sind sie für die Großintegration gut geeignet und dadurch mit geringeren Kosten pro Bit herstellbar.

Schieberegister sind Schreib-/Lese-Speicher mit seriellem Zugriff. Sie bestehen aus hintereinander geschalteten Speicherzellen (Flipflops), die beim Eintreffen des Taktes ihre Information an die nächste Speicherzelle weitergeben. Um zu verhindern, daß die eingelesene Information verloren geht, schreibt man sie vorn wieder ein. Die Zugriffszeit ist hier nicht mehr konstant.

Der FIFO (*First-In-First-Out-Speicher* oder Silospeicher) ist ein ebenfalls seriell organisierter Schreib-/Lese-Speicher, bei dem die Daten am Ausgang in derselben Reihenfolge erscheinen, wie sie am Eingang eingeschrieben wurden. Der Aufbau und die Wirkungsweise eines FIFO wurde in 2.3.1 bereits besprochen. Es sei hier noch der Unterschied zum normalen Schieberegister besprochen. Normale Schieberegister enthalten immer - entsprechend ihrer Länge - Datenworte mit konstanter Bitanzahl. Das Schieben erfolgt synchron durch einen zentralen Takt. Im Gegensatz dazu kann beim FIFO die Datenmenge zwischen 0 und der maximalen Speichergröße variieren. Die Taktierung für Ein- und Ausgabe ist asynchron. Die oben eingelesenen Daten fallen immer bis zur letzten freien Stelle durch. FIFOs können mit RAMs oder auch mit asynchronen Schieberegistern aufgebaut sein.

Beim LIFO (*Last-In-First-Out-Speicher* oder Stapelspeicher, Stack) werden die zuletzt eingespeicherten Daten zuerst wieder ausgegeben. Auch dieser Speicher wurde bereits in 2.3.1 besprochen. LIFOs (oder gebräuchlicher: Stacks) werden zum Beispiel in Taschenrechnern eingesetzt.

Der PLA-Baustein (*Programmable Logic Array* oder programmierbare logische Mehrfachanordnung) hat eine dem ROM ähnliche logische Struktur. Er besteht aus einem zweistufigen Schaltnetz. Die erste Stufe führt eine UND-Verknüpfung der Eingangsvariablen aus. Die Ausgänge der UND-Gatter werden mit ODER-Gattern verknüpft. Der Unterschied zum ROM ist der, daß durch Programmierung im UND-Matrixteil des Netzwerkes beliebig UND-Verknüpfungen der Eingangsvariablen möglich sind, während beim ROM nur Minterme der zu realisierenden Funktion zulässig sind. Allerdings ist die Anzahl der UND-Gatter beim PLA beschränkt. In einem PLA ist die Anzahl der Adressen wesentlich größer als die Zahl der benutzbaren Worte, während beim ROM der Adreßraum gleich dem Wortraum ist. PLA eignen sich für solche Anwendungen, wo Funktionen mit vielen Eingangsvariablen verarbeitet werden müssen (Ablaufsteuerungen, Decoder).

Es gibt Bausteine, die vom Hersteller maskenprogrammiert werden (PLA) und es gibt kundenprogrammierbare Bausteine (FPLA: *Field Programmable Logic Array*).

Einteilung nach der Art der Speicherzelle. Auf der Ebene des Schaltungsentwurfs unterscheidet man statische Speicher und dynamische Speicher.

Statische Speicher halten ihre Informationen so lange, wie die Betriebsspannung anliegt.

Dynamische Speicher benötigen ein periodisches Auffrischen der gespeicherten Informationen. Dies geschieht durch Refresh-Impulse, die in einer zusätzlichen Schaltung erzeugt werden müssen. Bei seriellen Speichern geschieht dieses Auffrischen dadurch, daß die Signale im Schieberegister umlaufen. Bei MOS-FET erfolgt die Speicherung auf der Gate-Source-Kapazität. Sie wird periodisch ausgelesen, verstärkt und wieder neu eingeschrieben. Die Vorteile dynamischer Speicher sind:

1. Einsparung von Fläche, daher größere Speicherdichte (bis 16 KBit/IC)
2. hohe Geschwindigkeiten (Zugriffszeiten größer als 150 ns)
3. sehr geringer Leistungsverbrauch (etwa 50 µW/Bit).

Der Nachteil ist, daß die notwendige, periodische Wiederauffrischung einen zusätzlichen Schaltungsaufwand bedeutet.

Einteilung nach der Technologie. Auf der Ebene der Schaltungstechnologie gibt es viele spezielle Techniken, von denen die wichtigsten in einem nachfolgenden Kapitel besprochen werden sollen.

3.1.3 Speicherorganisation

In einer Speicherzelle kann nur die Information mit dem Informationsgehalt von 1 Bit gespeichert werden. Damit ist also nur eine 1/0-Entscheidung möglich, was nicht ausreicht. Die Information liegt meist in Form eines Wortes aus mehreren Binärziffern vor. Ein Wort benötigt aber zur Speicherung mehrere Zellen, nämlich für jedes Bit eine. Damit aber ergeben sich verschiedene Arten der Organisation eines Speichers:

bitorganisierte Speicher
wortorganisierte Speicher.

Das Herz eines Speichers ist die Speichermatrix. Sie enthält die Speicherzellen, die in x Zeilen und y Spalten angeordnet sind. Die Zeileneinteilungen heißen auch Wortleitungen, die Spalteneinteilungen heißen Bitleitungen. Besteht ein Speicherplatz aus nur einer Speicherzelle, spricht man von *bitorganisierten Speichern* (Bild 3.2). Durch Anlegen einer Adresse wird immer nur ein Bit erreicht. Das Auswählen geschieht durch Anlegen je einer Steuerspannung an eine Spaltenleitung und an eine Zeilenleitung. Um die Anschlüsse des integrierten Bausteins in Grenzen zu halten, werden die Wortleitungen über einen Wortdecoder und die Bitleitungen über eine Bitdecoder angesteuert.

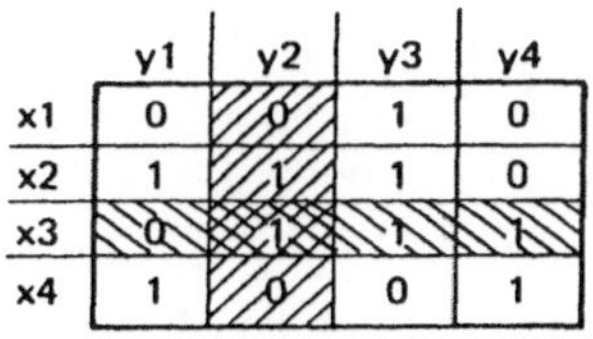

	y1	y2	y3	y4
x1	0	0	1	0
x2	1	1	1	0
x3	0	1	1	1
x4	1	0	0	1

Bild 3.2 Bitorganisierter Speicher

Beispiel:

Wird an die Zeilenleitung (Wortleitung) x3 eine Steuerspannung gelegt und an die Spaltenleitung y2 ebenfalls eine Steuerspannung, so wird die 1 im Kreuzungspunkt angesprochen.

Wird durch das Anlegen einer Adresse nicht nur ein Bit angesprochen, sondern eine feste Anzahl von Speicherzellen, so spricht man von *wortorganisierten Speichern*. Die Anzahl der ausgewählten Speicherzellen entspricht der Bitanzahl des Wortes. In der Mikroprozessortechnik ist die Wortlänge von 8 Bit sehr häufig. Auch der wortorganisierte Speicher ist wahlfrei adressierbar, nur wird mit einer Adresse eben immer ein ganzes Wort angesprochen. D.h., ein Speicherplatz (die kleinste adressierbare Einheit) besteht hier aus so vielen Speicherzellen, wie das Wort Bit hat.

Es gibt nun nochmals die Möglichkeit, die Speicher danach zu unterscheiden, wie die Worte im Speicher untergebracht sind.

1. Alle Worte sind auf einem Chip untergebracht.
2. Mehrere Speicherebenen mit jeweils weniger Bit als es der abzuspeichernden Wortlänge entspricht bilden ein Speichermodul.

Die beiden nachfolgenden Bilder 3.3 und 3.4 zeigen jeweils zwei Speicher mit einer Kapazität von 16 x 4 Bit. D.h., sie fassen beide 16 Worte mit der Wortlänge von 4 Bit. Der erste Speicher hat selbst eine Wortlänge von 4 Bit und faßt 16 Worte; es ist also nur ein IC nötig. Der zweite Speicher besteht aus 4 Einzelspeichern (Speicherebenen) mit ebenfalls 16 Worten. Allerdings beträgt hier die Wortlänge nur 1 Bit. Wir benötigen also 4 ICs mit einer Kapazität von 16 x 1 Bit.

	y1	y2	y3	y4
x1	0	0	0	1
x2	0	0	1	1
x3	1	1	0	1
x14	0	0	0	0
x15	1	1	0	1
x16	0	0	1	1

Bild 3.3 Wortorganisierter Speicher (Kapazität 16 x 4 Bit)

Beispiel:

Wird an die Wortleitung (Zeile) x3 ein Steuerimpuls angelegt, so erscheint an den Datenausgängen des Speichers 1101.

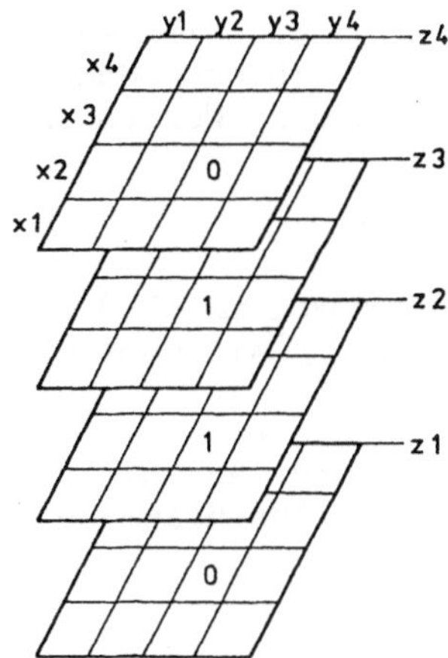

Bild 3.4 Wortorganisierter Speichermodul aus 4 Speichern zu 16 x 1 Bit

Jedes Bit eines Wortes wird unter der gleichen Adresse auf verschiedenen Speicherebenen untergebracht.

Beispiel:

Wird die Adresse x2,y3 angelegt (in binärer Form!), so wird das Datenwort 0110 angesprochen.

Für die beiden unterschiedlichen Fälle wortorganisierter Speicherung seien noch zwei konkrete Bausteine angeführt:

RAM 6810 (128 x 8 Bit) - 24-Pin-Gehäuse
RAM 2102 (1 k x 1 Bit) - 16-Pin-Gehäuse

Um also zum Beispiel einen 1 kByte Speicher aufzubauen, benötigt man 8 RAM 6810 mit je 24 Pins oder 8 RAM 2102 mit je 16 Pins.

RAM-Speicher gibt es bitorganisiert oder wortorganisiert. Die Art der Organisation geht meist aus der Kennzeichnung eines Speichers im Datenblatt hervor. Ein Speicher mit z.B. 128 x 8 Bit enthält 1024 Speicherzellen, und zwar 128 Worte mit einer Länge von 8 Bit.

Die Organisation eines Speichers beeinflußt die Adressierung. Jede Speicheradresse besteht aus zwei Teilen:

Chip-Auswahlbits
Wort-Auswahlbits.

Die Chip-Auswahlbits wählen einen Speichermodul aus, die Wort-Auswahlbits wählen das entsprechende Wort innerhalb des Moduls aus. Die Anzahl der Wort-Auswahlbits hängt von der Wortanzahl der verwendeten Speichermodule ab.

Beispiel:

Enthält ein Speichermodul 256 Worte, benötigt man 8 Bit (von 00_{16} bis FF_{16}) für die Wortauswahl. Enthält ein Speichermodul 1024 Worte, benötigt man 10 Bit für die Wortauswahl (von 000_{16} bis $3FF_{16}$).

Die Anzahl der Chip-Auswahlbits hängt von der Anzahl der verwendeten Speichermodule ab. Wie der verfügbare Adreßraum aufgeteilt wird, bleibt dem Anwender überlassen.

Der Mikroprozessor 6809 hat 16 Adreßleitungen. Sein Adreßraum besteht damit aus 65536_{10} ($FFFF_{16}$) Speicherplätzen (Worten zu je 8 Bit Länge). Wenn man nun zum Beispiel Speichermodule mit je 1024 Worten einsetzt, so werden 10 Bit für die Wortauswahl benötigt, sodaß 6 Bit für die Chip-Auswahl übrigbleiben. D.h., man kann $2^6 = 64$ solche Speichermodule einsetzen. Die 10 Adreßbit für die Wortauswahl werden dabei alle miteinander verbunden. Die 6 Bit für die Chip-Auswahl gehen auf einen Decoder, der den gewünschten Modul auswählt.

3.1.4 Speicherzellentypen

Überblick über die Technologien. Die TTL-Technik (*Transistor-Transistor Logic*) ist in der Digitaltechnik sehr weit verbreitet. Bei Speichern spielte sie in der Vergangenheit jedoch keine so große Rolle, da der Leistungsverbrauch hoch ist und das Herstellungsverfahren kompliziert. Als Beispiel sei hier der TTL-RAM 93415 genannt, der bei einer Kapazität von 1 *K* x 1 Bit eine maximale Zugriffszeit von 30 ns aufweist. Der Baustein hat Open-Collector Ausgänge. Es gibt auch die Version 93425 mit Tri-State-Ausgängen. Als Vergleich sei hier ein Speicher in NMOS-Technologie genannt: der 1 *K* x 1 Bit Typ 2115. Er hat eine maximale Zugriffszeit von 45 ns. Obwohl es zur Zeit den Anschein hat, daß sich bei Speichern die NMOS-Technologie durchsetzt, weil mit neuen spezialisierten Herstellungsverfahren die Zugriffszeit ständig gesenkt wurde, arbeiten einige Firmen mit großer Intensität an der Entwicklung neuer TTL-Speicher. Das Hauptproblem ist dabei, die Leistungsaufnahme zu senken, ohne am Hauptvorteil der TTL-Technik, nämlich der hohen Geschwindigkeit, Abstriche machen zu müssen.

Durch spezielle Dioden, die nach ihrem Erfinder benannten Schottky-Dioden, wird eine Sättigung der Transistoren verhindert. Man erreicht höhere Arbeitsgeschwindigkeiten bei kleinerer Verlustleistung.

Bei ECL-Technik (*Emitter Coupled Logic*) werden die Transistoren nicht in die Sättigung gebracht, sondern arbeiten im aktiven Bereich und können daher schnell umgesteuert werden. ECL-Speicher sind die schnellsten Speicher mit Zugriffszeiten von etwa 10 ns. Wegen der geringen Ausbeute und der hohen Wärmeentwicklung ist allerdings die Speicherdichte nicht so hoch wie bei anderen Technologien.

Die PMOS-Schaltungsart (MOS: *Metal Oxide Semiconductor*) ist die älteste bei Halbleiterspeichern. Sie arbeitet mit selbstsperrenden P-Kanal-Feldeffekttransistoren (FET). Sie ist zwar TTL-kompatibel, benötigt aber in der Regel zwei Betriebsspannungen. PMOS spielt in der Speichertechnik keine große Rolle mehr.

Die meisten Speicher werden heute in NMOS-Technik hergestellt. Sie arbeiten mit selbstsperrenden N-Kanal-Feldeffekttransistoren. Wegen der im Vergleich zu PMOS dreimal höheren Trägerbeweglichkeit im N-Kanal ist es möglich, bei gleichen Abmessungen höhere Arbeitsgeschwindigkeiten zu erreichen. Inzwischen lassen sich auch so kleine Schwellspannungen realisieren, daß der Betrieb an einer Versorgungsspannung (+5 V) möglich ist. Es gibt sehr viele spezielle Varianten der NMOS-Technologie, auf die hier nicht eingegangen werden kann.

Bei der CMOS-Technik arbeiten die FET im Gegentaktbetrieb (*Complementary MOS*). Dadurch fällt im Ruhezustand keine Verlustleistung an. Der Leistungsverbrauch beträgt nur ein Zehntel des Leistungsverbrauchs von NMOS-RAMs. Allerdings sind CMOS-Bausteine langsamer und die Speicherdichte ist geringer. Der Herstellungsprozess ist kompliziert. Sie arbeiten in einem sehr weiten Temperatur- und Speisespannungsbereich (auch +5 V), und zwar mit hohem Störabstand. Die CMOS-Technik wird ihre Stellung zwischen bipolarer und NMOS-Technik behaupten.

Statische Bipolarzelle. Das Herz der statischen Speicherzelle ist die bistabile Kippstufe. Auf Grund der Rückkopplung ist immer ein Transistor leitend. Daher ist der Leistungsverbrauch hoch. Um eine funktionsfähige Speicherzelle zu erhalten, muß das Flipflop neben der Funktion der Speicherung noch die Möglichkeit aufweisen, Daten ein- und auszulesen sowie das Flipflop anzusteuern. Dies führt zur *Multiemitterzelle* (Bild 3.5).

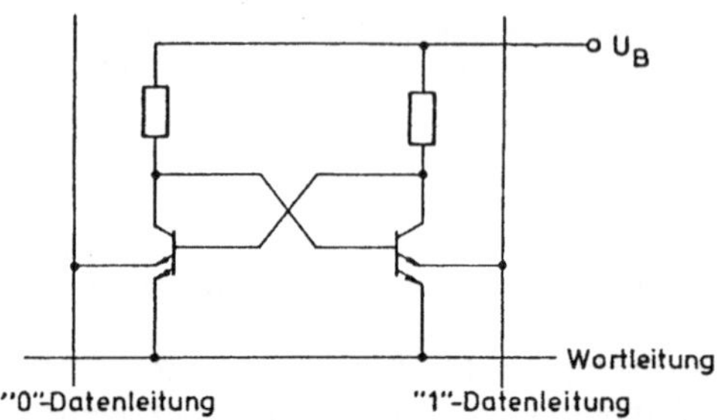

Bild 3.5 Multiemitterzelle mit einer Adreßleitung (Wortleitung)

Wenn die Wortleitung (Adreßeingang) auf Low-Potential liegt, befindet sich die Zelle im Ruhestand. Es kann weder eingeschrieben noch ausgelesen werden. Der Strom des gerade durchgeschalteten Transistors fließt über die Wortleitung nach Masse ab. Indem man High-Potential an die Wortleitung legt, wird die Speicherzelle aktiviert. Die beiden anderen Emitter, die an den Datenleitungen befestigt sind, bestimmen jetzt das Verhalten der Zelle.

Lesen: Beide Datenleitungen werden auf Low-Potential gehalten. Über diejenige Datenleitung, an der der gerade leitende Transistor angeschlossen ist, fließt der Transistorstrom nach Masse ab. Die Datenleitungen führen auf Leseverstärker, die diesen Strom auswerten.

Schreiben: Soll eine neue Information eingespeichert werden, so werden die beiden Datenleitungen niederohmig umgeschaltet. Soll z.B. eine 0 eingeschrieben werden, so wird die 0-Datenleitung auf Low-Potential und die 1-Datenleitung auf High-Potential gelegt.

Mit dieser Speicherzelle ist z.B. der 16 x 4 Bit RAM-Speicher SN7489 aufgebaut. Der Nachteil von Speichern in TTL-Technik mit Multiemittertransistoren ist die hohe Verlustleistung. Die Kapazität dieser Speicher ist daher auf etwa 256 Bit begrenzt.

Bipolarzelle mit Schottky-Dioden. Schottky-Dioden werden durch den Kontakt von Aluminium und n-dotiertem Silizium gebildet. Sie werden in die Kollektorfläche eines Transistors eingebaut und beanspruchen damit keinen zusätzlichen Raum. Die Dioden verhindern die Sättigung der Transistoren. Damit erreicht die Speicherzelle eine hohe Arbeitsgeschwindigkeit (Bild 3.6).

Im Ruhezustand (Speicherzustand) liegt an der Wortleitung High-Potential. Die beiden Dioden sind gesperrt.

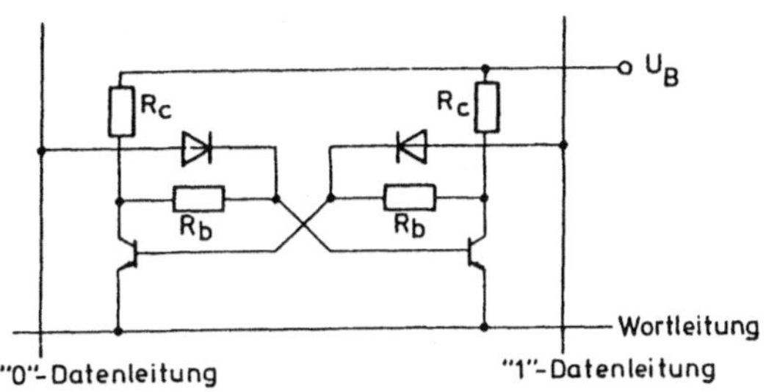

Bild 3.6 Speicherzelle in TTL-Technik mit Schottky-Dioden

Die Zelle wird aktiviert (adressiert), indem man an die Wortleitung Low-Potential legt. Nun kann gelesen bzw. geschrieben werden.

Lesen: Beide Datenleitungen werden auf ein positives Potential gelegt. Über den leitenden Transistor und die auf dessen Seite befindliche Diode, sowie den dazugehörigen, niederohmigen Widerstand R_b fließt ein Strom, der die zugehörige Datenleitung auf Low-Potential zieht. Der entsprechende Leseverstärker identifiziert eine 0 auf der Leitung.

Schreiben: Beim Schreiben legt man auf die entsprechende Datenleitung positives Potential, auf die andere Null-Potential. Die mit der hochgelegten Leitung verbundene Diode schaltet durch, wenn auf derselben Seite der durchgeschaltete Transistor liegt. Durch den an R_b entstehenden Spannungsabfall wird die Basis-Emitter-Spannung des anderen Transistors so hoch, daß er durchschaltet. Über die Rückkopplung wird nun der bisher leitende Transistor gesperrt. War der erste Transistor schon gesperrt, so bleibt er auch gesperrt.

Die Widerstände R_b sind konstruktionsbedingt und haben einen Wert von etwa 1 kOhm. Dies ergibt eine kurze Schaltzeit, da sie den Diodenstrom bestimmen. Der Leistungsverbrauch im Speicherzustand wird durch die Widerstände R_c bestimmt. Ihr Wert beträgt etwa 20 kOhm. Da sie also sehr hochohmig sind, wird die Verlustleistung gering gehalten.

ECL-Speicherzelle. Die ECL-Zelle (Bild 3.7) ist in ihrem Aufbau sehr ähnlich zur normalen Multiemitterzelle. Es gibt hauptsächlich zwei Unterschiede in der Konstruktion. Die beiden Transistoren empfangen ihre Betriebsspannung über die Wortleitung. Ferner hängt jeweils ein Emitter der beiden Transistoren an einer Konstantstromquelle. Der Strom des jeweils leitenden Transistors wird durch die Konstantstromquelle festgelegt. Die Transistoren arbeiten im Verstärkerbetrieb (aktiver Bereich). Dadurch ist die ECL-Zelle sehr schnell (etwa 10 ns!).

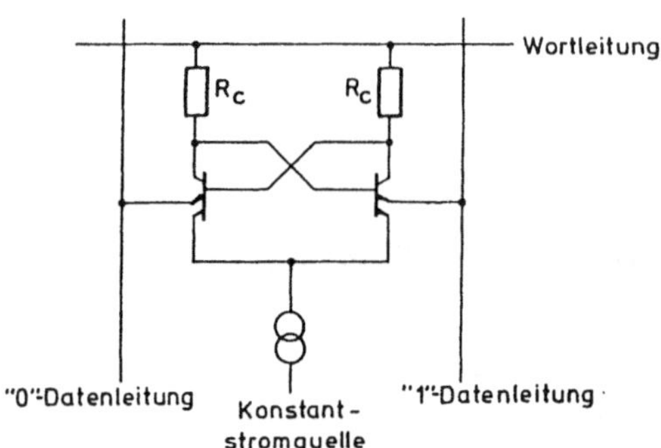

Bild 3.7 ECL-Speicherzelle

I^2L-Speicherzelle (*Integrated Injection Logic*). Als letzte Speicherzelle in Bipolartechnik soll die I^2L-Zelle erwähnt werden. Die I^2L-Technologie ist die modernste Technologie mit Bipolartransistoren. Es soll hier nur erwähnt werden, daß sie wegen des kleinen Flächenbedarfs eine hohe Speicherdichte ermöglicht. Neben kurzen Zugriffszeiten haben diese Zellen eine kleine Verlustleistung.

Statische MOS-Speicherzellen. Die statische MOS-Speicherzelle (Bild 3.8) besteht in ihrer Grundausführung bei Wortorganisation aus 6 Transistoren. Die Transistoren T1 und T2 bilden die Kippstufe. Wegen der einfacheren Herstellung werden als Lastwiderstände R_c keine ohmschen Widerstände integriert sondern wieder MOS-FET. Die Transistoren T3 und T4 arbeiten in Drain-Schaltung und bilden die Lastwiderstände. Die Transistoren T5 und T6 arbeiten als Schalter. Sie werden über die Gatespannung ein- und ausgeschaltet.

Im Ruhestand sind die Transistoren T5 und T6 gesperrt, also die Schalter offen. Die Zelle speichert. Um die Zelle zu aktivieren (also beim Adressieren), wird auf die Wortleitung High-Potential gelegt. Damit schalten die Transistoren durch, d.h., die Schalter sind geschlossen.

Beim Lesen kann nun das Potential der beiden Datenleitungen über Leseverstärker abgefragt werden. Beim Schreiben wird die Kippstufe über die beiden Datenleitungen gesetzt.

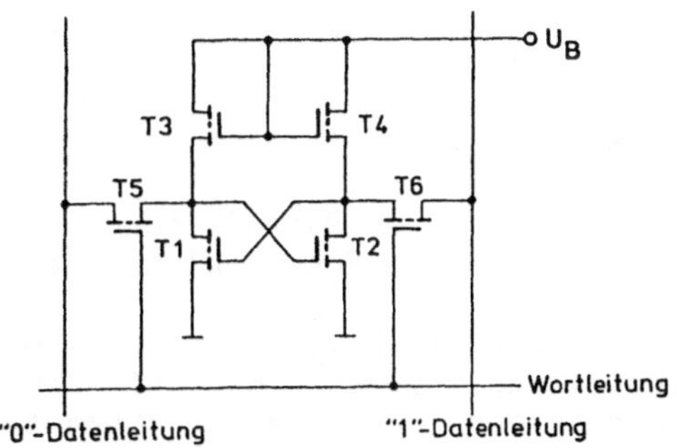

Bild 3.8 Statische MOS-Speicherzelle

Die Zelle ist ein statisches Speicherelement. D.h., solange die Betriebsspannung ansteht, wird der Inhalt gehalten. Die Zelle wird zu den flüchtigen Speichern gerechnet, denn wenn die Betriebsspannung verschwindet, verschwindet auch der Speicherinhalt. Als Beispiel für die Speicher, die mit diesen Zellen arbeiten, seien genannt: 2147 und 4104.

Dynamische MOS-Speicherzelle. Dynamische Speicher sind Speicher, die ihren Inhalt nur für eine bestimmte Zeit halten können. Damit der Inhalt nicht verloren geht, muß er regelmäßig wiederaufgefrischt werden. Das erfordert zusätzliche Logik. Trotzdem wird der Schaltungsaufwand pro Bit geringer, da die eigentliche Speicherzelle sehr klein gebaut werden kann, und der Aufwand für die Refresh-Logik mit zunehmender Zellenanzahl nur geringfügig anwächst.

Die Entwicklung ging von einer dynamischen Zelle mit 4 Transistoren bis zur Ein-Transistorzelle (Bild 3.9). Letztere wird heute hauptsächlich verwendet und soll nachfolgend besprochen werden.

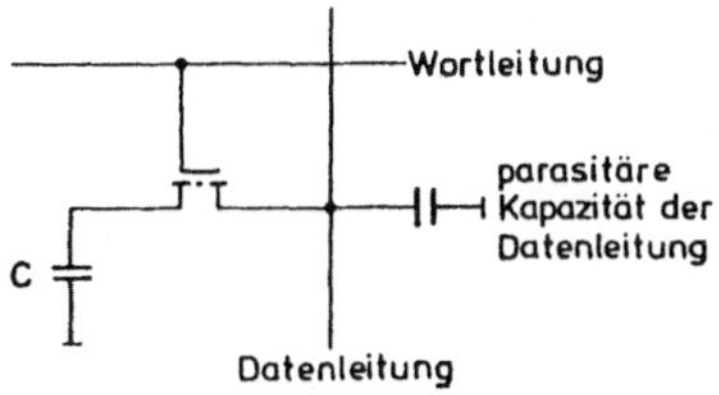

Bild 3.9 Dynamische 1-Transistorzelle

Die Information ist auf der Kapazität C gespeichert. Der Transistor verbindet die Kapazität C mit der Datenleitung. Wenn die Zelle aktiviert werden soll, wird der Transistor von High-Potential auf der Wortleitung durchgesteuert.

Schreiben: Der Kondensator wird über die Datenleitung bei durchgesteuertem Transistor auf das gewünschte Potential geladen.

Lesen: Der Kondensator liefert bei durchgeschaltetem Transistor einen Spannungshub auf der Datenleitung. Dieser Hub ist sehr klein, weil er vom Verhältnis der beiden Kapazitäten abhängt. Die Speicherkapazität ist aber aus Platzgründen viel kleiner als die parasitäre Kapazität der Datenleitung. Es wird also datenzerstörend gelesen, weil Ladung von der Kapazität C abfließt. Das ist aber nicht so schlimm, weil der ganze Baustein sowieso regelmäßig aufgefrischt werden muß.

CMOS-Speicherzelle. Zwei Transistoren werden jeweils in Reihe geschaltet. Der eine ist immer leitend, der andere immer gesperrt. In der Ruhelage ist die Verlustleistung äußerst gering, weil als Ruhestrom nur der sehr kleine Sperrstrom fließt. Ein weiterer Vorteil ist ein weiter Spannungsbereich und ein hoher Störabstand. Der Nachteil ist, daß CMOS langsamer ist und geringere Speicherdichten erreicht. Die Speicherzelle wird adressiert, indem die Wortleitung auf Versorgungspotential gelegt wird. Das Schreiben und Lesen erfolgt dann wie bei der normalen statischen MOS-Zelle (Bild 3.10).

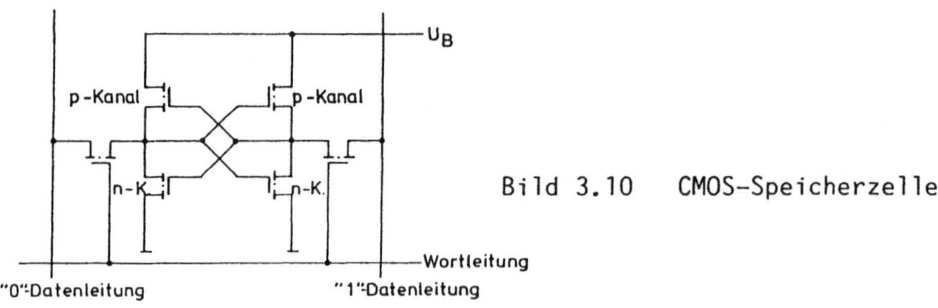

Bild 3.10 CMOS-Speicherzelle

3.1.5 RAM-Speicher

Zur Minimalkonfiguration eines Mikroprozessorsystems gehört ein RAM. Es dient z.B. der CPU als Zwischenspeicher, wo sie Zwischenergebnisse abspeichern kann oder wo sie den Inhalt ihrer gesamten Register zwischenspeichern kann (Interrupt). Da der Verkehr mit einem solchen Zwischenspeicher sehr häufig ist, muß er schnell sein. Die Schreib-/Lese-Speicher sind daher in derselben Technologie aufgebaut wie die CPU. RAM dienen auch als Programmspeicher. Der Programmierer schreibt sein Programm in einen RAM. Sogar für Übersetzerprogramme können RAM benutzt werden. Viele Hersteller bieten z.B. für ihre Mikroprozessorsysteme BASIC-Übersetzer (Interpreter) an, die sie z.B. auf Magnetband liefern. Der Benutzer muß dann zunächst dieses Programm in einen RAM-Speicher einlesen. Es soll nun zunächst auf die Organisation und den Aufbau von RAM-Speichern eingegangen werden. Anschließend werden dann einige Industriestandards vorgestellt.

RAM können bitorganisiert oder wortorganisiert sein. Wortorganisierte RAM haben eine Speicherzelle, wie sie in den Bildern 3.5 und 3.8 dargestellt ist. Bitorganisierte Speicherzellen haben einen zusätzlichen Spaltenanschluß für die Bitauswahl (Bild 3.11).

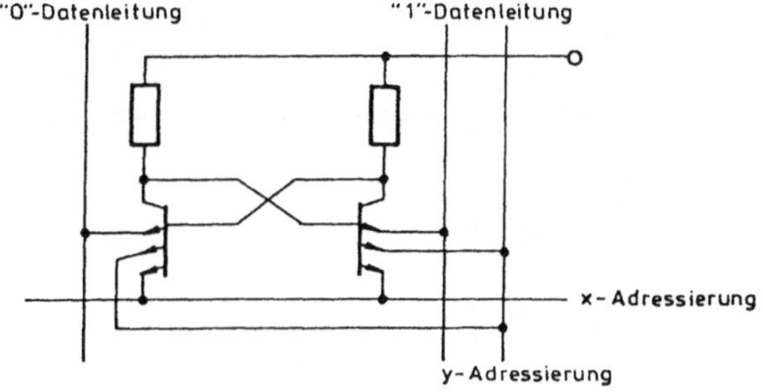

Bild 3.11 Bitorganisierte RAM-Speicherzelle

Beide Transistoren der Zelle haben einen zusätzlichen Emitter, der mit der y-Leitung verbunden ist. Im Ruhezustand liegen beide Adreßleitungen auf Massepotential. Der Strom des durchgeschalteten Transistors fließt über diese Leitungen nach Masse ab. Auch wenn eine Adreßleitung aktiviert wird, also auf High-Potential gehoben wird, fließt der Strom über die andere Adreßleitung ab. Nur wenn beide Adreßleitungen High sind, sich also die Zelle im Kreuzungspunkt von Zeile x und Spalte y befindet, fließt der Strom über eine der beiden Datenleitungen, d.h., die beiden Datenleitungen sind angekoppelt, und es kann gelesen oder geschrieben werden.

Organisation der RAM. Alle RAM-Speicher bestehen im Prinzip aus drei Baugruppen:

Speichermatrix Adressendecodierer Datensteuerung.

Die Speichermatrix ist aus den Speicherzellen aufgebaut, die sich jeweils im Kreuzungspunkt der Spaltenleitung (Bitleitung) und der Zeilenleitung (Wortleitung) befinden.

Der Adressendecodierer decodiert die Adresse und wählt dann eine entsprechende Zeile bzw. Spalte aus. Der Decoder ist notwendig, um die Bausteinanschlußzahl zu begrenzen.

Die Datensteuerung regelt das Schreiben und Lesen und bewerkstelligt die Anpassung von Spannung und Leistung an die übrigen Schaltungen.

Bei einem wortorganisierten Speicher (Bild 3.12) wird unter einer Adresse eine ganze Bitkombination, also ein Wort, abgespeichert. Der Adressendecodierer, der in diesem Fall nur aus dem x-Decoder besteht, aktiviert die der angelegten Adresse entspre-

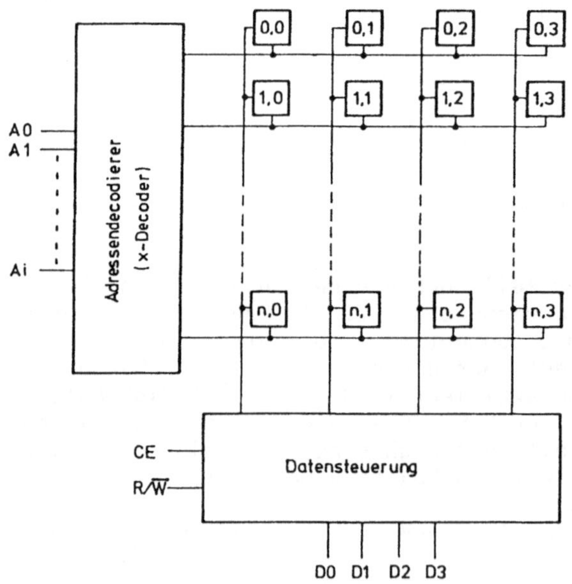

Bild 3.12 Beispiel eines wortorganisierten Speichers

chende Zeile, also die an dieser Zeile angeschlossenen Speicherzellen. Der Inhalt dieser Zellen kann dann an den Spaltenleitungen abgefragt werden. Es gibt nur so viele Spaltenleitungen, wie das Wort Bit hat. Manche Speicher haben getrennte und manche gemeinsame Leitungen für die Datenein- und ausgänge.

Die Datenein- und ausgänge sind gepuffert und führen über die gleichen Leitungen.

Bei einem bitorganisierten Speicher (Bild 3.13) wird durch das Anlegen der Adresse immer nur eine Speicherzelle ausgewählt. Der Adressendecodierer besteht aus einem x-Decoder und einem y-Decoder. Diese aktivieren jeweils eine Zeile und eine Spalte, in deren Kreuzungspunkt die Speicherzelle liegt. Es gibt nur eine Datenleitung, die alle Zellen mit der Datensteuer-Schaltung verbindet. Das R/$\overline{W}$-Signal bestimmt die Richtung des Datenflusses.

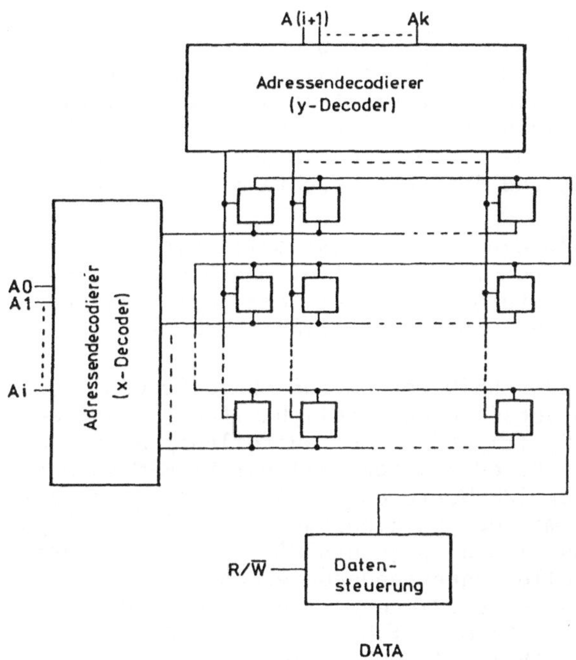

Bild 3.13 Beispiel eines bitorganisierten Speichers

3.1.6 Einige Beispiele industrieller Standard-RAM-Speicher

RAM-Speicher 6810. Zur Bausteinfamilie 6800 gehört der statische RAM-Speicher 6810. Er ist wortorganisiert mit einer Kapazität von 128 x 8 Bit. Die Speichermatrix besteht aus 128 Zeilen mit je 8 Speicherzellen. Angesteuert werden die Zeilen vom x-Adressendecodierer, der 7 Adreßeingänge hat und eine von 128 Leitungen auswählt. Die Daten werden über die gleichen Leitungen ein- und ausgegeben. Die Datenleitungen sind in Tri-State-Technik ausgeführt.

Der Baustein hat 6 Chip-Select-Eingänge. Dabei bedeutet $\overline{CS}$, daß der Chip aktiviert wird, wenn $\overline{CS}$ auf Low-Potential liegt. Die hohe Anzahl von CS-Eingängen bedeutet, daß keine oder nur wenig externe Adressencodierung nötig ist. Wenn CS auf Low-Potential liegt, sind die Eingangs- und die Ausgangspuffer im hochohmigen Zustand, der Speicher also vom Daten-Bus getrennt.

Wenn CS High ist, übernimmt das R/$\overline{W}$-Signal die Kontrolle über den Speicher. Führt R/$\overline{W}$ Low-Potential, wird geschrieben, bei High-Potential wird gelesen. Der Baustein arbeitet mit einer Betriebsspannung von 5 V, seine Anschlüsse sind TTL-kompatibel. Die Zugriffszeit beträgt 450 ns. Die beiden nachfolgenden Bilder zeigen die Anschlußbelegung und das vereinfachte Blockdiagramm.

Soll z.B. mit dem 6810 ein Speichersystem mit einer Kapazität von 1 kByte aufgebaut werden, so benötigt man 8 solche Bausteine. Sämtliche Adreßleitungen und sämtliche Datenleitungen werden miteinander verbunden, ebenso sämtliche R/$\overline{W}$-Anschlüsse.

Drei der 6 CS-Anschlüsse des 6810 werden zur Chip-Auswahl benutzt, das ergibt $2^3 = 8$ verschiedene Möglichkeiten. Man kann sich dann den Adreßraum z.B. folgendermaßen aufteilen: A0 bis A6 vom Adreßbus werden mit den Adreßeingängen aller acht RAM verbunden. Sie wählen eines der 128 Worte aus. A7 bis A9 wird auf acht verschiedene Arten mit den CS-Eingängen der 6810 Chips verbunden. Mit A7 bis A9 wird also je ein RAM-Chip aktiviert. Damit hat man eine partielle Adressendecodierung. Sollte es notwendig sein, vollständig zu decodieren, kann man die Adreßleitungen A10 bis A15 über einen Decoder führen, dessen Ausgang an einem weiteren CS-Anschluß (bei allen Chips am gleichen!) befestigen und kann damit das gesamte 1K-System ein- oder ausschalten. Damit der Leser eine Vorstellung vom Platzbedarf eines solchen Speichers bekommt, sei hier noch erwähnt, daß das gesamte System auf einer Europakarte Platz findet, einschließlich der Tri-State-Buffer für die Adreß- und Datenleitungen.

Pin			Pin
1	Gnd	V_{CC}	24
2	D0	A0	23
3	D1	A1	22
4	D2	A2	21
5	D3	A3	20
6	D4	A4	19
7	D5	A5	18
8	D6	A6	17
9	D7	R/$\overline{W}$	16
10	CS0	$\overline{CS5}$	15
11	$\overline{CS1}$	$\overline{CS4}$	14
12	$\overline{CS2}$	CS3	13

Bild 3.14 Anschlußbelegung des RAM 6810

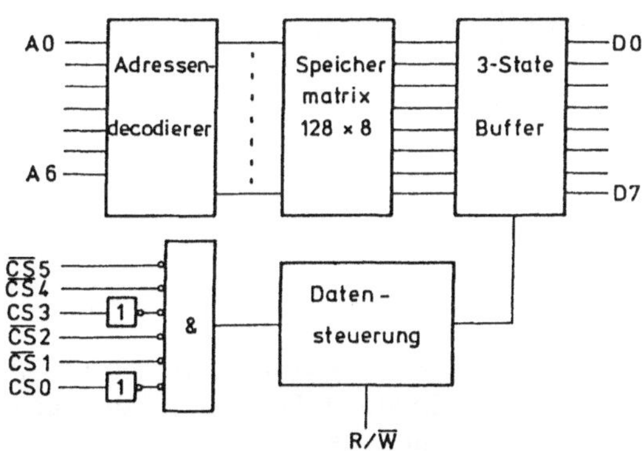

Bild 3.15 Blockschaltbild des RAM 6810

RAM-Speicher 2112. Auch dieser weit verbreitete Speicher hat 1024 Speicherzellen. Allerdings sind sie anders organisiert als beim 6810, nämlich in 256 Worten mit einer Länge von 4 Bit. Der ganze Speicher einschließlich Adressendecodierer und Datensteuerung paßt in ein 16-Pin-Gehäuse. Die nachfolgenden Bilder zeigen die Anschlußbelegung und das vereinfachte Blockschaltbild.

Pin			Pin
1	A3	V_{CC}	16
2	A2	A4	15
3	A1	$\overline{WE}$	14
4	A0	$\overline{CE}$	13
5	A5	I/O4	12
6	A6	I/O3	11
7	A7	I/O2	10
8	GND	I/O1	9

Bild 3.16 Anschlußbelegung des RAM 2112

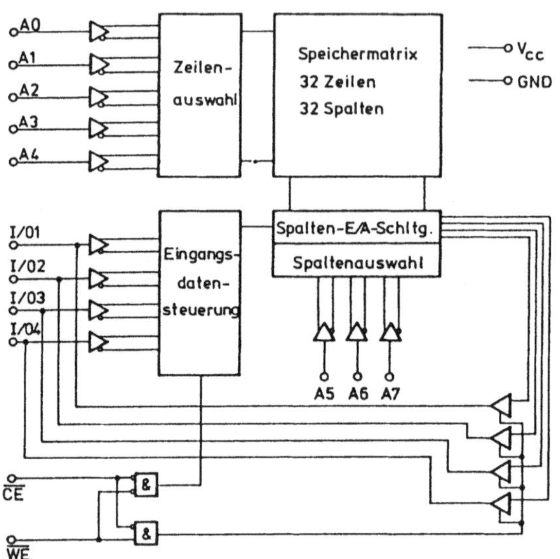

Bild 3.17 Blockschaltbild des RAM 2112

Wie das Blockschaltbild zeigt, ist die Speichermatrix in 32 Spalten und 32 Zeilen aufgeteilt. Der Grund dafür ist, daß bei der Herstellung eine quadratische Matrix auf der Chipfläche einfacher aufzubauen ist. Die 32 Spalten sind nicht einzeln anwählbar, sondern sind in 8 Gruppen zu je 4 Bit zusammengefaßt. Damit ergibt sich folgende Aufteilung der Adresse: Die ersten 5 Adreßleitungen (A0 bis A4) wählen über den x-Decoder (Zeilenauswahl) eine von 32 Zeilen aus und aktivieren diese. Die 3 nächsten Adreßleitungen (A5 bis A7) wählen über den y-Decoder (Spaltenauswahl) eine von acht Spaltengruppen zu je 4 Bit an. Der 2112 hat nur einen Bausteinauswahlanschluß ($\overline{CE}$). Über die Leitung $\overline{WE}$ wird das Schreiben und Lesen gesteuert. Die vier Datenleitungen werden bei diesem IC I/O-Leitungen genannt. Die Datenleitungen sind wie auch die Adreßleitungen über Tri-State-Treiber geführt. Bild 3.18 zeigt ein Speichersystem mit einer Kapazität von 1 kByte. Es werden 8 RAM-Speicher vom Typ 2112 mit einer Kapazität von 256 x 4 Bit verwendet.

Wie man sieht, handelt es sich also um eine Erweiterung der Speicherkapazität sowohl in Bitrichtung (von 4 auf 8 Bit) als auch in Wortrichtung (von 256 auf 1024 Worte). Die Adreßleitungen A0 bis A7 sind an sämtliche Speicher geführt. Die Leitungen A8 bis A16 werden an einen Decoder geführt, der 4 Ausgangsleitungen hat. Jeweils 2 Chips hängen an einer solchen Leitung und werden damit also gleichzeitig aktiviert. Die Daten-

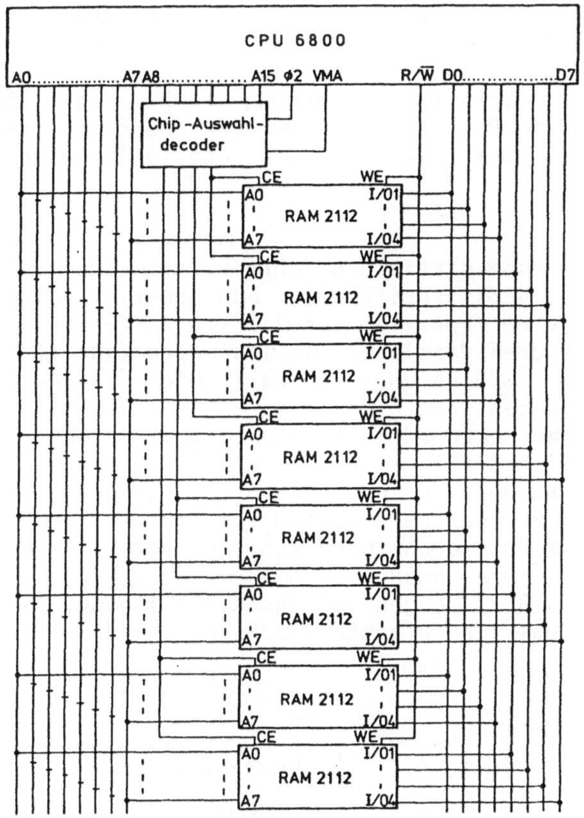

Bild 3.18 RAM-Speichersystem 1 kByte (1024 x 8 Bit) aufgebaut mit 8 RAM 2112

leitungen von jeweils zwei Speichern sind mit dem Daten-Bus verbunden. Die R/W̄-Leitung geht ebenfalls an alle Bausteine.

Zwei Speicher werden jeweils über die CE-Leitung aktiviert - in Abhängigkeit vom höherwertigen Byte der Adresse. Ein Wort von 256 wird jeweils ausgewählt - in Abhängigkeit vom niederwertigen Byte der Adresse.

Im oberen der beiden Speicher stehen jeweils die vier niederwertigen Bit des Datenwortes, im unteren der beiden aktivierten Speicher stehen die vier höherwertigen Bit des Datenwortes.

RAM-Speicher 2102. Es handelt sich um einen 1024 x 1 Bit Speicher mit getrenntem Ein- und Ausgang. Die Matrix ist wie beim

2112 in 32 Zeilen und 32 Spalten organisiert. Entsprechend seiner Kapazität hat er 10 Adreßanschlüsse. Ferner besitzt er einen R/$\overline{W}$-Steuereingang sowie einen Chip-Enable-Eingang. Mit den beiden Anschlüssen für die Versorgungsspannung ergibt dies 16 Pins. Wenn man den 2102 in Bitrichtung erweitert und 8 solche Speicher miteinander verbindet, erhält man ebenfalls einen 1-kByte-Speicher.

RAM-Speicher 2114. In diesem statischen Schreib-/Lese-Speicher kann man 1024 Worte zu je 4 Bit speichern. Man benötigt also zwei solche Bausteine, um eine Kapazität von 1 kByte zu realisieren. Es gibt den 2114 in drei Versionen mit maximalen Zugriffszeiten von jeweils 200 ns, 300 ns und 450 ns. Die Ein-/Ausgangsanschlüsse für die Daten sind gemeinsam. Sie sind TTL-kompatibel. Um die 1024 Worte zu adressieren, sind 10 Adreßeingänge vorhanden. Ferner besitzt er einen R/$\overline{W}$-Steuereingang, sowie einen Chip-Enable-Eingang. Da dieser Baustein in der Praxis wegen seines günstigen Preises sehr häufig zum Einsatz kommt, und da wir ihn in diesem Buch auch mehrfach verwenden, sind nachfolgend noch ausführlichere Angaben zu diesem Speicher gemacht. Die Bilder 3.19 bis 3.21 zeigen die Anschlußbelegung, die Anschlußbezeichnungen und das vereinfachte Blockschaltbild.

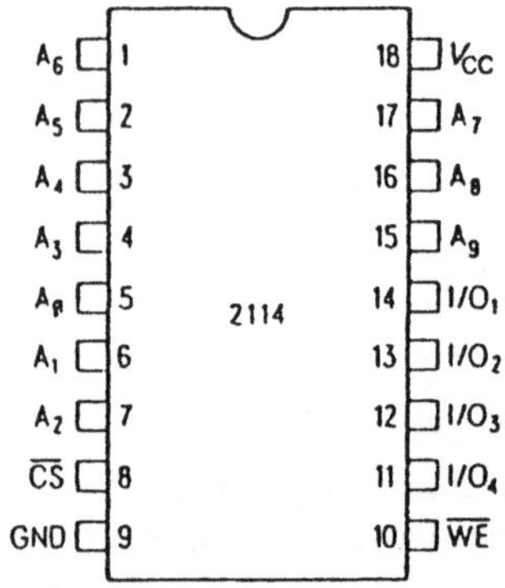

Bild 3.19 Anschlußbelegung des RAM-2114

A_0–A_9	Adresseneingänge
$\overline{WE}$	Schreib-Freigabe
$\overline{CS}$	Bausteinauswahl
I/O_1–I/O_4	Dateneingang-/-Ausgang
V_{CC}	Versorgungsspannung (+5 V)
GND	Masse (0 V)

Bild 3.20 Anschlußbezeichnungen des RAM-2114

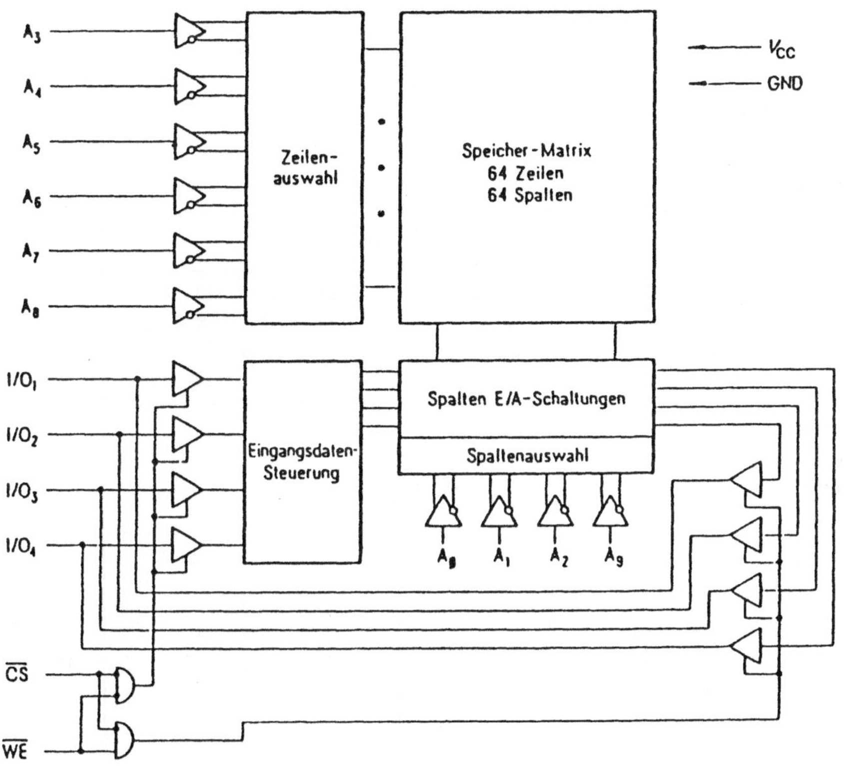

Bild 3.21 Blockschaltbild des RAM-2114

Tabelle 3.1 gibt Auskunft über die Schaltzeiten für den Lese- und Schreibzyklus. Bild 3.22 zeigt die Impulsdiagramme für Lesen und Schreiben. Die wichtigste Zeit ist die *Zugriffszeit* t_A. Dies ist das Zeitintervall zwischen Anlegen der Adresse einer Speicherzelle und der Verfügbarkeit des Zelleninhaltes am Datenausgang. Auf diese Zeit muß man achten, wenn man die Taktfrequenz des Prozessors erhöhen will. Arbeitet der Prozessor z.B. mit einer Periodendauer von T = 1 ms, so gibt es in Zusammenarbeit mit dem 2114-RAM keine Probleme. Wird der 6809B mit einer Zykluszeit von T = 500 ns betrieben, so kann die 450 ns-Version des 2114 nicht verwendet werden.

Tabelle 3.1 Schaltzeiten des RAM-2114

T_u=0 bis 70°C, V_{cc} = 5 V + 5%

Lesezyklus

Symbol	Bezeichnung	Grenzwerte						Einheit
		SAB 2114-2 SAB 2114L-2		SAB 2114-3 SAB 2114L-3		SAB 2114 SAB 2114L		
		min.	max.	min.	max.	min.	max.	
t_{BC}	Lesezyklus	200	-	300	-	450	-	
t_A	Zugriffszeit	-	200	-	300	-	450	
t_{CO}	Verzögerungszeit zwischen Bausteinauswahl und Datenausgabe	-	70	-	100	-	120	
t_{CX}	Verzögerungszeit von Bausteinauswahl bis zur Aktivierung der Ausgänge	20	-	20	-	20	-	ns
t_{OTD}	Verzögerungszeit von Bausteinauswahl-Rücknahme bis Tri-State-Zustand der Ausgänge	-	60	-	80	-	100	
t_{OH}	Haltezeit der Daten nach Adressenwechsel	50	-	50	-	50	-	

Schreibzyklus

Symbol	Bezeichnung	min.	max.	min.	max.	min.	max.	Einheit
t_{WC}	Schreibzyklus	200	-	300	-	450	-	
t_W	Schreibdauer	120		150		200		
t_{OTW}	Verzögerungszeit zwischen Schreiben und Tri-State-Zustand der Ausgänge	-	60	-	80	-	100	ns
t_{DW}	Datenvorbereitungszeit	120		150		200		
t_{DH}	Datenhaltezeit	0	-	0	-	0	-	
t_{WR}	Schreiberholzeit	0		0		0		

Prüfbedingungen

Ausgangsbelastung	1 TTL-Last und C_L = 100 pF
Anstiegs- und Abfallzeiten am Eingang	10 ns
Impulspegel am Eingang	0,8 V oder 2,4 V
Bezugspegel für die Zeitmessung	1,5 V

Lesezyklus[1])

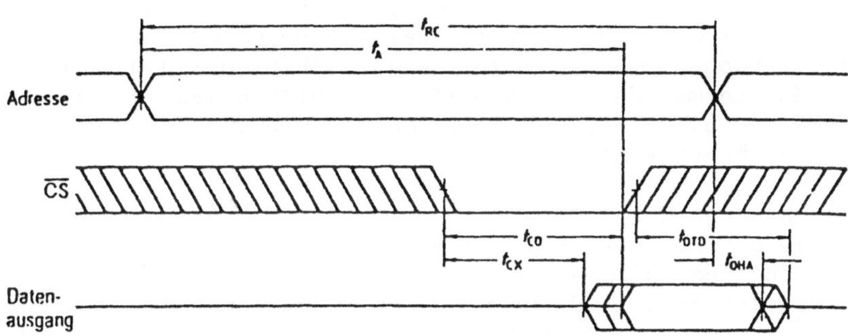

Schreibzyklus

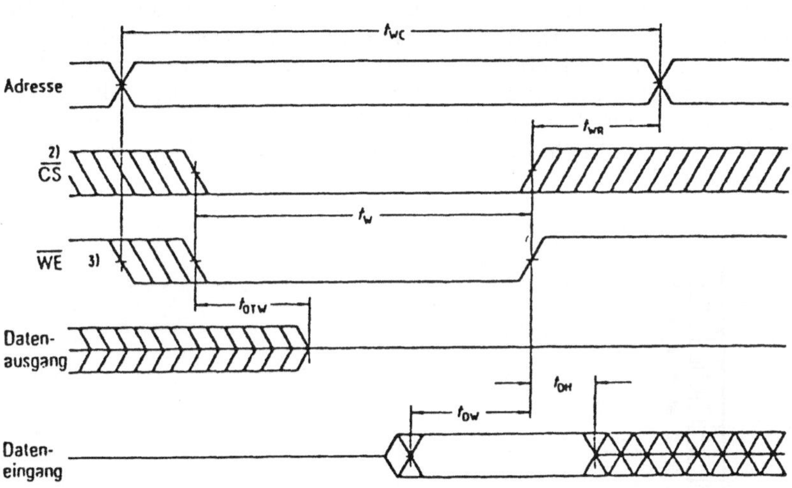

[1]) $\overline{WE}$ führt bei dem Lesezyklus H-Signal.

[2]) Wenn der Übergang von $\overline{CS}$ auf L-Signal gleichzeitig mit dem L-Übergang von $\overline{WE}$ erfolgt, verbleiben die Ausgabe-Puffer im hochohmigen Zustand.

[3]) $\overline{WE}$ muß bei allen Adressenänderungen H-Signal führen.

Bild 3.22 Impulsdiagramme des RAM-2114

Ein Lesevorgang erfolgt während der Überlappung von L-Signalen an $\overline{CS}$ und H-Signal an $\overline{WE}$.
Ein Schreibvorgang erfolgt während der Überlappung von L-Signal an $\overline{CS}$ und L-Signal an $\overline{WE}$.

RAM-Speicher 6116. Dieser Speicher hat eine Kapazität von 2048 Worten mit einer Länge von 8 Bit. Er ist in CMOS-Technik aufgebaut. Der große Vorteil dieses RAM-Speichers ist die Pinkompatibilität mit dem sehr häufig verwendeten EPROM 2716. Dies ermöglicht den Aufbau sehr universell einsetzbarer Speichereinheiten. So braucht man z.B. bei der Gestaltung einer Platine zur Speichererweiterung keinen Unterschied zwischen RAMs und EPROMs zu machen. Möchte man den RAM-Bereich des Computersystems erweitern, steckt man 6116 in die Sockel; möchte man den Befehlsspeicher erweitern, benutzt man 2716.

Die nachfolgenden Bilder zeigen die Anschlußbelegung, die Steuer-Tabelle und das vereinfachte Blockschaltbild. Die Adressierung der einzelnen Plätze erfolgt über A0 bis A10. Die Freigabe des Bausteins erfolgt durch $\overline{CS}$. Das R/$\overline{W}$-Signal des Prozessors zur Steuerung von Schreiben und Lesen wird an den Anschluß $\overline{WE}$ geführt. Über $\overline{OE}$ kann man die Ausgangstreiber des Speichers abschalten. Tabelle 3.2 gibt einen Überblick über die verschiedenen Betriebsarten des Speichers. Es seien noch ein paar Daten genannt, die für den Einsatz wichtig sind. Es gibt den 6116 in drei Versionen, die sich in der Zugriffszeit unterscheiden, und zwar 120 ns, 150 ns und 200 ns. Im aktiven Betrieb hat der Speicher eine Verlustleistung von 180 mW typisch. Es gibt aber einen Standby-Mode, in dem er nur 100 µW verbraucht. Dies ist von großem Vorteil. Selbstverständlich sind alle Ein- und Ausgänge TTL-kompatibel.

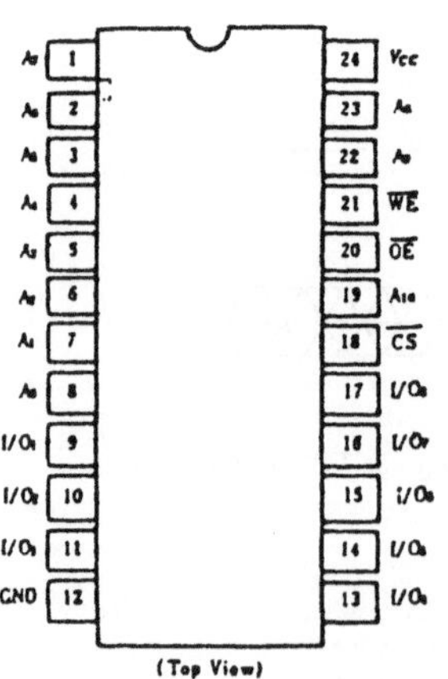

Bild 3.23 Anschlußbelegung des 6116

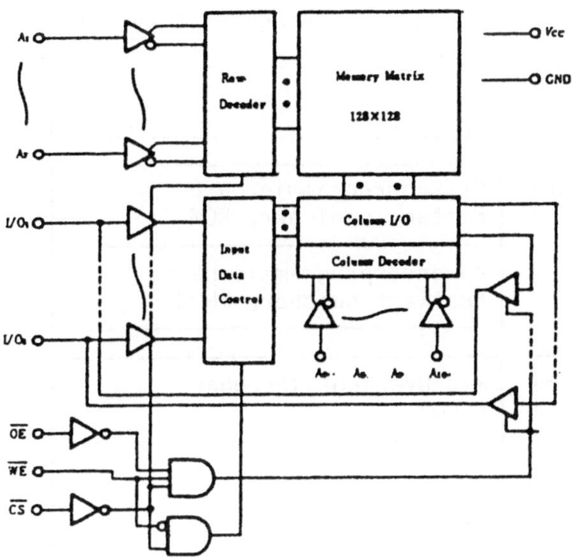

Bild 3.24 Blockschaltbild des 6116

Tabelle 3.2 Steuerung des 6116

$\overline{CS}$	$\overline{OE}$	$\overline{WE}$	Mode	I/O Pin
H	x	x	Not Selected	High Z
L	L	H	Read	D out
L	H	L	Write	D in
L	L	L	Write	D in

3.1.7 Festwertspeicher

Festwertspeicher sind Speicher mit wahlfreiem Zugriff, die ihre Information auch bei Ausfall der Betriebsspannung halten. Es gibt sehr viele Anwendungsmöglichkeiten für Festwertspeicher:

1. Wertetabellen für mathematische Funktionen
2. Codewandler
3. Speicher für Mikroprogramme (Ersatz für fest verdrahtete Logik)
4. Zeichengeneratoren.

Festwertspeicher können folgendermaßen eingeteilt werden:

Festwertspeicher, ROM	
Einmalig programmierbar	Maskenprogrammierbare Festwertspeicher, ROM
	Anwenderprogrammierbare Festwertspeicher, PROM
Mehrfach programmierbar	Mit UV-Licht löschbar EPROM
	Elektrisch löschbar EAROM, EEROM

Bild 3.25 Festwertspeicher

Im Prinzip ist der Festwertspeicher ein logischer Zuordner. Er ordnet einer binären Eingangsgröße, der Adresse, eine fest gespeicherte, binäre Ausgangsgröße, das Datenwort, zu. Bild 3.26 zeigt einen ROM-Speicher, der mit Dioden aufgebaut ist. Anhand dieses Speichers soll die Struktur und die Organisationsform von Festwertspeichern erklärt werden. Wie die RAM-Speicher bestehen auch die ROM-Speicher im Prinzip aus drei Baugruppen:

Speichermatrix
Adressendecodierer
Datensteuerung.

Das Herz des Speichers bildet wieder die Speichermatrix, die aus Zeilen und Spalten besteht. Die Speicherzellen an den Kreuzungspunkten von Zeilen und Spalten bestehen hier allerdings aus einfachen Kopplungselementen, die entweder vorhanden sind oder nicht vorhanden sind. Diese Koppelelemente sind z.B. Dioden.

Ein ROM ist immer wortorganisiert. Mit einer Adresse wird also immer eine ganze Speicherzellengruppe angesprochen, deren Inhalt gerade ein Wort bildet. Wie das Bild zeigt, wird die n Bit lange Adresse durch den Wortdecoder decodiert. Dieser wählt eine von 2^n Leitungen aus. Alle Spalten, die über eine Diode mit dieser ausgewählten Zeile verbunden sind, erhalten

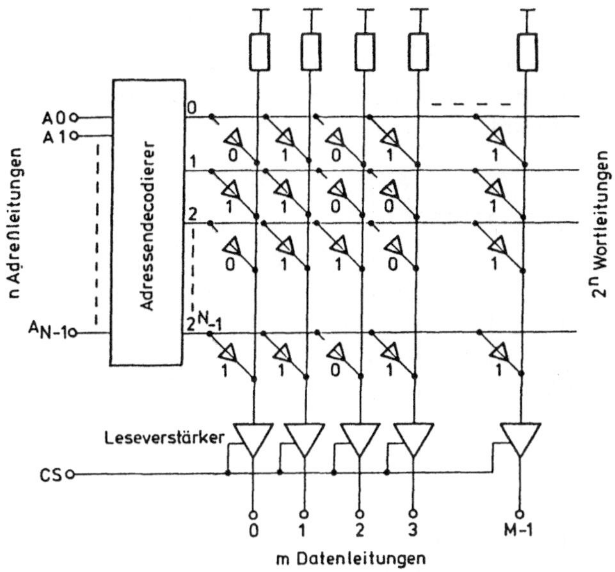

Bild 3.26 Festwertspeicher mit Diodenmatrix

High-Potential, alle anderen Low-Potential. Über Leseverstärker wird das Bitmuster verstärkt und auf den Daten-Bus gegeben. Über den Anschluß CS sind die Datentreiber in den hochohmigen Zustand zu bringen, d.h., der ganze Baustein kann damit ein- und ausgeschaltet werden. CS dient der Chip-Auswahl.

Die Kapazität eines Speichers mit n Adreßeingängen und m Datenausgängen beträgt $K = 2^n \cdot m$. Bei der üblichen Datenwortbreite von 8 Bit würde mit wachsender Kapazität eine rechteckförmige Matrix entstehen, deren Seiten stark unterschiedlich wären. Für die Herstellung ist aber eine quadratische Matrix günstiger. In der Praxis werden daher Zeilenblöcke gebildet, die man nebeneinander anordnet, und die alle parallel an den Zeilendecoder angeschlossen werden. Der gewünschte Zeilenblock wird dann an Multiplexer geführt, die das jeweils adressierte Datenwort auf den Daten-Bus weitergeben.

Beispiel:

ROM-Speicher - Kapazität 1024 Bit
- Organisation 256 x 4 Bit (Bild 3.27)

Es sind 8 Adreßleitungen nötig ($2^8 = 256$). Die Speichermatrix besteht aus

32 x 32 Bit. Zur Zeilenauswahl dient ein 1 aus 32-Decoder, mit dem alle vier Zeilenblöcke verbunden sind. Der Zeilendecoder benötigt 5 Adreßleitungen. An jeden Zeilenblock ist ein 1 aus 8-Multiplexer angeschlossen. Bei allen 4 Multiplexern wird jeweils die Spalte auf die 4 Datenausgänge durchgeschaltet, die durch die drei Adreßbits markiert wird.

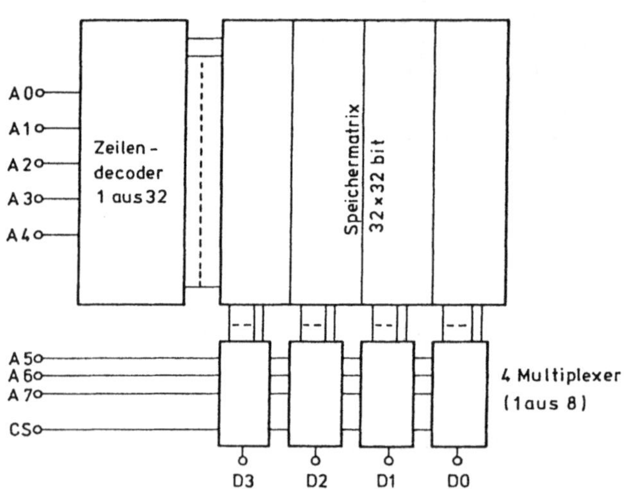

Bild 3.27 ROM-Speicher

3.1.8 Maskenprogrammierbarer Festwertspeicher (ROM)

Die Diodenmatrix ist der älteste Festwertspeicher. Er wird heute kaum noch verwendet. Gebaut wird noch der ROM mit Bipolartransistoren (Bild 3.28). Die Transistoren arbeiten als Emitterfolger. Damit wird weniger Ansteuerleistung benötigt. Der Emitterwiderstand zwischen Transistor und Leseleitung stellt eine schmelzbare Verbindung dar. Ist er vorhanden, so ist eine 1 programmiert. Soll eine 0 programmiert werden, wird durch eine entsprechende Maskierung bewirkt, daß die Emitterleitung unterbrochen wird.

Bipolare ROM haben Zugriffszeiten von etwa 50 ns und Speicherkapazitäten bis etwa 1 KBit pro Chip.

Die größte Integrationsdichte erreicht man bei ROM in MOS-Technik (etwa 16 KBit pro Chip bei Zugriffszeiten zwischen 200 und 700 ns). Bild 3.29 zeigt das Prinzip eines statischen MOS-Speichers.

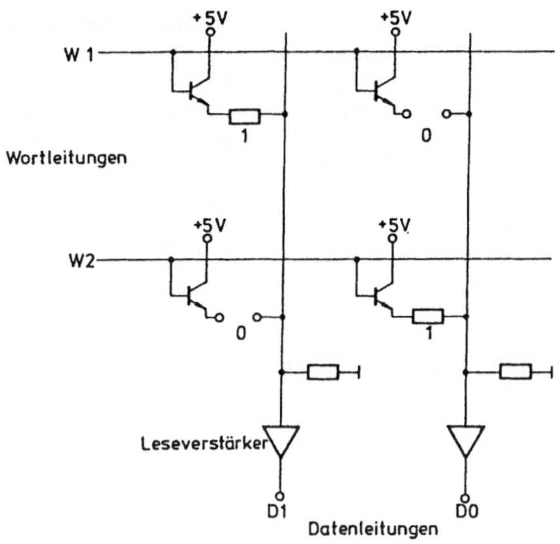

Bild 3.28 Festwertspeicher mit Bipolartransistoren

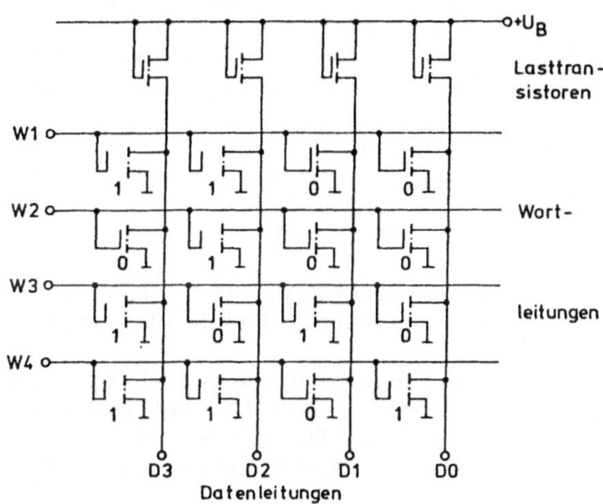

Bild 3.29 ROM in MOS-Technik

Die Programmierung geschieht hier durch die Dicke der Gate-Oxidschicht. Durch sie wird die Schwellwertspannung eingestellt. Das ist die Spannung, die den Transistor vom gesperrten in den leitenden Zustand überführt. An den Stellen, an denen keine Verbindung zwischen Wort- und Datenleitung vorhanden sein soll, wird die Oxidschicht dick gemacht. Damit reicht die angelegte Spannung nicht mehr aus, den Kanal durchzuschalten. Der Transistor sperrt, an seinem Ausgang liegt High-Potential. Bei den Transistoren mit dünner Oxidschicht wird die Schwellspannung überschritten, und es fließt ein Drain-Strom. Der Ausgang des Transistors wird auf Low-Potential gezogen. ROM werden nur in großen Stückzahlen hergestellt, da die zur Herstellung nötige Metallisierungsmaske sehr teuer ist. Universeller einsetzbar sind die anwenderprogrammierbaren Festwertspeicher (PROM), die im folgenden besprochen werden sollen.

3.1.9 Anwenderprogrammierbarer Festwertspeicher (PROM)

Die PROM sind ebenfalls Festwertspeicher, deren Inhalt allerdings im Gegensatz zu den ROM vom Anwender selbst programmiert werden kann. Sie eignen sich sehr gut für den Einsatz in kleineren Stückzahlen. Es gibt zwei unterschiedliche Verfahren bei der Herstellung von PROM:

1. Emitterwiderstand durchbrennen: Der Aufbau ist der gleiche wie beim ROM. Vom Hersteller werden alle Verbindungen zwischen Transistor und Datenleitung in Form von dünnen Emitterwiderständen hergestellt. Dieser Emitterwiderstand kann entweder aus Nickel-Chrom-Legierung bestehen oder aus polykristallinem Silizium.
   Der Anwender kann nun selbst programmieren, indem er Stromimpulse mit definierter Höhe und Dauer durch die Transistorzelle schickt. Damit wird die Verbindung mit dem kleinen Querschnitt zerstört und eine 0 ist programmiert.

2. Durchlegieren eines Basis-Emitter-Widerstandes: Im unprogrammierten Zustand sperrt der Transistor. Das heißt, es ist eine 0 gespeichert.
   Durch Stromimpulse wird bei dem Transistor von der Basis zum Emitter eine Kurzschlußbrücke erzeugt. Damit wirkt die noch vorhandene Basis-Kollektor-Diode als Koppelelement. Die Programmierung ist etwas schwierig, da der Strom genau dosiert werden muß.

PROM werden meist in Bipolartechnik hergestellt. Sie haben Kapazitäten von etwa 4 kBit pro Chip bei Zugriffszeiten von etwa 50 ns.

3.1.10 Mehrfach programmierbarer Festwertspeicher (REPROM)

REPROM (*Reprogrammable ROM*) sind Speicher, deren Inhalt wieder gelöscht werden kann, und die damit erneut zu programmieren sind. Man kann diese Speicher nochmals aufteilen nach der Art wie gelöscht wird. Wird der ganze Speicher mit UV-Licht gelöscht, spricht man von EPROM (*Erasable PROM*). Wird durch elektrische Impulse gelöscht, spricht man von EEROM (*Electrically Erasable PROM*) oder von EAROM (*Electrically Alterable PROM*). Bei den ersteren wird der ganze Chip auf einmal gelöscht, bei den letzteren wird wortweise gelöscht.

Die Speicherzelle eines REPROM besteht aus der sogenannten FAMOS-Zelle (*Floating Avalanche Injection MOS*) (Bild 3.30). Das sind zwei Transistoren, die in Reihe geschaltet werden. Das Gate des einen Transistors ist vollständig von Siliziumoxid umgeben und damit isoliert (*floating gate*). Im unprogrammierten Zustand ist daher dieser Transistor gesperrt, und somit ist eine 1 gespeichert. Während des Programmiervorganges wird mit Hilfe einer hohen negativen Spannung (etwa -30V) durch den Lawineneffekt (*Avalanche Effect*) negative Ladung auf das Gate gebracht. Damit ist eine 0 programmiert.

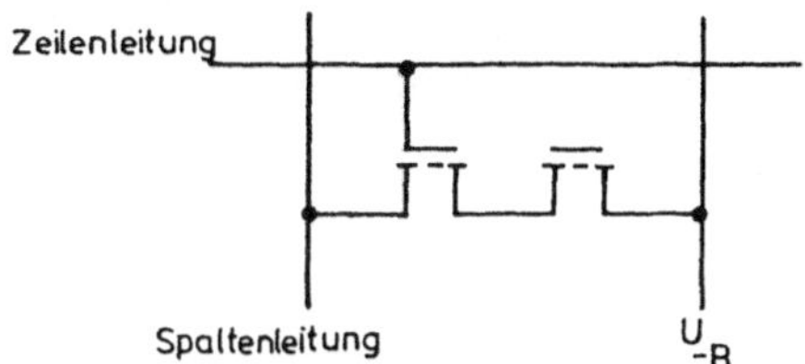

Bild 3.30 FAMOS-Speicherzelle

Sofern die Temperatur 125°C nicht überschreitet, sind nach 10 Jahren immer noch 70% der Ladung auf dem Gate.

EPROM haben eine durchlässige Quarzabdeckung. Durch Bestrahlung mit UV-Licht wird der Speicherinhalt wieder gelöscht. Die EPROM sind in der Entwicklungsphase eines Systems sehr beliebt, da man bei Fehlern oder neuen Ideen den Speicherinhalt löschen und neu einschreiben kann.

Die EEROM und EAROM sind ähnlich wie die FAMOS-Zelle aufgebaut. Sie haben den Vorteil, daß sie zum Programmieren und Löschen in der Schaltung verbleiben können. Sie haben allerdings eine lange Zugriffszeit.

Für weitere Informationen sei der Leser wieder auf die Datenblätter der Hersteller verwiesen. Die technischen Daten und die Programmiervorschriften sind sehr umfangreich und von Hersteller zu Hersteller verschieden.

3.1.11 Der 2716-EPROM-Speicher

Das 2716 EPROM hat eine Kapazität von 2 kByte Speicherplätzen und ist in einem 24-poligen Gehäuse untergebracht. Es benötigt als Versorgung beim normalen Lesebetrieb nur eine Spannung von V_{CC} = +5 V. Zum Programmieren wird eine Spannung V_{PP} = +25 V benötigt und außerdem ein 50 ms langer Impuls mit TTL-High-Pegel. Die gesamte Programmierzeit für den ganzen Baustein beträgt 100 Sekunden. Im aktiven Zustand hat der 2716 eine Verlustleistung von maximal 525 mW. Es gibt aber einen sogenannten Standby-Mode, in dem der Baustein nur noch eine Leistung von 132 mW verbraucht. Die Ein- und Ausgänge sind beim Lesen und beim Programmieren TTL-kompatibel. Der 2716 ist mit drei verschiedenen Zugriffszeiten erhältlich, und zwar 350 ns, 390 ns und 450 ns. Die 450 ns-Version ist die preisgünstigste und wird auch am meisten eingesetzt. Der Standby-Betrieb hat den Vorteil, daß die Verlustleistung beträchtlich herabgesetzt wird, ohne jedoch die Zugriffzeit wesentlich zu erhöhen. Die Bilder 3.31 bis 3.33 zeigen die Pinbelegung, die Pinbezeichnung und das vereinfachte Blockschaltbild des 2716 EPROMs.

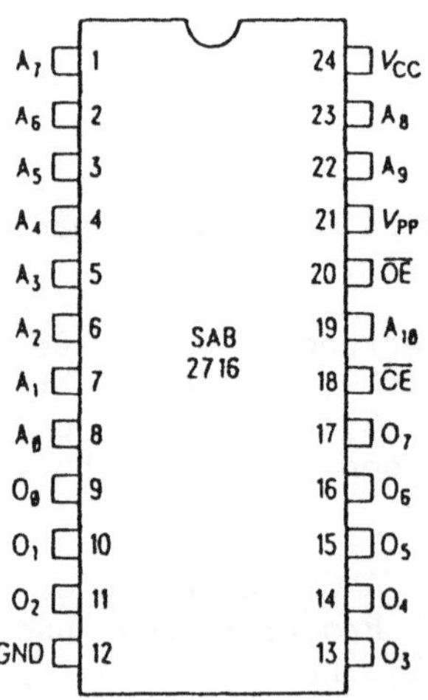

Bild 3.31 Pinbelegung

$A_{\emptyset}$–$A_{1\emptyset}$	Adressen
$\overline{CE}$/PGM	Baustein-Freigabe/Programmierung
$\overline{OE}$	Ausgangs-Freigabe
$O_{\emptyset}$–O_7	Ausgänge
V_{CC}	Versorgungsspannung (+5 V)
V_{PP}	Versorgungsspannung (+5 V)
GND	Masse (0V)

Bild 3.32 Anschlußbezeichnungen

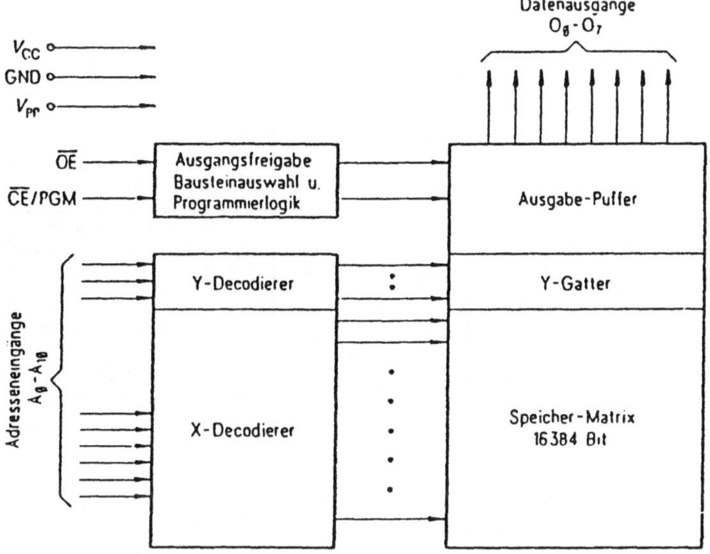

Bild 3.33 Blockschaltbild

Wir wollen uns nun die Vorgänge beim Löschen und Programmieren etwas genauer anschauen. Anschließend wird dann ein einfaches, von Hand gesteuertes Programmiergerät für den 2716-Speicher besprochen.

Löschen. Im Ursprungszustand steht in allen Speicherplätzen eine 1. Wird ein programmiertes EPROM gelöscht, so wird in jeden

Speicherplatz eine 1 eingeschrieben. Dieses Löschen erfolgt beim 2716 durch Bestrahlung mit ultraviolettem Licht (ca. 4000 Angström). Auch Sonnenlicht oder Leuchtstofflampen weisen diese Wellenlänge auf. Ist ein 2716-EPROM dieser Strahlung ausgesetzt, muß das Quarzfenster des Bausteins mit einer undurchlässigen Folie abgedeckt werden. Gezielt gelöscht wird das EPROM, indem man es in ca. 3 cm Entfernung der Strahlung einer UV-Lampe aussetzt. Bei einer Leistung der Lampe von 12000 µW/cm² beträgt die Löschzeit ca. 20 Minuten. Beim 2716 unterscheidet man sechs verschiedene Programmierarten. Die Tabelle 3.3 gibt eine Übersicht.

Tabelle 3.3 Betriebsarten des 2716

Mode \ Pins		$\overline{CE}$ (18)	$\overline{OE}$ (20)	Vpp (21)	Vcc (24)	Outputs (9-11, 13-17)
1	Lesen	U_{IL}	U_{IL}	+5 V	+5 V	D_{OUT}
2	Abgeschaltet	X	U_{IH}	+5 V	+5 V	hochohmig
3	Standby	U_{IH}	X	+5 V	+5 V	hochohmig
4	Programmieren	U_{IL} auf U_{IH} gepulst	U_{IH}	+25 V	+5 V	D_{IN}
5	Programmkontrolle	U_{IL}	U_{IL}	+25 V	+5 V	D_{OUT}
6	Programmiersperre	U_{IL}	U_{IH}	+25 V	+5 V	hochohmig

Lesebetrieb. Die Datenausgänge des 2716 sind Tri-State-Ausgänge. Die Daten können aus dem EPROM nur ausgelesen werden, wenn die beiden Steuereingänge $\overline{CE}$ und $\overline{OE}$ Low-Potential führen. $\overline{CE}$ (Pin 18) ist ein Chip Enable Signal zur Bausteinauswahl. $\overline{OE}$ (Pin 20) ist ein Output Enable Signal, das die Daten auf die Ausgangsanschlüsse durchschaltet. $\overline{OE}$ arbeitet unabhängig von $\overline{CE}$. Bild 3.34 zeigt das Impulsdiagramm beim Lesen und zwar im Normal-Mode, wenn $\overline{OE}$ von 1 auf 0 springt. 120 ns nach der fallenden Flanke sind die Daten gültig. Voraussetzung ist, daß die Adressen 450 ns (t_{ACC}) vorher stabil waren, und daß der Anschluß $\overline{CE}$ Low-Potential führt. Beim Lesen kommt der Baustein mit 5 V aus, da an V_{PP} ebenfalls nur 5 V liegen dürfen. In Tabelle 3.3 entspricht das dem Übergang von Zeile 2 auf Zeile 1.

Standby-Betrieb. Der 2716 besitzt einen Standby-Mode (auch Power-down Mode genannt), welcher die Verlustleistung von 525 mW

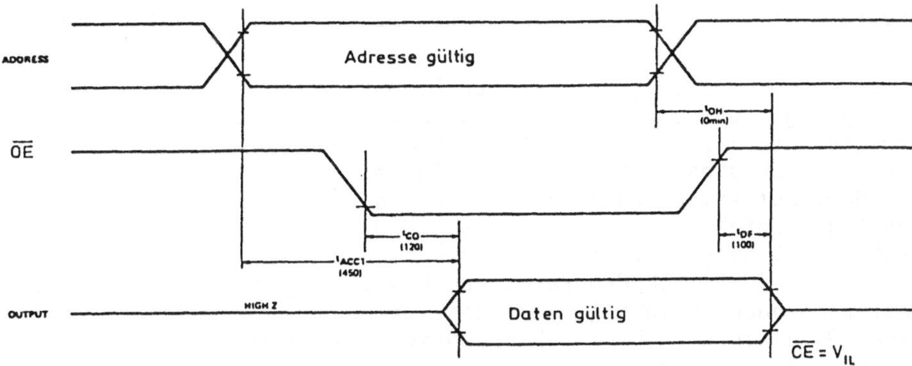

Bild 3.34 Impulsdiagramm für Lesen

auf 132 mW reduziert. In diese Betriebsart gelangt man durch TTL-H-Pegel an den Anschluß $\overline{CE}$ (Pin 18). Die Ausgangstreiber sind dann hochohmig geschaltet und zwar unabhängig vom Zustand der Leitung $\overline{OE}$. Bild 3.35 zeigt das Impulsdiagramm.

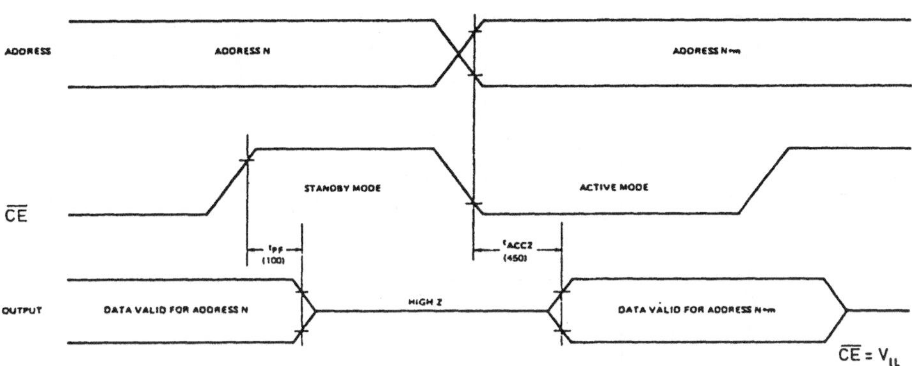

Bild 3.35 Impulsdiagramm für Standby

Ausgangssperre. Man kann mehrere EPROMs auf einen gemeinsamen Datenbus arbeiten lassen, indem man die entsprechenden Datenleitungen miteinander ODER-verknüpft, aber nur einen Baustein durch Anlegen von $\overline{OE}$ = 0 aktiviert. Die Ausgänge der anderen Chips sind durch Anlegen von $\overline{OE}$ = 1 gesperrt (siehe Zeile 2 in Tabelle 3.3).

Programmierung. Zum Programmieren des Bausteins benötigt man am Pin 21 eine Spannung V_{PP} = 25 V. Außerdem muß $\overline{OE}$ High-Pegel führen. Die zu programmierenden Bitmuster werden an die Datenpins gelegt, ebenso die Adresse an die Adreßpins. Sind Daten und Adresse stabil, wird an $\overline{CE}$/PGM ein Programmierimpuls gelegt. Dieser Impuls hat TTL-High-Pegel für eine Zeitspanne von 50 ms. Er darf auf keinen Fall eine Länge von 55 ms überschreiten, da sonst die Gefahr besteht, daß das EPROM zerstört wird. Es kann erst recht nicht mit einer Gleichspannung an $\overline{CE}$/PGM programmiert werden. Elektrisch Programmieren heißt in diesem Fall, in die entsprechenden Bitpositionen des adressierten Speicherplatzes eine 0 einzuschreiben. Die übrigen Bitpositionen haben vom Löschen her noch eine 1. Aus einer 0 eine 1 zu machen, geht allerdings nur durch Löschen. Auf die beschriebene Weise kann man mehrere EPROMs gleichzeitig programmieren, indem man ihre Anschlüsse parallel schaltet. Bild 3.36 zeigt die zeitlichen Bedingungen, die beim Programmieren einzuhalten sind. Im nächsten Kapitel wird eine einfache Schaltung zum Programmieren eines 2716 beschrieben.

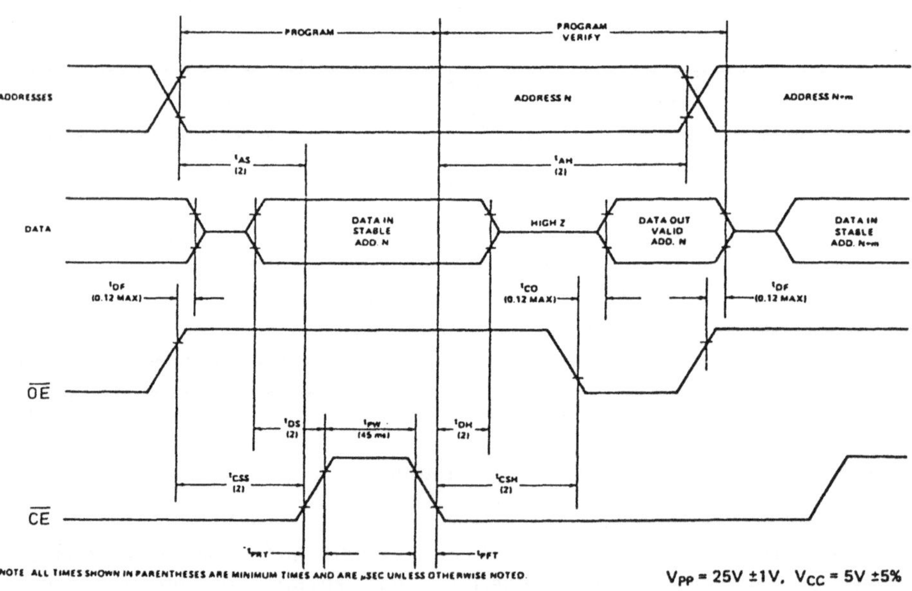

Bild 3.36 Impulsdiagramm für Programmieren

Programmiersperre. Auch die Programmierung von mehreren parallel geschalteten EPROMs des Typs 2716 mit unterschiedlichen Daten läßt sich durchführen. Alle entsprechenden Anschlüsse müssen miteinander verbunden sein bis auf $\overline{CE}$/PGM. Bei dem gerade zu programmierenden EPROM muß an $\overline{CE}$/PGM ein Programmierimpuls der oben beschriebenen Form angelegt werden, die anderen $\overline{CE}$/PGM-Anschlüsse müssen an Masse gelegt werden.

Programmierkontrolle. Nach dem Programmieren sollten die Daten auf Richtigkeit kontrolliert werden. Die dazu erforderliche Signalbeschaltung zeigt Zeile 5 in Tabelle 3.3.

3.1.12 Einfache Programmer-Schaltung für 2716-EPROM

Industrielle EPROM-Programmer werden in großer Vielfalt angeboten. Es handelt sich um eigenständige Geräte, vor allem wenn mehrere EPROMs gleichzeitig "geschossen" werden sollen, bzw. um Zusatzplatinen, die an einen vorhandenen Computer angeschlossen werden. In jedem Fall muß ein RAM vom gleichen Fassungsvermögen wie das EPROM vorhanden sein, in dem die Daten für die Programmierung bereitgestellt werden.

Die Programmierung eines EPROM kann grundsätzlich auf drei Arten erfolgen: Man kann jeden Speicherplatz zu jeder beliebigen Zeit einzeln programmieren. Man kann alle Speicherplätze sequentiell oder wahlfrei programmieren. Die Programmierung vom Hand empfielt sich nur für Notfälle. Für einen solchen Notfall kann man z.B. die Schaltung im Bild 3.37 verwenden. Natürlich kann man die Schaltung so modifizieren, daß man die Schalter durch die Anschlüsse eines Parallelport vertauscht. Man bräuchte für diese Schaltung zwei PIA-Bausteine. In diesem Fall kann man dann die gesamte Programmierung und auch die Datenkontrolle per Software vom Rechner aus steuern. Es ist auch möglich, diese Steuer-Software wiederum in einen EPROM abzulegen, das mit in die Programmer-Schaltung integriert ist. Die einzelnen Betriebsarten des Programmers müssen dann nur vom Rechner aus initialisiert werden.

Wir wollen uns nun die Wirkungsweise der Schaltung in Bild 3.37 noch ein wenig verdeutlichen.

1. Die Schalter S0 und S1 müssen geöffnet sein, S2 und S3 geschlossen. Nun kann man das EPROM in den Sockel stecken.

2. Zuerst V_{CC} aufschalten (S0 schließen) und dann V_{PP} aufschalten (S1 schließen). Beim Ausschalten umgekehrt vorgehen! Die Programmierspannung von 25 V an Pin 21 wird durch

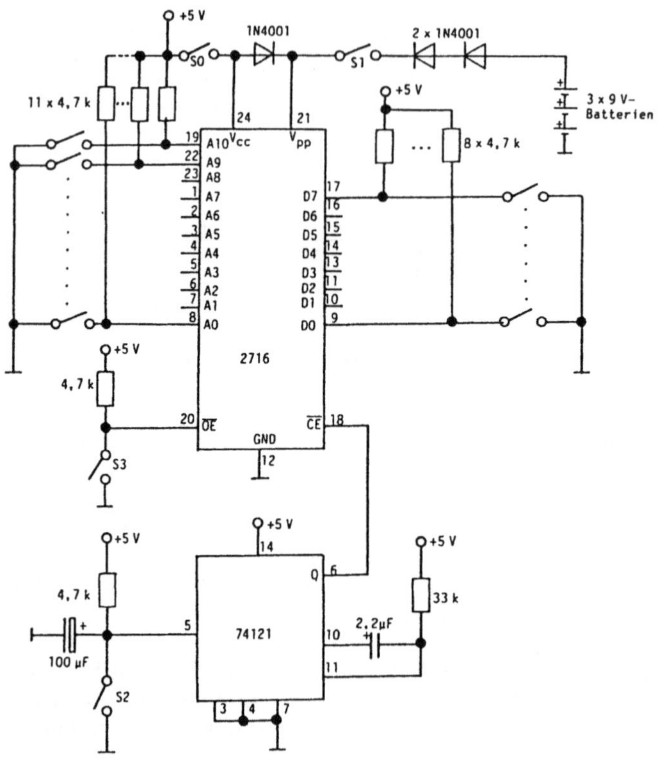

Bild 3.37 Einfache Programmer-Schaltung

ein separates Netzteil mit dem 7824 o.ä. geliefert. Nach dem Öffnen von S1 erhält V_{PP} über die Diode automatisch +5 V, sodaß man sich eine zusätzliche Spannungsversorgung sparen kann.

3. Über die DIP-Schalter Adresse und Daten einstellen. Ein geöffneter Schalter repräsentiert eine 1, weil über den 4,7 kOhm-Widerstand der entsprechende EPROM-Pin auf +5 V gezogen wird.

4. S3 öffnen und damit $\overline{OE}$ auf High-Potential bringen.

5. S2 öffnen und wieder schließen. Dadurch wird das Monoflop mit dem 74121 getriggert. Es gibt einen Impuls ab. Durch das RC-Glied an Pin 10 und 11 (C = 10 µF, R = 6,8 kOhm) wird ein einzelner Impuls von 50 ms Länge erzeugt, der an den Programmieranschluß Pin 18 geführt wird und den adressierten

Speicherplatz den Eingangsdaten entsprechend programmiert. Das R/C-Netzwerk am Schalter S2 verhindert Kontaktprellen.

6. S3 schließen und damit $\overline{OE}$ zurück auf Masse bringen.

7. Zur Programmierung weiterer Speicherplätze Schritt 3 bis 6 wiederholen.

8. Sind alle Plätze programmiert, zuerst S1 öffnen, also V_{PP} abschalten und dann S0 öffnen, also V_{CC} ausschalten.

3.1.13 Aufbau von Speichersystemen

Speichersystem-Prinzipaufbau. Eine zur Zeit gängige Speicherkapazität bei RAM-Speichern in MOS-Technik beträgt 4 KBit. Die häufigen Organisationsformen sind dabei 4K-Worte zu 1 Bit Länge oder 1K-Worte zu 4 Bit Länge.

Möchte man sich nun mit Hilfe solcher integrierter Bausteine ein Speichersystem aufbauen, so gibt es dazu zwei unterschiedliche Möglichkeiten:

Erweiterung der Speicherkapazität in Bitrichtung. Erweiterung der Speicherkapazität in Wortrichtung.

Erweiterung der Speicherkapazität in Bitrichtung heißt, die Wortanzahl bleibt gleich, aber die Wortlänge wird erweitert. Erweiterung in Wortrichtung heißt, die Wortlänge bleibt gleich, aber die Anzahl der gespeicherten Worte wird erhöht. Die beiden Verfahren sollen anhand zweier Beispiele erklärt werden. Es wird dabei ein Speicher mit einer Kapazität von 64 Bit mit der Organisationsform 16 x 4 Bit verwendet. Es können also 16 Worte zu je 4 Bit Länge gespeichert werden.

Bei einer *Erweiterung in Bitrichtung* werden alle Adreßleitungen parallel geschaltet. Da ein Datenwort auf verschiedene Speicher-ICs verteilt ist, müssen alle ICs gleichzeitig das Aktivierungssignal CE und auch das R/$\overline{W}$-Signal erhalten. D.h., auch die Steuerleitungen müssen parallel geschaltet werden. Die Datenausgänge der ICs werden an den entsprechenden Anschlüssen des Datenbusses befestigt. Die Gesamtzahl der Bits pro Datenwort ist dann: (Bausteinzahl) x (Bit pro Wort und Baustein).

Als Beispiel wird mit Hilfe von zwei 16 x 4 Bit-Speichern ein Speichersystem mit einer Kapazität von 16 x 8 Bit gebaut (Bild 3.38).

Bei einer *Erweiterung in Wortrichtung* (Bild 3.39) werden ebenfalls alle Adreßleitungen parallelgeschaltet. Auch sämtliche zum selben Bit eines Wortes gehörenden Datenleitungen werden miteinander verbunden. Der R/$\overline{W}$-Befehl wird ebenfalls an alle Chips gleichzeitig geführt.

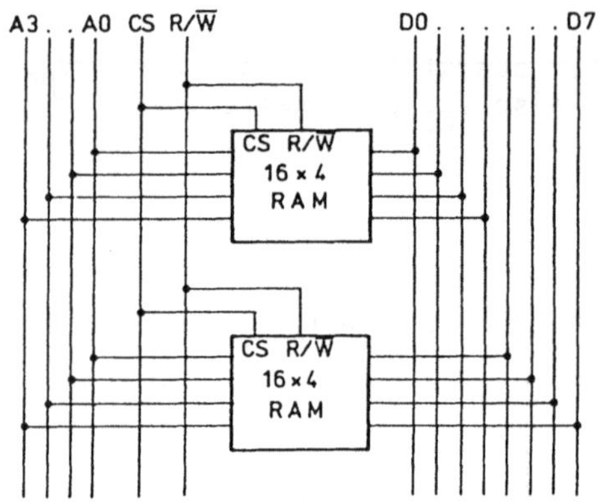

Bild 3.38
Speichersystem 16 x 8 Bit

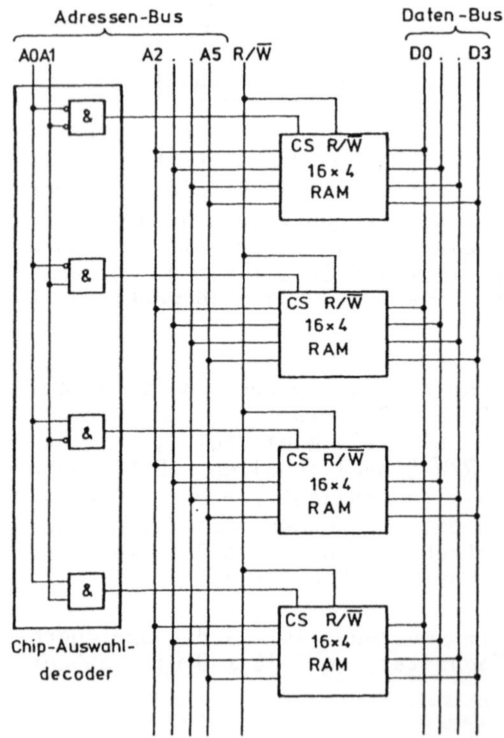

Bild 3.39
Speichersystem 64 x 4 Bit

Jeder Speicherchip hat die erforderliche Wortlänge. Mit einer Adresse wird in allen Speicherchips das zugehörige Wort gleichzeitig angesprochen. Um immer ein Wort anzusprechen, darf nur ein Speicherchip aktiviert werden. Dies geschieht mit Hilfe der CS-Eingänge. Manche Speicher-ICs haben mehrere CS-Anschlüsse. Die Decodierung wird dann auf dem Chip vorgenommen. Der hier verwendete Speicher hat nur einen CS-Anschluß. Es muß daher extern decodiert werden. Wie bereits besprochen, wird also ein Teil der Adresse decodiert und zur Chip-Auswahl benutzt und der andere Teil dient zur Wortadressierung innerhalb des angesprochenen ICs.

RAM-Speicher mit 1 K. Für viele Aufgaben, vor allem in der Prozeßrechentechnik, genügt eine RAM-Kapazität von 1 KByte. Ein solcher Speicherblock ist leicht mit zwei 2114 aufzubauen. Bild 3.40 zeigt einen Schaltungsvorschlag. Die Adressen sind hier mit einem 74LS30 vollständig decodiert. Das ist zwar ein ziemlicher Aufwand, dafür ist aber jeder Speicherplatz eindeutig ansprechbar.

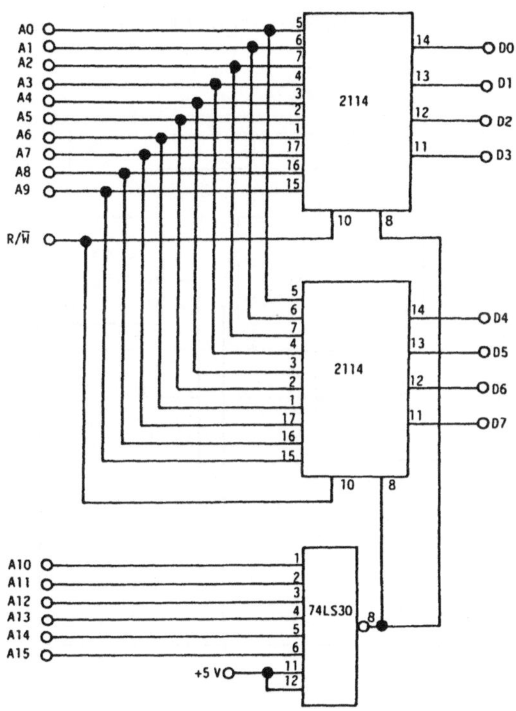

Bild 3.40 1 KByte RAM-Speicher

RAM-Speicher mit 8 K und Schreibschutz. Wir verwenden vier RAM-Bausteine vom Typ 6116. Den 64K-Adreßraum des 6809 können wir in acht solche 8K-Blöcke aufteilen. Die RAM-Platine ist so gestaltet, daß der 8K-RAM-Block vom Anwender frei verschreibbar ist (Bild 3.41). Zu diesem Zweck ist auf der Platine ein Komparator (74LS85) vorhanden, an dem die drei oberen Adreßleitungen und das Taktsignal des Prozessors geführt werden. Verglichen werden die Adreßbits mit dem Zustand von drei Schaltern. Damit kann der Anwender den Speicherbereich folgendermaßen aufteilen:

B = 0: 0000 - 1FFF
B = 1: 2000 - 3FFF
⋮
B = 7: E000 - FFFF

Liegt die vom Prozessor angelegte Adresse im von Hand eingestellten Bereich, stellt der Komparator Gleichheit fest. Mit dem Ausgangssignal wird der Decoder freigegeben und durch diesen der betreffende Speicher. Für die Freigabe des RAM wird auch das Taktsignal des Prozessors benötigt.

Die Schaltung hat einen sogenannten *Schreibschutz*. Über das ODER-Gatter läßt sich mit dem Schalter S3 das R/$\overline{W}$-Signal für den

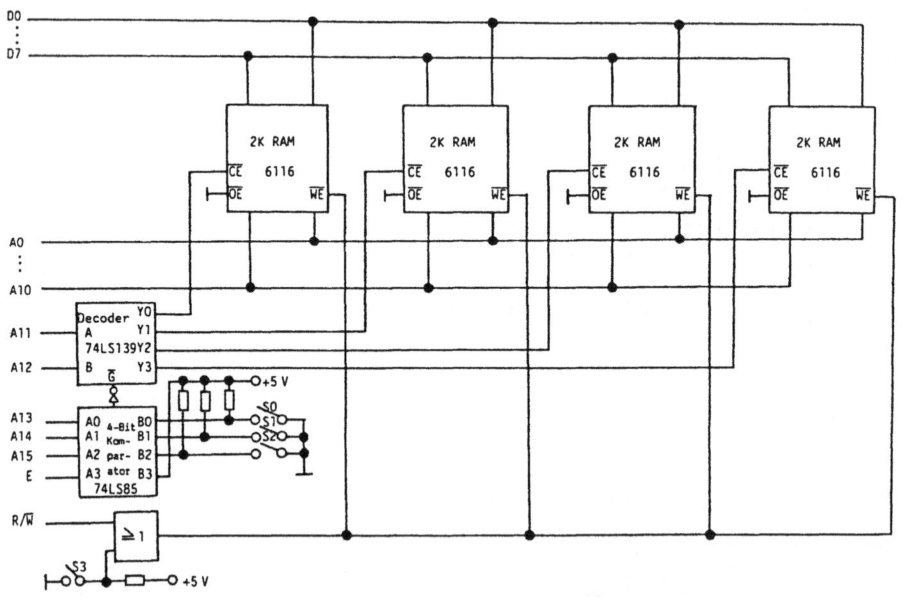

Bild 3.41 8 KByte RAM-Speicher mit Schreibschutz

Speicher in der Stellung "Lesen" festhalten. Auf diese Weise wird ein unbeabsichtigtes Überschreiben z.B. beim Testen verhindert. Die gespeicherten Daten lassen sich erst wieder ändern, wenn der Schalter S3 geschlossen wird.

Der Anschluß $\overline{OE}$ liegt auf Masse, da er hier nicht benötigt wird.

3.2 Ein-/Ausgabe mit TTL-Bausteinen

3.2.1 Ein-/Ausgabe-Prinzip

In diesem Abschnitt soll das Prinzip der Eingabe und Ausgabe erklärt werden. Zur Erläuterung dient ein einfaches Beispiel aus der Praxis.

Der Wert des Mikroprozessors liegt zum großen Teil in seiner Fähigkeit zur Kommunikation. Er muß Daten der verschiedensten Art und in großen Mengen in möglichst kurzer Zeit aufnehmen können. Nach entsprechender Verarbeitung muß er diese Daten wieder in einer an das Problem angepaßten Form ausgeben können. Der Mikroprozessor eröffnet z.B. in Verbindung mit dem Telefon und dem Fernseher eine Fülle neuer Kommunikationsmöglichkeiten, deren Techniken zum Teil noch in den Anfängen stecken. Die hier angesprochene Problematik gehört zu einem großen Teil in das Gebiet der Datenverarbeitung. Was wir in diesem Kapitel besprechen wollen, betrifft die Kommunikationsmöglichkeiten, die die CPU mit ihrer Umwelt - auch mit ihrer analogen Umwelt - hat. Um die verschiedenen Aufgaben lösen zu können, steht dem Anwender eine Fülle von Peripheriegeräten und Interface-Bausteinen zur Verfügung. Einige Peripheriegeräte seien nachstehend genannt: Tastatur, Teletype, LED-Anzeige, 7-Segmentanzeige, Lochstreifenleser, Kartenleser, Kassettenrecorder, Bildschirmgerät, Floppy-Disk.

Bei einem sehr einfachen System können die Peripheriegeräte aus einigen Schaltern für die Eingabe und einige Leuchtdioden für die Ausgabe bestehen. Wir wollen uns an diesem einfachen Anwendungsfall klarmachen, wie der Mikroprozessor mit der Außenwelt verkehrt. Wir müssen dabei die Software-Seite und die Hardware-Seite berücksichtigen. Zunächst zur Software.

Es gibt zwei grundsätzlich verschiedene Methoden, Ein-/Ausgabe-Operationen zu behandeln: Bearbeitung durch spezielle Ein-/Ausgabe-Befehle oder durch die normalen Speicher-Befehle. Im letzten Fall werden sämtliche Peripheriegeräte, bzw. ihre zugehörigen Interface-Bausteine wie ganz normale Speicherplätze behandelt. Nach der letzten Methode arbeiten die meisten Mikroprozessoren - auch der 6809.

Beispiel:

Eine Schalterreihe von 8 Schaltern erhält die Adresse A000. Mit dem Befehl LDA $A000 können wir dann ein Datenwort - entsprechend der Schalterstellung - in den Akkumulator A laden.

Eine Leuchtdiodenreihe von 8 Leuchtdioden erhält die Adresse B000. Mit dem Befehl STA $B000 können wir die CPU veranlassen, den Inhalt von Akkumulator A mit Hilfe der Leuchtdioden anzuzeigen.

Bezüglich der Hardware benötigen wir im einfachsten Fall drei Bausteine: einen Zwischenspeicher (Buffer), einen Bus-Treiber, Adressendecodierer. Bild 3.42 zeigt das Prinzip eines Ein-/Ausgabe-Interface.

Die *Eingabe-Treiber* verbinden die Schalter mit dem Daten-Bus. Da die CPU über den Daten-Bus außer mit den Schaltern auch noch mit anderen Bausteinen verkehrt, müssen die Schalter über Treiber (in Tri-State-Technik) geführt werden. Die CPU aktiviert über den Steuer-Bus zur gegebenen Zeit die Treiber, womit dann die Schalter direkt mit den Daten-Busleitungen verbunden sind.

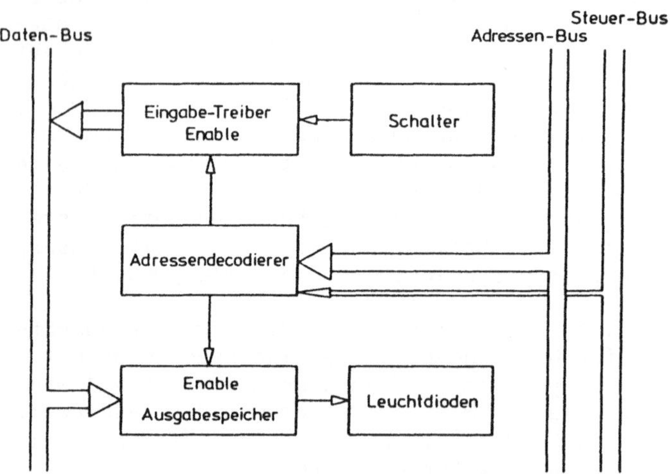

Bild 3.42 Prinzip eines Ein-/Ausgabe-Interface

Der *Ausgabespeicher* verbindet den Daten-Bus mit der Anzeige. Bei der Besprechung des Schreibvorgangs haben wir gesehen, daß die Daten jeweils nur sehr kurz auf dem Daten-Bus stehen (Bruchteil einer µs). Deshalb werden die Ausgabedaten von der CPU in einen Zwischenspeicher geschrieben, wo sie solange verbleiben, bis sie durch neue Daten überschrieben werden. Dies ermöglicht eine bequeme Anzeige durch Leuchtdioden.

Der *Adressendecodierer* decodiert die von der CPU ausgesendete Adresse und aktiviert den Ausgabespeicher oder die Eingabe-Treiber (Enable).

3.2.2 Anschluß von Anzeigen an den Mikroprozessor

LED-Anzeigen. Zur Anzeige von Zuständen und Ergebnissen stehen verschiedene Anzeigeeinheiten zur Verfügung:

Gasgefüllte Anzeigeröhren
GaAsP-Leuchtdiodenanzeigen
Flüssigkristallanzeigen
Glühfadenanzeigen (Minitron).

Wir wollen in diesem Kapitel die sogenannten LED (*Light-Emitting Diodes*) oder Leuchtdioden besprechen. Ihre Vorteile sind:

hohe Zuverlässigkeit
hohe Lebensdauer
geringe Betriebsspannung
stoßfest.

Die Durchlaßspannung einer einzelnen Leuchtdiode beträgt je nach Typ 1,2 V bis 2,4 V, der Durchlaßstrom 5 mA bis 100 mA. Am meisten verbreitet ist die rote Leuchtdiode, die Licht mit einer Wellenlänge von 650 nm aussendet. Die Leuchtdioden werden über Transistoren oder integrierte Treiber an das digitale System angeschlossen.

Eine *7-Segment-Anzeige* besteht aus einer Anordnung von 7 unabhängigen Dioden oder Diodengruppen. Mit Hilfe dieser Bausteine lassen sich die Ziffern 0 bis 9 und einige Buchstaben anzeigen. Bild 3.43 zeigt einige stilisierte Hexadezimalziffern.

Bild 3.43 7-Segment-Anzeige

Es werden zwei verschiedene Arten von 7-Segment-Anzeigen gebaut. Beim *Common Anode Type* (Bild 3.44) sind alle acht Dioden (einschließlich dem Dezimalpunkt) mit ihrer Anode miteinander verbunden. Die gemeinsame Anode wird an die Versorgungsspannung (+5 V) gelegt. Ein Segment wird zum Leuchten gebracht, indem an die entsprechende LED-Kathode Low-Pegel gelegt wird.

Beim *Common Cathode Type* (Bild 3.45) sind alle acht Dioden mit ihrer Kathode verknüpft und mit Masse verbunden. Ein Segment wird in diesem Fall zum Leuchten gebracht, indem an die entsprechende Anode High-Pegel gelegt wird. In beiden Fällen müssen die LEDs Schutzwiderstände erhalten, um den Strom zu begrenzen.

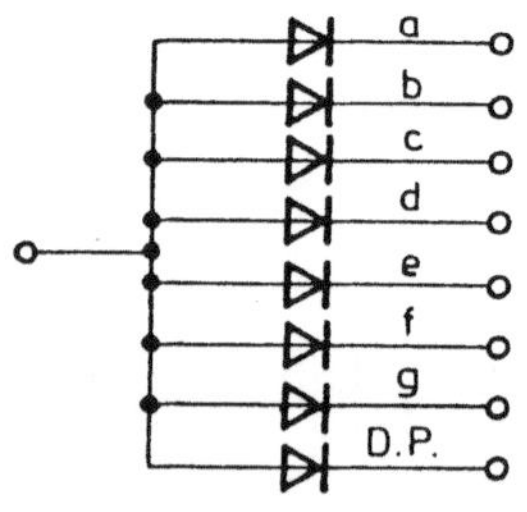

Bild 3.44 Common Anode Type

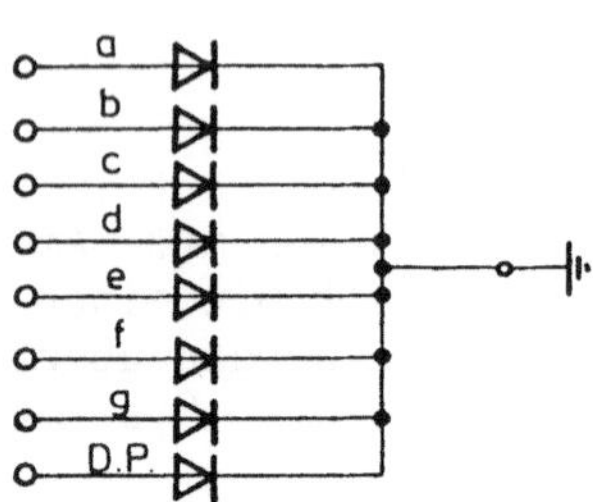

Bild 3.45 Common Cathode Type

Anschluß von Leuchtdioden. Wie der Mikroprozessor Daten an seine Peripherie ausgibt, wird an einem einfachen Beispiel gezeigt (Bild 3.46).

Wenn am Eingang des Adressendecoders die Adresse B000 erscheint, wird ein Enable-Signal an den Ausgangsspeicher gegeben. Auch einige Steuersignale (unter anderen das R/$\overline{W}$-Signal) werden vom Adressendecodierer verwertet. Sobald das Enable-Signal am Speicher anliegt, übernimmt der Speicher das Byte vom Daten-Bus. Die Ausgänge des Speichers steuern über Treiber LEDs an. Die

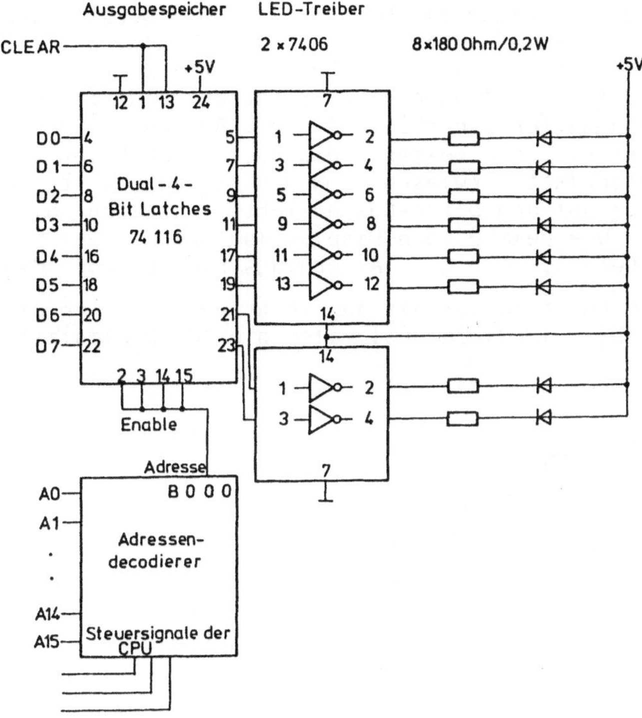

Bild 3.46 Beispiel einer Ausgangsschaltung mit Einzel-LEDs

Widerstände dienen der Begrenzung des Diodenstromes. Wurde z.B. von der Datenleitung D0 eine 1 in den Ausgangsspeicher übernommen, so erscheint am Ausgang 2 des Inverter-Treibers eine 0. Damit fließt über die zugehörige Diode ein Strom nach Masse und bringt diese zum Leuchten.

Wie weiter vorn bei der Besprechung des Schreibzyklus erwähnt wurde, erscheinen die Daten nur für den Bruchteil einer Mikrosekunde auf dem Daten-Bus. Gleichzeitig aktiviert der Decoder den Speicher, so daß das Datenwort übernommen wird. Wenn das Bitmuster einmal übernommen ist, bleibt es solange im Speicher und wird angezeigt, bis es durch ein neues überschrieben wird. Angenommen, das auszugebende Bitmuster steht als Ergebnis einer Berechnung im Akkumulator A. Wie Bild 3.46 zeigt, hat der Adressendecodierer und damit das ganze Display die Adresse B000. D.h., der Akkumulatorinhalt wird durch den Befehl "STA $B000" von den Dioden angezeigt.

Anschluß von 7-Segment-Anzeigen mit Decoder. Zur Darstellung einer BCD-Zahl durch eine 7-Segment-Anzeige sind spezielle integrierte Decoder entwickelt worden. Als Beispiel sei der Decoder 7447 genannt (Bild 3.47). Neben einigen Steueranschlüssen hat dieser Decoder 4 Eingänge für die BCD-Zahl und 7 Ausgänge für die 7 Segmente einer Anzeige. Für weitere Details sei der Leser auf das entsprechende Datenblatt verwiesen. Wegen der kurzen Zeit, in der das Signal nur auf dem Daten-Bus ansteht, ist auch hier ein Speicher nötig. Wie beim Dioden-Display ist nur ein Befehl, nämlich ein Schreibbefehl, nötig. Allerdings können von den $2^8 = 256$ möglichen Bitmustern nur die angezeigt werden, für die der Decoder gebaut ist; in diesem Fall also die 10 Dezimalziffern.

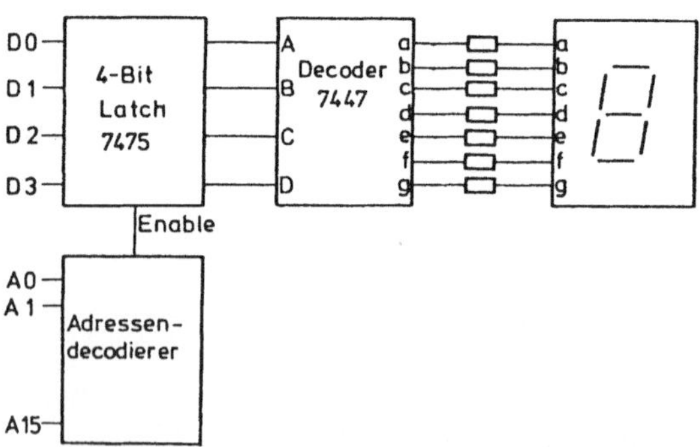

Bild 3.47 7-Segment-Anzeige mit Decoder

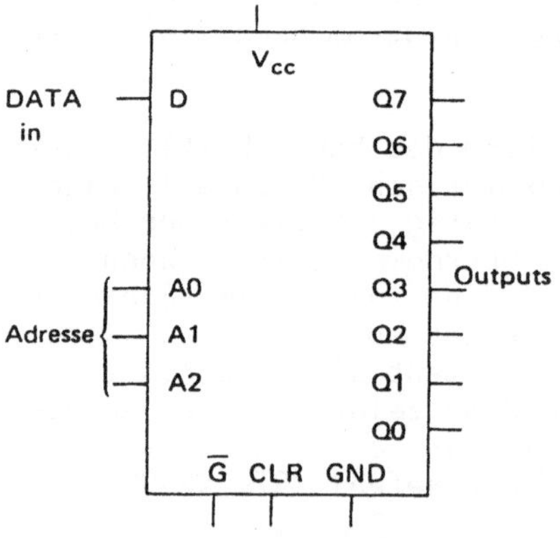

Bild 3.48 Adressierbarer Speicher

Die meisten käuflichen Mikroprozessor-Kits benutzen zur Datenanzeige zwei 7-Segment-Anzeigen. Eine solch einfache Anzeige hat den großen Nachteil, daß immer nur ein Datenwort zu einer bestimmten Zeit angezeigt wird.

Anschluß von 7-Segment-Anzeigen mit adressierbarem Zwischenspeicher. Bei dieser Methode wird das Bitmuster auf dem Daten-Bus in serieller Form in die Anzeigeeinheit eingeschrieben und von der 7-Segment-Anzeige angezeigt. Die Decodierung wird in diesem Fall von der CPU übernommen.

Zunächst soll am Baustein 74LS259 der Aufbau und die Wirkungweise eines adressierbaren Registers besprochen werden (Bild 3.48).

Der Baustein 74LS259 ist ein Registerspeicher, dessen einzelne Flipflops adressierbar sind. Das Register hat einen Eingang und acht Ausgänge. Damit eignet es sich zur Serien-Parallel-Umsetzung. Das Ausgangssignal im aktiven Zustand beträgt High. Wenn der Baustein über den Enable-Eingang ($\overline{G}$) aktiviert wird, erscheint bei dem jeweils gerade adressierten Flipflop das Eingangssignal am Ausgang (D-Flipflop-Verhalten). Die Ausgänge der anderen Latches bleiben unberührt. Die Adressen 0 bis 7 werden als Dualzahl an die Anschlüsse A0, A1 und A2 angelegt. Bild 3.49 zeigt, wie dieser Baustein bei einer Anzeigeeinheit zum Einsatz kommen kann.

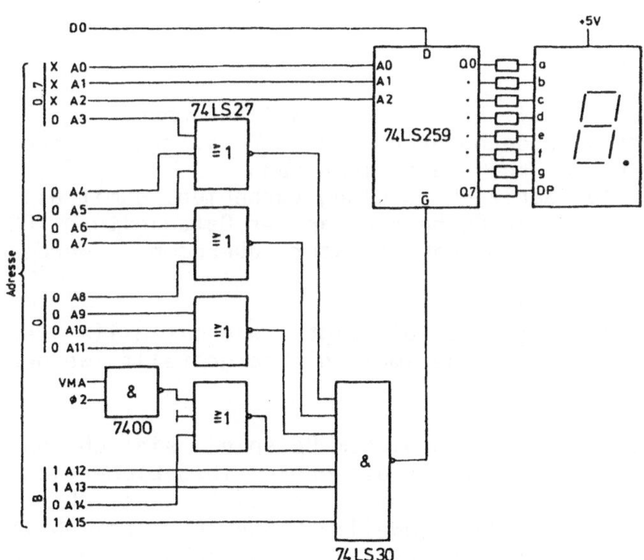

Bild 3.49 7-Segment-Anzeige mit adressierbarem Zwischenspeicher

Die ersten drei Leitungen des Adressen-Busses A0, A1 und A2 sind mit den drei Adreßanschlüssen des Registers verbunden. Die übrigen Adreßleitungen werden decodiert und dienen zur Auswahl des Registers. Wie man sieht, benötigt diese Anzeigeschaltung 8 Adressen, nämlich für jedes Segment und den Dezimalpunkt eine. In unserem Beispiel wurden für den Adressendecodierer (und damit für die gesamte Anzeige) die Adressen B000 bis B007 belegt. Wie die Belegung erfolgt, zeigt Bild 3.49. Danach gibt es nur eine Datenleitung, nämlich D0. Über diese Leitung müssen alle 8 Bit seriell in den Ausgabespeicher eingelesen werden. Die Speicherausgänge Q0 bis Q7 treiben die Segmente und den Dezimalpunkt.

Wenn nun die CPU eine Hexadezimalzahl ausgeben will, so muß sie die Adressen B000 bis B007 der Reihe nach auf dem Adressen-Bus legen. Gleichzeitig muß sie über die Datenleitung D0 in das jeweils adressierte Speicher Flipflop den Binärwert einlesen, der zu dem angesteuerten Segment gehört, also eine 1, wenn das Segment leuchten soll und ein 0, wenn das Segment dunkel bleiben soll. Bevor die Ausgabe beginnen kann, muß im Akkumulator das zur auszugebenden Zahl gehörige 7-Segment-Bitmuster stehen. In Bild 3.50 ist die Segmentzuordnung für die Ziffer 6 gezeigt.

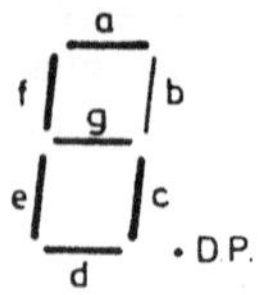

a
f b
g
e c
d •DP.

Bild 3.50 Segmentzuordnung für die Ziffer 6

Bei dieser Ausgabeeinheit hat die CPU zwei Aufgaben:

1. Sie muß das Binärmuster decodieren, und zwar so, daß das neue Binärmuster direkt die Segmente treiben kann.
2. Sie muß eine Parallel-Serien-Umwandlung vornehmen, damit alle Bits des Datenwortes der Reihe nach an der Datenleitung D0 erscheinen und in das Ausgaberegister übernommen werden können.

Das nochfolgende Programmbeispiel zeigt, wie mit Hilfe der Schaltung in Bild 3.49 eine Hexadezimalzahl dargestellt werden kann.

Die Decodierung geschieht in diesem Beispiel einfach dadurch, daß die 7-Segment-Bitmuster in die ersten 16 Speicherplätze geschrieben werden. Die Adreßnummer ist damit identisch mit der abzubildenden Zahl, und der jeweilige Speicherplatzinhalt entspricht dem 7-Segment-Bitmuster der Zahl. So gehört z.B. zur Adresse 0006 das Bitmuster 01111101, also $7D. Im Speicherplatz

0010 steht ein Akkumulator-Ladebefehl, der die Direct-Adressierung verwendet. Als Operand dieses Befehls setzt man nun in Speicherplatz 0011 einfach die Zahl ein, die man abbilden möchte, also z.B. 06. Damit wird der Inhalt des Speicherplatzes Nummer 6 in den Akkumulator A geladen; das aber ist das 7-Segment-Bitmuster der Zahl 6.

Man kann diese Umwandlungstabelle irgendwo im Speicherbereich unterbringen. Man muß dann mit der indizierten Adressierung arbeiten. Das Indexregister wird zu Beginn auf die Anfangsadresse der Tabelle gesetzt. Das 7-Segment-Bitmuster der abzubildenden Zahl bekommt man in den Akkumulator, indem man einen indizierten Akkumulator-Ladebefehl verwendet, dessen Offset-Adresse die abzubildenden Zahl ist.

Beispiel:

Betriebsprogramm für die Anziege mit adressierbarem Zwischenspeicher

```
                         *Beispiel:
                         *
                         *Betriebsprogramm fuer die Anzeige
                         *mit adressierbarem Zwischenspeicher
                         *
0000                            ORG   $0000
0000 3F                         FCB   $3F
0001 06                         FCB   $06
0002 5B                         FCB   $5B
0003 4F                         FCB   $4F
0004 66                         FCB   $66
0005 6D                         FCB   $6D         Vergleichstafel
0006 7D                         FCB   $7D
0007 07                         FCB   $07         Hexadezimalzahl- 7-Segmentmuster
0008 7F                         FCB   $7F
0009 67                         FCB   $67
000A 77                         FCB   $77
000B 7C                         FCB   $7C
000C 39                         FCB   $39
000D 5E                         FCB   $5E
000E 79                         FCB   $79
000F 71                         FCB   $71
0010 96                         FCB   $96
                         *
0010                            ORG   $0010
0010 96      07                 LDA   $07
0012 8E      B000               LDX   #$B000
0015 A7      84          M1     STA   ,X
0017 46                         RORA
0018 30      01                 LEAX  1,X
001A 8C      B008               CPX   #$B008
001D 26      F6                 BNE   M1
001F 3F                         SWI

0 ERROR(S) DETECTED

SYMBOL TABLE:

M1      0015
```

Nachdem nun das richtige Bitmuster im Akkumulator A steht, muß das Programm eine Parallel-Serien-Umsetzung vornehmen, denn nur die Datenleitung D0 ist mit dem Ausgabespeicher verbunden. Da hier der Reihe nach acht Adressen angesprochen werden müssen, ist die indizierte Adressierung geeignet.

Zunächst wird das Indexregister auf die Adresse von Q0 des Ausgangsspeichers gesetzt, d.h. auf B000. Der nachfolgende Speicherbefehl legt das Bitmuster im Akkumulator A auf den Daten-Bus und aktiviert das Display, also den Adressendecodierer. Da aber nur die Leitung D0 mit dem Display verbunden ist, wird auch nur das auf D0 stehende Bit übernommen und in Q0 eingeschrieben. Der anschließende Rotationsbefehl verschiebt den gesamten Akkumulatorinhalt um eine Stelle nach rechts. Damit liegt jetzt das Bit, welches sich auf Segment b bezieht, an D0. Dieses Bit soll in Q1 des Ausgabespeichers geschrieben werden. Durch den Befehl LEAX 1,X wird der Inhalt des Indexregisters um 1 erhöht. Damit steht die Adresse von Q1 im IX. Das Programm springt zurück, um den Speicherbefehl mit dem verschobenen Akkumulatorinhalt auszuführen. Nachdem der gesamte Speicher voll ist, also nach acht Durchläufen, spricht der Vergleichsbefehl an, und das Programm geht auf HALT. Die Zahl wird solange angezeigt, bis sie durch einen erneuten Schreibvorgang überschrieben wird.

Die Anzeige, wie sie hier besprochen wurde, kostet mehr Befehle und damit mehr Zeit. Die Anzeige ist aber wesentlich flexibler geworden. Nehmen wir den Dezimalpunkt dazu, dann können wir $2^8 = 256$ verschiedene Zeichen mit einer 7-Segment-Anzeige erzeugen.

3.2.3 Anschluß von Schaltern an den Mikroprozessor

Anschluß von Einzelschaltern. Bei dem Eingabevorgang mit der Schaltung in Bild 3.51 sind folgende Probleme zu bewältigen:
1. Die CPU muß die entsprechende Schalteranordnung adressieren.
2. Die CPU muß feststellen, ob ein Schalter gedrückt ist.
3. Entprellen des Schaltersignals.
4. Decodieren des Schalters.

Wie das Bild zeigt, werden die Schalter über Treiber an den Daten-Bus angeschlossen. Über den gemeinsamen Enable-Eingang können alle Treiber in den hochohmigen Zustand gebracht werden. Damit sind die Schalter vom Daten-Bus getrennt. Das Enable-Signal wird vom Adressendecodierer geliefert, der die auf dem Adressen-Bus liegende Adresse für die Schalteranordnung decodiert.

Wie schon bei der Ausgabeschaltung erklärt, behandelt auch hier die CPU die Schalteranordnung wie eine gewöhnlichen Speicherplatz (in diesem Fall mit einem Festwertspeicher (ROM) ver-

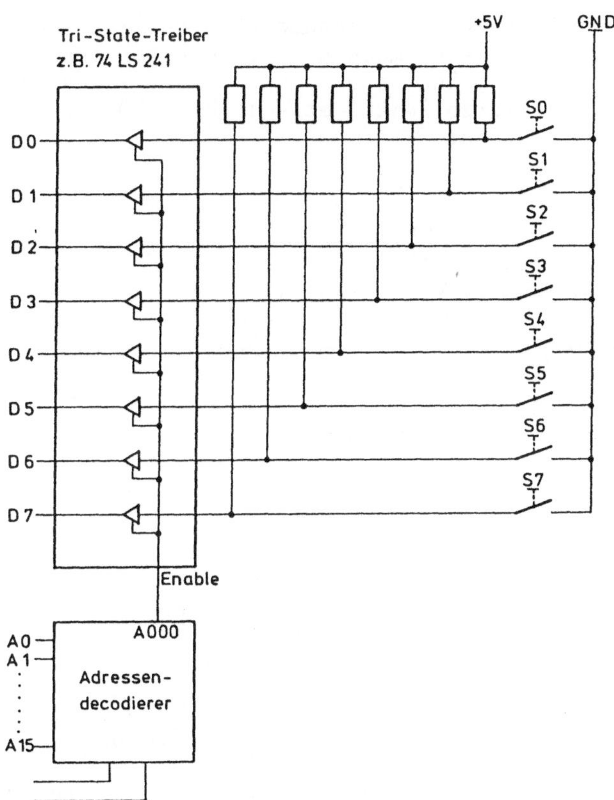

Bild 3.51 Beispiel einer Eingangsschaltung mit Einzelschaltern

gleichbar). Die Adresse der Eingabeschaltung sei A000. Dann wird durch den Befehl LDA $A000 das mit den Schaltern eingestellte Bitmuster in den Akkumulator A übernommen. Wie kann die CPU nun feststellen, wann ein Schalter geschlossen wurde? Es gibt dabei verschiedene Möglichkeiten. Die eine besteht darin, daß die CPU in regelmäßigen Abständen die Schalteranordnung abfragt. Ist kein Schalter betätigt, wird durch den Lade-Befehl FF in den Akkumulator geschrieben. Ist ein Schalter betätigt, so kann dies dadurch festgestellt werden, daß man das Bitmuster im Akkumulator mit FF vergleicht (CMPA #$FF). Der darauf folgende Verzweigungsbefehl läßt die CPU verzweigen, falls ein Schalter betätigt war. Dieses Verfahren hat den Nachteil, daß die CPU in mehr oder weniger häufigen Abständen nachschauen muß, ob bereits ein Schalter betätigt wurde. Dies kostet wertvolle Rechenzeit. Es gibt noch andere Möglichkeiten, die aber erst später besprochen werden.

Ein wichtiges Problem bei einer Eingabeschaltung ist auch das *Entprellen von Schaltern*. Jeder mechanische Schalter prellt, d.h., die Kontakte bleiben beim Schließen nicht sofort zusammen, sondern schwingen erst eine kurze Zeit, etwa 10 bis 20 ms, je nach Schalter, wie Bild 3.52 zeigt.

Bild 3.52 Schalterprellen

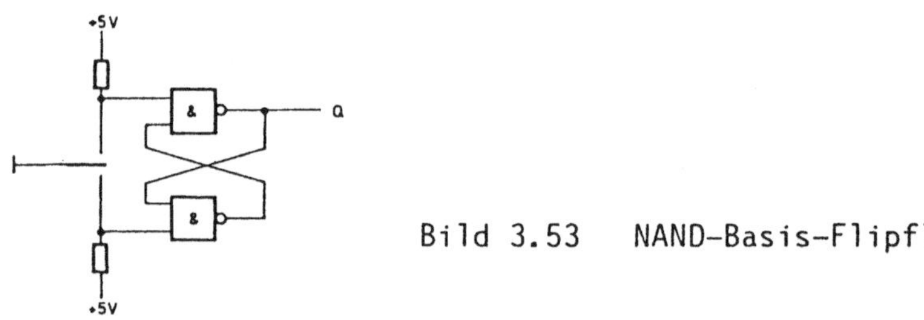

Bild 3.53 NAND-Basis-Flipflop

Zur Lösung dieses Problems gibt es zwei Möglichkeiten:

1. Hardware-Lösung: Ein sogenanntes NAND-Basis-Flipflop (Bild 3.53) verhindert das Kontaktprellen. Von dieser Schaltung gibt es auch mehrere auf einem Chip integrierte (74279). Sie wird in der Praxis allerdings nur dort verwendet, wo nur einige wenige Schalter entprellt werden müssen.

2. Software-Lösung: Die CPU übernimmt das Entprellen. Dies geschieht einfach dadurch, daß die CPU nach dem ersten Einlesen der Daten eine Verzögerungsroutine durchläuft und anschließend nochmals abfragt. Diese Lösung wird in der Praxis sehr häufig angewandt.

Die letzte Aufgabe besteht nun noch darin, die eingelesene Schalterstellung entsprechend zu codieren. Wurde z.B. der Schalter S2 gedrückt, dann steht im Akkumulator nach dem Einlesen das Bitmuster 11111011. Wie kann die CPU nun die Zahl 2 erkennen? Man läßt den Akkumulatorinhalt solange rotieren, bis die 0 in das C-Flipflop gelangt. Die Anzahl der Verschiebungen werden gezählt. Außer den hier erwähnten Aufgaben sind bei der Eingabe noch einige andere Probleme zu lösen, die hier aber nicht weiter behandelt werden sollen, wie z.B. die Mehrfachbetätigung von Schaltern.

Anschluß von Tastaturen. Eine Tastatur besteht aus mehreren Tasten, die meist in Matrixform angeordnet sind. Es gibt codierte und uncodierte Tastaturen. Codierte Tastaturen enthalten die nötige Hardware, um festzustellen, welche Taste gedrückt wurde, und um die entsprechende Codierung vorzunehmen. Bei uncodierten Tastaturen muß dies durch Hardware oder Software gelöst werden. Bei beiden Arten gibt es eine Vielzahl von Techniken, die je nach Komfort recht aufwendig sind. Hier können nur einige Prinzipien der Tastatureingabe erklärt werden. Zunächst zur uncodierten Tastatur.

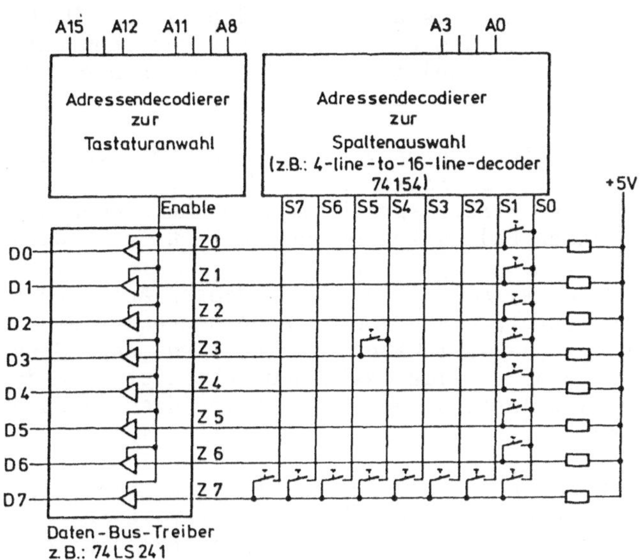

Bild 3.54 Uncodierte Tastatur

Das Bild 3.54 zeigt eine Tastatur in Matrixform mit je 8 Spalten und 8 Zeilen. Die Tastatur arbeitet nach dem Zeilenabtastverfahren (*row-scanning*). Wenn die Tastatur nicht aktiviert ist, liegt an dem 4-aus-16-Decoder an allen Ausgängen eine 1. Ebenso liegt an allen Zeilen über die Widerstände High-Potential, also logisch 1. Wird nun die entsprechende Adresse an die Tastatur angelegt, so wird die Adresse von den beiden Decodern decodiert. Dabei werden die beiden oberen Tetraden (A8 - A15) vom Tastaturanwahl-Decoder decodiert. Dieser gibt an den Daten-Bus-Treiber ein Enable-Signal ab und verbindet damit sämtliche Zeilen der Matrix mit dem Daten-Bus des Systems. Gleichzeitig erhalten nun die Spalten ihre Signale vom Spaltenauswahl-Decoder, und zwar werden die Spalten der Reihe nach auf Low gelegt. Dies geschieht dadurch, daß die CPU 16 aufeinanderfolgende Adressen an den Adressen-Bus legt. In unserem Beispiel belege der Tastatur-Baustein die Adressen A0X0 bis A0XF. Das X bedeutet, daß die Adreßleitungen A4 bis A7 nicht ausgewertet wurden, daß also nicht vollständig decodiert wurde. Damit gehören also zu jeder Taste mehrere Adressen. Wir nehmen nun an, die CPU lege auf den Adressen-Bus nacheinander die Adressen A000 bis A00F. Dann werden nun über den Decoder der Reihe nach die Spalten S0 bis S7 auf 0 gelegt. Die in der Mitte der Matrix eingezeichnete Taste sei in unserem Beispiel gedrückt. Wenn die Adresse A004 anliegt, liegt Spalte S4 auf Low-Pegel. Über die gedrückte Taste wird der Eingang Z3 des Treibers auf Low gezogen, damit erscheint auf der Daten-Bus-Leitung D3 eine 0. Alle anderen Zeilen bleiben High. Dieser Zustand wird etwa 20 ms lang abgefragt, bis das Kontaktprellen sicher vorbei ist. Anschließend wird dann von der CPU die gedrückte Taste decodiert.

Bei einer solchen Tastatur treten verschiedene Probleme auf, z.B. das der *Mehrfachbetätigung (rollover)*. Wenn gleichzeitig mehr als eine Taste gedrückt wird, spricht man von Mehrfachbetätigung. Die CPU muß diesen Fall erkennen können. Es gibt dazu zwei Möglichkeiten:

1. *Mehrtastentrennung (n-key-rollover)*: Bei dieser Art werden alle Tasten nicht beachtet, bis nur noch eine gedrückt ist.
2. *Mehrtastenausblendung (n-key-lockout)*: Es wird nur dann decodiert, wenn nur eine einzige Taste gedrückt ist. Jede Taste muß also völlig losgelassen sein, bevor die nächste gedrückt werden kann.

Eine *decodierte Tastatur* enthält auf der Platine eine zusätzliche Hardware-Schaltung, die bei Drücken einer Taste das entsprechende Bitmuster erzeugt. Die Aufgabe im einzelnen sind:

Feststellen der gedrückten Taste
Entprellung
Trennung der Tasten bei Mehrfachbetätigung
Erzeugen des zugehörigen Code (z.B. ASCII)
Abspeichern des Codewortes bis zur Übernahme durch die CPU.

All dies kann meist mit ein oder zwei hochintegrierten Schaltkreisen erledigt werden. Der Leser sei hier auf weiterführende Literatur und Datenblätter verwiesen. In einem späteren Kapitel wird nochmals eine Tastatur als Anwendungsfall für einen hochintegrierten Interface-Baustein vorgestellt.

3.3 Peripherie-Interface-Adapter (PIA)

Der PIA ist ein programmierbarer paralleler Ein-/Ausgabebaustein. Dieser sehr flexible Baustein hat die Aufgabe, periphere

Geräte an den Mikroprozessor zu adaptieren. Er ersetzt dabei ein größeres Schaltwerk mit mehreren ICs, wodurch die Harware-Gestaltung eines Systems einfacher wird. Der PIA nimmt der CPU auch einige weniger wichtige Aufgaben ab, wie zum Beispiel spezielle Ein-/Ausgabe Aufgaben. Das Zusammenwirken zwischen PIA und CPU ist sehr einfach, weil die CPU den PIA-Baustein wie einen Speicher behandeln kann, und somit keine besonderen Befehle braucht.

Auch im Bezug auf die Zeit ist der PIA sehr nützlich. Er dient als Puffer zwischen der schnellen CPU und langsameren Peripheriegeräten. Der PIA hat zwei vollständig getrennte Kanäle, sodaß er z.B. ein Ausgabe- und ein Eingabegerät bedienen kann. Die große Flexibilität besteht in der Programmierbarkeit. Durch das laufende Programm kann die Funktion des Bausteins geändert werden. Bild 3.55 zeigt, wie ein einziger PIA in einem kleinen Mikroprozessorsystem für ein Eingabe- und ein Ausgabegerät eingesetzt wird.

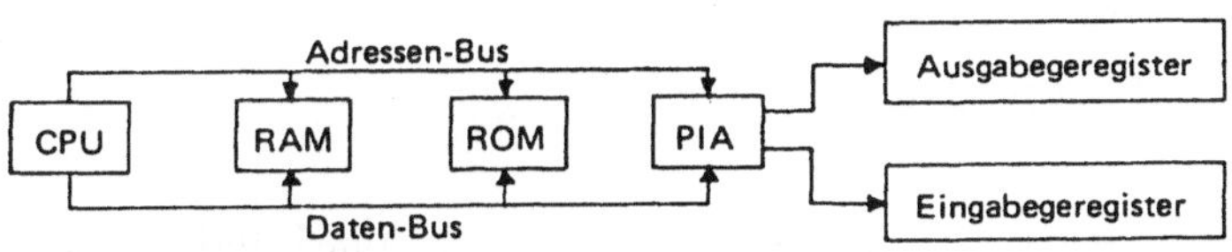

Bild 3.55 Mikroprozessorsystem mit PIA

3.3.1 Anschlüsse des PIA 6820

Die Anschlüsse des PIA (Bild 3.56) lassen sich aufteilen in Anschlüsse, die zur CPU führen und in Anschlüsse, die zu Peripheriegeräten führen. Der PIA ist wie die anderen Bausteine auch Byte-orientiert. D.h., die internen Register sind in einer Breite von 8 Bit ausgeführt. Auch der Daten-Bus ist in voller Breite (also 1 Byte) angeschlossen. Adreßanschlüsse gibt es allerdings nur fünf. Dies ist aber für eine partielle Decodierung in vielen Fällen ausreichend.

Auch vom Steuer-Bus kommen verschiedene Signale an den PIA. Ein Interrupt-Signal für jeden Kanal der PIA geht zur CPU. Auf der Peripherie-Seite gibt es, wie bereits erwähnt, zwei getrennte Kanäle mit je einem Peripherie-Daten-Bus, die durch zwei Steuerleitungen ergänzt werden.

Im folgenden sollen die Bedeutungen der einzelnen Anschlüsse kurz besprochen werden. Für eine detailliertere Betrachtung sei auf das Datenblatt der Herstellerfirma verwiesen.

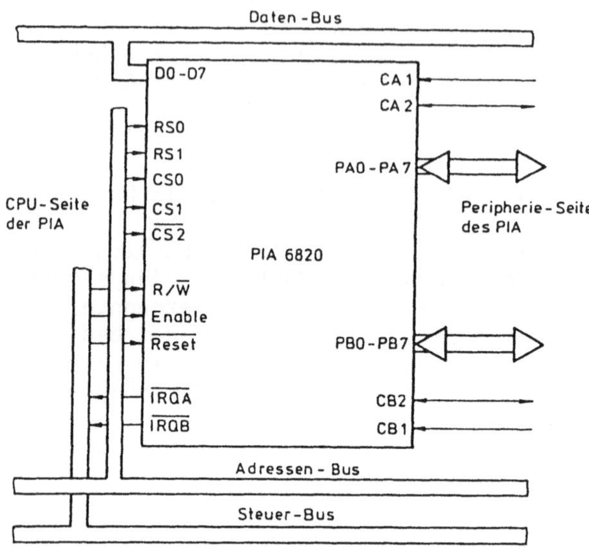

Bild 3.56 Die Anschlüsse dies PIA 6820

Die Anschlüsse D0 bis D7 bilden den bidirektional Daten-Bus. Sie haben Tri-State-Treiber.

Das Enable-Signal aktiviert den PIA. Im Normalfall wird das CPU-Zeitsignal Ø2 an Enable gelegt.

Das R/$\overline{W}$-Signal legt die Richtung des Datenflusses auf dem Daten-Bus fest.

Eine 0 auf der $\overline{RESET}$-Leitung setzt alle Register im PIA auf 0 zurück.

Chip Select wählt den PIA aus. Wie bereits erwähnt, behandelt die CPU den PIA wie einen Speicherbaustein (RAM). Die drei Chip-Select-Anschlüsse dienen nun dazu, in einem Mikroprozessorsystem einen ganz bestimmten PIA-Baustein auszuwählen.

Register Select wählt die einzelnen Register innerhalb des PIA aus. Die beiden Anschlüsse RS0 und RS1 dienen im Zusammenwirken mit einem speziellen Kontroll-Bit innerhalb des PIA dazu, die internen Register zu adressieren.

$\overline{IRQA}$ und $\overline{IRQB}$ sind die beiden Interrupt-Leitungen des PIA. Über diese Leitungen gibt der PIA einen Interrupt, den er von einem Peripheriegerät erhalten hat, an die CPU weiter.

Auf die peripherieseitigen Anschlüsse soll später eingegangen werden.

3.3.2 Interner Aufbau des PIA 6820

Das Bild 3.57 zeigt das vereinfachte Blockschaltbild des PIA 6820. Jeder der beiden Kanäle in dem PIA enthält drei Register:

Datenregister (Output Register, OR) Datenrichtungsregister (Data Direction Register, DDR) Steuerregister (Control Register, CR)

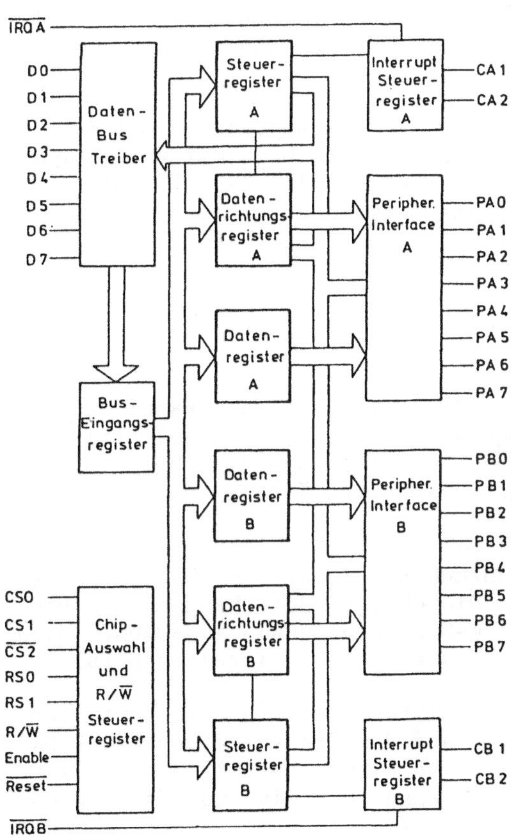

Bild 3.57 Blockschaltbild des PIA 6820

Das *Datenregister* dient als Zwischenspeicher für Daten, die von der CPU zur Peripherie geschickt werden, da beide im allgemeinen asynchron arbeiten. Das Datenregister und das Datenrichtungsregister sind von der CPU unter derselben Adresse ansprechbar. Welches von beiden jeweils gemeint ist, wird von einem bestimmten Bit im Steuerregister festgelegt. Dieser Sachverhalt ist beim Programmieren etwas unangenehm, wie später noch deutlich wird.

Das *Datenrichtungsregister* legt bei jedem einzelnen Peripherieanschluß fest, ob es sich um einen Eingang oder um einen Ausgang handelt. Zu jeder Peripherieleitung gehört ein Bit im Datenrichtungsregister. Wenn dieses Bit 1 ist, wirkt die zugehörige Peripherieleitung als Ausgang, bei einer 0 als Eingang. Es sei nochmals darauf hingewiesen, daß der systemeigene Daten-Bus nur als Ganzes manipuliert werden kann. Im Peripherie-Bus hingegen kann jede Leitung für sich durch entsprechende Programmierung des Datenrichtungsregisters als Eingang oder Ausgang arbeiten.

Die Flexibilität des PIA wird in der Hauptsache durch das programmierbare *Steuerregister* erreicht. Es bestimmt unter anderem die Funktion der vier Steuerleitungen CA1, CA2, CB1 und CB2. Wegen seiner Bedeutung soll das Steuerregister genauer besprochen werden.

3.3.3 Steuerregister des PIA 6820

Der PIA hat zwei Steuerregister - für jeden Kanal eines. Sie unterscheiden sich nur geringfügig in ihren elektrischen Eigenschaften. Bezüglich ihrer Logik sind sie gleich. Es soll daher im folgenden das Steuerregister des Kanals A besprochen werden.

Das Bit 2 soll später besprochen werden. Es hat mit den anderen Bits nichts zu tun. Die übrigen Bits hängen in ihrer Bedeutung mit den vier Peripherie-Steuerleitungen zusammen. Bild 3.58 gibt eine Übersicht über die Wirkung der einzelnen Bits.

Bit 7 (IRQA(B)1) des Steuerregisters ist ein Interrupt-Flag. Es zeigt eine Änderung des Pegels auf der Steuerleitung CA1 (CB1) an. Genauer gesagt, mit der aktiven Flanke des CA1-Signals wird Bit 7 gesetz. Ob ein High-Low-Sprung oder ein Low-High-Sprung die aktive Flanke ist, kann ebenfalls programmiert werden, und zwar durch Bit 1. Sobald die CPU das Datenregister liest, wird dieses Flag wieder zurückgesetzt. Auch durch ein $\overline{\text{RESET}}$-Signal

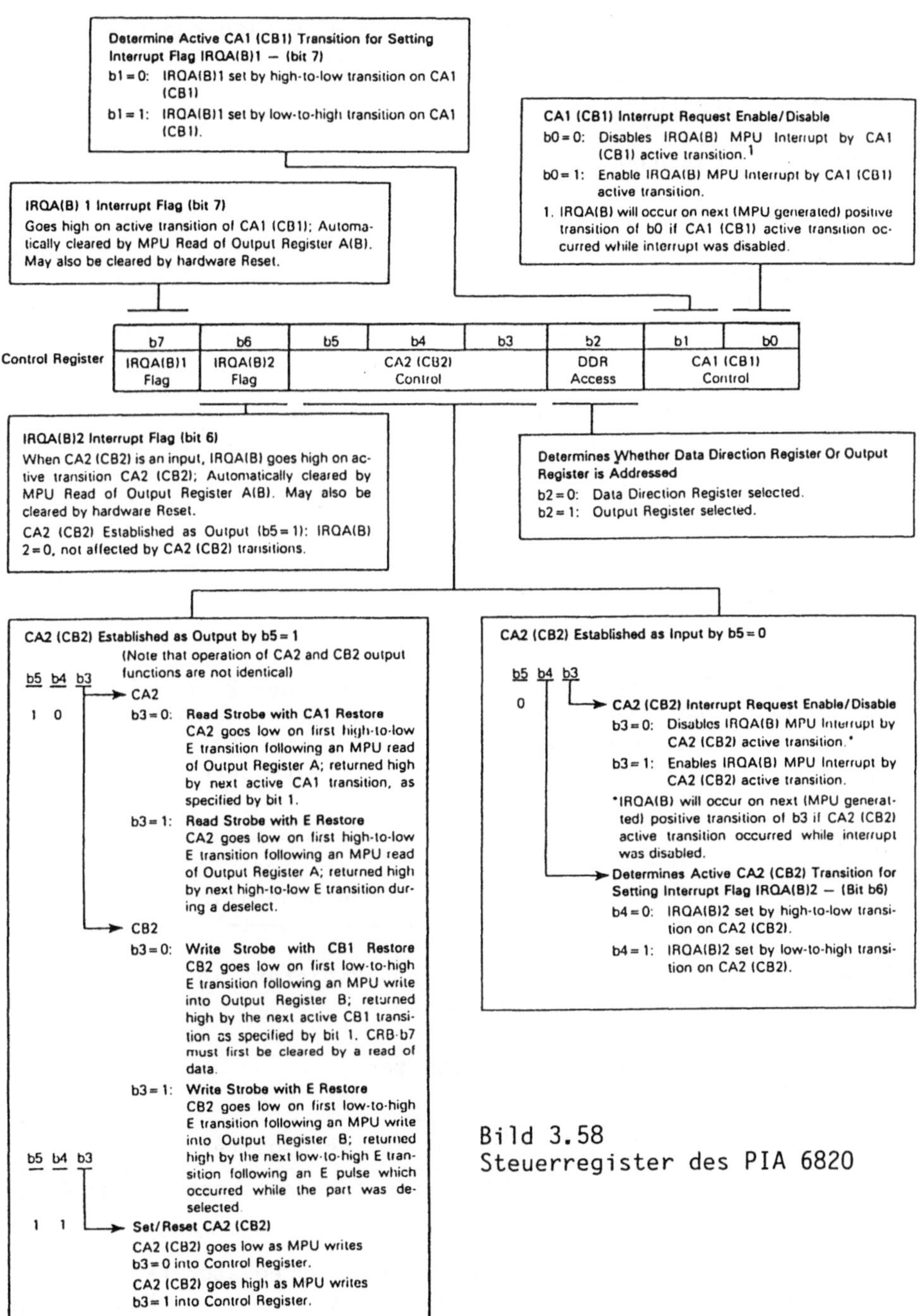

Bild 3.58
Steuerregister des PIA 6820

wird es zurückgesetzt. Auf diese Weise wird sichergestellt, daß der Interrupt auch wirklich bearbeitet wird.

Bit 6 (IRQA(B)2) hat die gleiche Bedeutung wie Bit 7, nur daß es für die Steuerleitung CA2 (CB2) zuständig ist. Die Steuerleitung muß dann als Eingang programmiert sein (Bit 5 = 0).

Die Bit 3 bis 5 (CA2 (CB2)) programmieren die Arbeitsweise des CA2-Anschlusses. Es gibt dazu acht Möglichkeiten, die das Bild 3.58 verdeutlicht. Bit 5 = 0 definiert CA2 als Eingang, eine 1 definiert CA2 als Ausgang. Bit 4 definiert die aktive Flanke von CA2. 1 bedeutet, daß die positive Flanke die aktive Flanke ist.

Die Bit 0 und 1 (CA1 (CB1)) bestimmen die Wirkungsweise der Steuerleitung CA1 (CB1). Sie ermöglichen bzw. verhindern einen Interrupt. Bit 0 = 1 bedeutet, daß IRQA(B) über CA1 (CB1) gesetzt werden kann. Bit 1 = 1 bedeutet, daß die positive Flanke von CA1 aktiv ist.

3.3.4 Adressierung des PIA 6820

Der PIA 6820 besitzt 6 Register, aber nur 2 Adreßeingänge (RS0, RS1). Das Datenregister und das Datenrichtungsregister müssen daher in jedem Kanal die gleiche Adresse benutzen. Welches von den beiden jeweils gemeint ist, wird durch den Inhalt des Flag 2 im Steuerregister bestimmt.

Bit 2 = 0: Das Datenrichtungsregister wird ausgewählt.
Bit 2 = 1: Das Datenregister wird ausgewählt.

Tabelle 3.4 zeigt, wie die einzelnen Register in den beiden Kanälen ausgewählt werden.

Tabelle 3.4 Adreßplan der PIA-Register

RS1	RS0	BIT2(A)	BIT2(B)	Ausgewähltes Register
0	0	0	–	Datenrichtungsregister (Kanal A)
0	0	1	–	Datenregister (Kanal A)
0	1	–	–	Steuerregister (Kanal A)
1	0	–	0	Datenrichtungsregister (Kanal B)
1	0	–	1	Datenregister (Kanal B)
1	1	–	–	Steuerregister (Kanal B)

Tabelle 3.4 zeigt, daß wir für einen PIA vier Adressen reservieren müssen, wie zum Beispiel:

8000	Datenregister ODER Datenrichtungsregister	von Kanal A
8001	Steuerregister von Kanal A	
8002	Datenregister ODER Datenrichtungsregister	von Kanal B
8003	Steuerregister von Kanal B	

3.3.5 Initialisierung des PIA 6820

Nach einem System-Reset sind sämtliche Register des PIA auf 0 gesetzt. Das aber heißt, daß sämtliche Peripherie-Datenleitungen als Eingänge wirken; denn der Inhalt der Datenrichtungsregister ist 0. Da der Inhalt des Steuerregister ebenfalls 0 ist (also auch Bit 2!), werden in beiden Kanälen jeweils die Datenrichtungsregister ausgewählt.

Wünscht man sich nun eine andere Arbeitsweise des PIA-Bausteins, so muß man sofort nach dem System-Reset mit den entsprechenden Befehlen auf den PIA einwirken. Dies nennt man "Initialisieren". In einem Beispiel soll der A-Kanal als Eingang wirken, der B-Kanal als Ausgang.

Beispiel:

Adresse	Registerinhalt		
8000	--------	DR	
	00000000	DDR	Kanal A
8001	00000100	SR	
8002	--------	DR	
	11111111	DDR	Kanal B
8003	00000100	SR	

Zur Initialisierung dient nun folgendes Programm:

```
LDB #$FF
STB $8002
LDB #$04
STB $8001
STB $8003
```

Der erste Befehl lädt den Akkumulator B mit Einsen. Der zweite Befehl schreibt diese Einsen unter die Adresse 8002. Zu dieser Adresse gehört in diesem Augenblick das Datenrichtungsregister; denn nach der System-Initialisierung steht in Bit 2 des Steuerregisters 0. Damit wird Kanal B als Ausgang programmiert. Mit den beiden Speicherbefehlen wird die 1 in Bit 2 der beiden Steuerregister geladen. Unter den Adressen 8000 und 8002 werden nun die Datenregister angesprochen. Der Inhalt des Datenrichtungsregisters A ist von der System-Initialisierung her schon 0. Daher arbeitet Kanal A als Eingang.

Nachdem der PIA nun in dieser Weise vorbereitet ist, kann die CPU mit dem Befehl STA $8002 Daten an die Peripherie ausgeben oder mit dem Befehl LDA $8000 Daten von einem Peripheriegerät einlesen.

Es soll nun nochmals auf die Adressierung eingegangen werden. Wie das Bild 3.56 zeigt, sind 5 PIA-Anschlüsse mit dem Adressen-Bus verbunden. Das kann z.B. so aussehen: RS0 mit A0, RS1 mit A1, CS0 mit A13, CS1 mit A14 und $\overline{CS2}$ mit A15. A13 bis A15 dienen der Bausteinauswahl, A0 und A1 der Registerauswahl innerhalb des Bausteins. Bei einer solch unvollständigen Decodierung ist der Baustein unter vielen verschiedenen Adressen ansprechbar.

3.3.6 Beispiel einer Ein-/Ausgabe-Schaltung mit einem PIA

Die Ein-/Ausgabe-Schaltung in Bild 3.59 besteht aus 8 Schaltern für die Eingabe und 8 Leuchtdioden für die Ausgabe. Die Schalter sind mit Kanal A der PIA verbunden, der somit als Eingang geschaltet sein muß. Bei offenem Schalter wird der zugehörige PA-Eingang durch den Widerstand auf High-Potential gehalten. Wird der Schalter geschlossen, fällt das Potential am PA-Anschluß auf Low. Wenn die CPU den PIA aktiviert, wird der Schalterzustand in das Datenregister des Kanal A übernommen.

Die Leuchtdioden sind über Treiber mit dem Kanal B der PIA verbunden, der somit als Ausgang geschaltet sein muß. Die Treiber sind notwendig, weil die B-Ausgänge LEDs nicht treiben können.

Für die Ein-/Ausgabe-Schaltung wurde ein kleines Betriebsprogramm geschrieben. In dem vom Verfasser benutzten Kit hat der PIA die folgenden Adressen:

8004	{DRA, DDRA}
8005	SRA
8006	{DRB, DDRB}
8007	SRB

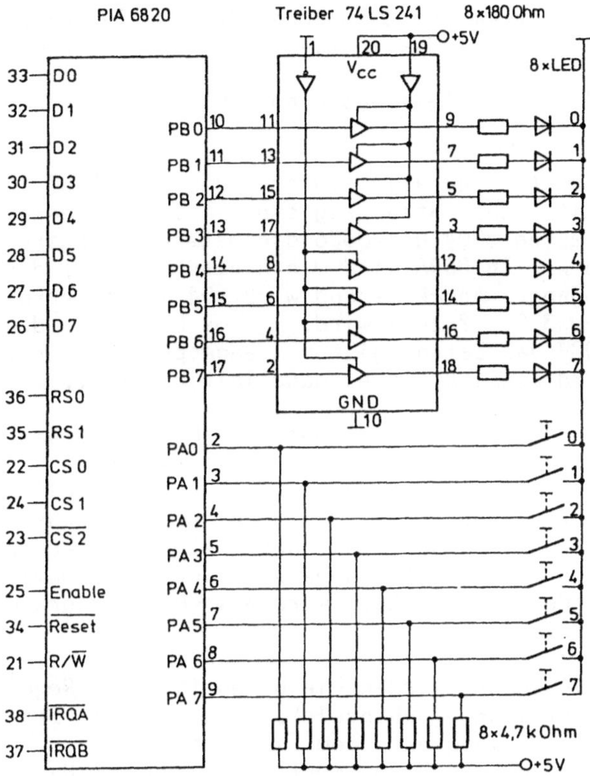

Bild 3.59 Ein-/Ausgabe-Schaltung mit einem PIA

Beispiel:

Ein-/Ausgabe Programm mit PIA

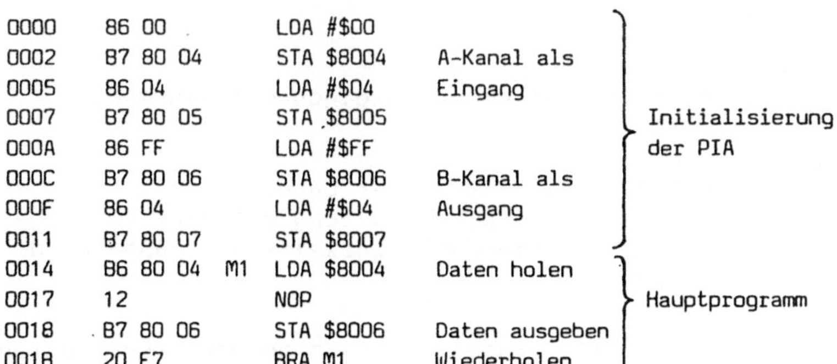

```
0000   86 00          LDA #$00                      }
0002   B7 80 04       STA $8004   A-Kanal als       }
0005   86 04          LDA #$04    Eingang           }
0007   B7 80 05       STA $8005                     } Initialisierung
000A   86 FF          LDA #$FF                      } der PIA
000C   B7 80 06       STA $8006   B-Kanal als       }
000F   86 04          LDA #$04    Ausgang           }
0011   B7 80 07       STA $8007                     }
0014   B6 80 04   M1  LDA $8004   Daten holen       }
0017   12             NOP                           } Hauptprogramm
0018   B7 80 06       STA $8006   Daten ausgeben    }
001B   20 F7          BRA M1      Wiederholen       }
```

Der erste Teil des Programms (bis Speicherplatz 0013) dient der Initialisierung des PIA. Da die Initialisierung durch Software geschieht, ist sie leicht abzuändern. Dies ist ein Vorteil des PIA. Zunächst soll dieser Teil des Programms im einzelnen besprochen werden.

Nach dem System-Reset sind alle Register des PIA auf 0 gesetzt, d.h., auch Bit 2 der Steuerregister. Das wiederum heißt, daß unter den Adressen 8004 und 8006 die Datenrichtungsregister angesprochen werden. In DDRA wird 0 eingelesen, d.h., der Kanal A arbeitet als Eingang. Anschließend wird $04 in Steuerregister A eingelesen, sodaß Bit 2 zu 1 wird. Dies bedeutet, daß nun unter der Adresse 8004 das Datenregister A angesprochen wird. In der gleichen Weise wird Kanal B als Ausgang initialisiert.

Der Programmteil ab Adresse 0014 bildet das Hauptprogramm. Durch einen Ladebefehl werden die Daten vom Datenregister A in den Akkumulator geholt. D.h., das mit den Schaltern eingestellte Bitmuster steht nun im Akkumulator des Mikroprozessors. Durch einen Speicherbefehl werden die Daten an das Datenregister B ausgegeben, wo sie durch Leuchtdioden angezeigt werden. Damit der Betrachter ein stehendes Bild sieht, wird das Hauptprogramm ständig wiederholt (BRA-Befehl).

Zwischen Ein- und Ausgabe werden die Daten in der Regel entsprechend der Aufgabenstellung "behandelt". In unserem Beispiel soll die Schalterstellung nach dem Einlesen in die CPU komplementiert werden, und dieses Komplement soll dann mit Hilfe der Leuchtdioden angezeigt werden. Diese Aufgabe erfordert in unserer Schaltung eine einzige Änderung und zwar im Programm, also auf der Software-Seite! In Speicherstelle 0017, die durch einen NOP-Befehl (12) freigehalten wurde, wird jetzt ein COMA-Befehl (43) eingeschrieben, welcher den Inhalt von Akkumulator A invertiert. Der PIA arbeitet solange in dieser Weise, bis ein Reset-Signal eintrifft.

3.3.7 Multiplexbetrieb von 7-Segment-Anzeigen mit einem PIA

Ein einziger PIA-Baustein ist in der Lage, bis zu acht 7-Segment-Anzeigen zu treiben. Die Schaltung arbeitet im sogenannten "Multiplexbetrieb". Die Funktionsweise soll anhand des Bildes 3.60 erklärt werden.

Bei den Anzeigen im Bild handelt es sich um den sogenannten "common cathode type", also einer Anzeige mit gemeinsamer Kathode. Die 8 Anoden von jeder Anzeige sind über Treiber mit den

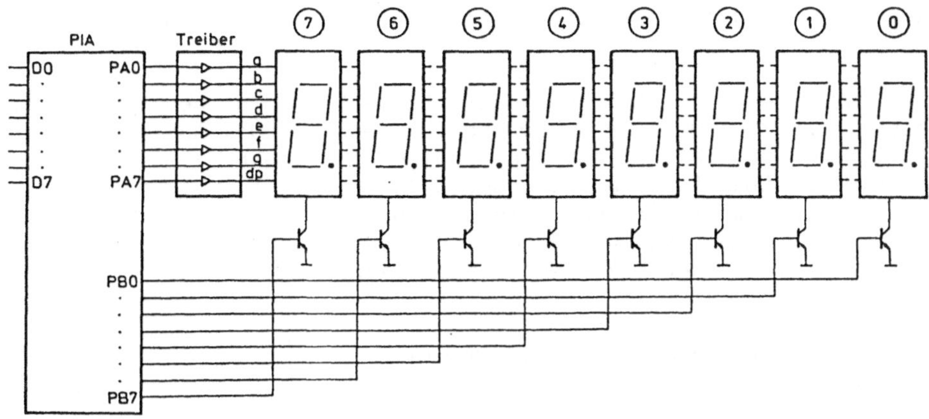

Bild 3.60 Multiplexbetrieb von 7-Segment-Anzeigen mit einem PIA

8 Anschlüssen des Kanals A der PIA verbunden. Die Treiber sind notwendig, da der PIA den für die Dioden nötigen Strom nicht liefern kann. Alle Anzeigen erhalten also gleichzeitig den von Kanal A der PIA gelieferten 7-Segment-Code. Das abzubildende Zeichen steht im Datenregister A, wobei es bereits vorher in den 7-Segment-Code decodiert wurde.

Von den 8 Anzeigen, die also jeweils die gleiche Information an ihren Anoden haben, wird aber immer nur eine eingeschaltet. Dies besorgt Kanal B der PIA. Eine im Datenregister B umlaufende 1 macht die Transistoren der Reihe nach leitend, wodurch die zugehörige Kathode der Anzeige an Masse gelegt wird. D.h., die so ausgewählte Anzeige kann leuchten. Die Transistoren wirken hier als Treiber. Sie müssen den Strom von maximal 8 Leuchtsegmenten übernehmen.

Wenn z.B. PB0 = 1, dann ist der Transistor 0 leitend, die Kathode der Anzeige 0 liegt also an Masse, d.h., die Anzeige 0 ist eingeschaltet. Zur gleichen Zeit steht im Datenregister von Kanal A das anzuzeigende Datenwort im 7-Segment-Code. Obwohl dieses Datenwort an allen Anzeigen gleichzeitig liegt, wird es nur von Anzeige 0 angezeigt, weil nur diese über PB0 = 1 eingeschaltet ist. Nachdem die Anzeige 0 das Datenwort eine vom Programmierer festgelegte Zeit angezeigt hat, verlöscht sie wieder, indem das Datenregister A wieder auf Null gesetzt wird. Die 1 in Kanal B wird nach PB1 weitergeschoben, womit die Anzeige 1 eingeschaltet wird. Gleichzeitig wird in das Datenregister A das nächste abzubildende Zeichen eingeschreiben. Damit zeigt Anzeige 1 das nächste Zeichen an. Jedesmal, wenn Kanal B die Anzeige wechselt, verlöschen alle Anzeigen, indem das Datenregister A auf Null gesetzt wird.

Nachdem alle 8 Anzeigen das entsprechende Zeichen angezeigt haben, beginnt der ganze Vorgang von neuem. Das ganze muß sich so schnell abspielen, daß die Anzeige nicht mehr flimmert, sondern der Betrachter ein stehendes Bild wahrnimmt. Die 8 abzubildenden Datenworte (Zeichen) müssen in einem bestimmten Speicherbereich stehen, von wo sie die CPU jeweils abrufen und in das Datenregister A der PIA einschreiben kann.

3.3.8 Tastaturanschluß mit einem PIA

Es sollen nachfolgend zwei Beispiele erklärt werden. Die erste Schaltung arbeitet nach dem *Zeilenabtastverfahren (row scanning)*. Die Tastatur besteht aus einer Matrix mit 4 x 4 = 16 Tasten (Bild 3.61). Verwendet man beide Kanäle, kann man mit einem PIA eine Tastatur von 8 x 8 = 64 Tasten bedienen.

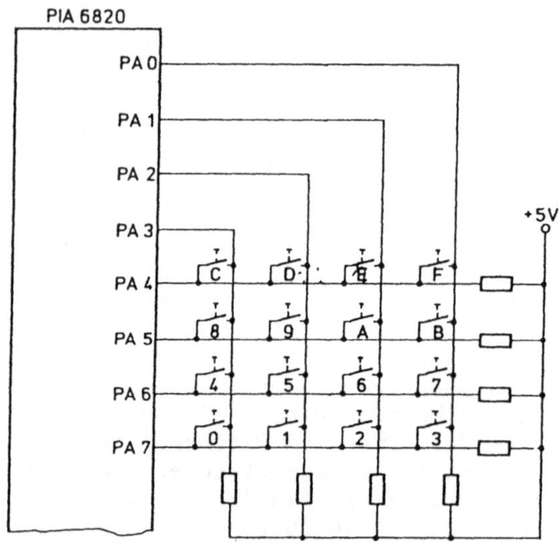

Bild 3.61 Tastaturanschluß mit einem PIA

Die Anschlüsse PA0 - PA3 arbeiten als Ausgänge. Sie sind mit den Spaltendrähten der Matrix verbunden.

Die Anschlüsse PA4 - PA7 arbeiten als Eingänge. Sie sind mit den Zeilendrähten verbunden.

Die Ausgänge PA0 - PA3 haben normalerweise High-Potential. Die Eingange PA4 - PA7 werden auf High-Potential gezogen. Wenn kein Schalter geschlossen ist, besorgen dies die Zeilenwiderstände. Auch wenn irgendein Schalter geschlossen wird, bleiben alle Eingänge auf High-Potential, solange an allen vier Ausgängen High-Potential liegt.

Wenn nun die CPU die Tastatur abfragt, ob ein Schalter geschlossen ist, so geht sie dabei folgendermaßen vor:
1. Sie legt der Reihe nach eine 0 an die Ausgänge PA0 bis PA3.
2. Sie überprüft, an welchem Eingang eine 0 auftaucht.
Es soll dazu hier kein fertiges Programm angegeben werden, sondern nur ein möglicher Weg beschrieben werden.

Beispiel:

Zunächst wird das Datenrichtungsregister A mit $0F (00001111) geladen. Damit ist PA0 - PA3 als Ausgang programmiert, und PA4 - PA7 als Eingang. Dann wird in das Ausgangsregister A z.B. die Zahl $FE eingeschrieben (11111110). Damit liegt an PA0 eine 0. Anschließend folgt ein Lesebefehl. Ist jetzt der Schalter 3, 7, B oder F geschlossen, so wird die von PA0 kommende 0 auf den entsprechenden Eingang durchgeschaltet. Die CPU hat sich die Spalte gemerkt, an die sie eine 0 gelegt hat, und sie erkennt die Zeile, auf der die 0 bei geschlossenem Schalter wieder auftaucht. Damit weiß sie, welche Taste gedrückt wurde.

Wurde keine 0 gefunden, wird in das Datenregister $FD (11111101) eingeschrieben. Damit liegt der Ausgang PA1, also die nächste Spalte, auf Low-Potential. Mit einem anschließenden Lesebefehl untersucht die CPU, ob die Schalter 2, 6, A oder E geschlossen sind.

Das zweite Verfahren, welches hier besprochen werden soll, ist unter dem Namen "*line-reversal technique*" bekannt. Es zerfällt in zwei Teile, die anhand der beiden Bilder 3.62a/b besprochen werden sollen.

Die beiden Bilder stellen eine vereinfachte Wiedergabe der Schaltung im Bild 3.61 dar. An der Hardware muß also nichts verändert werden. Es muß nur ein anderes Programm entworfen werden, da hier nach einem ganz anderen Prinzip gearbeitet wird. Das Programm zerfällt in zwei Teile. Bild 3.62a verdeutlicht den ersten Teil.

Wie beim vorhergehenden Verfahren werden PA0 - PA3 wieder als Ausgänge programmiert, und PA4 - PA7 als Eingänge. Sämtliche vier Ausgänge werden nun auf 0 gesetzt. Wird eine Taste ge-

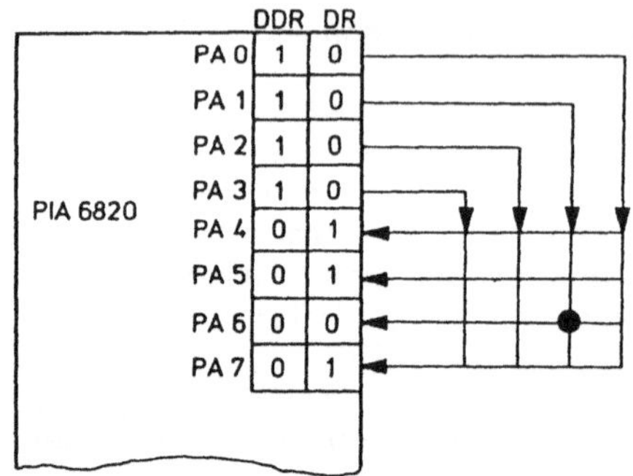

Bild 3.62a Tastatureingabe mit PIA (erster Teil)

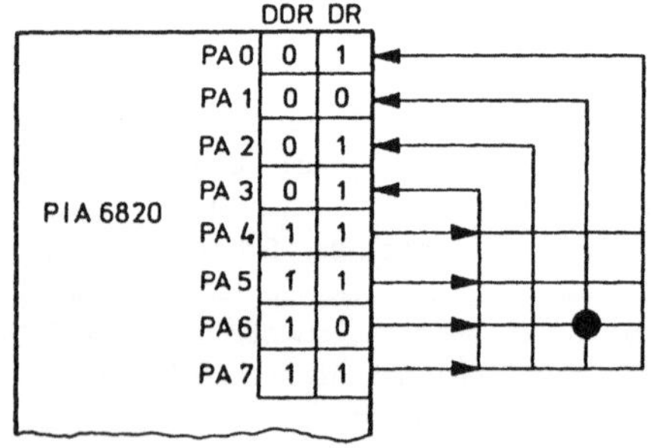

Bild 3.62b Tastatureingabe mit PIA (zweiter Teil)

drückt, so wird die 0 an die entsprechende Zeile bzw. an den entsprechenden Eingang PA weitergegeben. In unserem Bild ist dies PA6. Damit kennt die CPU die Reihe, aber nicht die Spalte; denn sämtliche Spalten waren 0.

Im zweiten Teil des Programmes werden die Ausgänge zu Eingängen, und umgekehrt. Dies läßt sich sehr einfach dadurch bewerkstelligen, daß man mit dem Befehl COM den Inhalt des Datenrichtungsregisters komplementiert. Damit steht nun im DDR $FO. D.h., das in PA4 - PA7 eingelesene Bitmuster 1101 wird nun an die Zeilen der Matrix ausgegeben. Dieser Vorgang läuft so schnell ab, daß die Taste noch gedrückt ist. Damit zieht aber die 0 von Ausgang PA6 den Eingang PA1 auf 0. Die zu dem Kreuzungspunkt, wo die Taste gedrückt wurde, gehörige Zeile und Spalte haben im Datenregister eine 0 erzeugt. Die CPU liest das Datenregister, weiß damit, welche Taste gedrückt wurde und ordnet nun mit Hilfe einer Tabelle der gedrückten Taste das dem verwendeten Code entsprechende Bitmuster zu, welches zu der Taste gehört.

Das verwendete Verfahren schützt auch gegen Mehrfachbetätigung. Sobald mehr als zwei Nullen im Datenregister auftreten, müssen mehr als eine Taste betätigt worden sein. Die CPU wiederholt dann das ganze Verfahren so lange, bis nur noch eine Taste gedrückt ist. Das für dieses Verfahren notwendige Programm ist einfacher als das für das erste Verfahren.

Für beide Verfahren soll noch auf das Problem eingegangen werden, wie die CPU überhaupt erkennt, ob eine Taste gedrückt wurde. Dazu gibt es zwei Möglichkeiten:

1. Die Eingangsleitungen der PIA werden über ein NAND-Gatter zusammengefaßt. Sobald eine Taste gedrückt wird, wird ein Eingang 0. Damit liefert der NAND-Ausgang eine 1, die über die Interruptleitung die CPU bei ihrer Arbeit unterbricht und sie veranlaßt, in das Unterprogramm für die Tastaturabfrage zu springen.
2. Die CPU unterbricht in regelmäßigen Abständen ihre Arbeit und springt von sich aus in das Unterprogramm, um zu schauen, ob eine Taste gedrückt ist, und wenn ja, welche. Dieses Verfahren nimmt viel mehr Zeit in Anspruch.

3.4 Asynchronous Communications Interface Adapter (ACIA)

3.4.1 Formatierung

Mikroprozessoren arbeiten parallel. Der Mikroprozessor 6809 zum Beispiel verarbeitet immer 8 Bit gleichzeitig. Die dazu passende parallele Interface-Technik haben wir kennengelernt. Es gibt nun einige Peripheriegeräte, die im seriellen Datenverkehr arbeiten, wie zum Beispiel Fernschreibmaschine (englisch: Teletype, TTY), Band, Platte.

Die Informationsübertragung erfolgt asynchron zeichenseriell und bitseriell.

Bei dieser Art von Datenverkehr treten verschiedene Probleme auf:

1. Die Bits eines Datenwortes müssen in einem vorher festgelegten Takt nacheinander auf einer Leitung übertragen werden.
2. Die Pausen sind (besonders bei Eingabe von Hand) zwischen den Zeichen sehr unterschiedlich (asynchron).
3. Die Arbeitsgeschwindigkeit einer CPU ist viel größer als die Sende- oder Empfangsgeschwindigkeit eines Peripheriegerätes.

Es gibt für diese Art der Datenübertragung Standards, auf die an anderer Stelle noch eingegangen werden soll. Hier soll nur auf die Formatierung eingegangen werden. Das vom Mikroprozessor auszugebende Datenwort muß von der parallelen Form in die serielle Form gebracht werden, bevor es das Peripheriegerät akzeptieren kann. Die vom Peripheriegerät seriell angebotenen Bits eines Datenwortes müssen für die CPU wieder in parallele Form gebracht werden. Das dabei verwendete Format zeigt das Bild 3.63.

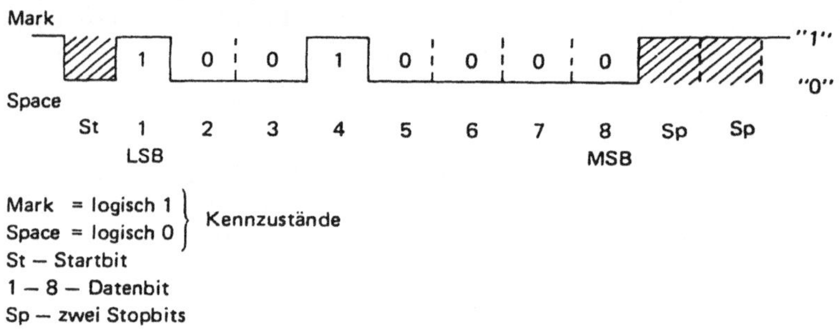

Bild 3.63 Asynchrones Datenformat

Jedes Zeichen beginnt mit dem *Startbit*. Dieses ist immer 0. Das Startbit sorgt für die Synchronisierung. Es stellt eine feste Phasenbeziehung zwischen Sender und Empfänger her. Die folgenden Bits bilden die Information. Ist das Datenwort ein ASCII-Zeichen, so besteht es aus 7 Bit. Meist wird dazu noch ein Paritätsbit angefügt, sodaß das zu übertragende Datenwort eine Breite von 8 Bit hat. Wie das Bild zeigt, beginnt die Datenübertragung mit dem niederwertigsten Bit LSB. Das Ende des Zeichens wird durch zwei *Stopbits* markiert, die immer 1 sind. Sie schalten z.B. die Empfangsmechanik eines Fernschreibers ab.

3.4.2 Serielle Anpassung mit Software

Für kleine Systeme oder spezielle Zwecke genügt es unter Umständen, ein Unterprogramm zu schreiben, das parallele Daten in serielle umwandelt, bzw. umgekehrt. Es soll an dieser Stelle kein vollständiges Programm angegeben, sondern nur das Prinzip erklärt werden.

1. Parallel-Serien-Umwandlung: Das Datenwort wird von der CPU in den Akkumulator eingeschrieben oder steht bereits im Akku-

mulator. Dann wird es Bit für Bit in die Ausgabeleitung geschoben. Das kann zum Beispiel die Datenleitung D0 sein. Zwischen jedem Schritt wird eine Verzögerung eingebaut, die auf das Peripheriegerät und die Übertragungsgeschwindigkeit abgestimmt ist. Nach 8 solchen Schritten ist das Datenwort seriell ausgegeben.

2. Serien-Parallel-Umwandlung: Über die Leitung D0 wird Bit 0 in den Akkumulator eingeschrieben. Anschließend wird der Akkumulatorinhalt um ein Bit nach links geschoben. Nach einer bestimmten Verzögerungszeit wird das nächste Bit in die niedrigste Akkumulatorstelle eingelesen, worauf erneut geschoben wird. Nach 8 Verschiebungen ist ein Datenwort verarbeitet.

So vorteilhaft Software-Lösungen oft sind, das obige Verfahren belastet den Mikroprozessor doch sehr. Daher haben die Mikroprozessor-Hersteller einen leistungsfähigen Interface-Baustein geschaffen, der die Umwandlungen besorgt und auch sonst noch die CPU von einigen Routineaufgaben entlastet. Dieser Baustein heißt Asynchronous Communications Interface Adapter (ACIA).

3.4.3 Interner Aufbau des ACIA

Der ACIA hat zwei Aufgaben:

1. Übernahme paralleler Daten und Umwandlung in serielle Form.
2. Übernahme eines seriellen Datenwortes und Umwandlung in die parallele Form.

Die beiden folgenden Bilder 3.64 und 3.65 zeigen die Anschlüsse und den Aufbau des ACIA 6850.

Das Blockschaltbild ist stark vereinfacht. Auf der CPU-Seite des ACIA wurden nur die Daten-Busanschlüsse gezeichnet.

Der ACIA enthält im wesentlichen 6 Register (Bild 3.65), wovon 4 durch die CPU adressierbar sind. Diese vier sind:

Sende-Daten-Register Steuerregister Statusregister Empfangs-Daten-Register

Um diese Register anzuwählen, genügt ein einziger Adreßanschluß in Verbindung mit der R/$\overline{W}$-Leitung; denn bei jedem Registerpaar, das durch die Adreßleitung RS ausgewählt wird, kann in das eine Register nur geschrieben und aus dem anderen nur gelesen werden. Damit belegt der ACIA im Adreßraum zwei Adressen.

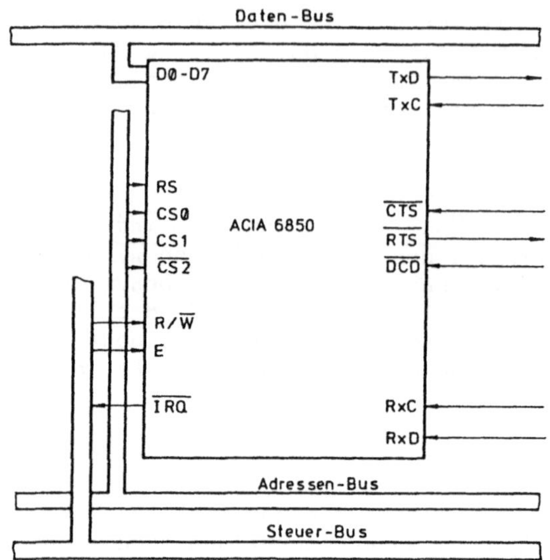

Bild 3.64 Die Anschlüsse des ACIA 6850

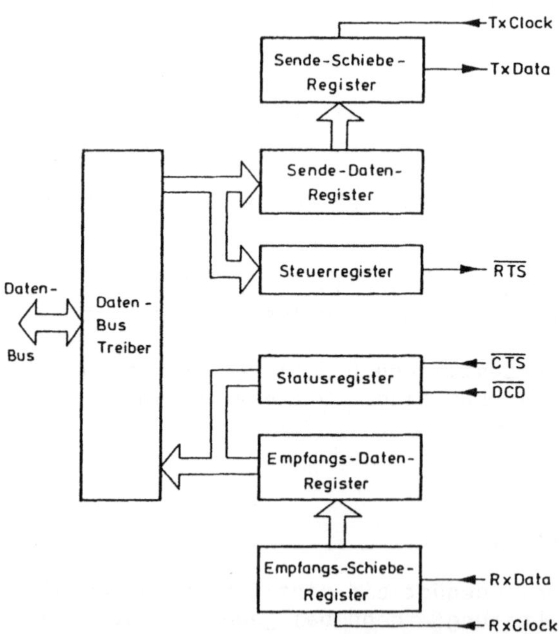

Bild 3.65 Vereinfachtes Blockschaltbild des ACIA 6850

Tabelle 3.5 Adressierung des ACIA-Register

RS	R/$\overline{W}$	
0	0	Steuerregister
0	1	Statusregister
1	0	Sende-Daten-Register
1	1	Empfangs-Daten-Register

Zur Bausteinauswahl besitzt der ACIA drei Chip-Select-Leitungen (CS0, CS1, $\overline{CS2}$). An die E (Enable)-Leitung wird normalerweise der CPU-Takt angelegt, damit der ACIA jeweils im richtigen Augenblick aktiviert wird.

Auf der Peripherieseite des ACIA gibt es die beiden Datenleitungen:

TxD - Transmit Data (Sendedaten)
RxD - Receive Data (Empfangsdaten)

Ferner hat der ACIA zwei von einander unabhängige Taktsignaleingänge. Daher können für die beiden Übertragungswege unterschiedliche Übertragungsgeschwindigkeiten benutzt werden, wie sie z.B. eine langsame Tastatur und ein schneller Drucker aufweisen. Der ACIA besitzt sogar eine programmierbare Taktuntersetzung.

Beim *Senden von Daten* wird die CPU durch einen Store-Befehl veranlaßt, das Datenwort in das Sende-Daten-Register zu schreiben. Der ACIA übergibt das Byte dem Sende-Schieberegister. Der außen angelegte Sendetakt TxC schiebt nun dieses Datenwort am TxD-Ausgang aus dem ACIA hinaus. Hierbei wird automatisch das Datenwort auf das richtige asynchrone Format gebracht, d.h., es werden Start-, Stop- und Paritätsbit in der gewünschten Weise hinzugefügt.

Beim *Empfangen von Daten* werden diese über den Anschluß RxD seriell in das Empfangs-Schieberegister eingeschoben. Das Einlesen wird vom externen Empfangstakt RxC gesteuert. Dabei wird das asynchrone Wortformat mit dem im Steuerregister abgelegten Wort verglichen. Ungleichheit wird als Fehler vermerkt, indem im Statusregister die entsprechenden Flags gesetzt werden. Nachdem das gesamte Datenwort empfangen ist, wird es an das Empfangs-Daten-Register weitergereicht. Von dort kann es über einen Lade-Befehl von der CPU abgeholt werden.

Der soeben beschriebene Datenverkehr läuft voneinander unabhängig ab. D.h., während der ACIA mit einer bestimmten Taktfrequenz Daten ausgibt, kann er gleichzeitig mit einer anderen Taktfrequenz Daten einlesen. Gesteuert wird das ganze vom Steuerregister, überwacht vom Statusregister. Das Steuerregister kann deshalb auch nur beschrieben, und das Statusregister nur gelesen werden. Beim PIA hingegen kann das Control Register sowohl beschrieben als auch gelesen werden, da es sich gewissermaßen um eine Mischung aus Steuer- und Statusregister handelt. Wegen ihrer Bedeutung wollen wir uns mit den beiden ACIA-Registern nun noch näher beschäftigen.

3.4.4 Steuerregister des ACIA

Das Steuerregister, auch Control Register genannt, steuert das Sende- und Empfangsverhalten des ACIA. Durch Programmieren

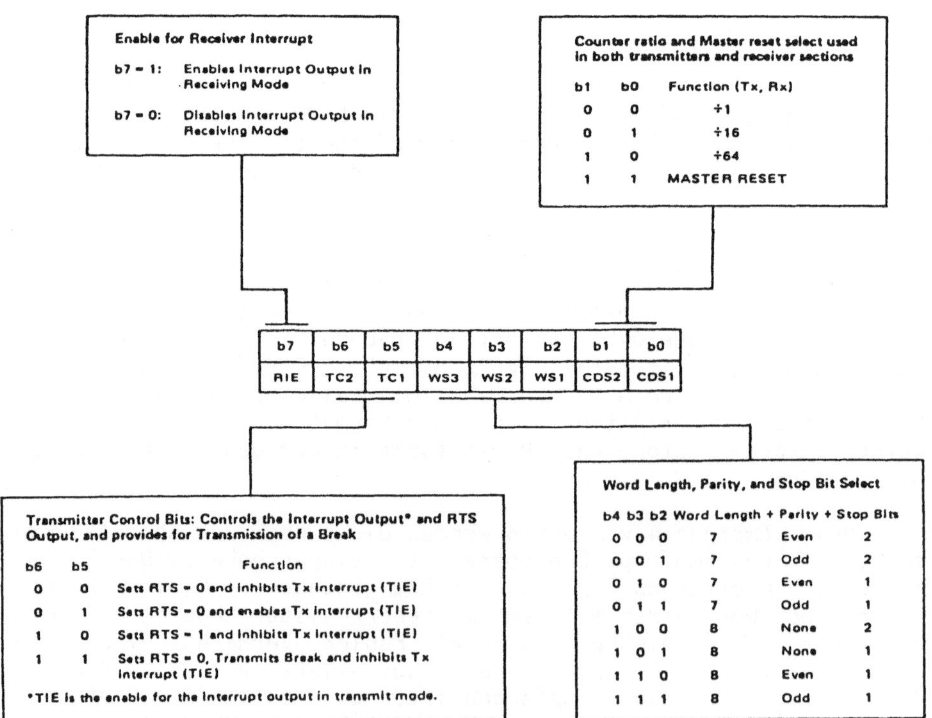

Bild 3.66 Steuerregister

des Steuerregisters mit entsprechenden Bitmustern kann der Anwender die Arbeitsweise des ACIA beeinflussen. Bild 3.66 gibt einen Überblick über die Wirkung der einzelnen Bits.

Die Bits b0 und b1 bestimmen, in welchem Verhältnis Sende- und Empfangstakt untersetzt werden. Sind sie beide 1, erfolgt ein Master Reset; d.h., alle Register mit Ausnahme des Steuerregisters werden gelöscht. Ein Master Reset sollte immer erfolgen, bevor der Datenverkehr beginnt. So wird sichergestellt, daß keine Zufallsdaten, also falsche Daten, ausgetauscht werden.

Die Bits b2, b3 und b4 legen das Format fest (siehe Kapitel 3.4.1). Beim Senden wird das auszugebende Datenwort mit der gewünschten Parität versehen und auf das entsprechende Format gebracht. Beim Empfangen werden die Datenworte auf das eingestellte Format hin überprüft. Fehler werden durch das Statusregister angezeigt.

Da bei der Datenübertragung in der Regel der Sendetakt nicht mit zum Empfänger übertragen wird, dürfen die beiden Taktsignale TxC des sendenden ACIA und RxC des empfangenden ACIA nicht zu weit voneinander abweichen (±5%), um eine fehlerfreie Übertragung zu gewährleisten. Die höchste Übertragungsrate wird erreicht, wenn die auf das letzte Stopbit folgende negative Flanke bereits das Startbit einleitet. Der ACIA ist auf diesen 1/0-Übergang synchronisiert. Es ist einleuchtend, daß Empfänger und Sender außerdem auf das gleiche Wortformat programmiert sein müssen.

Die Bits b5 und b6 steuern den Sendebetrieb. Das bedeutet im wesentlichen zwei Dinge: Wenn das Sende-Daten-Register leer ist, wird eine Interrupt-Anforderung an die CPU ausgelöst, sofern der Interrupt von Bit b5 freigegeben wurde (b5 = 1). Die Steuerleitung RTS (request to send) wird von b6 beeinflußt.

Das Bit b7 steuert den Empfangsbetrieb. Wenn das Empfangs-Daten-Register voll ist, wird ein Interrupt ausgelöst. b7 = 1 läßt diesen Interrupt zur CPU durch, dann wird der Anschluß $\overline{IRQ}$ der ACIA auf Low-Pegel gezogen. b7 = 0 sperrt den Interrupt, dann bleibt $\overline{IRQ}$ auf High.

3.4.5 Statusregister des ACIA

Das Statusregister (Bild 3.67) gibt Auskunft über den Zustand der Register und Leitungen. Es kann vom Prozessor nur gelesen werden. Es sei hier ausdrücklich darauf hingewiesen, daß die einzelnen Flags des Statusregisters - abgesehen von einem

Master Reset – nur dadurch zurückgesetzt werden können, indem die CPU das Empfangs-Daten- und das Statusregister liest.

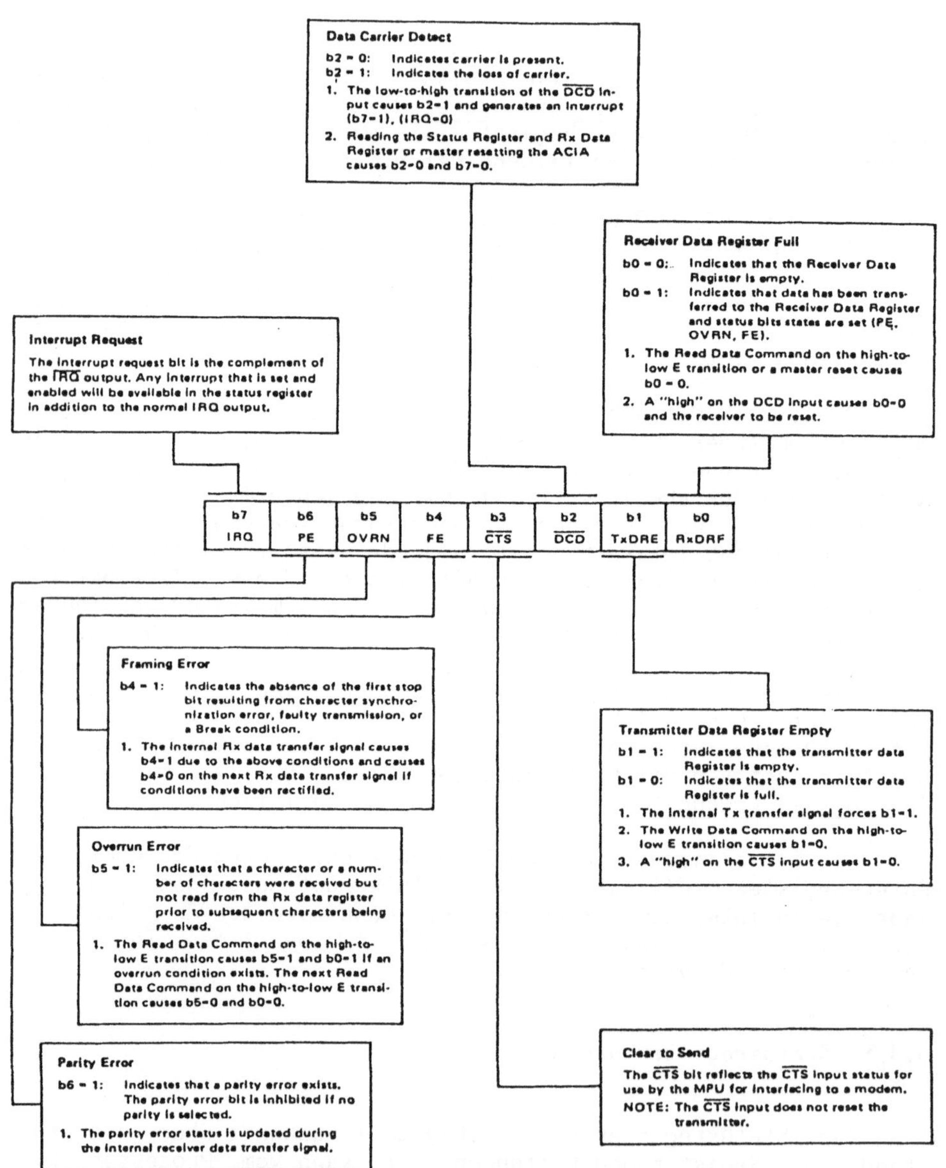

Bild 3.67 Statusregister des ACIA 6850

Vom Statusregister sollen nur Bit b0 und Bit b1 sowie Bit b7 besprochen werden. Bit b0 enthält die Information, ob das Empfangs-Daten-Register voll ist oder leer. b0 = 0 bedeutet leer; b0 = 1 bedeutet voll. Erst wenn das Wort von der CPU gelesen wurde, kann das nächste seriell eintreffende Zeichen das Register überschreiben. b0 wird von der fallenden Flanke des Lese-Impulses auf 0 gesetzt.

Bit b1 enthält die Information, ob das Sende-Daten-Register voll oder leer ist. b1 = 1 bedeutet leer; b1 = 0 bedeutet voll. Das Sende-Daten-Register wird von der CPU geladen. b1 wird auf 0 zurückgesetzt. Anschließend wird das Wort in das Sende-Schieberegister übernommen und ausgegeben. Damit wird b1 auf 1 gesetzt. D.h., die CPU kann ein neues Wort ins Sende-Daten-Register schreiben.

Bit b7 wird gesetzt, um anzuzeigen, daß ein Interrupt aufgetreten ist und zur CPU weitergegeben wurde, indem der Anschluß $\overline{IRQ}$ der ACIA auf Low-Pegel geschaltet wurde.

Die drei externen Steuersignale RTS (*request to send*), CTS (*clear to send*) und DCD (*data carrier detect*) sollen hier nicht im einzelnen besprochen werden. Sie dienen vor allem der Steuerung eines MODEM durch den ACIA.

(MODEM ist eine Abkürzung aus MOdulator-DEModulator. Er hat die Aufgabe, die Impulse des Rechners in analoge Frequenzfolgen umzuwandeln und auf der Empfängerseite in digitale Impulse zurückzuwandeln.)

Die peripherieseitigen Ein- und Ausgangsleitungen sind TTL-kompatibel. Die Signale müssen daher noch auf die jeweils erforderliche Norm gebracht werden. Diese Normen werden in einem späteren Kapitel noch besprochen.

3.4.6 Initialisierung des ACIA

Am Anfang jeder Initialisierung eines ACIA steht ein Master Reset; d.h., die Bits b0 und b1 werden auf 1 gesetzt.

Beispiel:

```
LDA #$03
STA SSR
```

SSR wird hier als Abkürzung für Steuer- bzw. Statusregister verwendet.

Empfangs- und Sendebetrieb sollen anhand von Beispielen erklärt werden.

Beispiel:

Der ACIA soll als Empfänger arbeiten und interruptgesteuert Daten an die CPU weiterleiten. Der Empfangstakt soll 1:16 untersetzt werden. Das Wortformat beträgt 8 Bit auf gerade Parität ergänzt mit einem Stopbit angehängt. Der Empfängerinterrupt muß freigegeben sein. Der für diese Konfiguration notwendige Programmteil lautet:

```
LDA #$99
STA SSR
```

Das Steuerwort lautet $99_{16} = 10011001_2$. Überprüfen Sie das Bitmuster anhand von Bild 3.66.

Beispiel:

Der ACIA soll als Sender arbeiten. Der Empfänger-Interrupt soll dabei gesperrt sein. Der Sender-Interrupt soll sowohl bei Empfang als auch bei Senden gesperrt sein. Für Takt und Wortformat sollen die gleichen Angaben gelten wie bei Empfang. Der Programmteil lautet:

```
LDA #$19
STA SSR
```

3.4.7 Terminalanschluß mit ACIA

Der ACIA versetzt den Anwender in die Lage, Peripheriegeräte mit sehr unterschiedlichen Arbeitsgeschwindigkeiten an den Rechner anzuschließen. Diese Arbeitsgeschwindigkeit wird in Baud gemessen. Wir werden in einem späteren Kapitel noch genauer darauf eingehen. Elektromechanisch arbeitende Fernschreiber haben eine sehr niedere Baudrate wie z.B. 110 1/s. Schnelle mechanische Drucker arbeiten z.B. mit 300 1/s und ein Bildschirmterminal mit 960 1/s. Wie z.B. ein Teletype an einen ACIA angeschlossen werden kann, zeigt Bild 3.68.

Ein Fernschreiber (Teletype, TTY) ist ein serielles, mechanisches Peripheriegerät, das mit 110, 150 oder 300 Baud arbeiten kann (1 Baud = 1 Bd = 1 Stromschritt/s). Der hier verwendete Teletype arbeitet mit 10 Zeichen/Sekunde. Jedes Zeichen besteht aus 11 Bit: 1 Startbit, 8 Datenbits, 2 Stopbits. Das bedeutet eine Übertragungsgeschwindigkeit von 110 Baud. Zur Potentialtrennung werden Optokoppler eingesetzt. Die TTL-Signale werden in die Signale der 20 mA-Stromschleife umgesetzt und umgekehrt.

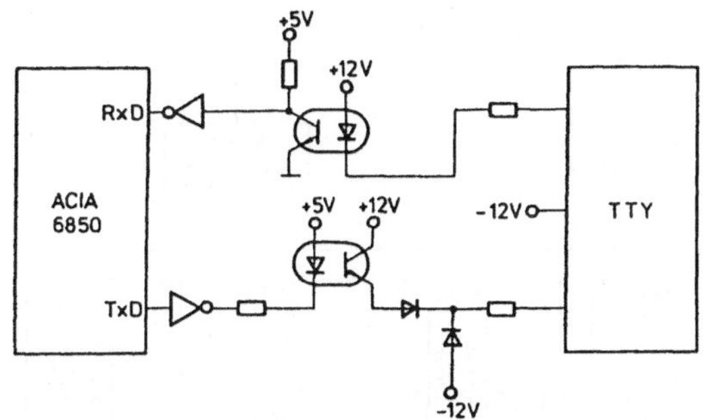

Bild 3.68 Fernschreiber-Interface mit ACIA und Optokoppler

3.5 Spezielle Bausteine

3.5.1 Programmierbarer Zählerbaustein (PTM)

Der PTM 6840 (*Programmable Timer Module*) ist ein sehr universell einsetzbarer Zähler, der speziell für die 68XXX-Mikroprozessoren gebaut wurde und mit diesen Bus-kompatibel ist. Er kann aber auch zusammen mit anderen Prozessoren eingesetzt werden. Mit diesem Baustein lassen sich die unterschiedlichsten Zeitaufgaben lösen. Man kann Frequenzen bzw. Zeiten messen. Man kann Einzelimpulse erzeugen oder auch Rechtecksignale. Die verschiedenen Parameter sind dabei per Programm jederzeit veränderbar. Nachfolgend soll eine kleine Einführung in den Baustein gegeben werden. Wer genauere Angaben benötigt, sollte das Datenblatt zu Rate ziehen.

Interner Aufbau des PTM. Bild 3.69 zeigt das vereinfachte Blockschaltbild des Timers 6840. Er enthält drei voneinander unabhängige Zähler von jeweils 16 Bit Länge. Die Zähler bestehen aus zwei Teilen zu je 8 Bit und haben Zwischenspeicher (latches) vorgeschaltet, die mit dem entsprechenden Anfangszählwert geladen werden. In der Initialisierungsphase wird dieser Wert dann in den Zähler übertragen. Nach dem Starten wird rückwärtsgezählt. Beim 6840 wird nur rückwärtsgezählt. Der Zähltakt kann dabei über den Enable-Anschluß vom Prozessor herkommen, oder es kann sich um einen externen Takt am Anschluß Cx handeln.

Im Bild 3.69 sind auch zwei Zwischenspeicher zu erkennen - einer für das MSB und einer für das LSB des Zählerwortes. Wie wir wissen, kann der 6809 eine Information immer nur Byte für

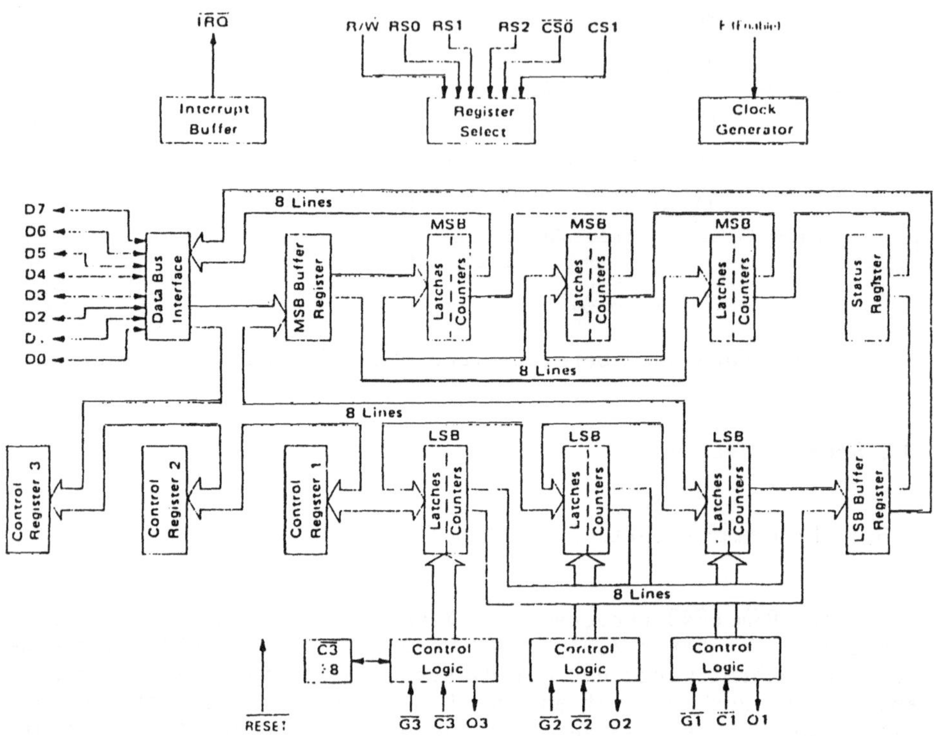

Bild 3.69 Blockschaltbild des PTM 6840

Byte abarbeiten. Die 16 Latches des betreffenden Zählers müssen aber gleichzeitig auf den gewünschten Zählwert eingestellt werden. Beim Laden des Zählers schreibt die CPU zunächst das Higher Byte des Zählwertes in das MSB-Zwischenregister. Anschließend schreibt sie dann das Lower Byte des Zählwertes in die acht niederwertigen Latches des Zählers, und gleichzeitig damit wird der Wert aus dem MSB-Zwischenspeicher in die höherwertigen Latches übertragen. Dieser ganze Vorgang wird mit einem einzigen 16-Bit-Register-Store-Befehl (z.B. STX oder STY) ausgeführt, da die Adressen des MSB-Zwischenspeichers und der LSB-Latches der Zähler hintereinander liegen.

Auch beim Lesen kann mit einem einzigen Lade-Befehl (z.B. LDX oder LDY) auf den Zähler zugegriffen werden. Wird nämlich das MSB aus dem betreffenden Zähler gelesen, so wird gleichzeitig damit das LSB des aktuellen Zählerstandes in den LSB-Zwischenspeicher abgelegt, von wo es in einem zweiten Lesezyklus geholt werden kann.

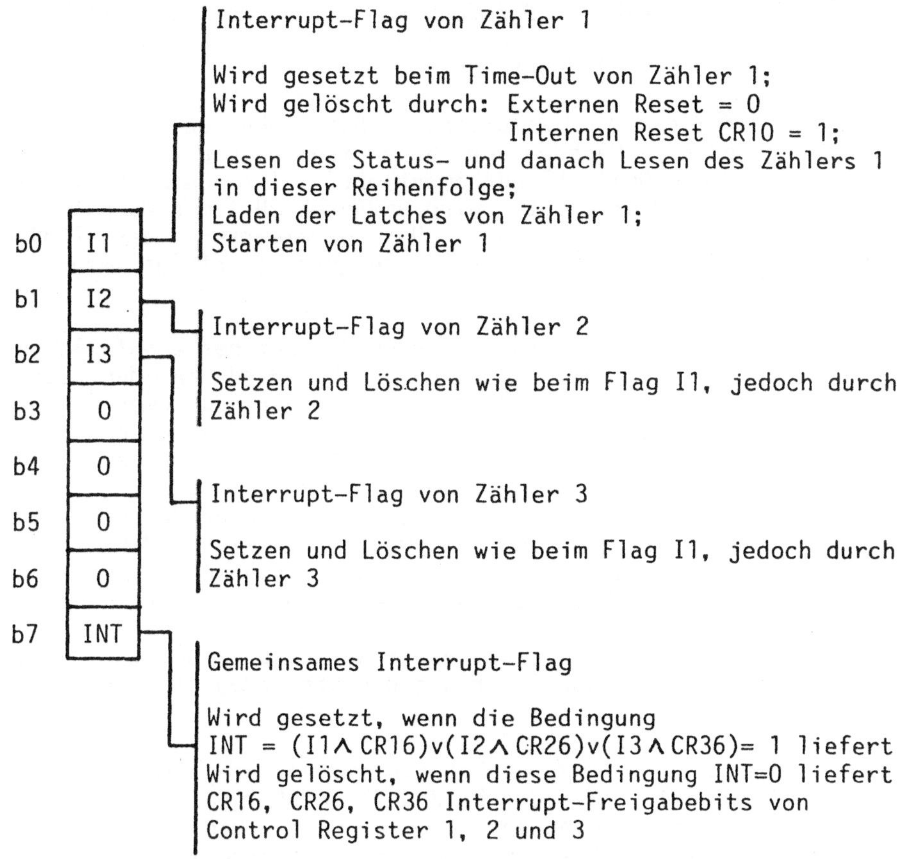

Bild 3.70 Statusregister des PTM 6840

Der 6840 besitzt ein Statusregister (Bild 3.70), das für den gesamten Zähler zuständig ist. Dieses Register kann nur gelesen werden. Es konnte deshalb mit dem Steuerregister 2 auf eine Adresse gelegt werden. Die Unterscheidung wird durch die R/$\overline{W}$-Leitung vorgenommen, denn die Steuerregister können nur beschrieben werden. Im Statusregister ist jedem Zähler ein Interrupt-Flag zugeordnet (Bit b0, b1, b2). Bild 3.70 zeigt, unter welchen Bedingungen diese gesetzt werden. Außerdem wird nur noch Bit b7 verwendet. b7 stellt ein gemeinsames Interrupt-Flag dar.

Zu jedem Zähler gehört auch ein seperates Steuerregister (Control Register). Wegen der Bedeutung dieser Register, soll nachfolgend gesondert darauf eingegangen werden.

Wirkungsweise des PTM. Der 6840 kann immer nur rückwärts zählen. Es gibt dabei zwei verschiedene Zählweisen - den 16-Bit-Zählmodus und den Dual-8-Bit-Zählmodus.

Beim *16-Bit-Modus* wird eine 16 Bit lange Dualzahl in die Latches geladen. Nachdem der Zähler freigegeben ist, wird mit jedem Takt diese Dualzahl dekrementiert. Ist beim Rückwärtszählen der Wert 0 erreicht, wird am Anschluß Timer Output (Ox; x = 1,2,3) ein Signal erzeugt. Das Dekrementieren des Zählers und die Bildung des Signals am Zählerausgang erfolgt immer bei der negativen Flanke des Taktes.

Beim *Dual-8-Bit-Modus* werden die Latches ebenfalls mit einer Dualzahl geladen, die dann anschließend in den Zähler übertragen wird. Anschließend wird aber nur das Lower Byte des Zählers dekrementiert. Jedesmal wenn das LSB des Zählers auf 0 heruntergezählt ist, wird das MSB des Zählers um 1 erniedrigt und das LSB des Zählers wieder mit dem Ursprungswert, der noch in den Latches steht, geladen. Anschließend wird erneut dekrementiert, bis schließlich auch das MSB den Wert 0 aufweist und damit das Ausgangssignal am Anschluß Time-Out (Ox) erscheint. Es handelt sich beim Dual-8-Bit-Modus um zwei verschachtelte Zeitschleifen.

Bevor wir nun noch etwas näher auf die Arbeitsweise des Zählers eingehen, müssen wir uns die Steuerregister anschauen (Bild 3.71).

Jeder Zähler x (x = 1, 2, 3) hat ein eigenes Steuerregister CRx (Control Register). Wie das Bild 3.71 zeigt, hat das erste Bit CRx0 für jeden Zähler eine andere Bedeutung. Hingegen haben die übrigen Bit CRx1 bis CRx7 in allen drei Steuerregistern dieselbe Wirkung. Die Wirkung von CRx1, CRx2, CRx6 und CRx7 wird aus Bild 3.71 deutlich. Komplizierter ist die Bedeutung der Bits CRx3, CRx4 und CRx5. Sie bestimmen im Grunde vier verschiedene Arbeitsweisen, die kurz erklärt werden sollen. Für genauere Angaben sei der Leser auf das Datenblatt verwiesen.

Kontinuierliche Zählweise (CRx3 = 0; CRx5 = 0): Es wird ein Rechtecksignal erzeugt, dessen Periodendauer von der in den Latches stehenden Zahl abhängt, und dessen Taktverhältnis vom Arbeitsmodus (16-Bit oder Dual-8-Bit) abhängt.

Einzelimpulserzeugung (CRx3 = 0; CRx5 = 1): Am Ausgang Ox wird ein Einzelimpuls erzeugt, dessen Dauer programmierbar ist. Ebenso ist die Zeit, nach der der Impuls erscheint, programmierbar.

Frequenzmessung (CRx3 = 1; CRx4 = 0): Von dem Rechtecksignal, das auf den Anschluß Gx des Zählers x gegeben wird, wird die

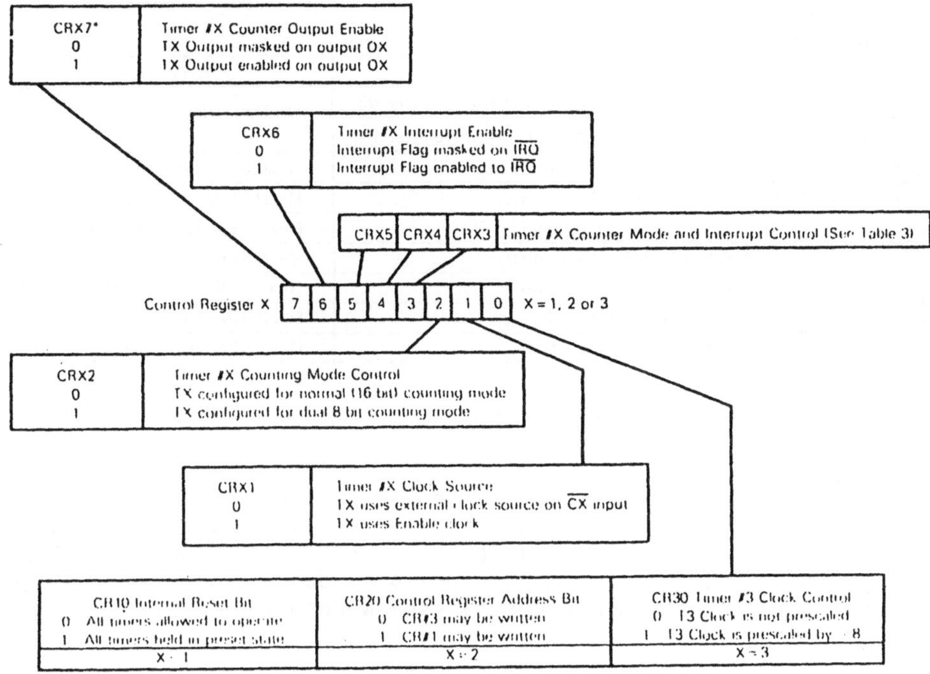

Bild 3.71 Steuerregister des PTM 6840

Periodendauer gemessen. Damit läßt sich die Frequenz des Meßsignals bestimmen.

Impulsbreitenmessung (CRx3 = 1; CRx4 = 1): Die Zeit, während der ein an Gx liegender Impuls auf L-Pegel bleibt, wird ausgemessen.

Adressierung des PTM. Der 6840 benötigt im Adreßraum 8 Adressen. Die Adreßbelegung der einzelnen Register zeigt Bild 3.72.

Wie beim PIA tritt hier das Problem auf, daß sich in die 8 Adressen 16 Register teilen müssen. Und ähnlich wie beim PIA wird das Problem hier gelöst. Das Bit b0 vom Steuerregister 2, also CR20, wird gewissermaßen als Adreßbit verwendet. Will man also die Steuerregister 1 und 3 erreichen, muß zunächst erst einmal mit der Kombination RS0 = 1, RS1 = RS2 = 0 das Steuerregister 2 beschrieben werden. Wird in CR20 = 0 geschrieben, wird mit der Kombination RS0 = RS1 = RS2 = 0 das Steuerregister 3 angesprochen. Bei CR20 = 1 wird unter derselben Adresse Steuerregister 1 angewählt. Wie Bild 3.72 zeigt, wird die R/$\overline{W}$-Leitung ebenfalls zur Registerauswahl mit herangezogen.

Register Select Inputs			Operations	
RS2	RS1	RS0	R/$\overline{W}$ = 0	R/$\overline{W}$ = 1
0	0	0	CR20 = 0 Write Control Register #3 CR20 = 1 Write Control Register #1	No Operation
0	0	1	Write Control Register #2	Read Status Register
0	1	0	Write MSB Buffer Register	Read Timer #1 Counter
0	1	1	Write Timer #1 Latches	Read LSB Buffer Register
1	0	0	Write MSB Buffer Register	Read Timer #2 Counter
1	0	1	Write Timer #2 Latches	Read LSB Buffer Register
1	1	0	Write MSB Buffer Register	Read Timer #3 Counter
1	1	1	Write Timer #3 Latches	Read LSB Buffer Register

Bild 3.72 Adreßbelegung der Register des PTM 6840

Der 6840 hat außer den "echten" Adreßeingängen RS0 bis RS2 noch zwei Chip-Select-Eingänge. Sie ermöglichen es bei entsprechender Codierung den Timer an beliebiger Stelle im Adreßraum zu plazieren. Bild 3.73 zeigt ein Beispiel dafür, wie der 6840 an ein Mikroprozessorsystem angeschlossen werden kann.

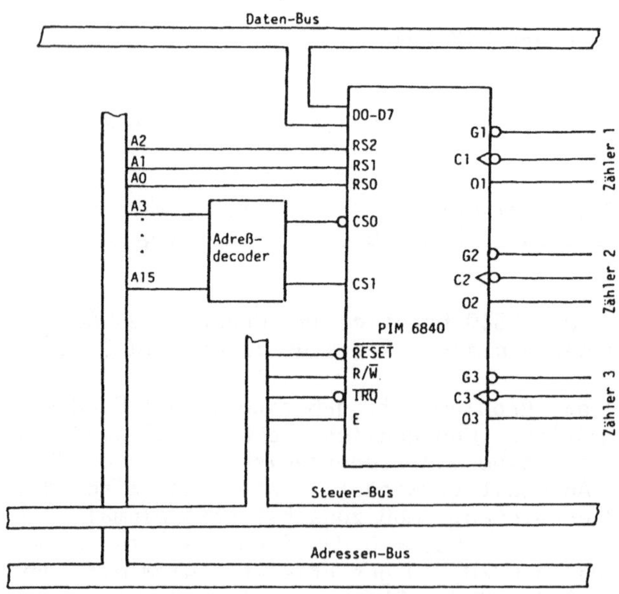

Bild 3.73 Anschluß des PTM 6840 an den Prozessorbus

3.5.2 Prioritäts-Interrupt-Controller (PIC)

Interrupt bedeutet Unterbrechung. Die Arbeit der CPU wird durch das Anforderungssignal einer Funktionseinheit oder auch durch einen Befehl (z.B. SWI) unterbrochen, und ein zur Interruptquelle gehörendes Service-Programm wird ausgeführt. Typische Interruptquellen sind Peripheriegeräte wie Drucker, Tastaturen und Floppy-Disk-Speicher, die ihre Interruptanforderung in der Regel über einen Interface-Baustein an den Prozessor weiterleiten. Die Unterbrechungsanforderungen können aber auch von integrierten Funktionseinheiten wie z.B. Zeitgeber- oder DMA-Controller kommen.

In Kapitel 2.4 haben wir die Interrupt-Möglichkeiten des 6809-Prozessors kennengelernt. Wir haben dort die Interrupt-Verarbeitung mehr aus der Sicht des Programmierers kennengelernt und wollen uns nun mehr mit dem Systemaufbau beschäftigen.

Ein Mikroprozessorsystem hat meist mehrere Peripheriegeräte, die alle die Möglichkeit haben sollten, sich über Interrupt Zugang zur CPU zu verschaffen. Der Mikroprozessor muß also imstande sein, die Quelle der Interrupt-Anforderung zu erkennen. Die Identifikation der Anforderungsquelle ist notwendig, weil für jedes Peripheriegerät ein spezielles Service-Programm erforderlich ist. Es gibt verschiedene Verfahren, die man nach Software und Hardware aufteilen kann. Welches Verfahren man einsetzt, hängt von der Geschwindigkeit und den Kosten ab. Software-Lösungen kosten Zeit, sind aber billig. Bei zeitkritischen Anwendungen (Echtzeitbetrieb) muß man die schnellere Hardware-Lösung wählen, die aber mehr kostet.

Bei der *Software-Methode* wird eine Abfragetechnik eingesetzt (polling). Die CPU fragt alle angeschlossenen Funktionseinheiten ab, ob sie den Interrupt ausgelöst haben. Wir werden uns mit diesem Verfahren in Kapitel 5 noch ausführlich beschäftigen.

Bei der *Hardware-Methode* werden zusätzliche Bausteine benötigt, die zum Teil recht kompliziert sind und damit Geld kosten. Dafür wird aber praktisch gleichzeitig mit der Interrupt-Anforderung die Startadresse der Interrupt-Service-Routine auf dem Bus bereitgestellt, sodaß dieses Verfahren sehr schnell ist.

Die einfachste Hardware-Lösung ist die, daß der Prozessor mehrere Interrupt-Eingänge hat. Sonst muß sich der Anwender die Prioritätsschaltung selbst aufbauen, oder er setzt speziell entwickelte Prioritätsschaltkreise ein, wie z.B. den Prioritäts-Interrupt-Controller (PIC) 6828.

Die eleganteste Methode besteht darin, daß alle IRQ-Leitungen der Peripheriegeräte zu einem Datenwort zusammengefaßt werden, das von der CPU eingelesen wird. Dieses Datenwort dient zur Bildung der Startadresse der betreffenden Interrupt-Service-Routine. Man nennt das Verfahren Vectored Interrupt.

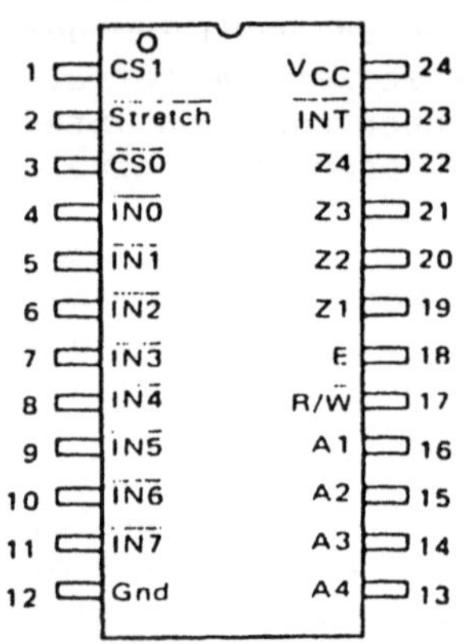

Bild 3.74 Pinbelegung des PIC 6828

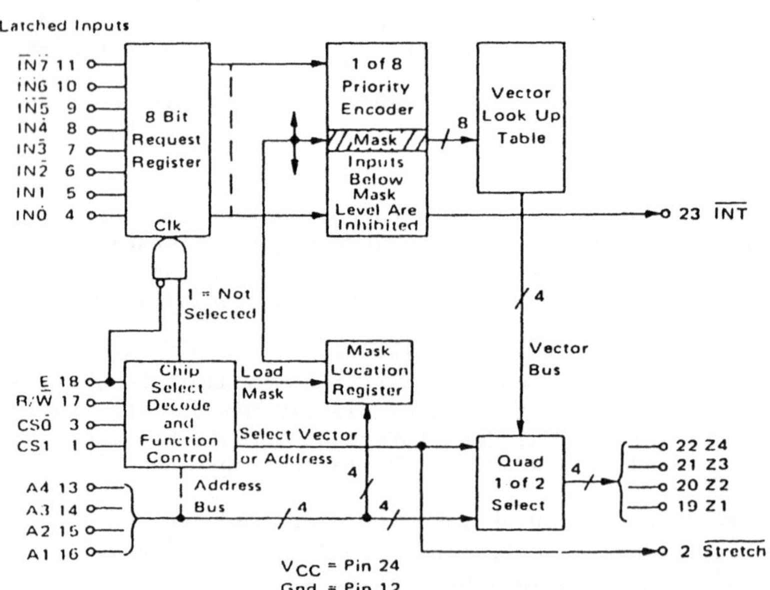

Bild 3.75 Blockschaltbild des PIC 6828

Vectored Interrupt ist eine feste Zuordnung zwischen Peripheriegerät und Startadresse der zugehörigen Routine mittels Hardware.

In diesem Kapitel beschäftigen wir uns mit Mikroprozessorbausteinen. Deshalb soll der PIC 6828 hier vorgestellt werden. Genauer werden wir uns mit der Interrupt-Verarbeitung in Kapitel 5 beschäftigen.

Bild 3.74 und 3.75 zeigen die Anschlüsse und den Aufbau des 6828. Der PIC ordnet jeder unterbrechenden Stelle eine eigene Programmadresse zu, unter der die zugehörige Interrupt-Routine zu erreichen ist. Die Verteilung der Priorität erfolgt mit Hilfe einer Maske im sogenannten Prioritäts-Codierer.

3.5.3 Baustein für direkten Speicherzugriff (DMA)

Der direkte Speicherzugriff (DMA: *Direct Memory Access*) ist eine Methode, ohne Mitwirkung der CPU, also prozessorunabhängig, Daten zwischen einem Peripheriegerät und dem Speicher auszutauschen. Der Datenaustausch erfolgt unter der Kontrolle des DMA-Interface. Dieses kann man sich selbst aufbauen, oder man verwendet eine spezielle Steuereinheit, den DMA-Controller (DMAC). Der entsprechende Typ von Motorola heißt 6844. In beiden Fällen ist jedenfalls zusätzliche Hardware notwendig. Allerdings ist die Datenübertragungsgeschwindigkeit wesentlich höher, als es unter Programmkontrolle möglich wäre. DMA wird daher überall dort eingesetzt, wo große Datenmengen (Datenblöcke) in kurzer Zeit übertragen werden sollen, also bei allen externen Massenspeichern. In Mikroprozessorsystemen ist das oft eine Floppy-Disk. Im Vergleich zu einem interruptgesteuerten Datenaustausch benötigt DMA wesentlich weniger Zeit. Als Systementwickler muß man sich überlegen, ob im konkreten Fall die CPU-Zeit wirklich gebraucht wird, weil die DMA-Interface-Bausteine kompliziert und damit teuer sind.

Es soll nun das Prinzip einer DMA-Übertragung erklärt werden. Zuvor sollte man sich nochmals klar machen, was bei einem Datenaustausch durch Interrupt-Steuerung im wesentlichen geschieht. Nachdem die Datenübertragung durch ein IRQ-Signal bei der CPU angemeldet ist, wird das Datenwort vom Eingabegerät eingelesen und im Akkumulator zwischengespeichert. Anschließend schreibt die CPU das Datenwort unter der gewünschten Adresse in den Speicher. Meist werden die Daten in aufeinanderfolgenden Speicherplätzen abgelegt. Die Aufgabe der CPU besteht also nur darin, Daten einzulesen, Daten abzuspeichern und einen Adreßzähler um 1 zu erhöhen. Genau diese Aufgaben kann aber ein DMA-Interface übernehmen. Dieses DMA-Interface benötigt dazu ein Adreßregister, einen Vorwahlzähler, ein Statusregister und ein Steuerregister. Das Adreßregister enthält die Adresse, unter der als nächstes geschrieben werden soll. Im Vorwahlzähler wird die Anzahl der Datenworte gespeichert, anschließend wird rückwärts gezählt. Das Statusregister legt unter anderem fest, ob geschrieben oder gelesen werden soll. Vor Beginn der Datenübertragung wird der DMA-Controller durch das Laden seines Steuerregisters programmiert. Der Datenverkehr kann von der CPU durch Abfragen des DMAC-Statusregisters überwacht werden. Eine Beeinflussung durch die CPU ist jedoch nur zu den Zeitpunkten möglich, in denen der Systembus dem Mikroprozessor zugeteilt ist.

Welche Rolle spielt nun die CPU bei einem DMA-Transfer? Die CPU hat mindestens zwei Anschlüsse, die für DMA verwendet werden können:

DMA REQUEST und
DMA GRANT

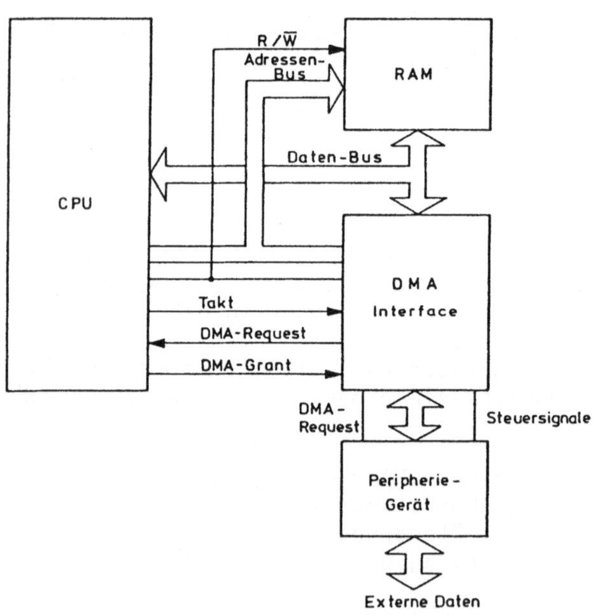

Bild 3.76 Datenaustausch im DMA-Betrieb

Das DMA-Interface sendet ein DMA-Request-Signal an die CPU, mit dem es der CPU mitteilt, daß ein DMA-Transfer vorgenommen werden soll. Beim Mikroprozessor 6809 erfüllt diese Funktion der Anschluß $\overline{HALT}$ (Pin 40) oder der Anschluß $\overline{DMA}/\overline{BREQ}$ (Pin 33).

Ist die CPU bereit, übermittelt sie dem DMA-Interface ein Signal "DMA Grant". Beim Mikroprozessor 6809 ist das der Anschluß BA. Das Wesentliche an einer DMA-Übertragung ist, daß die Adreß- und Datenanschlüsse in den hochohmigen Zustand gehen, d.h., der Mikroprozessor koppelt sich selbst vom Daten- und Adressen-Bus ab und stellt diese unter die Kontrolle des DMA-Interface.

Der Mikroprozessor 6809 kennt verschiedene Methoden des DMA-Transfer, die wir in Kapitel 2.4.5 besprochen haben. Dem Leser sei an dieser Stelle empfohlen, dort nochmals nachzulesen.

Bild 3.76 zeigt den Prinzipaufbau einer Datenübertragung mit einem DMA-Controller.

3.5.4 Floppy-Disk-Controller (FDC)

Ein sehr beliebter Hintergrundspeicher für Mikroprozessoren ist der Floppy-Disk-Speicher. Speichermedium ist eine flexible Kunststoffscheibe (Diskette) mit einer magnetisierbaren Beschichtung. Es gibt drei Ausführungen, die sich im Durchmesser unterscheiden - 8 Zoll, 5 1/4 Zoll und neuerdings 3 1/4 Zoll. Die Speicherkapazität liegt je nach Bauart und Schreibdichte zwischen 150 und 1000 kByte. Die mittlere Zugriffszeit beträgt 100 bis 300 ms. Es übersteigt den Rahmen dieses Buches, auf dieses zweifellos sehr wichtige Speichermedium näher einzugehen. Wir wollen uns an dieser Stelle kurz mit dem zugehörigen Steuerbaustein befassen, und zwar nur mit der Funktion dieses Bauelementes, nicht mit seinem inneren Aufbau.

Ein FD-Controller hat im wesentlichen die Aufgabe, Datenblöcke zu verwalten. Dazu muß er Statussignale auswerten und bestimmte Steuersignale erzeugen. Der eigentliche Datenverkehr wird dabei meist von einem DMA-Controller übernommen. Bild 3.77 zeigt den Anschluß einer Floppy-Disk an den Mikroprozessor 6809 über den Floppy-Disk-Controller 6843. Der FDC gibt Steuersignale ab, die z.B. den Schreib-/Lesekopf positionieren. Er vergleicht Adressen, um Datenblöcke zu finden. Er nimmt Parallel/Serien- bzw. Serien/Parallelumsetzung von Daten vor, moduliert und demoduliert die Signale, betreibt die Codesicherung, usw.

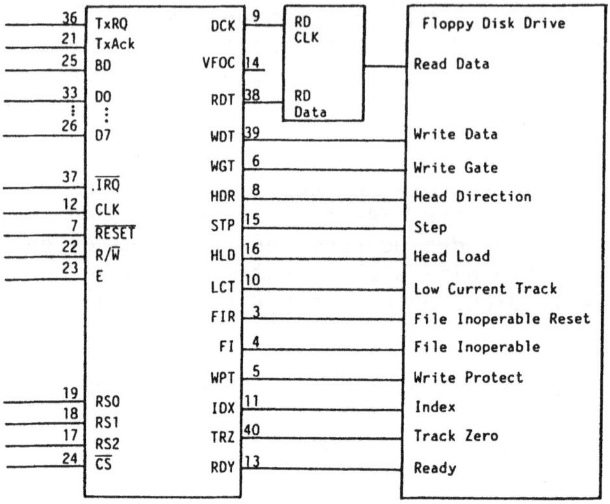

Bild 3.77 Anschluß einer Floppy mit dem FDC 6843

Wie Bild 3.77 zeigt, ist der 6843 Bus-kompatibel. Neu ist CPU-seitig nur das Signal CLK. Dabei handelt es sich um den Modulationstakt, der zur Datenübertragung benötigt wird. Beim Schreiben werden die Daten parallel in das Ausgabe-Register übernommen und bitseriell in modulierter Form an die Floppy-Disk übertragen (Anschluß Write-Data Output (WDT), Pin 39). Beim Lesen werden die Daten dem FDC in modulierter Form vom Floppy-Disk angeboten (Anschluß Read-Data Input (RDT), Pin 38). Aus dem Lesesignal wird durch Demodulation der Lesetakt gewonnen, mit dem die Datenbits in das Eingabe-Register eingetaktet werden. Nachfolgend werden noch einige wichtige Steueranschlüsse des FDC 6843 kurz erklärt:

Head Load Output (HLD) - dient zur Absenkung des Schreib-/Lesekopfes auf die Diskette

Head Direction Output (HDR) - bestimmt die Richtung der Kopfbewegung (zum Mittelpunkt der Disk oder nach außen)

Step Output (STP) - bewegt den Schreib-/Lesekopf zur nächsten Spur, und zwar in die Richtung, die durch das Signal HDR vorgegeben ist

Write Gate Output (WGT) - steuert die Datenflußrichtung (Schreiben bzw. Lesen)

Ready Input (RDY) - an diesem Anschluß meldet die Floppy dem Controller ihre Bereitschaft zur Datenübertragung

Track Zero Input (TRZ) - zeigt an, ob der Kopf über der Spur 0 steht

Index Input (IDX) - zur Anzeige der Sektorlochung

Zum Schluß dieser kurzen Ausführungen seien diejenigen Leser, die sich tiefgründiger mit Floppy-Controller auseinandersetzen wollen (oder müssen), auf das Datenblatt und auf einschlägige Bücher verwiesen.

3.5.5 CRT-Controller

Soll die Ausgabe von Daten auf ein Bildschirmterminal (kurz Display genannt) erfolgen, so wird die hierfür erforderliche Steuerung mit dem CRT-Controller durchgeführt. CRT bedeutet Cathode-Ray-Tube, also Kathodenstrahlröhre. Der CRT-Controller aus der Motorola-Serie heißt 6845. Er hat unter anderem folgende Aufgaben: Adressierung des Bildwiederholspeichers, Generieren des Zeilenindex für den Zeichengenerator, Cursorerzeugung. Auch bei diesem Baustein sei der interessierte Leser auf das entsprechende Datenblatt, bzw. die Literatur verwiesen.

4 Mikroprozessorsysteme mit dem 6809

Der 6809 hat sich in den letzten Jahren vor allem in der Prozeßtechnik ein weites Einsatzfeld erobert. Aber auch im Hobbybereich ist er gut vertreten. Besonders für die 6502-Anwender ist es eine lohnende Aufgabe, auf 6809 umzurüsten. Sie werden von der Leistungsfähigkeit dieses Chips begeistert sein. In diesem Kapitel wird eine Dreiteilung vorgenommen. Zunächst wird ein Selbstbausystem beschrieben. Dann wird kurz auf Personal- bzw. Homecomputer eingegangen, die als CPU den 6809 enthalten. Im Anschluß daran wird ein Industriesystem vorgestellt. Es geht im folgenden nur darum, dem Leser einen Einblick in die verschiedenen Anwendungsgebiete des 6809 zu geben. Umfassendere Informationen sind den jeweiligen Firmenunterlagen und der Spezialliteratur zu entnehmen.

4.1 Minimalsystem im Selbstbau

4.1.1 Kurzbeschreibung des GSL09

Der Einplatinencomputer GSL09 wurde als Selbstbausystem entwickelt. Er ist besonders für die Ausbildung in Schule und Betrieb geeignet, ermöglicht aber auch eine Einarbeitung im Selbststudium, da die beigefügte Dokumentation sehr ausführlich ist, und außerdem eine Sammlung von ca. 100 Übungsbeispielen zur Verfügung steht. Grundlage für die Entwicklung des GSL09 war das Konzept "learning by doing". Der Schüler lernt Computertechnik, indem er sich selbst einen Computer baut. Vorausgesetzt werden dabei Grundlagenkenntnisse in Elektrotechnik.

Die wichtigsten Lernziele, die mit dem Gerät verfolgt werden, sind:

- Überblick über Aufbau und Wirkungsweise der einzelnen Baugruppen eines Mikrocomputers
- Kenntnisse über Systembus und Peripherie (Anschlußtechnik, Timing)
- Kenntnisse der Befehlsstruktur des Prozessors

- Fähigkeit, für einfache Probleme Programme in Assembler zu erstellen und auszutesten
- Fähigkeit, das System an einfache Peripherie zu adaptieren.

Um eigenes Experimentieren und gründliches Üben zu ermöglichen, wurde zum GSL09 ein Interfaceboard entwickelt, das mit der Rechnerplatine über ein 24-poliges Bandkabel verbunden wird.

Der Mikrocomputer GSL09 ist ferner für die Prozessdatenerfassung und -verarbeitung sowie als einfaches, aber preisgünstiges Entwicklungssystem zu verwenden. Die Bussignale sind gepuffert und auf eine 31-polige Steckerleiste geführt, wodurch sich die Platine als Zentraleinheit eines Komplettsystems mit RAM-Erweiterung, Floppy-Controller u.a. einsetzen läßt. Ferner ist eine RS232-Schnittstelle implementiert, wodurch der Anschluß eines Terminals oder Druckers möglich wird.

Der verwendete Mikroprozessor 6809 gilt als modernster 8-Bit Prozessor durch seinen mächtigen Befehlssatz und die interne 16-Bit Struktur. Besonders bemerkenswert ist seine klare, benutzerfreundliche Architektur. Zusammen mit seinem regelmäßigen Befehlssatz macht sie den 6809 zum idealen Werkzeug für den Programmierer.

Im Bausatz enthalten ist ein komfortables Monitorprogramm, das Stand-alone Betrieb ermöglicht und alle nötigen Funktionen zum Austesten von Programmen enthält.

4.1.2 Blockschaltbild, technische Daten, Eigenschaften

Bild 4.1 zeigt das Blockschaltbild. Der 6809 wird von einem 2K-Monitor gesteuert, der in einen 2716-EPROM gespeichert ist. Zur Verfügung steht 1K-RAM, was für die Lernprogramme und auch für kleine Steuerprogramme völlig ausreichend ist.

Es sind zwei Parallelinterface-Bausteine vorhanden. Der eine dient zum Anschluß von Tastatur und Anzeige. Der andere ermöglicht es dem Anwender, den Experimenter oder auch eigene Peripherie anzuschließen. Eine serielle Schnittstelle ist ebenfalls vorhanden, damit der Kit auch von einem Terminal aus bedient werden kann, oder z.B. ein Drucker angeschlossen werden kann.

Nachfolgend sind in Kurzform einige technische Daten und Eigenschaften des GSL09-Computers zusammengestellt.

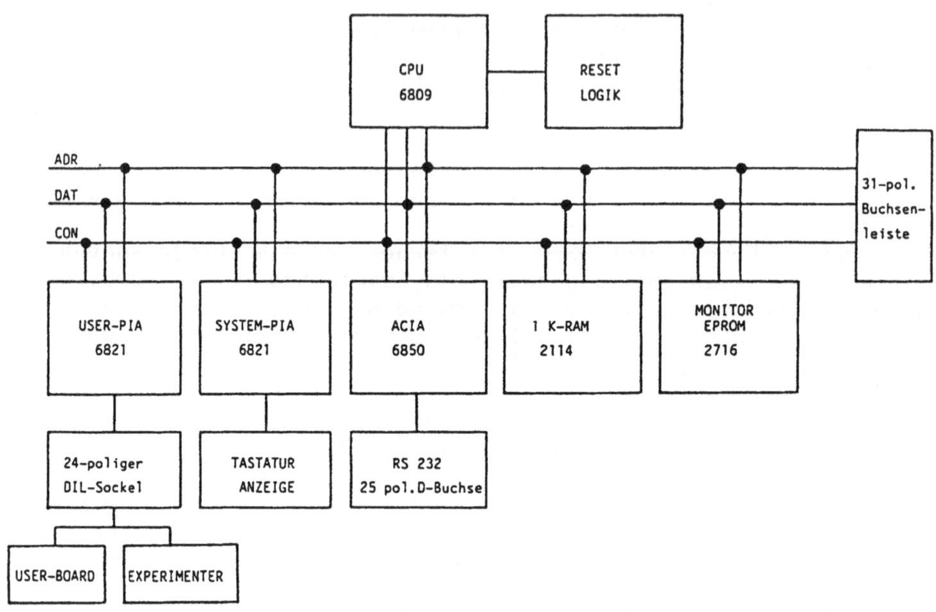

Bild 4.1 Blockschaltbild

Prozessor: MC6809 mit interner 16-Bit-Wortbreite, 64kByte Adreßbereich, Taktfrequenz 1MHz (4 MHz-Quarz)

Speicher: 1 kByte statisches RAM, erweiterbar auf 48 k

Ein-/Ausgabe: Tastatur: hexadezimal mit acht Funktionstasten, Reset-Taste
Anzeige: sechs 7-Segmentanzeigen (vier für Adresse, zwei für Daten)
Tastatur und Anzeige werden über ein Parallelport bedient. (6821 System-PIA)

Serielle Schnittstelle: 6850 ACIA (UART) mit einstellbarem Baudratengenerator, Interface nach RS232 mit D-Buchsenstecker

Parallele Schnittstelle: 6821 User-PIA, alle peripherieseitigen Anschlüsse auf 24-poligen Sockel geführt.

Busschnittstelle: Prozessorleitungen auf Busstecker geführt; alle Ausgänge gepuffert, dadurch universell erweiterbar

Einzelanschlüsse: Die wichtigsten CPU-Steuer- und Statussignale sind an Lötstützpunkte geführt, sodaß Messungen und Erweiterungen direkt von der Platine aus möglich sind.

4.1.3 Speicherbelegungsplan und Adressendecodierung

Der 8-Bit-Mikroprozessor hat einen 16-Bit breiten Adressen-Bus. D.h., es können 65536 Adressen gebildet werden. Dieser verfügbare Adressenbereich wird für drei Bausteinarten benutzt: die RAM-Bausteine, die verschiedenen Arten von ROM und die Interface-Bausteine, die wie Speicherplätze behandelt werden.

Adresse	Baustein	Größe	
FFFF – FC00	EPROM	1K	8K Decoder 2
FBFF – F800	(Monitor)	1K	
F7FF – F400		1K	
F3FF – F000		1K	
EFFF – EC00		1K	
EBFF – E800	ACIA	1K	
E7FF – E400	PIA-System	1K	
E3FF – E000	PIA-User	1K	
DFFF – C000		8K	
BFFF – A000		8K	
9FFF – 8000		8K	
7FFF – 6000		8K	
5FFF – 4000		8K	
3FFF – 2000		8K	
1FFF – 0000		8K	
03FF – 0000	RAM		

Bild 4.2 Speicherbelegungsplan

Beim Entwurf eines Systems muß man sich einen Speicherplan (*Memory Map*) anlegen, in dem für jeden Baustein ein fester Platz reserviert ist, also die Anfangs- und Endadresse angegeben ist. Bild 4.2 zeigt den Speicherbelegungsplan des GSL09.

Der Decoder 1 (SN74LS138) teilt den 64K-Adreßraum in 8 Blöcke zu je 8 KByte auf. Der Decoder 2 (SN74LS138) teilt den obersten 8K-Block (von E000 bis FFFF) nochmals in 8 Blöcke zu je 1 KByte auf. Der untere 8K-Block (0000 - 1FFF) und der obere 8K-Block (E000 - FFFF) sind - wie der Adreßplan zeigt - belegt. Die restlichen sechs Ausgänge von Decoder 1 sind auf die 31-polige Steckerleiste geführt, ebenso die Adreßleitungen A0 bis A12. Damit steht dem Anwender für Erweiterungen ein freier Adreßraum von 48 KByte zur Verfügung. Alle Signale sind außerdem schon auf der Rechnerplatine gepuffert.

Die Verteilung der Adressen ist von verschiedenen Gesichtspunkten abhängig, wie z.B. eine hardwaremäßig einfache Adressendecodierung, wenn nur ein Teil des Adreßraumes belegt wird, oder Ausnutzung der Direct-Adressierung usw. Es gibt grundsätzlich zwei Möglichkeiten der Adressendecodierung: Partielle Decodierung und Volle Decodierung.

Partielle Adressendecodierung. Es wird nur ein Teil der Adreßleitungen decodiert. Bild 4.3 zeigt eine Möglichkeit. Das System hat ein ROM und ein RAM mit jeweils 256 Speicherplätzen, sowie einen Interface-Baustein. Um in den Speichern eines der 256 möglichen Worte auszuwählen, sind acht Adreßleitungen nötig. Die CPU muß aber auch in der Lage sein, zwischen dem RAM und dem ROM sowie dem Interface wählen zu können. Dazu haben die Bausteine einen oder mehrere Auswahleingänge (*Chip Select (CS)* oder *Chip Enable (CE)*). Über diesen CS-Anschluß wird der Baustein überhaupt erst aktiviert, sodaß geschrieben oder gelesen werden kann.

Die partielle Decodierung für unser kleines Mikroprozessorsystem sieht nun folgendermaßen aus: Zur Auswahl der in jedem Speichermodul verfügbaren 256 Worte schließen wir die Adreßeingänge beider Module an die Adreßleitungen A0 bis A7. Wie Bild 4.4 zeigt, dient bei dem RAM-Modul die Adreßleitung A7 dazu, zwischen den beiden Chips zu unterscheiden. Das RAM-Modul faßt 256 Bytes und ist aus zwei Chips aufgebaut, die je 128 Bytes fassen. Die RAM-Chips haben zwei CS-Eingänge zur Chipauswahl; der eine ist High-aktiv, der andere Low-aktiv. CS0 ist mit A7 verbunden, einmal direkt und einmal über einen Inverter. Dadurch wird je nach Wertigkeit von A7 das entsprechende IC angesprochen. $\overline{CS1}$ ist über eine kleine Adressendecoderschaltung (Bild 4.4) mit A15 verbunden.

	A15	.	A13	.	A11	.	A9	A8	A7	A6	A5	A4	A3	A2	A1	A0	
FFFF	1	1	X	X	X	X	X	X	1	1	1	1	1	1	1	1	ROM (256 Bytes)
FF00	1	1	X	X	X	X	X	X	0	0	0	0	0	0	0	0	
8003	1	0	X	X	X	X	X	X	X	X	X	X	X	X	1	1	Ein-/Ausgabe Interface (4 Bytes)
															1	0	
															0	1	
8000	1	0	X	X	X	X	X	X	X	X	X	X	X	X	0	0	
00FF	0	X	X	X	X	X	X	X	1	1	1	1	1	1	1	1	RAM II (128 Bytes)
0080	0	X	X	X	X	X	X	X	1	0	0	0	0	0	0	0	
007F	0	X	X	X	X	X	X	X	0	1	1	1	1	1	1	1	RAM I (128 Bytes)
0000	0	X	X	X	X	X	X	X	0	0	0	0	0	0	0	0	

X = redundant

Bild 4.3 Beispiel eines Speicherbelegungsplanes

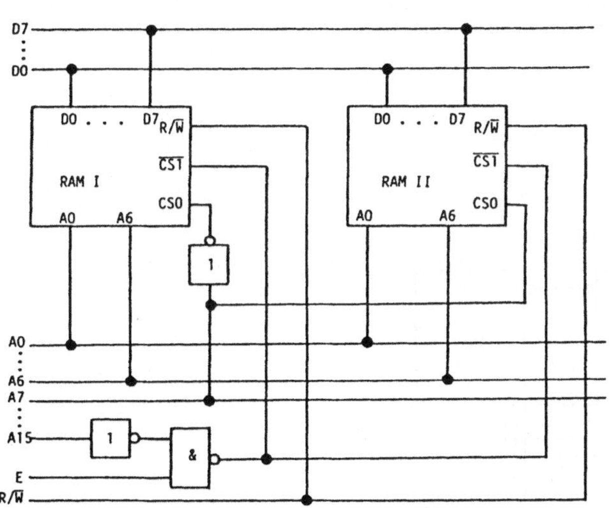

Bild 4.4 Beispiel für partielle Adressendecodierung beim RAM

Nur wenn A15 = 0, wird das RAM-Modul angesprochen. Außerdem wird durch die Schaltung das Taktsignal E noch mitverknüpft. Immer wenn E am Ende eines Taktzyklus auf Low-Pegel geht, müssen die Daten auf dem Bus anliegen, um mit der fallenden Flanke von E übernommen werden zu können. Daher sollte bei allen Bausteinen, in die man schreiben kann, das E-Signal zur Decodierung verwendet werden. In unserem Beispiel führt die $\overline{CS1}$-Leitung Low-Potential, wenn A15 Low ist und E High. Damit ist das RAM angewählt, und die R/$\overline{W}$-Leitung bestimmt, ob gelesen oder geschrieben wird.

Der gezeichnete Adressendecodierer spricht auf alle Adressen an, die gleich oder kleiner 0111 1111 1111 1111 (7FFF) sind. Da unser RAM-Modul nur 256 Bytes groß ist, kann es von sehr vielen Adressen angesprochen werden. Wollen wir z.B. den Speicherplatz 0000_{16} ansprechen, so legen wir die Kombination 0000 auf den Adressen-Bus. Wir können aber genauso gut die Kombination 0A00 auswählen, oder 7F00, 3B00, usw. In allen Fällen ist A15 0, und damit wird der RAM angewählt. Ferner sind A0 bis A7 0, und damit wird der Speicherplatz mit der Nummer 0 innerhalb des RAM ausgewählt. Die partielle Decodierung ist sehr einfach, weil keine zusätzlichen Bausteine oder nur sehr wenige benötigt werden. Jeder neue Baustein erhält einfach eine neue Adreßleitung. Der Nachteil ist, daß jede neu zur Decodierung verwendete Adreßleitung den vorhandenen Speicherbereich halbiert.

Die partielle Adressendecodierung findet bei kleineren Mikroprozessorsystemen häufig Verwendung, weil sie Decodier-Logik einspart. Man muß nur einen genauen Speicherplan aufstellen und bei System-Erweiterungen die oben erwähnten Einschränkungen beachten.

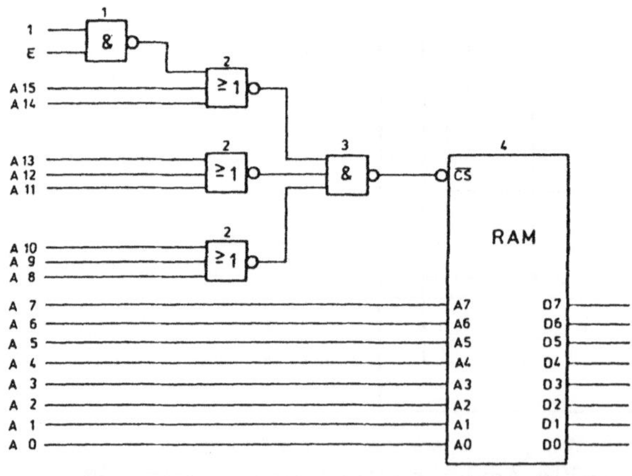

Bild 4.5 Beispiel einer vollen Adressendecodierung

Volle Adressendecodierung. Sinn einer vollständigen Adressendecodierung ist es, sich die Möglichkeit zu erhalten, 64 K verschiedene Plätze anzusprechen. Jede Adreßleitung muß in diesem Fall entsprechend dem Speicherplan beschaltet werden. In unserem Beispiel belegt der RAM-Speicher die unteren 256 Plätze. D.h., der RAM darf nur angesprochen werden, wenn die Adreßleitungen A8 bis A15 Low-Potential führen. Bild 4.5 zeigt eine mögliche Schaltung. Der E-Takt ist wieder entsprechend berücksichtigt.

Es gibt auch Decodierer, die auf einem IC untergebracht sind, wie z.B. den "3-to-8 line decoder" SN74LS138 (Bild 4.6), der auch im GSL09 verwendet wird. Dieser Baustein hat drei Eingänge, mit deren Hilfe man acht verschiedene Ausgänge einzeln anwählen kann. Außerdem besitzt er drei CS-Eingänge zur Auswahl des Decodierers selbst.

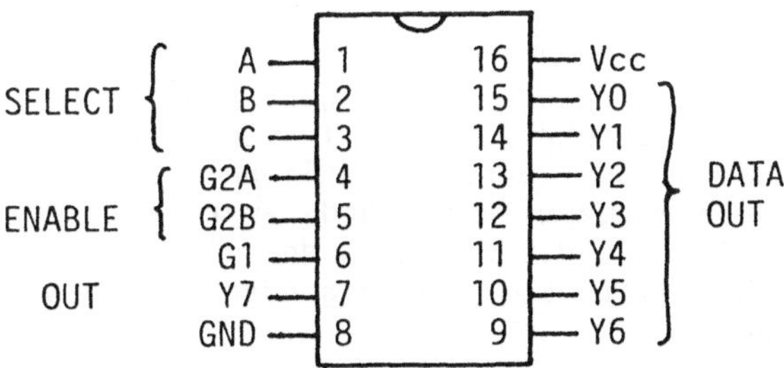

Bild 4.6 74LS138 3-to-8 Decoder

Im GSL09 werden zwei SN74LS138-Bausteine verwendet. Mit dem einen wird der 64K-Adreßraum in acht Blöcke zu je 8 KByte aufgeteilt. Mit dem anderen wird derjenige 8K-Block mit den höchsten Adressen wiederum in acht 1K-Blöcke aufgeteilt (Bild 4.2).

Vollständige Adressendecodierung verschenkt nichts von dem verfügbaren Adreßraum. Es entstehen allerdings zusätzliche Kosten für die Decodier-Bausteine. Wenn es die Problemstellung zuläßt, wird daher in der Praxis partielle Decodierung eingesetzt. Da beim GSL09 Wert auf hardwaremäßige Erweiterbarkeit gelegt wurde, fand die volle Adressendecodierung Verwendung.

4.1.4 Erweiterungsmöglichkeiten, Treiberbausteine

Der GSL09 ist in erster Linie zum Lernen geschaffen worden. Er bietet aber auch sehr viele Erweiterungsmöglichkeiten.

Da ist zunächst die RS232-Schnittstelle zu nennen, die den Anschluß von Standardperipherie wie Drucker, Terminal, usw. erlaubt. Die serielle Schnittstelle arbeitet mit einem ACIA MC6850, der seinen Takt vom Baudratengenerator MC14411 erhält. Die üblichen Baudraten sind mit einem Kurzschlußbügel (Jumper) einstellbar. Der Baudratengenerator ist quarzgesteuert (f = 1,8432 MHz).

Wie das Blockschaltbild zeigt, besitzt der GSL09 zwei parallele Schnittstellen-Bausteine MC6821. Der eine wird für die Tastatur und die Anzeige benutzt. Der andere ist mit seinen peripherieseitigen Anschlüssen auf einen 24-poligen DIL-Sockel geführt, von wo der Anwender mit 24-poligem Flachbandkabel entweder auf den Experimenter des GSL09 oder auf eine eigene Anwenderschaltung "weiterfahren" kann. Es sei an dieser Stelle noch vermerkt, daß alle peripheren Leitungen des PIA zwei TTL-Lasten, also 3,2 mA, treiben können.

Sämtliche Busleitungen (bzw. Decoder-Leitungen) sind an eine 31-polige Buchsenleiste herausgeführt. Hier lassen sich z.B. noch zusätzliche 48K Speicher anschließen. Sämtliche Leitungen sind schon auf dem GSL09-Board gepuffert, und zwar mit dem SN74LS245 und dem SN74LS244. Da die Kenntnis der Treiberbausteine für den Anwender wichtig ist, soll im folgenden noch etwas näher auf sie eingegangen werden.

Treiberbausteine. Bei TTL-Gattern gibt es im wesentlichen drei verschiedene Typen von Ausgangsschaltkreisen:

Totem-pole Output Open-collector Output Tri-state Output.

Zum Betrieb von Bus-Systemen bei Mikroprozessorschaltungen sind fast nur Gatter mit Tri-state Output von Bedeutung. Deshalb soll an dieser Stelle nun auch auf diese eingegangen werden.

Gatter mit Tri-state Output haben außer den beiden Zuständen Low und High noch einen dritten, hochohmigen Zustand. In diesen hochohmigen Zustand kann der Ausgang mit Hilfe eines Steuereingangs geschaltet werden. Das Gatter belastet dann den Bus nur sehr wenig. Der Zustand High ist bei Tri-state-Ausgängen wesentlich niederohmiger als bei Open-collector-Ausgängen. Bei allen Bausteinen eines Systems stellt der hochohmige Zustand die Ruhelage dar; der Baustein ist abgeschaltet - man spricht von "floating outputs".

Es gibt im Prinzip vier verschiedene Arten von Tri-state-Gattern. Am Ausgang erscheint das Eingangssignal direkt oder invertiert. Der Steuereingang, auch Enable-Eingang genannt, schaltet mit einer 0 oder mit einer 1 auf den Bus durch.

Die ersten beiden Gatter im Bild 4.7 schalten das Eingangssignal direkt auf den Bus durch. Im ersten Bild bewirkt dieses Durchschalten eine 1 am Enable-Eingang. Wenn eine 0 anliegt, wird der Baustein hochohmig; damit ist er vom Bus getrennt, also abgeschaltet. Im zweiten Bild wird der Baustein durch eine 0 am Enable-Eingang aktiviert - eine 1 macht ihn hochohmig.

Bild 4.7 Gatter mit Tri-state Output

Diese Tri-state-Gatter werden auch Treiber, Bus-Extender oder Buffer genannt. In der Praxis sind meist vier oder mehr solcher Gatter in einem einzigen Chip integriert, zum Teil mit gemeinsamer Enable-Leitung.

Die Bausteine SN74125 und SN74126 enthalten vier Treiber, von denen jeder eine eigene Enable-Leitung hat. Beim SN74125 ist 0 das aktive Enable-Signal, beim SN74126 ist es die 1. Beide Bausteine schalten das Eingangssignal unverändert auf den Ausgang durch.

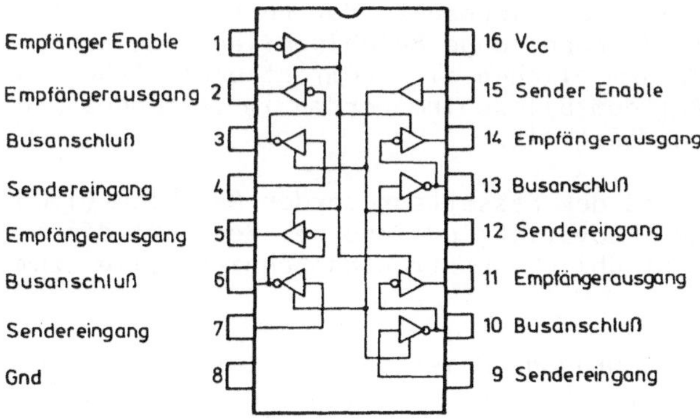

Bild 4.8 Quad Tri-state Bus Transceiver MC6880/MC8T26

Die Bausteine SN74LS240, SN74LS241 und SN74LS244 enthalten je acht Tri-state-Gatter, wobei je vier Gatter an einer gemeinsamen Enable-Leitung hängen.

Wie wir wissen, müssen auf dem Daten-Bus Daten in beiden Richtungen laufen können. Man benötigt also auch Treiber-Bausteine, die in beiden Richtungen arbeiten können. Dies sind z.B. die Bausteinen SN74LS242, SN74LS243 und SN74LS245. Man spricht in diesem Fall von Transceivern. Auch der im Bild 4.8 abgebildete Typ MC6880 (MC8T26) ist ein solcher Baustein.

4.2 Personalcomputer mit dem 6809

Dieses Kapitel erhebt keinerlei Anspruch auf Vollständigkeit. Es soll nur in ganz kurzer Form über einige Personalcomputer, bzw. Home-computer informieren, in denen der 6809 als zentraler Prozessor eingesetzt ist.

4.2.1 DRAGON 32/64

Der Dragon 32 aus England ist ein sehr kompaktes Gerät mit einer recht guten Schreibmaschinen-Tastatur mit 53 Tasten. Wünschenswert wären allerdings noch ein paar Funktionstasten. Für die Ausgabe sind zwei Anschlüsse vorhanden: Ein UHF-Fernsehausgang mit Ton und Videosignal und ein PAL-Monitorausgang mit Farbbild und Ton.

Der Dragon 32 hat 32K RAM. Bei hochauflösender Grafik sind immer noch 24,5K für den Anwender verfügbar. In einem 16K ROM steckt ein BASIC-Interpreter von Microsoft, der recht komfortabel ist. So sind z.B. 255 Zeichen lange Befehlszeilen zugelassen. Sehr viele Grafikbefehle ermöglichen ein komfortables Arbeiten mit dem Bildschirm. Auf dem Bildschirm werden im Textmodus 16 Zeilen zu je 32 Zeichen dargestellt.

Weitere Anschlüsse sind der Kassettenrecorder-Anschluß (1500 Baud), Anschlüsse für zwei Joysticks und die bei Rechnern dieser Preisklasse durchaus nicht übliche Centronics-Schnittstelle zum Anschluß eines Druckers.

Ein Schwachpunkt des Dragon 32 ist der Editor. Es gibt keinen bildschirmorientierten Editor, sondern nur einen zeilenorientierten. Der EDIT-Befehl ist zwar sehr komfortabel, trotzdem ist es gerade für den Anfänger mühsam, Fehler in vorangegangenen Zeilen zu verbessern, statt der Versuchung zu erliegen, die Zeile gleich ganz neu zu schreiben.

Der Dragon 32 besitzt auch eine 40-polige Buchse für Steckmodule und Erweiterungen.

Zwischen dem Dragon 64 und dem Dragon 32 gibt es außer dem 64K Speicher keine großen Unterschiede. Abgesehen von ganz wenig Ausnahmen laufen Programme für den Dragon 32 auch auf dem Dragon 64 und umgekehrt.

4.2.2 TO7-70

Der TO7-70 kommt aus Frankreich. Seine Besonderheit ist der serienmäßige Lichtgriffel. Wo der Bildschirm berührt wird, erscheint ein Punkt in der entsprechenden Farbe. Auf diese Weise kann man beliebige Linien zeichnen. Fertige Figuren wie Rechteck oder Kreis entstehen automatisch durch Antippen des Kommandos und Angabe der Eckpunkte, bzw. des Mittelpunktes und Radius.

An Sprachen sind vorhanden: BASIC (Microsoft), Assembler, LOGO und FORTH. Der Lichtgriffel kann übrigens über das BASIC direkt angesteuert werden. Zu den besonders ins Auge fallenden Qualitäten des TO7-70 gehört die gestochen scharfe, flimmerfreie Wiedergabe auf dem Bildschirm. Erreicht wird dies durch einen speziellen Anschluß für RGB-Monitore einerseits und eine Bildschirmauflösung von 320(h) x 200(v) Bildpunkten andererseits. Jeder dieser 64000 Bildpunkte ist einzeln ansteuerbar. D.h., Grafik und Text sind beim TO7-70 mischbar.

Auf dem Bildschirm kann Text in 25 Zeilen zu je 40 Zeichen geschrieben werden. Es ist ein frei definierbarer Zeichensatz von 128 Grafikzeichen vorhanden. Bei der Erstellung der Programme leisten der abgesetzte Tastenblock zur Cursor-Steuerung, die speziellen Editiertasten und der komfortable Bildschirmeditor wertvolle Hilfe. Bild 4.9 zeigt das Anschlußdiagramm des TO7-70 und Bild 4.10 die Speicherbelegung.

Der TO7-70 arbeitet mit dem 6809E bei einer Taktfrequenz von 1 MHz. An Speicherkapazität ist vorhanden: 48K RAM frei verfügbar, 16K RAM für Bildschirm-/Grafikspeicher und 6K ROM mit dem Monitorprogramm. Es gibt ferner ein verriegelbares Modulfach für Erweiterungen.

Eine weitere Besonderheit stellt der eingebaute Synthesizer dar. Er umfasst 7 Oktaven und ist über die meisten Programmier-

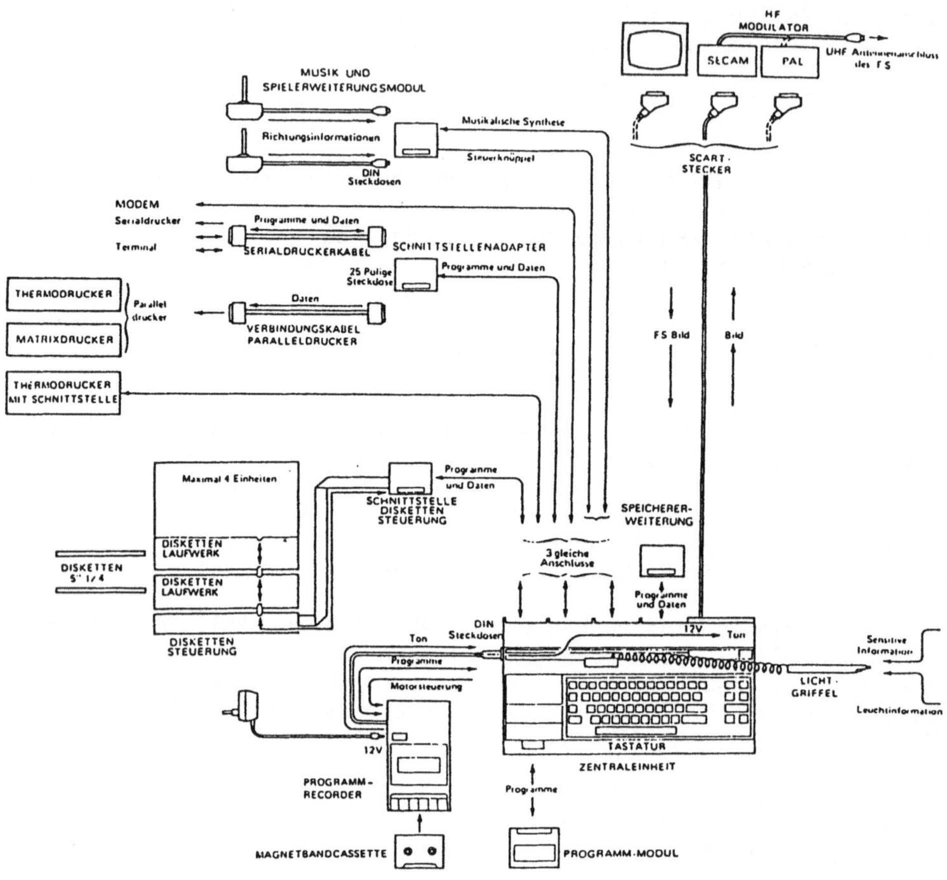

Bild 4.9 Anschlußdiagramm des TO7-70

sprachen programmierbar. Umfangreiche Software ermöglicht das Lernen oder Komponieren mit dem Lichtgriffel.

Der TO7-70 hat viele Zusatzanschlüsse für Erweiterungen. So kann man z.B. einen Recorder anschließen oder ein Floppy Disk Drive. Auch ein Joystick-Anschluß ist vorhanden, und natürlich ist auch der Anschluß eines Druckers möglich.

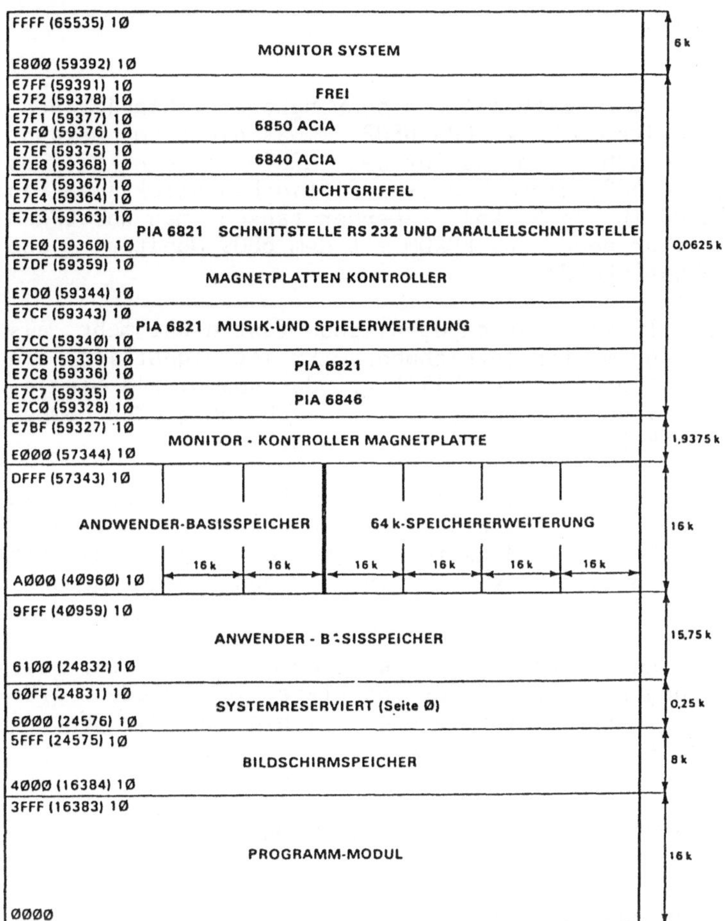

Bild 4.10 Speicherbelegungsplan des TO7-70

4.2.3 TRS-80 Color Computer

Dieser Computer ist bei uns weniger bekannt, hat aber z.B. in der USA weite Verbreitung gefunden. Er arbeitet mit dem Prozessor 6809E. Das verwendete Color-BASIC ist sehr komfortabel. Anschluß von Disketten-Laufwerken ist möglich. Eine RS232-Schnittstelle ist ebenfalls vorhanden.

4.2.4 EUROCOM I/II

Der EUROCOM I von ELTEC ist ein sehr bekannter Einplatinen-Computer. Er arbeitet mit der CPU 6802. Was nicht so bekannt ist, ist die Tatsache, daß es für den EUROCOM I ein kleines Platinchen mit dem 6809 gibt. Dieses Platinchen steckt man an Stelle der CPU 6802 in den Sockel. Ferner tauscht man das EPROM mit dem 6802-Monitor gegen das EPROM mit dem 6809-Monitor - und fertig ist der 6809-EUROCOM I.

Den EUROCOM II kann man dagegen schon fast nicht mehr als Personal- oder Homecomputer bezeichnen. Er ist eigentlich ein Industriesystem mit großer Flexibilität, das sowohl als Single-Board-Computer betrieben werden kann, als auch zum großen Computersystem mit 256 kByte ausgebaut werden kann.

Der E2-V7 ist eine Platine im Doppel-Europa-Format. Sie enthält u.a. CPU 6809, 64 kByte RAM, bis zu 8 kByte EPROM, einen Floppy-Disk-Controller für 4 Laufwerke (5" oder 8"), zwei PIA 6821, eine RS232-Schnittstelle mit ACIA 6850 und einen Videocontroller.

Erhältlich sind ferner eine ganze Menge Zusatzkarten, wie z.B. RAM-Erweiterungskarten, IEC-Bus-Interface, verschiedene I/O-Karten usw. Für weitere Informationen sei hier auf die Unterlagen der Firma Eltec, Mainz verwiesen.

4.3 Der EKF-Computer – ein industrielles Entwicklungssystem

4.3.1 Beschreibung des Systemkonzepts

Der Mikrocomputer hat seine industrielle Bewährungsprobe längst bestanden; das Angebot an Einplatinen-Rechnern und µP-Kartensystemen ist demgemäß kaum noch zu überschauen. Typische Anwendungen sind die Steuerung von Maschinen und Prozessen oder die Erfassung und Weiterverarbeitung von Daten. Das Leistungsniveau hinsichtliche Kompaktheit und Integrationsdichte hat dabei einen beträchtlichen Stand erreicht.

Als Beispiel sei der Einplatinencomputer 10099 erwähnt, der auf einer Einfacheuropakarte die CPU 6809 mit interner 16-Bit-Architektur, 64 KByte statischem Speicher (RAM/EPROM beliebig gemischt), 40 parallele I/O-Kanäle samt Timer sowie eine serielle Schnittstelle samt Baudratengenerator und RS423/RS232-Interface vereinigt.

Unerfahrene übersehen bei der Auswahl der für das zu lösende Problem notwendigen Hardware leider häufig, daß die Leistungsfähigkeit einer bestimmten Leiterplatte allein noch keine Garantie für einen schnellen Erfolg darstellt. Erst das systematische Zusammenwirken von Entwicklungshilfsmitteln zur Erstellung des Anwenderprogramms und zum Test von Hard- und Software ermöglicht eine zuverlässige und kalkulierbare Aufgabenbewältigung. Mit dem EKF-System-6809 steht dem Anwender hierfür ein in jeder Hinsicht optimales Werkzeug zur Verfügung. Die Programmentwicklung erfolgt dabei mit denselben Europakarten, die auch im Zielsystem eingesetzt werden. Unmittelbare Tests unter Echtzeitbedingungen sind jederzeit ohne Download durchführbar, Kenntnisse, die bei der Bedienung des Entwicklungssystems vom Benutzer erworben werden, sind auf das Zielsystem sofort übertragbar. Das Zielsystem selbst kann durch einfaches Hinzufügen von Terminal und Floppy-Disk jederzeit ebenfalls als Entwicklungsrechner dienen.

Basis des EKF-System-6809 ist der Eurobus, ursprünglich für 8-Bit-Prozessoren der Motorola-Familie 6800 konzipiert. Verschiedene Rückplatten mit einer unterschiedlichen Anzahl von Steckplätzen stehen zur Verfügung. Gemeinsames Merkmal ist die Verwendung von Steckverbindern DIN 41612B64 im Abstand 3TE und direkte Montagemöglichkeit an den Profilschienen jedes genormten 19"-Baugruppenträgers mit 3 Höheneinheiten.

Der Eurobus stellt die Sammelschiene für den Datentransport im EKF-System-6809 dar, Verarbeitungszentrale ist die MCU (Micro Computing Unit), eine Europakarte mit CPU, Speicher und begrenzter I/O-Kapazität. Solche Platinen existieren mit den Prozessoren 6802, 6809 und dem 16/32-Bit-Rechner 68008. Der aufgespannte Adreßraum beträgt in der Regel 64 kByte. In Verbindung mit einer ebenfals lieferbaren Memory-Management-Einheit (MMU) oder mit der CPU 68008 werden 2 bzw. 1 MByte adressiert. Für diesen erweiterten Eurobus-Standard stehen spezielle Rückplatten mit einem eigenen Adreßdecoder für die Adressen A17 bis A21 je Kartensteckplatz zur Verfügung. Damit sind weiterhin auch solche Systemplatinen verwendbar, die nur über eine Adressendecodierung mit 16 Bit verfügen.

An Speicherperipherie steht ein breites Spektrum von Platinen mit statischen RAMs zur Verfügung. Stellvertretend sei hier eine Karte für die immer beliebteren 24/28-poligen RAMs und EPROMs erwähnt, die bei einer Kapazität von 64 kByte über eine Adressendecodierung mit 20 Bit verfügt. Gemischter Betrieb von unterschiedlichen Bauteilen ist ebenso möglich wie Datenerhaltung mit automatischer Spannungsüberwachung bei CMOS-RAMs.

Der Anschluß eines Datensichtgerätes über eine serielle Schnittstelle verleiht dem System die Fähigkeiten eines Personalcomputers. Vier solcher Terminals (oder Drucker oder andere Datenendgeräte) lassen sich an die RS423/232-Schnittstellen der Platine 10504 gleichzeitig anschließen. Die Signalübergabe erfolgt wie bei fast allen Peripheriekarten des EKF-System-6809 über einen Steckverbinder nach DIN 41651 in lötfreier Schneidklemmtechnik; Hilfsspannungen (±12V) werden durch einen Wandler auf dem Board erzeugt.

Massenspeicher wie Floppy-Disk und/oder Winchester können über entsprechende Controller angeschlossen werden. Sowohl Floppy-Disk-Controller als auch SASI-Bus-Adapter enthalten einen eigenen DMA-Controller für die Hochgeschwindigkeitsübertragung der Daten ohne Belastung der CPU.

Während der Erprobungsphase der Anwendersoftware darf ein EPROM-Programmer nicht fehlen. Die Programmierkarte 10965 mit eigenem Spannungswandler ist universell für alle 24/28-poligen Byte-Wide Bausteine geeignet.

Die Adressierung der einzelnen Komponenten des EKF-System-6809 erfolgt Memory-Mapped, d.h. auch I/O-Kanäle werden wie ein Block von Speicherstellen angesprochen. Dabei ist vollständige Adressendecodierung die Regel; die jeweilige Basisadresse kann über DIP-Schalter, Steckreiter oder PAL-Bausteine vom Benutzer beliebig festgelegt werden. Der Forderung der Hardware-Entwickler wurde dabei durch einen High-Level PAL-Assembler in Verbindung mit dem PAL-Programmer 10711 Rechnung getragen.

Nützliche Ergänzung jeder protokollierenden Steuerung oder Datenerfassungsanlage ist eine batteriegepufferte Uhr mit Kalendarium. Die Platine 10911 realisiert diese Funktion im EKF-System 6809.

Jedes für industriellen Einsatz vorgesehene Mikrorechnersystem steht und fällt mit der Leistungsfähigkeit seiner Peripheriekarten. Unter diesen Begriff läßt sich z.B. die analoge Datenerfassung einordnen. Die Leiterplatte 10931 setzt Maßstäbe mit der 12-Bit-Umwandlung analoger Daten auf 16 Eingangskanälen bei programmierbarer Eingangsverstärkung in weniger als 20 µs. Die graphische Signalverarbeitung ist mit dem EKF-System-6809 ebenso möglich wie die Steuerung von IEC/IEEE-Bus-Geräten. Der leistungsstarke Timing-Controller 10918 enthält insgesamt 10 Hochgeschwindigkeitszähler zu je 16 Bit, die sich per Software zu beliebig langen Ketten verknüpfen lassen und damit Signalverarbeitung im Megahertz-Bereich ermöglichen.

Die zahlreichen Ein- und Ausgangskarten ohne und mit galvanischer Trennung über Optokoppler, Relais und Transistoren seien hier nur am Rande erwähnt. Gemeinsam ist den I/O-Karten jedoch der bereits erwähnte Pfostenverbinder DIN 41651 an der Griffseite der Leiterplatten, wodurch sich ein konsequente Trennung von Busstruktur und Ein-/Ausgabe-Kanälen ergibt. Die Flachkabelverdrahtung hat gegenüber der konventionellen Löt- und Wrapverdrahtung erhebliche Vorteile, die hier nicht weiter ausgeführt werden können. Probleme ergaben sich jedoch häufig beim Übergang auf die Schaltschrankverdrahtung. Hierfür wurde eigens eine Klemmenplatine entwickelt, die mit ihren Schnappelementen direkt auf Hutschienen aufgesteckt werden kann und je nach Wahl Schraub- oder schraubenlosen Anschluß zuläßt. Alternativ können auf die Flachkabelstränge natürlich auch Trapezverbinder (D-Sub), Micro-Ribbon, Dip-Stecker usw. verpreßt werden.

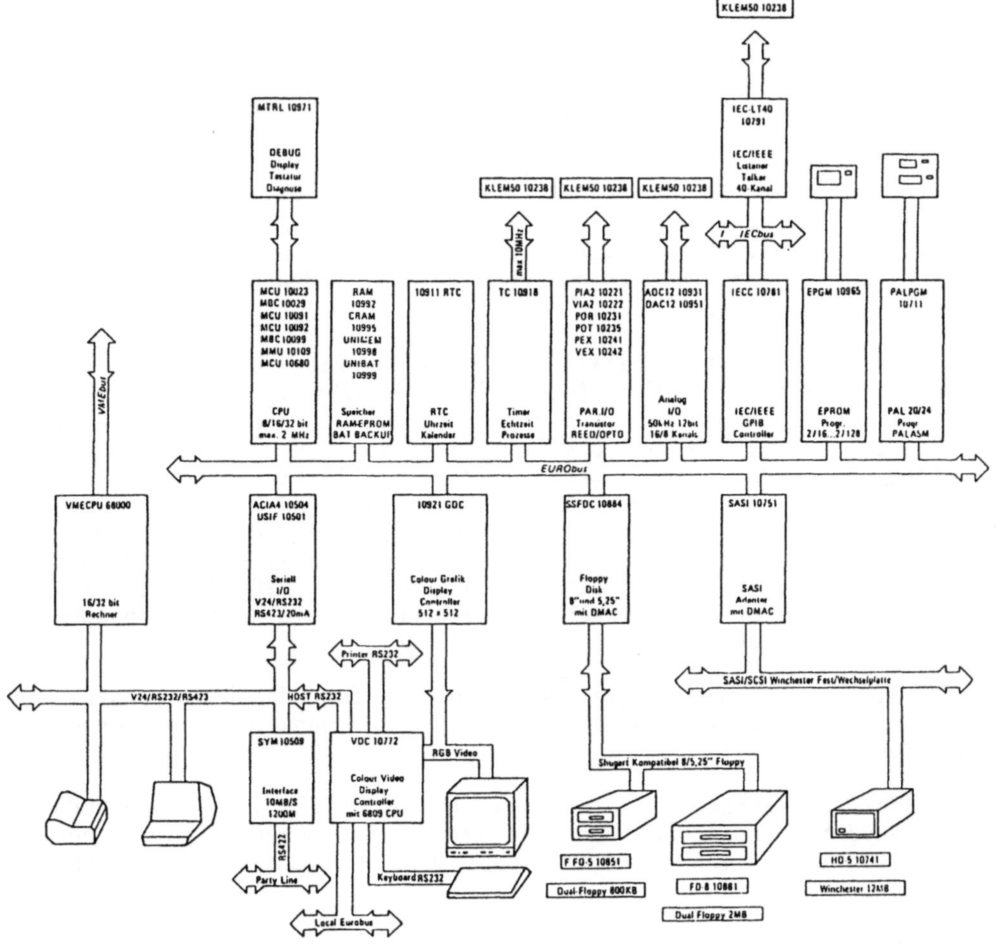

Bild 4.11 Blockschema der mit dem EKF-System-6809 möglichen Rechnerkonfiguration

4.3.2 6809-CPU-Karte

Auf einer einfachen Europakarte vereinigt die MCU 10091 (Micro-Computer-Universalkarte) bisher unerreichte Leistungsmerkmale. Die 6809-CPU verfügt über eine interne 16-Bit-Architektur, ist aber trotzdem durch den 8-Bit-Datenbus hardwarekompatibel zu den Vorgängern 6800 und 6802. Mit fünf 16-Bit-Registern und vier 8-Bit-Registern erlaubt der Prozessor mehr als 1400 verschiedene Befehlscodes und 7 Interruptarten bei beliebig tiefer Interruptverschachtelung. Die Maschinenprogramme sind verschiebbar. Auf Assembler-Ebene kann bestehende 6800-Software weiterverwendet werden.

Vier Steckplätze sind für Programmspeicher (EPROM, PROM, RAM) vorgesehen. Über DIP-Schalter wählt der Benutzer zwischen den in ihrer Pin-Belegung unterschiedlichen Typen 2732, 2532, 2716, 2516, 2758 EPROM oder 4118, 6116, 5516 RAM bzw. dazu pinkompatiblen Chips. Ebenfalls über Schalter ist der Programmspeicherbereich von 16 KBytes auf 8 kBytes oder 4 kBytes verkürzbar; dieser Raum steht dann zusätzlich für externe Adressierung zur Verfügung. Sämtliche Interruptvektoren können wahlweise aus den EPROM auf dem Board oder extern gelesen werden; hierzu dient ebenfalls ein DIP-Schalter.

Weitere 4 kBytes statisches RAM sind zusätzlich installiert. Die Zykluszeit von 250 ns (450 ns in der CMOS-Version) erlaubt problemlosen Betrieb auch bei 2 MHz Systemtakt. Die Blockstartadresse für das RAM kann bei Bestellung vom Kunden frei gewählt werden. Der Periphere Interface Adapter (PIA 6821) verfügt über 20 programmierbare Ein- und Ausgabenkanäle und macht aus der Karte einen leistungsstarken "Single-Boarder". Die Basis-Adresse für das PIA ist total decodiert und kann ebenfalls bei Bestellung frei gewählt werden. Überschneidungen mit dem EPROM-Bereich sind zulässig; der Programmspeicher wird dann für die entsprechenden Bytes ausgeblendet.

Als Herz eines kompletten Systems verfügt die Karte natürlich über einen leistungsfähigen Puffer für den Daten-, Adreß- und Kontrollbus.

Der Interrupt-Timer kann sowohl von der CPU als auch extern angesteuert werden und erlaubt durch entsprechende Logik den Einzelschrittbetrieb (Single Step) mit Hilfe des Anwenderprogramms.

Die Pin-Belegung des 64-poligen Steckverbinders entspricht dem bekannten Eurobus. Über DIP-Schalter können alternativ verschiedene Status- und Hilfssignale ausgewählt werden, die dann ebenfalls an der Steckleiste zur Verfügung stehen.

Die einfache Spannungsversorgung (nur 5 V) ist im gesamten EKF-System-6800 verbreitet und reduziert den Netzteilaufwand erheblich. Erst durch Einsatz der PAL-Technologie (Programmable Array Logic) anstelle des herkömmlichen Designs wurde die Realisierung der genannten Eigenschaften auf derart engem Raum möglich, da ein PAL etwa 10 TTL-Bausteine ersetzt.

Die Bilder 4.12 bis 4.16 geben einen Einblick in die Technik der 6809-CPU-Karte.

TECHNISCHE DATEN	
Spannungsversorgung	+ 5 V ± 5% typ. 850 mA
Arbeitstemperaturbereich	0° – 70° C
Kartengröße	100 x 160 mm Europaformat
Bauhöhe	3 Teileinheiten
Steckverbinder	64-polig DIN 41612 B

Bild 4.12 Technische Daten

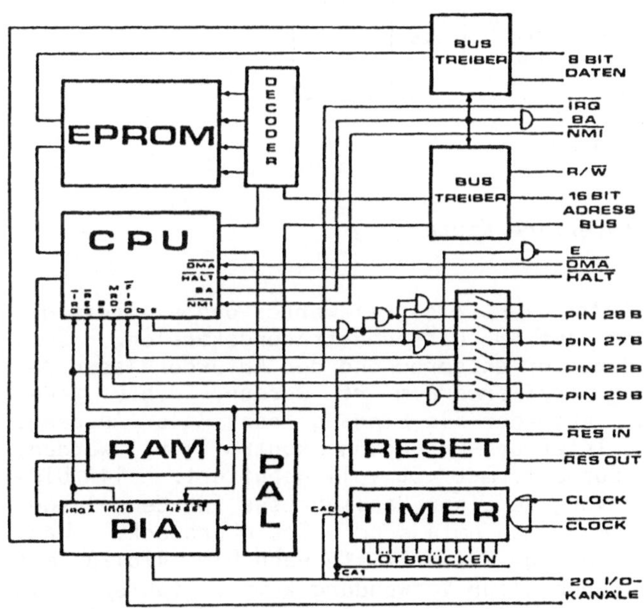

Bild 4.13 Blockschaltbild

o. c. = open collector
Eingangs- und Ausgangslastfaktoren 1 = eine TTL-Last

FAN IN	FAN OUT	b		a	FAN IN	FAN OUT
		GND	1	GND		
MOS	2	CB 2	2	A 15		30
MOS		CB 1	3	A 14		30
MOS	2	PB 7	4	A 13		30
MOS	2	PB 6	5	A 12		30
MOS	2	PB 5	6	A 11		30
MOS	2	PB 4	7	A 10		30
MOS	2	PB 3	8	A 9		30
MOS	2	PB 2	9	A 8		30
MOS	2	PB 1	10	A 7		30
MOS	2	PB 0	11	A 6		30
MOS	2	PA 7	12	A 5		30
MOS	2	PA 6	13	A 4		30
MOS	2	PA 5	14	A 3		30
MOS	2	PA 4	15	A 2		30
MOS	2	PA 3	16	A 1		30
MOS	2	PA 2	17	A 0		30
MOS	2	PA 1	18	R/$\overline{W}$		30
MOS	2	PA 0	19	$\overline{D0}$	0.125	15
1		$\overline{IRQ}$	20	$\overline{D1}$	0.125	15
MOS	2	CA 2	21	$\overline{D2}$	0.125	15
MOS (1)		CA 1 ($\overline{FIRQ}$)	22	$\overline{D3}$	0.125	15
1		$\overline{NMI}$	23	$\overline{D4}$	0.125	15
1		$\overline{HALT}$	24	$\overline{D5}$	0.125	15
	4.25	BA	25	$\overline{D6}$	0.125	15
1		$\overline{DMA}$	26	$\overline{D7}$	0.125	15
	20 (20) o. c.	$\overline{Q}$ ($\overline{E}$)	27	$\overline{RESET OUT}$		5
	20 (30) o. c.	Q (Q + E)	28	E		40 o. c.
(1)	5	BS (MR)	29	$\overline{RESET IN}$	0.25	
1		CLOCK	30	$\overline{CLOCK}$	0.25	
		+ 5 V	31	+ 5 V		
		GND	32	GND		

Bild 4.14 Steckerbelegung

4.3.3 6821 Parallel Interface-Karte

Die Systemkarte 10221 dient als preiswertes und vielseitiges I/O-Interface mit insgesamt 40 Datenübertragungskanälen. Zwei PIAs 6821 können vom Benutzer entsprechend den Erfordernissen der jeweiligen Applikation frei programmiert werden, d.h., jeder einzelne Kanal dient entweder als Eingang oder als Ausgang. Gleichzeitig kann die Interrupt-Erzeugung kontrolliert werden. Die Leiterplatte im Europaformat ist voll gepuffert. 14 DIP-Schalter gestatten die Vorgabe einer Basisadresse für den insgesamt 8 Bytes in der Memory-Map umfassenden Speicherblock. Während Bus-seitig die 64-polige Messerleiste nach DIN 41612B mit der Pin-Belegung des Eurobus zur Verwendung kommt, führen alle PIA-I/O-Kanäle auf eine 50-polige Messerleiste an der Griffseite der Karte, wodurch eine Flachkabelverdrahtung in Schneidklemmtechnik erleichtert wird. Die Karte benötigt als Stromversorgung lediglich +5V und ist über das EKF-System 6800 hinaus mit allen 68xx bzw. 65xx Rechnersystemen kompatibel. Die Peripheren Interface-Bausteinen 6821 sind in Präszisionsfassungen gesockelt und können im Bedarfsfall leicht ausgetauscht werden.

Der Prozessor 6809 erzeugt und benötigt für spezielle Anwendungen eine große Anzahl von Steuerleitungen. Der DIP-Schalter 2 hat die Aufgabe, einige dieser Leitungen auf die Steckerleiste durchzuschalten. Nicht aufgeführte Kombinationen sind unzulässig.

Ausgangspin	Schalter		Signal
29 b	S1	S2	
	off	off	frei
	on	off	BS
	off	on	MRDY
22 b	S3	S4	
	off	off	frei
	on	off	CA 1
	off	on	FIRQ
	on	on	CA 1/FIRQ
27 b	S5	S6	
	off	off	frei
	on	off	Q
	off	on	$\overline{E}$
28 b	S7	S8	
	off	off	frei
	on	off	Q
	off	on	E + Q (pseudo VMA)

Mit dem DIP-Schalter 16 wird die Einstellung der zur Anwendung kommenden Chips für die vier Steckplätze gewählt. Auch hier sind nicht aufgeführte Kombinationen unzulässig.

S4	S5		Speicherraum je Steckplatz	
on	off		4 KBytes (TMS 2532/INT 2732)	
off	on		2 KBytes (TMS 2516/INT 2716) erfordert auch S3 = on	
Steckplatz			**4 KBytes**	**2 KBytes**
I			C000-CFFF	E000-E7FF
II			E000-EFFF	E800-EFFF
III			D000-DFFF	F000-F7FF
IV			F000-FFFF	F800-FFFF
S2	**S3**		**belegter Adreßraum**	
off	off		C000-FFFF (16 KBytes)	
off	on		E000-FFFF (8 KBytes)	
on	on		F000-FFFF (4 KBytes)	
S6	**S7**	**S8**	**Chiptyp**	
on	off	off	INT 2732	
off	on	off	2716/2758/2516	
off	off	on	alle RAM	
S1			**Interrupt-Vektoren werden**	
off			über EPROM IV gelesen	
on			extern ausgelesen	

Bild 4.15 Einstellmöglichkeiten mit DIP-Schaltern

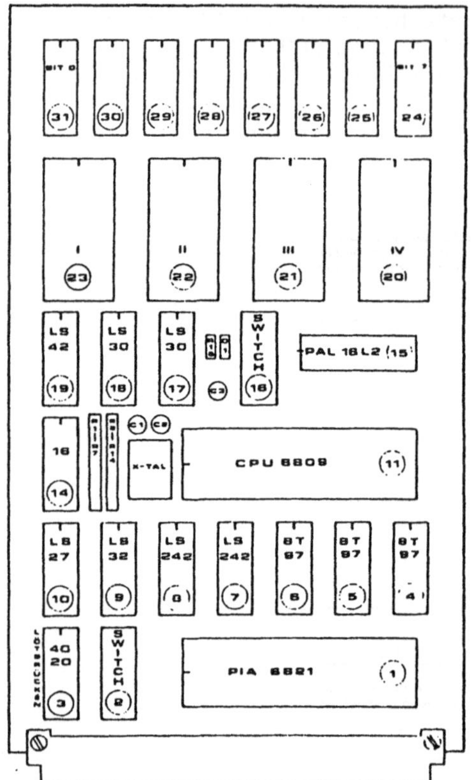

Bild 4.16 Bestückungsplan

4.3.4 6850 Serielle Interface-Karte

Die Leiterplatte 10504 im Europaformat enthält in konzentrierter Anordnung vier serielle Interface-Bausteine vom Typ 6850, dazu den Baudratengenerator MC14411 und einen Spannungswandler 5 V auf ±12 V zur Versorgung der Schnittstellentreiber. Für jede Schnittstelle getrennt einstellbar sind 24 Baudraten von 9 Baud bis 38400 Baud. Die Schnittstellentreiber und -Empfänger sind kompatibel mit der V24/RS232c und erfüllen darüberhinaus die Auflagen der neueren RS423 zur Datenübertragung bis 1200 m bzw. 100 kBaud. Alle Schnittstellen sind auf einen Pfostenverbinder herausgeführt, sodaß 4 jeweils 25-polige D-Buchsen in Flachkabeltechnik angepreßt werden können. Darüberhinaus stehen die meisten Anschlüsse auch auf der 64-poligen Messerleiste (DIN 41612B) für konventionelle Wrap-Verdrahtungen zur Verfügung. Die Leiterplatte ist voll decodiert und über DIP-Schalter frei im Adreßraum verschiebbar. Alle Daten und Adressen sind gepuffert; die Pin-Belegung der Anschlußleiste entspricht dem Eurobus.

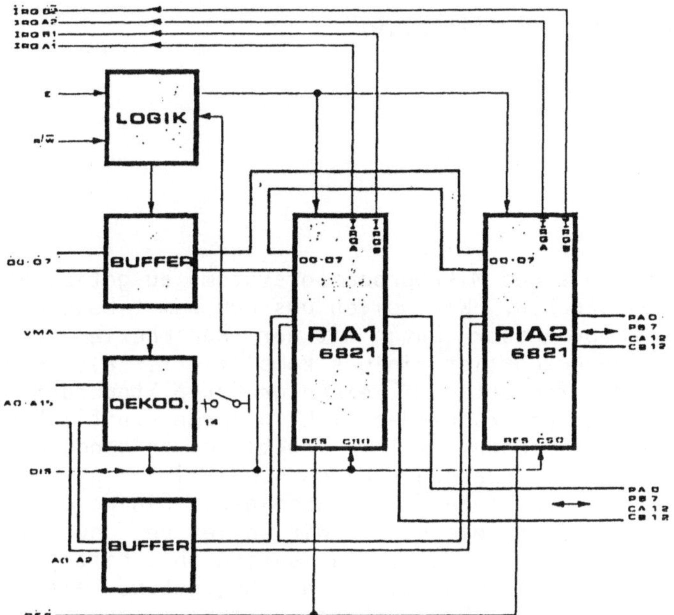

Bild 4.17 Blockschaltbild

5 Datensteuerung und Schnittstellen

Wie Daten innerhalb eines Mikroprozessorsystems ausgetauscht werden, haben wir besprochen. Wir wollen uns nun damit beschäftigen, wie der Mikroprozessor Daten mit der Peripherie austauscht. Dieser Datenverkehr ist einiges komplizierter als der auf dem Systembus und erfordert damit einen größeren Steuerungsaufwand. Die Datenwege unterscheiden sich in ihren zeitlichen und elektrischen Spezifikationen zum Teil erheblich von denen des Mikroprozessorbusses. Zur Anpassung werden spezielle Bausteine eingesetzt, die sogenannten Interface-Bausteine. Einige davon haben wir in Kapitel 3 kennengelernt. Wir wollen uns nun im folgenden mehr mit der Ein-/Ausgabeorganisation beschäftigen. Auch die verschiedenen Schnittstellen sind Gegenstand dieses Kapitels. Bei den nachfolgend besprochenen Verfahren des Datenaustauschs übernimmt immer der Mikroprozessor die Steuerung. Dies ist bei den 8-Bit-Prozessoren der Normalfall. Das Hauptproblem bei der Datenübertragung ist die Synchronisation von Mikroprozessor und Peripheriegerät. Um diese Synchronisation zu erreichen, gibt es verschiedene Möglichkeiten, auf die wir nun näher eingehen wollen.

5.1 Datenaustausch durch Programmsteuerung

Bei dieser Methode wartet der Mikroprozessor bei der Eingabe bzw. Ausgabe jeweils auf die Bereitschaftsmeldung des Peripheriegerätes. Man nennt dieses Verfahren deshalb auch *Busy-Waiting* (Bild 5.1). Die CPU adressiert das Peripheriegerät, bzw. dessen Interface-Baustein. Der Interface-Baustein hat ein Status-Flag (SF), das durch ein Steuersignal (Ready) der Peripherie gesetzt wird, wenn das Interface das Datenwort aus seinem Datenregister (DR) an das Peripheriegerät übergeben hat oder von der Peripherie ins Datenregister übernommen hat.

Ist also das Status-Flag gesetzt, so bedeutet dies, daß das Peripheriegerät für den Datenaustausch bereit ist. Die CPU startet ihr Ein- bzw. Ausgabeprogramm. Ansonsten muß die CPU warten, bis das Peripheriegerät über das Status-Flag seine Bereitschaft zum Datenaustausch anzeigt. Genau dies aber ist ein großer

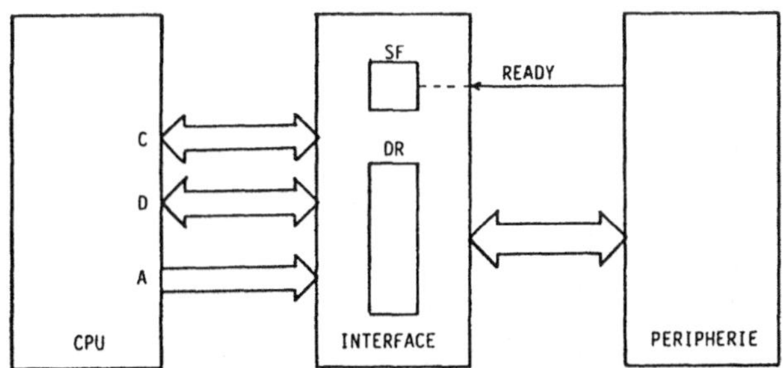

Bild 5.1 Datenaustausch durch Programmsteuerung

Nachteil dieses Verfahrens. Die schnelle CPU muß unter Umständen sehr lange auf die Fertigmeldung eines langsamen Peripheriegerätes warten. Sie arbeitet solange in einer Warteschleife, in der das Status-Flag ständig abgefragt wird. Der Nachteil kann ein wenig gemildert werden, indem das Status-Flag nur zu bestimmten Zeitpunkten abgefragt wird. Ist das Flag gesetzt, und erfolgt nun die Ausgabe bzw. die Eingabe, so wird durch das Beschreiben, bzw. das Lesen des Datenregisters im Interface-Baustein das Status-Flag wieder zurückgesetzt. Man spricht bei dem soeben beschriebenen Verfahren auch von *Polling*. Bei Polling muß die Arbeitsgeschwindigkeit des Prozessors höher sein als die des Peripheriegerätes.

5.2 Datenaustausch durch Interrupt

Diese Methode soll anhand von Bild 5.2 erklärt werden. Auch hier setzt das Ready-Signal des Peripheriegerätes das Statusbit im Interface-Baustein. Gleichzeitig wird aber der Interrupt-Ausgang des Interface ($\overline{IRQ}$) aktiviert. Dieser wiederum ist mit dem Interrupt-Eingang der CPU verbunden, wodurch ein Interrupt ausgelöst wird, sofern das Interrupt-Flag im CPU-Statusregister nicht gesetzt ist. Das Ready-Signal wirkt also wie ein Interrupt-Signal. Im Gegensatz zum Polling-Verfahren muß der Prozessor also nicht dauernd den Zustand des Status-Flag abfragen, sondern bekommt ihn über die Interrupt-Leitung zugesandt, sobald er auftritt. Er springt dann in das zugehörige Ein- bzw. Ausgabeprogramm, indem er unter anderem auch das Statusflag durch Lesen bzw. Schreiben des Datenregisters im Interface zurücksetzt. Auch hier muß der Prozessor schneller arbeiten als das Peripheriegerät. Der Vorteil dieses Verfahrens besteht darin, daß der Prozessor seine Hauptarbeit nur kurz für die Ein-/Ausgabe unterbrechen muß.

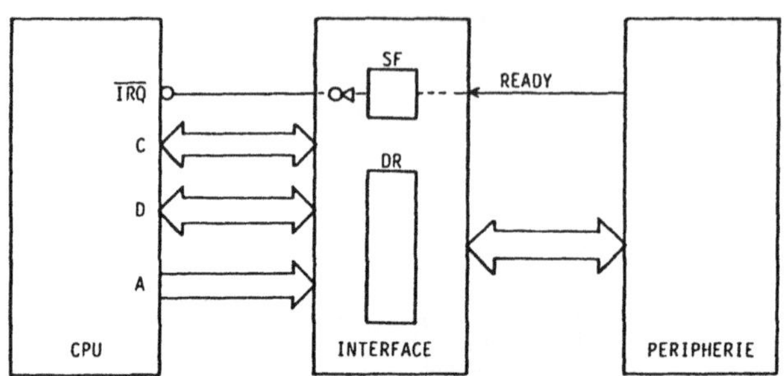

Bild 5.2 Datenaustausch durch Interrupt

Oft sind die Interface-Bausteine so ausgelegt, daß man per Programm bestimmen kann, welches der beiden Verfahren man für den Datenaustausch verwenden möchte. So kann z.B. beim PIA die Leitung CA1 als Ready-Leitung arbeiten. Bit b7 im Control-Register des PIA ist das zugehörige Status-Flag. Beim PIA wird es IRQA1-Flag genannt. Es wird gesetzt, wenn am Anschluß CA1 eine aktive Flanke erscheint. Ob der H/L- oder L/H-Übergang die aktive Flanke bildet, entscheidet Bit b1. Was nun weiter passiert, entscheidet Bit b0. Bei b0 = 1 ist der Interrupt freigegeben. D.h., die aktive Flanke auf der CA1-Leitung (Ready) wird auf den Interrupt-Ausgang ($\overline{IRQA}$) des PIA durchgeschaltet und gelangt damit zur CPU, wo sie einen Interrupt auslöst. Bei b0 = 0 ist der Interrupt gesperrt. Dann wird eben bei einer aktiven Flanke auf der CA1-Leitung nur das Meldebit b7 gesetzt, was dann von der CPU abgefragt wird (Polling).

5.3 Datenaustausch durch Handshaking

5.3.1 Synchronisation der Datenübertragung

Kommt es bei der Datenübertragung auf hohe Sicherheit an, so wird der *Handshake-Betrieb* angewendet. Auch dieser Datenaustausch geschieht unter der Kontrolle der CPU. Jedoch gibt nicht nur der jeweilige Empfänger ein Quittungssignal aus, sondern auch der Prozessor, bzw. dessen Interface. Dieses Signal heißt ACKN (*acknowledge*). Mit dem Quittungssignal ACKN zeigt der Mikroprozessor seine Bereitschaft zur Datenübertragung an. Das Peripheriegerät überträgt das Datenwort ins Interface erst dann, wenn der Prozessor die Übernahme des letzten Datenwortes quittiert hat. Damit wird die Übertragung in all den Fällen sicherer, in denen die Peripherie auf den Mikroprozessor warten muß. Das

Quittungssignal der Peripherie hat die bekannte Wirkung. Der Prozessor übernimmt z.B. bei der Eingabe das Datenwort erst dann aus dem Datenregister des Interface-Bausteins (z.B. PIA), wenn das Peripheriegerät mit Ready die Gültigkeit bestätigt hat. Bild 5.3 zeigt den Datenaustausch zwischen Mikroprozessor und Peripherie im Handshaking-Verfahren. Anhand dieses Bildes soll der Ablauf beim Schreiben und Lesen noch etwas genauer erklärt werden.

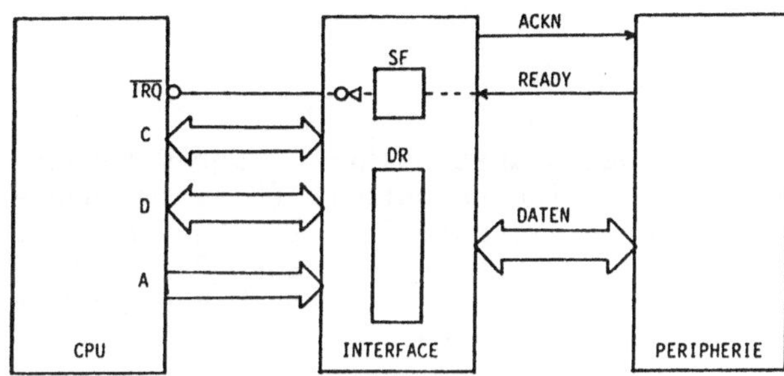

Bild 5.3 Datenaustausch durch Handshaking

Lesen: Das Peripheriegerät lädt das Datenwort in das Datenregister des Interface-Bausteins und meldet diese Übertragung durch das Ready-Signal. Dieses Ready-Signal kann nun auf die zwei in den vorhergehenden Kapiteln beschriebenen Arten vom Prozessor ausgewertet werden. Entweder das von Ready beeinflußte Statusflag SF wird vom Prozessor ständig abgefragt (Polling), oder es löst einen Interrupt aus, sofern der Interrupt durch das entsprechende Steuerbit zugelassen ist. Nachdem die CPU das Datenwort gelesen hat, bestätigt sie dem Peripheriegerät die Übernahme durch ein Signal auf der ACKN-Leitung. Damit weiß das Peripheriegerät, daß die Übernahme beendet ist, und das Register wieder neu beschrieben werden kann.

Schreiben: Bei der Ausgabe schreibt die CPU das Datenwort in das Register des Interface-Bausteins. Über die Leitung ACKN teilt die CPU dem Peripheriegerät mit, daß im Register Daten zur Ausgabe bereitstehen. Das Peripheriegerät liest das Datenwort ein und teilt über die Leitung Ready der CPU mit, daß die Daten übernommen wurden (Quittung).

5.3.2 Datenverkehr zwischen zwei Mikrocomputern im Handshake-Betrieb mit Interrupt

Wegen seiner Bedeutung für die Praxis soll das Handshake-Verfahren an einem konkreten Beispiel näher erläutert werden.

Zunächst wird das Problem erläutert und in Form einer Aufgabe formuliert. Der Leser sollte sich dann eigene Gedanken machen, wie er die Hardware gestalten kann und wie das Programm aussehen könnte. Die Anleitung zum Beispiel soll ihm bei diesen Überlegungen helfen. Anschließend wird dann ein Lösungsvorschlag gemacht, der auf dem 6809-Selbstbau-Computer basiert. Selbstverständlich laufen die Programme auf jedem anderen 6809-System auch. Das Umschreiben der Programme auf die CPUs 6802 und 6502 ist ebenfalls kein Problem.

Aufgabe:

Zwei Mikrocomputer sollen Daten austauschen. Der Datenverkehr soll über zwei parallele Inteface-Bausteine (PIA) im Handshake-Betrieb erfolgen, und zwar 8-Bit-parallel, Zeichen-seriell. Dabei sind die Steuerleitungen des PIA zu verwenden. Das Problem soll insoweit eingeschränkt werden, als der eine Mikrocomputer nur senden und der andere nur empfangen muß.

Die beiden PIAs sind peripherieseitig so zu verdrahten, daß Datenaustausch im Handshake-Betrieb erfolgen kann.

Für den SMP (Sender-Mikroprozessor) und den EMP (Empfänger-Mikroprozessor) sind Programme zu schreiben, die zu einem beliebigen Zeitpunkt die Übertragung eines Datenblocks mit bekannter Anfangs- und Endadresse ermöglichen.

Anleitung:

1. Der empfangende Mikrocomputer (EMP) erhält die Daten über Kanal A des PIA.
   PIA-Adressen: E480 DRA
   DDRA
   E481 CRA
   CA1 und CA2 werden zur Steuerung der Eingabe verwendet.

2. Der sendende Mikrocomputer (SMP) gibt die Daten über Kanal B seines PIA aus.
   PIA-Adressen: E482 DRB
   DDRB
   E483 CRB

3. Die Leitung $\overline{\text{IRQA}}$ des PIA und der Anschluß $\overline{\text{IRQ}}$ der CPU auf dem EMP müssen miteinander verbunden werden.

4. Die Massenanschlüsse der beiden Rechner sind ebenfalls miteinander zu verbinden.

5. Das Programm für den SMP besteht aus einem Hauptprogramm (HP) und einem Unterprogramm (UP). Das HP arbeitet den Datenblock ab und stellt das jeweilige Datenwort im Akkumulator A zur Ausgabe bereit und springt damit dann in das UP.
Im UP wird zunächst getestet, ob der EMP empfangsbereit ist. Ist er nicht, wird eine Warteschleife abgearbeitet. Kann der EMP aber Daten übernehmen, unterbricht der SMP über eine Steuerleitung das Hauptprogramm des EMP. Dieser springt in eine Interrupt-Routine, mit deren Hilfe er das Datenwort einliest. Der SMP springt nach der Ausgabe in sein HP zurück und holt das nächste Wort des Datenblocks.

6. Das Programm für den EMP besteht aus einem Hauptprogramm (HP) und einem Interrupt-Programm (IP). Das HP besteht in diesem Fall nur aus einer Warteschleife, in der auf den Interrupt des SMP gewartet wird. Trifft dieser ein, springt der EMP in das Interrupt-Programm.
Im IP wird zunächst getestet, ob der Interrupt vom SMP stammt. Ist dies der Fall, wird das Datenwort übernommen und an der vorgegebenen Adresse im eigenen Speicher abgelegt. Gleichzeitig wird eine Empfangsquittung ausgegeben.

Besprechung:

Der Mikrocomputer arbeitet mit seinen Peripheriegeräten im Normalfall nicht synchron. Auch die Arbeitsgeschwindigkeiten von Rechner und Peripherie sind in der Regel unterschiedlich. Es ist daher Aufgabe eines Interface, die zeitliche Anpassung vorzuneh-

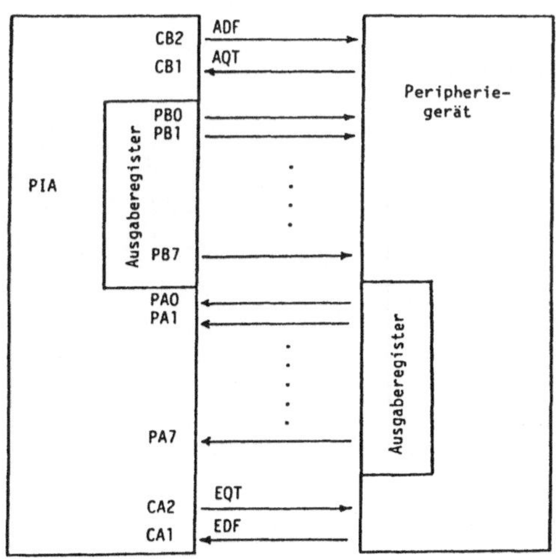

Bild 5.4 Prinzip der Daten-Ein-/ausgabe mit PIA

men, und zwar sowohl, was den Zeitpunkt als auch die Geschwindigkeit der Übertragung betrifft.

Ein beliebtes, weil sicheres, Verfahren ist der Handshake-Betrieb. Der jeweilige Empfänger reagiert erkennbar durch ein Quittungssignal, bevor der Datenverkehr weitergeht. Der PIA ist mit seinen Steuerleitungen besonders für diesen Betrieb geeignet. Bild 5.4 zeigt das Schaltungsprinzip.

Eingabe:

Das Peripheriegerät schreibt das Datenwort in sein Ausgaberegister und meldet dem Rechner über die Leitung CA1, daß die Eingabedaten fertig sind (EDF). Es gibt nun zwei Möglichkeiten:

1. Die CPU fragt in einem bestimmten Zyklus die CA1-Leitung ab, bzw. testet das IRQA1-Flag (Bit 7 im CRA). Solange der CA1-Impuls noch nicht eingetroffen ist, macht die CPU mit ihrer Arbeit weiter. Wenn das EDF-Signal eintrifft, liest die CPU das Datenwort ein.
2. Die CA1-Leitung erhält Interrupt-Charakter. Sobald die aktive Flanke ankommt, springt die CPU in eine Interrupt-Routine, die den Datenverkehr abwickelt.

In dieser Aufgabe soll das Einlesen durch ein Interrupt bewirkt werden. Das Einlesen wird anschließend durch ein Signal auf der CA2-Leitung quittiert (EQT).

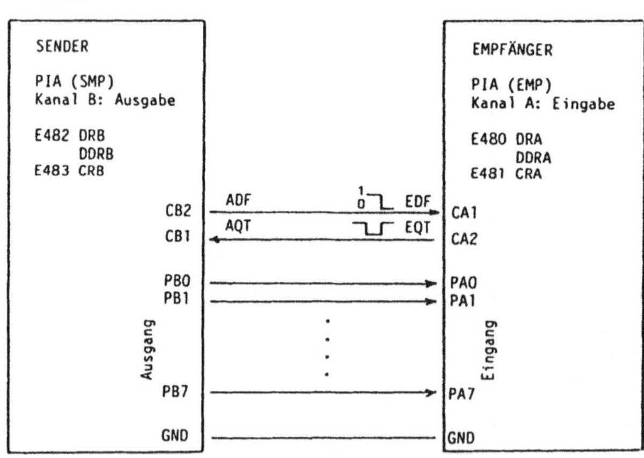

Bild 5.5 Datenübertragung zwischen zwei Mikrocomputern über PIA

Ausgabe:

Die CPU schreibt das auszugebende Datenwort in das DRB-Register des PIA. Dort wird es zwischengespeichert. Gleichzeitig wird auf CB2 ein Signal abgegeben, das die Bereitstellung eines Datenwortes ankündigt (ADF). Ist das Wort von der Peripherie übernommen worden, erhält die CPU über die Leitung CB1 ein Quittungssignal (AQT). Bild 5.5 zeigt einen Schaltungsvorschlag.

Programmierung des Steuerregisters des PIA des Empfängers im Read-Strobe-Mode für Eingangsbetrieb:

b7	b6	b5	b4	b3	b2	b1	b0	
0	0	1	0	1	1	0	1	$2D

CA1 (EDF): (Eingang) Die 1/0-Flanke ist die aktive Flanke des Signals CA1, welches für den EMP das Signal EDF darstellt. Stehen Eingabedaten bereit, erscheint diese Flanke. Dadurch wird das IRQA1-Flag (Bit 7) gesetzt. Da b0 = 1, wird der Interrupt auf die $\overline{IRQ}$-Leitung der CPU durchgeschaltet. Der EMP muß das angebotene Datenwort sofort einlesen. Durch das Lesen wird im Steuerregister CRA das Bit 7 wieder zurückgesetzt.

CA2 (EQT): (Ausgang) Beim Lesen gibt die CPU auch einen Impuls ⌐__⌐ auf die CA2-Leitung, der das EQT-Signal darstellt. Damit dies aber geschieht, muß der PIA im sogenannten Read-Strobe-Mode betrieben werden und zwar hier mit E-Restore.
D.h., CA2 geht auf Low, und zwar mit dem ersten 1/0-Sprung vom Takt E, nach dem die CPU das DRA-Register gelesen hat. Mit dem nächsten 1/0-Sprung vom E geht CA2 wieder auf High.

Programmierung des Steuerregisters des PIA des Senders im Write-Strobe-Mode für Sendebetrieb:

b7	b6	b5	b4	b3	b2	b1	b0	
0	0	1	0	0	1	0	0	$24

CB2 (ADF): (Ausgang) Zuerst setzt die CPU das Datenwort ins DRB-Register (Ausgaberegister). Danach meldet die CPU dem Empfänger das Vorhandensein eines Datenwortes mit dem Signal ADF. Dieses ADF-Signal wird durch CB2 gebil-

det. Dazu wird der PIA im sogenannten Write-Strobe-Mode betrieben, und zwar diesmal mit CB1-Restore. D.h., CB2 (ADF) geht auf Low mit dem ersten 0/1-Sprung von E, nachdem die CPU in das DRB-Register das Datenwort eingeschrieben hat.

CB1 (AQT): (Eingang) CB2 geht wieder auf High, wenn die nächste aktive Flanke von CB1 kommt. Bit = 0 programmiert die fallende Flanke (1/0-Sprung) von CB1 als aktiv.

Ablauf des Datenverkehrs:

Der Datenverkehr erfolgt über zwei parallele Interface-Bausteine (PIA), und zwar 8-Bit-parallel und Zeichen seriell. Die nachfolgenden Erklärungen beziehen sich auf die Programme für Ein- und Ausgabe. Das Diagramm dient zur Veranschaulichung des Textes. Die Kleinbuchstaben am Textrand beziehen sich auf dieses Diagramm.

Wenn der Sender ein Datenwort ausgeben will, muß er es im Akkumulator A bereitstellen und damit dann in das Unterprogramm "Ausgabe" springen. Dort wird zunächst getestet, ob der Empfänger das letzte Datenwort schon übernommen hat. Dazu wird das IRQB1-Flag abgefragt. Ist es noch 0, so ist der Empfänger mit der letzten Datenwortüberhahme noch nicht fertig. Solange muß der Sender noch in einer Warteschleife kreisen. Trifft über die CB1-Leitung das Quittungssignal vom Empfänger (1/0-Sprung) ein, wird das IRQB1-Flag gesetzt, und der Sender kann die Warteschleife verlassen. Zunächst wird dann das IRQB1-Flag wieder zurückgesetzt, und dann das Datenwort ausgegeben.

a. Gleichzeitig gibt die CPU über CB2 das Signal ADF (Ausgabe-Daten-Fertig) aus, indem sie CB2 auf Low legt.

b. Diese 1/0-Flanke wird an CA1 weitergeleitet und stellt dort das Signal EDF (Eingabe-Daten-Fertig) dar. Die 1/0-Flanke an CA1 löst im empfangenden Rechner einen Interrupt aus. D.h., die CPU bearbeitet den laufenden Befehl zu Ende. Durch den WAI-Befehl sind die CPU-Register bereits gerettet. Die CPU springt in die Interrupt-Service-Routine.
In dieser Routine wird zunächst geprüft, ob der Interrupt von CA1 stammt. Wenn ja, liest die CPU das Datenwort ein.

c. Nach dem Einlesen wird mit dem ersten 1/0-Sprung von E CA2 auf Low gesetzt. Das ist die Eingabe-Quittung (EQT).

d. Diese 1/0-Flanke wird an CB1 des Sende-Rechners weitergeleitet, und stellt dort das Signal AQT (Ausgabe-Quittung) dar.

Die Ausgabe wird dem Sender also jetzt erst vom Empfänger quittiert.

e. Die 1/0-Flanke von CB1 setzt CB2 wieder auf High (Write-Strobe mit CB1-Restore) und damit auch CA1.

f. Mit dem nächsten 1/0-Sprung von E geht CA2 wieder auf High, und damit auch CB1.

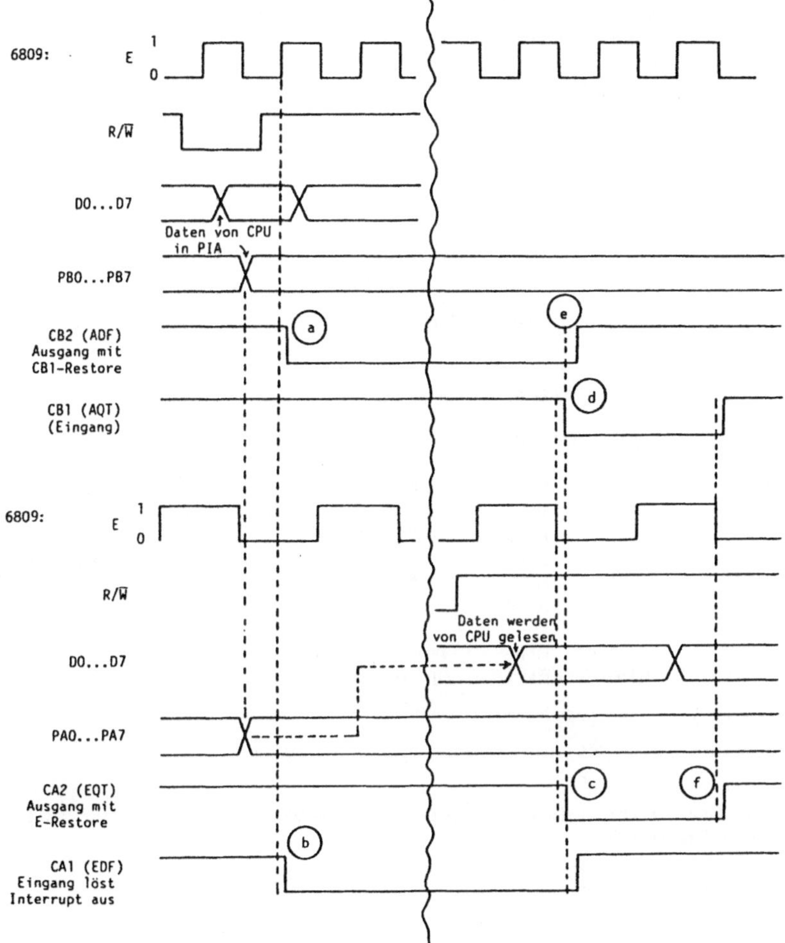

Bild 5.6 Timing-Diagramm für Handshake-Betrieb

Senderprogramm:

```
                         *Datenuebertragungzwischen zwei
                         *Mikrocomputern ueber PIA
                         *
                         *
                         *SENDERPROGRAMM
                         *
0000                                ORG      $0000
                E482     PIA        EQU      $E482
                E483     CRB        EQU      $E483
                         *
                         *HAUPTPROGRAMM
                         *
0000 7F    E483          SENDEN     CLR      CRB
0003 86    FF                       LDA      #$FF        Initialisierung:
0005 B7    E482                     STA      PIA         KANAL B: Ausgang
0008 86    24                       LDA      #$24        WRITE-STROBE
000A B7    E483                     STA      CRB         mit CB1-RESTORE
000D 8E    010E                     LDX      #ANFADR
0010 A6    84            M1         LDA      ,X
0012 BD    0100                     JSR      AUSGAB
0015 30    01                       LEAX     1,X
0017 8C    011E                     CPX      #ENDADR
001A 26    F4                       BNE      M1
001C 3F                             SWI
                         *
0100                                ORG      $0100
                         *
                         *UNTERPROGRAMM
                         *
0100 F6    E483          AUSGAB     LDB      CRB
0103 D5    80                       BITB     %10000000 auf CB1-Puls warten
0105 27    F9                       BEQ      AUSGAB
0107 F6    E482                     LDB      PIA         setzt IRQB1-Flag zurueck
010A F7    E482                     STB      PIA         Ausabe +ADF (CB2)
010D 39                             RTS
                         *
010E                     ANFADR     RMB      $10
                011E     ENDADR     EQU      ANFADR+$10

0 ERROR(S) DETECTED

SYMBOL TABLE:

ANFADR 010E   AUSGAB 0100   CRB    E483   ENDADR 011E   M1     0010
PIA    E482   SENDEN 0000
```

Empfängerprogramm:

```
                          *Datenuebertragung zwischen zwei
                          *Mikrocomputern ueber PIA
                          *
                          *
                          *EMPFAENGERPRORAMM
                          *
0000                              ORG     $0000
                  E000    PIA     EQU     $E000
                  E001    CRA     EQU     $E001
                          *
                          *HAUPTPROGRAMM
                          *
0000 7F    E001           EMPF    CLR     CRA
0003 7F    E000                   CLR     PIA         Initialisierung
0006 86    2D                     LDA     #$2D        Kanal A: Eingang
0008 B7    E001                   STA     CRA         READ-STROBE
000B 12                           NOP                 mit E-Restore
000C 1C    EF             M1      CLI
000E 3F                           SWI
000F 20    FB                     BRA     M1          Warten auf Interrupt
                          *
0011                      ANFADR  RMB     $02         Anfangsadresse des
0013 12                           NOP                 anzulegenden Datenblocks
                          *
                          *
                          *INTERRUPTVERARBEITUNG
                          *
0100                              ORG     $0100
0100 B6    E001                   LDA     CRA         Test, ob Interrupt von
0103 85    80                     BITA    #$80        CA1 stammt
0105 27    0B                     BEQ     ENDINT
0107 9E    11                     LDX     ANFADR
0109 B6    E000                   LDA     PIA         Einabe + Quittung
010C A7    84                     STA     ,X
010E 30,   01                     LEAX    1,X
0110 9F    11                     STX     ANFADR
0112 3B                   ENDINT  RTI
                          *
                          *
03BD                              ORG     $03BD
03BD 0100                 UIRQV   FDB     $0100       Anfadr. des Interruptpr.
                          *

0 ERROR(S) DETECTED

SYMBOL TABLE:

ANFADR 0011   CRA    E001   EMPF   0000   ENDINT 0112   M1     000C
PIA    E000   UIRQV  03BD
```

5.4 Mehrfache Interrupt-Verarbeitung

In den vorangegangenen Kapiteln sind wir davon ausgegangen, daß nur eine Interrupt-Anforderung an den Prozessor ergeht. In der Praxis wird es allerdings in der Regel so sein, daß in einem System mehrere Interruptquellen vorliegen, die noch dazu gleichzeitig eine Anforderung an den Prozessor stellen können. Nun könnte der 6809 drei verschiedene Interrupts gleichzeitig bewältigen, und zwar $\overline{\text{NMI}}$, $\overline{\text{FIRQ}}$ und $\overline{\text{IRQ}}$. Die beiden ersteren sind aber besondere Interrupts, die wir in Kapitel 2.4 ausführlich besprochen haben. Man wird normalerweise die gesamte Interrupt-Steuerung über den Anschluß $\overline{\text{IRQ}}$ abwickeln. Dann ergeben sich allerdings zwei Probleme. Das erste Problem besteht darin, daß der Prozessor den Interrupt identifizieren muß. Er muß also erkennen, welcher Anschluß (welches Gerät) den Interrupt ausgelöst hat. Treten außerdem mehrere Interrupts gleichzeitig auf, so müssen sie nicht nur erkannt werden, sondern es muß jedem eine Priorität zugeteilt werden, nach dem sie abgearbeitet werden. Interrupt-Verarbeitung bedeutet also Identifikation von Interrupts und ihre Priorisierung. Um diese beiden Ziele zu erreichen, gibt es nun zwei verschiedene Methoden - per Programm oder mit Hardware.

5.4.1 Software-Interrupt-Steuerung

Ein Interrupt-System, das zwischen wichtigen und weniger wichtigen Interrupts unterscheiden kann, nennt man ein *Prioritäts-Interrupt-System*. Wir wollen uns zunächst anschauen, wie man diese Priorität per Programm festlegen kann. Dazu müssen wir uns die Voraussetzungen von der Hardware klar machen. In der Regel werden es PIA- oder ACIA-Bausteine sein, über die die Interrupts zur CPU durchgeschaltet werden. Wie wir wissen, hat der PIA zwei Interrupt-Ausgänge, und der ACIA einen. Alle sind sie Low-aktiv und mit einer speziellen Ausgangsschaltung ausgestattet, die man open drain nennt (entspricht open collector bei TTL-Gattern). Diese Ausgänge werden über einen gemeinsamen Widerstand (Pull up-Widerstand) an +5V gehängt und der gemeinsame Verknüpfungspunkt am $\overline{\text{IRQ}}$-Anschluß der CPU festgemacht (Bild 5.7). Man nennt das eine Wired-AND-Verknüpfung. Der $\overline{\text{IRQ}}$-Eingang wird von dieser Schaltung auf Low-Pegel gezogen, wenn mindestens einer der $\overline{\text{IRQ}}$-Ausgänge der Interface-Bausteine Low-Pegel führt.

Hat die CPU eine Unterbrechung registriert, so muß sie den auslösenden Baustein identifizieren. Dazu hat jeder Interface-Baustein ebensoviel Status-Flags, wie er Interruptleitungen hat.

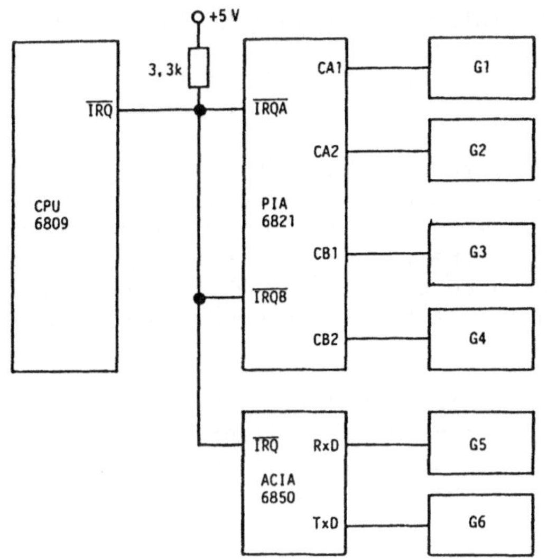

Bild 5.7 Anschluß mehrerer Interface-Bausteine an dem $\overline{IRQ}$-Eingang

Wie wir wissen, ist in der PIA Bit b7 für die Leitung CA1 zuständig und Bit b6 für CA2, sofern diese auf Eingang geschaltet ist. Dies gilt für beide PIA-Kanäle. In der ACIA ist es Bit b7 im Statusregister, das die Interrupts (Empfänger- oder SenderInterrupt) anzeigt.

Der Prozessor muß nun die einzelnen Status-Flags abfragen, um festzustellen, wer den Interrupt auslöste und anschließend in die entsprechende Interrupt-Service-Routine springen. Durch die Reihenfolge der Abfrage, wird gleichzeitig die Priorität festgelegt. Die CPU fragt also zuerst den Baustein mit der höchsten Priorität ab. Auch dieses Verfahren nennt man Polling (Interrupt-Polling).

In den Interface-Bausteinen lassen sich die Interrupts auch sperren. Beim PIA sind die Bits b0 für CA1 (CB1) und b3 für CA2 (CB2) zuständig. Eine 1 schaltet den Interrupt auf die $\overline{IRQ}$-Leitung durch, eine 0 sperrt ihn. Man beachte, daß im Gegensatz dazu das $\overline{IRQ}$-Flag im Condition Code Register des 6809 den Interrupt bei 1 sperrt und bei 0 akzeptiert.

Für das Programmieren wichtig zu wissen ist noch, daß die Bits b6 und b7 solange gesetzt bleiben, bis die zugehörigen Datenregister gelesen worden sind. Solange wird auch kein Interrupt verarbeitet, selbst wenn das I-Flag in der CPU gelöscht ist.

Der PIA kann aber während des Interrupt-disable-Zustandes eine eintreffende Interrupt-Forderung notieren und darauf reagieren, sobald das entsprechende Enable-Bit gesetzt und damit der Interrupt zugelassen ist.

Beim ACIA wird der Sender-Interrupt zur CPU weitergeschaltet, sofern im Steuerregister b6 = 0 und b5 = 1 gilt. Der Empfänger-Interrupt ist zugelassen, wenn b7 = 1. Das Meldebit b7 im Statusregister, das von einem eintreffenden Interrupt auf jeden Fall gesetzt wird, kann durch Lesen aus der ACIA (Empfangs-Datenregister) oder Schreiben in die ACIA (Sende-Datenregister) wieder gelöscht werden.

Nachfolgend soll nun eine Interrupt-Polling-Routine angegeben werden, die die Schaltung in Bild 5.7 bedient. Es werden insgesamt sechs Peripheriegeräte über je einen PIA und ACIA bedient. Höchste Priorität soll Anschluß CA1 des PIA haben, niedrigste Priorität der Sender-Interrupt des ACIA.

Programm für Interrupt-Polling der Schaltung in Bild 5.7:

```
IRQSER   LDA PIACRA
         BMI IRQCA1
M1       ASLA
         BMI IRQCA2
M2       LDA PIACRB
         BMI IRQCB1
M3       ASLA
         BMI IRQCB2
M4       LDA ACIACS
         BPL RETURN
         LSRA
         BCS IRQRX
IRQTX    .                Beginn der Interrupt-Service-Rou-
         .                tine für ACIA-Sendebetrieb
         .
RETURN   RTI
IRQCA1   .                Beginn der IS-Routine für G1
         .
         .
         BRA M1
IRQCA2   .                Beginn der IS-Routine für G2
         .
         .
         BRA M2
IRQCB1   .                Beginn der IS-Routine für G3
         .
         .
         BRA M3
IRQCB2   .                Beginn der IS-Routine für G4
         .
         .
```

```
                BRA M4
      IRQRX      .
                 :
                BRA RETURN
```

Löst irgendein Gerät oder mehrere gleichzeitig einen Interrupt aus, so führt der Prozessor den gerade laufenden Befehl zu Ende, rettet dann alle CPU-Register auf den Stack und springt zum IRQ-Vektor; d.h., er lädt nacheinander die Adressen \$FFF8 und \$FFF9 in den Programmzähler und holt von diesen Speicherplätzen die Anfangsadresse der Interrupt-Polling-Routine IRQSER. In der Reihenfolge der festgelegten Priorität fragt nun der Prozessor die einzelnen Statusflags ab. Ist ein Flag gesetzt, verzweigt er in das zugehörige Service-Programm, wo der Interrupt bedient wird. In dieser Service-Routine wird auch das betreffende Status-Flag durch Lesen des Ausgaberegisters wieder gelöscht. Anschließend wird zur nächsten Marke M gesprungen, um das nächste Flag zu testen.

Das Testen der ACIA geschieht etwas anders. Das Programm fragt zunächst den Zustand des Bit b7 im ACIA Statusregister ab. b7 ist für den Sender- und den Empfänger-Interrupt zuständig. Ist b7 gesetzt, so wird Bit b0 getestet. Ist b0 = 1, so wurde ein Empfänger-Interrupt ausgelöst, der durch die Routine IRQRX bedient wird. Im anderen Fall muß angenommen werden, daß es sich um einen Sender-Interrupt handelt, der anschließend von Adresse IRQTX an bedient wird. Sind alle anfordernden Interruptquellen bedient, springt der Rechner mit RTI wieder in das Hauptprogramm zurück.

Der Nachteil der Interrupt-Verarbeitung mit Software-Steuerung besteht darin, daß von der Interruptmeldung bis zur Interrupt-Service-Routine sehr viel Zeit vergeht. Eventuell eben zuviel Zeit, denn auf einen Interrupt muß meist schnell reagiert werden. Der Vorteil liegt darin, daß keine teure Hardware benötigt wird, und daß die Prioritäten per Software neu gesetzt werden können.

5.4.2 Hardware-Interrupt-Steuerung

Wie wir gesehen haben, wird bei Polling die Priorität durch die Reihenfolge der Abfragen festgelegt. Ein laufendes Interruptprogram ist somit nicht unterbrechbar. Bei der Hardware-Lösung wird jeder Interrupt-Quelle ein eigener Interrupt-Vektor zugeordnet, in dem die Startadresse der zugehörigen Interrupt-

Service-Routine abgelegt ist. Dadurch, daß sich der Interrupt schon beim Aufruf selbst identifiziert, entfällt das zeitraubende Polling. Die Priorisierung erfolgt ebenfalls durch die Hardware. Nun kann eine gerade laufende Interrupt-Routine jederzeit durch einen Interrupt höherer Priorität unterbrochen werden. Der Ablauf erfolgt in der gleichen Weise, wie wenn das Hauptprogramm unterbrochen wird. Man spricht von verschachtelter Interrupt-Verarbeitung. Die externe Hardware dient ferner dazu, Interrupts durch eine Maske auszublenden (disable). Es soll zunächst eine einfache Schaltung mit PIA und TTL-Gattern besprochen werden.

Hardware-Interrupt-Steuerung mit PIA und Prioritäts-Encoder. Die in Bild 5.9 abgebildete Schaltung ist für maximal acht Interruptquellen geeignet. Sie werden auf die Eingänge des 8-Line-to-3-Line Priority Encoders 74LS148 gelegt. Seine Ein- und Ausgänge sind Low-aktiv. Die Wertetafel des aktivierten Bausteins zeigt Bild 5.8. Wie man der Tafel entnehmen kann, hat der Eingang 7 die höchste Priorität. Führt er L-Pegel, sind alle drei Ausgänge aktiv, also Low. Der Zustand der anderen sieben Eingänge spielt dabei keine Rolle (x). Der Eingang 0 hat die niedrigste Priorität. Er kann sich nur dann durchsetzen, wenn alle anderen Eingänge kein aktives Signal führen, also High sind. Die Ausgangs-Steuerleitung GS des Encoders geht auf Low-Pegel, sobald ein Eingang Low wird. Dadurch wird in der CPU ein Interrupt ausgelöst. Die CPU holt sich von den Adressen $FFF8 und $FFF9 die Anfangsadresse der Interrupt-Service-Routine. Diese liest über den PIA die Nummer des Interrupts in binärer Form ein, sucht in einer Adreßtafel die zugehörige Anfangsadresse und springt dann dorthin. Ein Programmentwurf für diese Interrupt-Routine wird nachfolgend angegeben.

	Eingänge	Ausgänge
7	xxxxxxx0	000
6	xxxxxx01	001
5	xxxxx011	010
4	xxxx0111	011
3	xxx01111	100
2	xx011111	101
1	x0111111	110
0	01111111	111

Bild 5.8 Wertetafel des Priority Encoders 74LS148

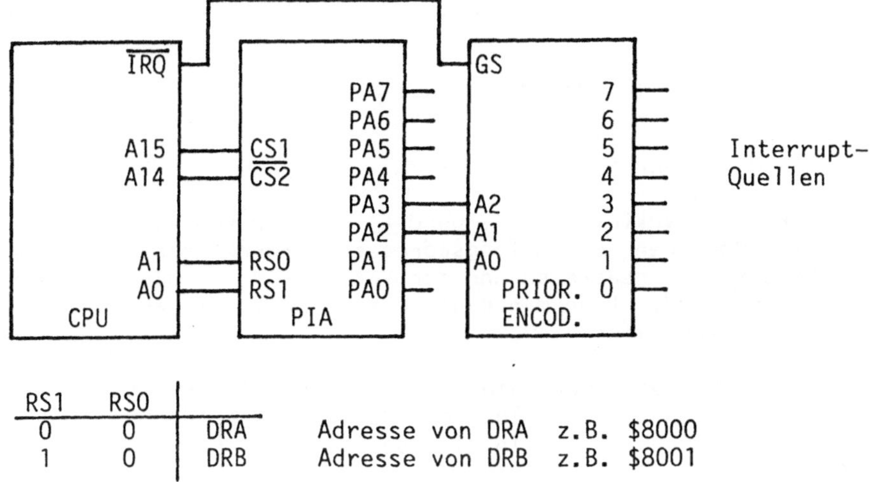

Bild 5.9 Hardware-Interrupt-Steuerung mit PIA und Encoder

Programm zu Schaltung in Bild 5.8:

```
Address   Code      Label     Mnemonics     Comment

F000      8E E000   IRQSER    LDX #VECTAF
F003      B6 8000             LDA DRA
F006      43                  COMA
F007      84 0E               ANDA #$0E
F009      AD 96               JSR [A,X]
F00B      3B                  RTI
 :
E000      E010      VECTAF
E002      E020
E004      E0A0
E006      0000                              Anfangsadressen der
E008      C100                              Interrupt-Service-
E00A      C200                              Routinen
E00C      F800
E00E      F100
 :
E010
 :                            RTS
E020
 .
```

```
.
.                                   RTS
.
 FFF8      F000          IRQVEC
```

Besprechung des Programms:

Es wird eine Vektortafel verwendet, in der von allen Interrupt-Service-Routinen die Anfangsadressen vermerkt sind. Durch die Angabe der Anfangsadresse und der Vektornummer, die über die PIA eingelesen wird, kann man dann sehr schnell auf das betreffende Programm zugreifen.

Die Anfangsadresse der Tafel (VECTAF ≙ E000) wird ins Indexregister X geladen. Sie bildet die Basisadresse für den indizierten Sprungbefehl. Der Inhalt von DRA wird anschließend in den ACCA geholt. Wie Bild 5.9 zeigt, ist PA0 nicht angeschlossen, nur PA1 bis PA3. Dadurch und durch die Undierung mit $0E werden nur die ersten acht geraden Zahlen im ACCA erzeugt. Diese stellen die Vektornummer dar, die zum Inhalt des Indexregisters X dazugezählt wird, wenn der indizierte Sprungbefehl JSR ausgeführt wird. Außerdem verwendet der JSR-Befehl indirekte Adressierung; d.h., der Rechner springt zu der Adresse, die in der Vektortabelle gespeichert ist. Trifft z.B. an Anschluß 5 des Encoders eine Interruptanforderung ein, so wird über GS der Interrupt ausgelöst. Das Bitmuster 010 ≙ 5 (Low-aktive Ausgänge!) wird über die PIA in den Akkumulator A eingelesen, negiert und anschließend mit $0E UND-verknüpft. Der Inhalt des ACCA (0A) bildet nun den Offset für den indiziert-indirekt adressierten Sprungbefehl. Der zum IRQ-Eingang Nr. 5 gehörende Interruptvektor lautet also in diesem Beispiel E00A. Dort steht die Anfangsadresse der zu Nr. 5 gehörenden Interrupt-Routine. Der Rechner springt nach $C200. Hat er das Unterprogramm abgearbeitet, springt er mit RTS in die Hauptroutine zurück, wo er auf den Befehl RTI stößt, der ihn ins Hauptprogramm zurückbringt.

Hardware-Interrupt-Steuerung mit dem PIC 6828. Die eleganteste Methode, mehrere Interrupts schnellstmöglich zu verarbeiten, besteht darin, einen Prioritäts-Interrupt-Controller (PIC) einzusetzen. Ein solcher Baustein löst alle bisher angeschnittenen Probleme. Er ordnet sofort nach Interrupt-Auslösung jeder anfordernden Quelle einen speziellen Vektor zu, in dem die betreffende Anfangsadresse gespeichert ist. Er verteilt die Prioritäten und maskiert die Interrupts. In Kapitel 3.5.2 haben wir bereits den PIC 6828 kennengelernt. Wir wollen uns nun noch genauer mit dem Aufbau dieses Bausteins beschäftigen und seine Arbeitsweise in einem Mikroprozessorsystem kennenlernen. Bild 5.10 zeigt ein

Schaltungsbeispiel, in dem der 6809 mit einem PIC 6828 und einem EPROM 2716 zusammenarbeitet.

Bevor wir uns näher mit der Schaltung beschäftigen, soll in wenigen Worten angegeben werden, was der PIC macht. - Trifft an

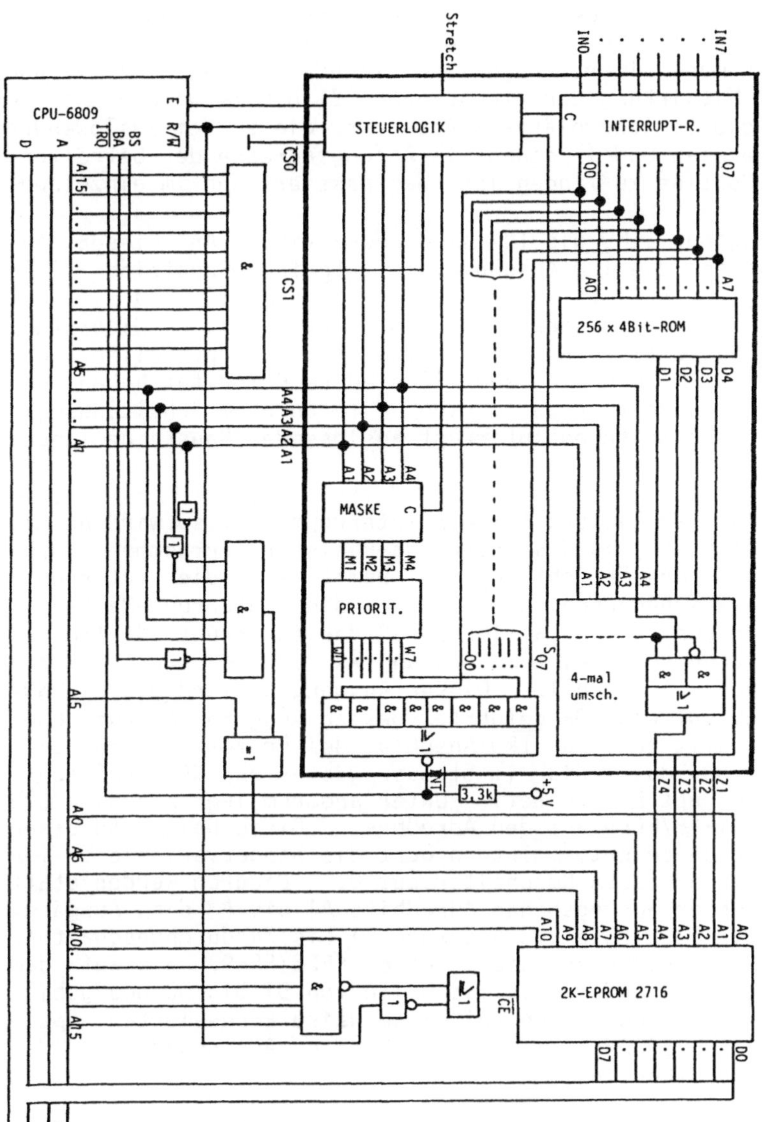

Bild 5.10 Hardware-Interrupt-Steuerung mit dem PIController 6828

den acht Eingängen des PIC (IN0 - IN7) ein Interruptsignal ein, so löst der PIC in der CPU einen Interrupt ($\overline{IRQ}$) aus. Die CPU beendet den laufenden Befehl, rettet die Register und springt dann zu den Adressen, die zu $\overline{IRQ}$ gehören, nämlich $FFF8 und $FFF9; d.h. genauer, sie gibt diese Adressen auf den Adreßbus aus. Wie das Bild 5.10 zeigt, liegt bei diesen Adressen das EPROM 2716. Die beiden Adressen $FFF8/FFF9 gelangen aber nun nicht direkt an das EPROM, sondern ein Teil der Adreßbits wird durch den PIC manipuliert, und zwar die Adressen A1, A2, A3 und A4. Unter Mitwirkung der PIC-Ausgänge Z1 bis Z4 werden so im EPROM zwei neue Speicherplätze adressiert, die zu dem auslösenden Interrupt gehören und in denen die Anfangsadresse der betreffenden Service-Routine zu finden ist. Was passiert nun im einzelnen?

Die Eingänge IN0 bis IN7 sind Low-aktiv. An diesen Anschlüssen werden die $\overline{IRQ}$-Ausgänge der Interface-Bausteine (PIA, ACIA, Timer) befestigt. Der Ausgang $\overline{INT}$ des PIC wird mit dem Anschluß $\overline{IRQ}$ des Prozessors verbunden. Der Pull up-Widerstand von 3,3k ermöglicht den Anschluß weiterer Interruptquellen, die dann allerdings im Vergleich zum PIC niedere Priorität haben und mit Polling behandelt werden müssen. In unserem Schaltungsbeispiel sind keine weiteren Interrupt auslösenden Bausteine angeschlossen.

Trifft auf der Leitung INx ein Interrupt ein, so wird er mit dem nächsten Takt (E) in das Interrupt-Register übernommen, d.h. der Ausgang Qx des FF geht auf 1. Damit ist die Interrupt-Anforderung zwischengespeichert. Ist die Interrupt-Maske im Maskenregister nun so programmiert, daß der Interrupt INx freigegeben ist, dann erscheint am Ausgang Wx des nachgeschalteten Prioritäts-Encoders eine 1. Dieser Ausgang Wx wird mit Qx UND-verknüpft und auf ein NOR geführt, dessen Ausgang $\overline{INT}$ auf Low-Pegel geht. Damit geht der $\overline{IRQ}$-Anschluß des Prozessors ebenfalls auf Low. Ist nun das I-Flag im Statusregister der CPU gelöscht, wird der Interrupt bearbeitet. Unter anderem legt nun die CPU die Adressen $FFF8/FFF9 auf den Adreßbus. Diese beiden Adressen werden vom PIC decodiert. Intern geht die Steuervariable S für den vierfachen Adressen-Umschalter auf 0. Dadurch werden statt der vom Prozessor ausgegebenen Adreßbits A1 bis A3 die Ausgänge des ROMs D1 bis D3 an die PIC-Ausgänge Z1 bis Z4 durchgeschaltet. Damit liegt am EPROM nicht die Adresse $FFF8/FFF9, die auf dem Adreßbus ansteht, sondern die mit Hilfe von D1 bis D3 neu gebildete Adresse. In den beiden auf diese Weise adressierten Speicherplätzen des EPROMs befindet sich die Anfangsadresse der Interrupt-Service-Routine.

Worum handelt es sich nun bei den Bits D1 bis D4? Sie bilden die Ausgänge eines 256 x 4 Bit ROMs, das von der Herstellerfirma schon fest programmiert wurde; und zwar so, daß zu jedem der acht Interrupt-Signale ein ganz bestimmtes Bitmuster gehört. In diesem ROM wird auch die Priorität festgelegt (Tabelle 5.1).

Tabelle 5.1 Prioritäts-Zuordnung der IRQ-Vektoren beim 6828 für den 6809

PIC-Eingänge INx = 0	256 x 4 Bit ROM-Adresse A7 A6 A5 A4 A3 A2 A1 A0	PIC-Ausgänge Z4 Z3 Z2 Z1	IRQ-Vektor (hex)
IN7	1 X X X X X X X	1 0 1 1	FFD6/7
IN6	0 1 X X X X X X	1 0 1 0	FFD4/5
IN5	0 0 1 X X X X X	1 0 0 1	FFD2/3
IN4	0 0 0 1 X X X X	1 0 0 0	FFD0/1
IN3	0 0 0 0 1 X X X	0 1 1 1	FFCE/F
IN2	0 0 0 0 0 1 X X	0 1 1 0	FFCC/D
IN1	0 0 0 0 0 0 1 X	0 1 0 1	FFCA/B
IN0	0 0 0 0 0 0 0 1	0 1 0 0	FFC8/9
INx = 1	0 0 0 0 0 0 0 0	1 1 0 0	FFF8/9

Wie die Tafel zeigt, hat IN7 höchste Priorität und IN0 niedrigste. Es sei noch daraufhingewiesen, daß die Adreßbits A1 bis A4 verzögert am EPROM eintreffen, denn sie müssen vorher den PIC noch durchlaufen. Dazu benötigen sie verschieden lange Zeiten, je nachdem ob der PIC adressiert ist oder nicht. Bei der Wahl der Taktfrequenz des Prozessors ist dieser Umstand zu bedenken.

Der PIC hat auch die Möglichkeit, Interrupts zu sperren. Dazu dient das Maskenregister. Dieses wird durch einen Store-Befehl geladen, und zwar nicht mit dem Datenwort des Befehls, sondern mit den Adreßbits A1 bis A4. Der Operandenteil des Store-Befehls spielt also keine Rolle. Die vier Ausgänge des Maskenregisters M1 bis M4 steuern den 8-to-3-Line-Prioritäts-Encoder. Dessen Wirkungsweise wird durch Tabelle 5.2 beschrieben.

Aus der Tafel kann man entnehmen, daß z.B. alle Interrupts gesperrt sind, wenn A4 und damit M4 den Wert 1 hat. Alle Ausgänge Wx sind dann 0 und sperren damit die UND-Gatter. Ist Wx = 1, wird das UND-Gatter geöffnet, Qx durchgeschaltet und damit der Interrupt ausgelöst. Das Bitmuster im Maskenregister wirkt wie eine verschiebbare Trennungsmaske. Alle Interrupts mit kleinerer Kennzahl als die Maske sind gesperrt, alle übrigen sind zugelassen.

Tabelle 5.2 Wahrheitstafel des 8-to-3-Line-Prioritäts-Encoders

Maskenregister-Inhalt				Reaktion auf Interrupts (1 = IRQ zugelassen; 0 = IRQ gesperrt)							
M4 (A4)	M3 (A3)	M2 (A2)	M1 (A1)	W7	W6	W5	W4	W3	W2	W1	W0
0	0	0	0	1	1	1	1	1	1	1	1
0	0	0	1	1	1	1	1	1	1	1	0
0	0	1	0	1	1	1	1	1	1	0	0
0	0	1	1	1	1	1	1	1	0	0	0
0	1	0	0	1	1	1	1	0	0	0	0
0	1	0	1	1	1	1	0	0	0	0	0
0	1	1	0	1	1	0	0	0	0	0	0
0	1	1	1	1	0	0	0	0	0	0	0
1	X	X	X	0	0	0	0	0	0	0	0

Wie Bild 5.10 zeigt, benutzt sowohl der PIC als auch das EPROM die $R/\overline{W}$-Leitung. Das hat folgenden Grund. Beim Laden des Maskenregisters gibt die CPU eine Adresse aus, die sowohl zum PIC als auch zum EPROM gehört. Damit würde außer der CPU auch das EPROM Daten auf den Datenbus legen. Das darf nicht sein. Daher wird die $R/\overline{W}$-Leitung zur Auswahl mit einbezogen. Der PIC wird nur bei $R/\overline{W}$ = 0 aktiviert, das EPROM durch die gewählte Beschaltung nur bei $R/\overline{W}$ = 1. Bei dem Store-Befehl, mit dem das Maskenregister geladen wird, wird daher nur der PIC selektiert, jedoch nicht gleichzeitig das EPROM.

5.5 Anpassungsprobleme

5.5.1 Elektrische Anpassung

Wie schon mehrfach erwähnt, haben die meisten Mikroprozessoren Pegel mit TTL-Spezifikation. Da sich der Einsatz von Mikroprozessoren nicht nur auf die eigentliche Datenverarbeitung beschränkt, sondern sich auf sehr viele andere Gebiete erstreckt, wie z.B. die Steuer- und Regelungstechnik und die Meßtechnik, müssen sehr unterschiedliche elektrische Pegel an das Mikroprozessorsystem angepaßt werden. In diesem Kapitel sollen ein paar Anregungen gegeben werden, wie die Probleme der Pegelanpassung zu lösen sind. Bild 5.11 gibt einige Anregungen, wie PIA-Pegel

(Ausgänge) an andere Pegelwerte angepaßt werden können. Neben den in einem früheren Beispiel gezeigten Treibern mit Tri-State-Ausgängen können auch TTL-Bausteine mit offenen Kollektor-Ausgängen verwendet werden. Im Bild treibt der PIA-Ausgang PBO einen Treiber 7407. Dieser Baustein besitzt einen offenen Kollektor. Bei einer Versorgungsspannung von nur 5V verträgt dieser Baustein ein Ausgangsspannung V_{OH} (High-level output voltage) von 30 V. Er kann einen Strom von 40 mA aufnehmen.

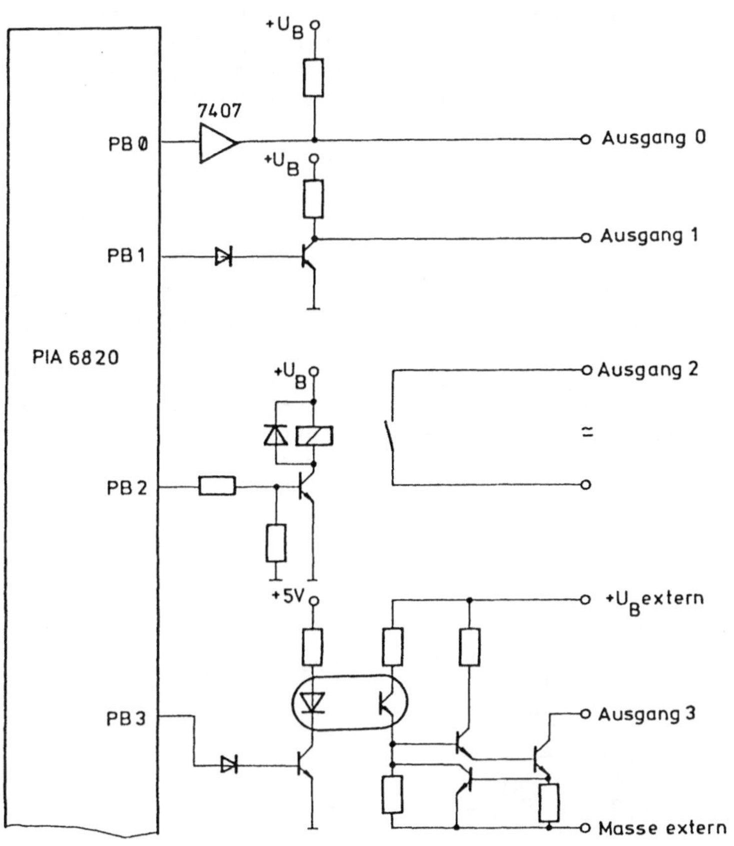

Bild 5.11 Pegelanpassung von PIA-Ausgängen

An PB1 ist ein NPN-Transistor angeschlossen. Der Transistor arbeitet im Emitterschaltung. Damit verstärkt er Strom und Spannung. Der Kollektorwiderstand kann auch die zu treibende Last selbst sein, wie z.B. eine Leuchtdiode, für die der Ausgangsstrom von PB1 nicht ausreicht. Die PB-Ausgänge des PIA liefern etwa 1 mA. Dies sollte man bei der Auswahl des Transistors berücksichtigen, damit man mit der entsprechenden Stromverstärkung den gewünschten Laststrom erreicht. Die Diode dient der Erhöhung des Störabstandes; sie erhöht die Ansprechschwelle des Transistors.

Ausgang PB2 schaltet über einen Transistor ein Relais. Der Basisstrom wird hier durch einen Spannungsteiler eingestellt. Die Freilaufdiode parallel zum Relais schützt den Transistor vor unzulässig hohen Spannungsspitzen beim Umschalten. Ein Relais ermöglicht eine vollkommene Trennung (galvanische Trennung) des Peripheriegerätes vom Rechnersystem. Das Peripheriegerät kann eine eigene Masse haben oder zum Beispiel auch mit Wechselspannung arbeiten. Sehr oft werden sogenannte Reed-Relais eingesetzt, bei denen zwischen Erregerwicklung und Schaltkontakten nur eine kleine Kapazität herrscht, was die Störsicherheit erhöht.

Mangelnde Störsicherheit ist ein Problem, das dem Anwender in der Praxis oft schwer zu schaffen machen kann. In diesem Rahmen kann nicht weiter darauf eingegangen werden. Nur eine Methode der Störunterdrückung sollte auch hier genannt werden - die vollständige Trennung von Rechnersystem und Peripheriegerät, also die galvanische Trennung. Außer mit einem Relais ist dies auch mit einem Optokoppler zu erreichen. Dies ist im Bild 5.11 als letzte Möglichkeit gezeigt. Die Schaltung ist etwas aufwendiger als die schon beim Fernschreiber-Interface vorgestellte Schaltung. Sie kann wesentlich mehr Strom ziehen und bei sehr unterschiedlichen Spannungen arbeiten, was neben der Dimensionierung der Widerstände auch von den verwendeten Transistoren ab-

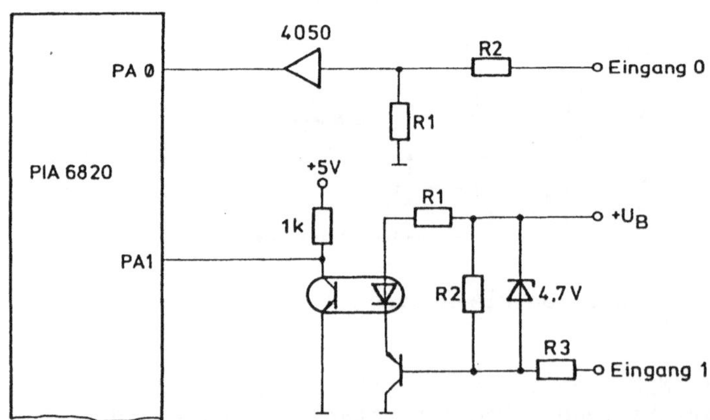

Bild 5.12 Pegelanpassung von PIA-Eingängen

hängt. Auch bei dieser Schaltung sind Masse und Spannungsversorgung beim Peripheriegerät eigenständig. Die Schaltung muß den Erfordernissen auf der Peripherieseite entsprechend dimensioniert werden. Bei der Adaptierung an die Interface-Eingänge kann man die gleiche Schaltungstechnik anwenden. Hier seien zwei Beispiele angegeben (Bild 5.12).

Das Signal an Eingang 0 gelangt über einen Spannungsteiler (R1, R2) an einen CMOS-Buffer 4050. Dieser Baustein arbeitet an einer Betriebsspannung von 3...15 V. Die Betriebsspannung bestimmt dabei die Ausgangsspannung im High-Zustand. Wählt man also z.B. eine Betriebsspannung von 5V, so ist der Ausgang TTL-kompatibel. Am Eingang des CMOS-Bausteins kann dabei eine Spannung von bis zu +15V auftreten. Die obige Schaltung verarbeitet auch noch höhere Spannungen, man muß nur den Spannungsteiler entsprechend dimensionieren. Unter +15V kann R2 weggelassen werden. R1 muß in jedem Fall beibehalten werden, da offene Eingänge bei CMOS-Gattern nicht erlaubt sind.

Der Eingang 2 ist über einen Optokoppler geführt. Die Schaltung verwendet einen PNP-Transistor. Die Eingangsspannung wird über den Spannungsteiler R2, R3 geteilt. Bei entsprechender Dimensionierung verträgt die Schaltung Spannungen von 5V bis 50V. Die Z-Diode dient dem Schutz des Optokopplers.

5.5.2 Zeitliche Anpassung

Es gibt gewissermaßen zwei Zeitprobleme:
1. Zeitpunkt des Datenaustauschs
2. Geschwindigkeit des Datenaustauschs.

Wenn z.B. der Mikroprozessor Daten ausgeben möchte, kann der Fernschreiber gerade besetzt sein. Umgekehrt, wenn das Peripheriegerät Daten eingeben möchte, kann die CPU gerade mit einem wichtigen Programm beschäftigt sein. Andererseits kann es Peripheriesignale geben, die unbedingt zur CPU gelangen müssen, selbst wenn diese ihr gerade laufendes Programm unterbrechen muß. Der Datenaustausch kann nach verschiedenen Prinzipien erfolgen (programmierter Datenaustausch, Interrupt), die in vorhergehenden Kapiteln näher besprochen wurden.

Die Arbeitsgeschwindigkeiten von Mikroprozessor und den verschiedenartigen Peripheriegeräten sind sehr unterschiedlich. Dies ist bei der Datenübertragung zu berücksichtigen. Es gibt verschiedene Geschwindigkeiten, die im folgenden erklärt werden sollen (Bild 5.13).

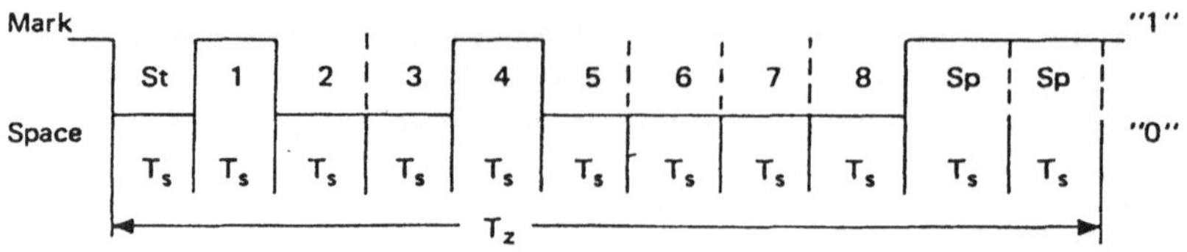

Bild 5.13 Zeichen im asynchronen Datenformat

Ein Schritt ist ein Signal von definierter Dauer, der sogenannten *Schrittdauer* T_S.

Der Kehrwert der Schrittdauer T_S heißt *Schrittgeschwindigkeit* v_S.

Es gilt

$$v_S = \frac{1}{T_S}$$

Die Einheit der Schrittgeschwindigkeit heißt *Baud (Bd)*.

Die Anzahl der pro Zeiteinheit übertragenen Binärentscheidungen nennt man *Übertragungsgeschwindigkeit* v_D (gemessen in Bit/s).

Bei binären Signalen sind beide Geschwindigkeiten gleich ($V_S=V_D$).

Die Dauer oder Länge eines Zeichens wird durch die *Zeichendauer* T_Z angegeben.

Aus ihr wird eine Geschwindigkeit abgeleitet, die sogenannte *Zeichengeschwindigkeit* v_Z.

Es gilt

$$v_Z = \frac{1}{T_Z} \quad \text{und} \quad v_Z = \frac{v_S}{11}$$

(bei 11 Schritten pro Zeichen!!)

Beispiel:

Ein Bit dauert 20 ms, also T_s = 20 ms. Das ergibt eine Schrittgeschwindigkeit von

$$v_s = \frac{1}{T_s} = \frac{1}{20\text{ ms}} = \frac{1}{0{,}02\text{ s}} = 50\text{ Bd}$$

Mit 11 Bit pro übertragenem Zeichen ergibt das eine Zeichengeschwindigkeit von

$$v_z = \frac{v_s}{11} \quad \text{oder} \quad v_z = \frac{1}{T_z} = \frac{1}{11 \cdot T_s} = 4{,}54\,\frac{1}{s}$$

Die

Transfergeschwindigkeit v_T

gibt die Anzahl der Bits, Zeichen oder Datenblöcke an, die im Durchschnitt je Zeiteinheit zwischen zwei Datenstationen übertragen werden.

5.6 Serielle Schnittstellen

Die Kommunikation zwischen mehreren Modulen in einem System erfolgt über Busse. Es gibt parallele Busse und serielle Busse. Auf einem parallelen Bus werden gleichzeitig alle Bits des Datenwortes übertragen. Man benötigt viele Leitungen, was zwar aufwendiger ist, aber die Übertragung ist schneller. Es gibt nun beim parallelen Bus mehrere Standards auf dem Markt, wie z.B. den S-100-Bus, der auf dem Hobbymarkt weit verbreitet ist. Für genauere Informationen sei auf die entsprechenden Firmenunterlagen verwiesen.

Serielle Busse benötigen nur ein oder zwei Leitungen. Alle Bits werden der Reihe nach übertragen. Serielle Datenübertragung wird hauptsächlich bei der Kommunikation zwischen Rechner und Peripheriegeräten eingesetzt (Fernschreiber, Drucker, Bildschirmgeräte (CRT: Cathode Ray Tube Terminal)).

Um für die Geräte ein möglichst großes Einsatzgebiet zu erreichen, strebt man eine Standardisierung der Schnittstellen an. Diese Standards legen wichtige Übertragungskenngrößen fest, wie z.B. die Übertragungsgeschwindigkeit, das Übertragungsformat und die elektrischen Eigenschaften.

Die beiden wichtigsten Standards sind:

20 mA - Stromschleife (Current-Loop) RS-232 (V24-Empfehlung)

Diese beiden Standards sind gleich bezüglich der asynchronen, seriellen Datenübertragung; sie unterscheiden sich nur in den elektrischen Eigenschaften.

5.6.1 Die 20 mA - Stromschleife

Ein Beispiel für eine 20 mA-Stromschleife zeigt das Bild 5.14. Fernschreiber arbeiten im sogenannten "Einfachstrombetrieb", bei dem man nur zwischen "Strom" und "kein Strom" unterscheidet. Dabei gibt es wiederum zwei Möglichkeiten: im Ruhezustand fließt kein Strom (Arbeitsstrombetrieb) oder es fleißt ein Strom (Ruhestrombetrieb). Fernschreiber arbeiten im Ruhestrombetrieb. Wenn das entsprechende Bit 0 ist, wird der Ruhestrom (Dauerstrom) von 20 mA unterbrochen. Das im Kapitel 3 beschriebene Fernschreib-Interface benutzt den 20 mA-Standard.

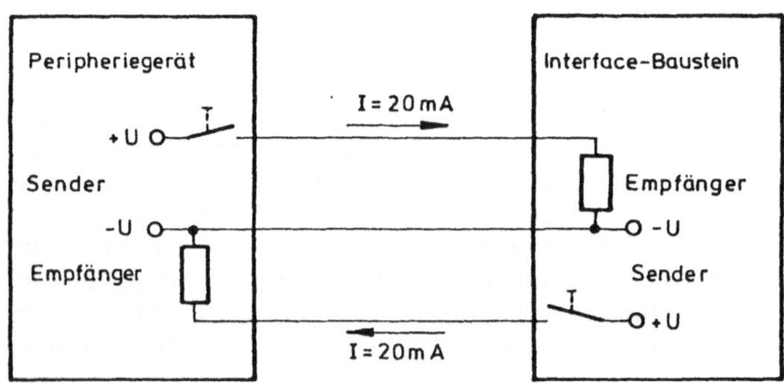

Bild 5.14 Prinzip der 20 mA-Stromschleife

5.6.2 Die RS-232 (V24)-Empfehlung

Der RS-232-Standard ist ein amerikanischer Standard, der vorwiegend in Verbindung mit Modems eingesetzt wird. Das Bild 5.15 zeigt die Zuordnung.

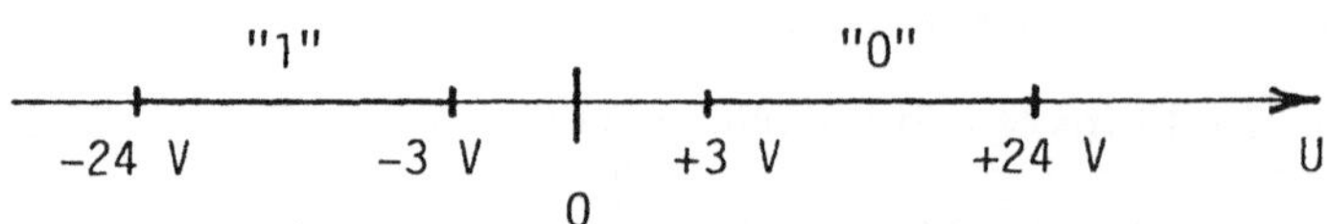

Bild 5.15 RS-232-Standard

Der Standard legt insgesamt 25 Leitungen fest, von denen hier nur ein paar Beispiele erwähnt werden sollen:

1	GROUND	
2	XMIT DATA	vom Rechner
3	REC DATA	vom Rechner
4	REQUEST TO SEND	zum Rechner
5	CLEAR TO SEND	vom Rechner
6	DATA SET READY	vom Rechner
7	DATA TERMINAL READY	zum Rechner

Die peripherieseitigen Anschlüsse von Interface-Bausteinen wie z.B. der ACIA entsprechen meist der TTL-Spezifikation. Die elektrische Anpassung beim 20 mA-Stromschleifen-Standard kann zum Beispiel mit Optokopplern erfolgen. Die Anpassung eines Interface-Bausteins an ein Peripheriegerät nach der RS-232-Spezifikation kann durch spezielle Bausteine vorgenommen werden. Als Beispiel seien die Bausteine MC 1489 und MC 1488 von Motorola genannt (Bild 5.16). Der integrierte Leitungstreiber MC1488 ist in bipolarer Technik aufgebaut und verarbeitet Spannungen von bis zu ± 15 V. Arbeitet man z.B. mit einer Spannung von ± 12 V, so ergibt sich ein Spannungshub von $\Delta V = 24$ V zwischen 1 und 0. Damit ist ein großer Störabstand bei der Übertragung gewährleistet. Der Leitungsempfänger MC 1489 wandelt RS-232-Spannungspegel wieder in TTL-Pegel um, da der ACIA nur solche TTL-Pegel verarbeiten kann.

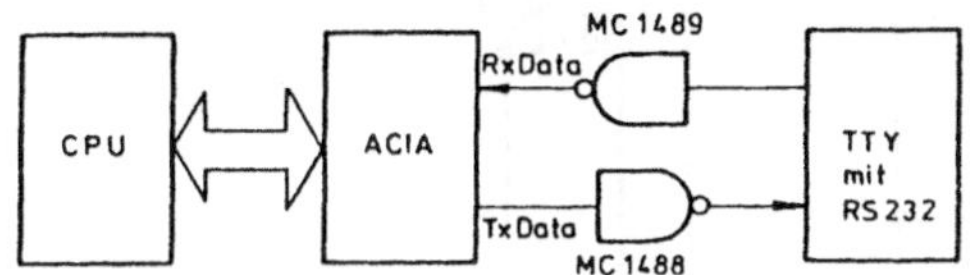

Bild 5.16 Anpassung einer RS-232-Schnittstelle an den ACIA

5.6.3 Beispiel einer RS-232-Schnittstelle mit ACIA

Ähnlich wie in Kapitel 5.3.2 wollen wir dieses Beispiel in Form einer konkreten Aufgabe angehen.

Aufgabe:

Zwei Mikrocomputer sollen über ACIA und RS-232-Schnittstelle Daten in serieller Form austauschen. Die Schaltung nach Bild 5.17 kann auf dem Experimenter verdrahtet und an den Selbstbaucomputer angeschlossen werden. Selbstverständlich arbeitet die Schaltung auch an jedem anderen 68xx-Rechner.

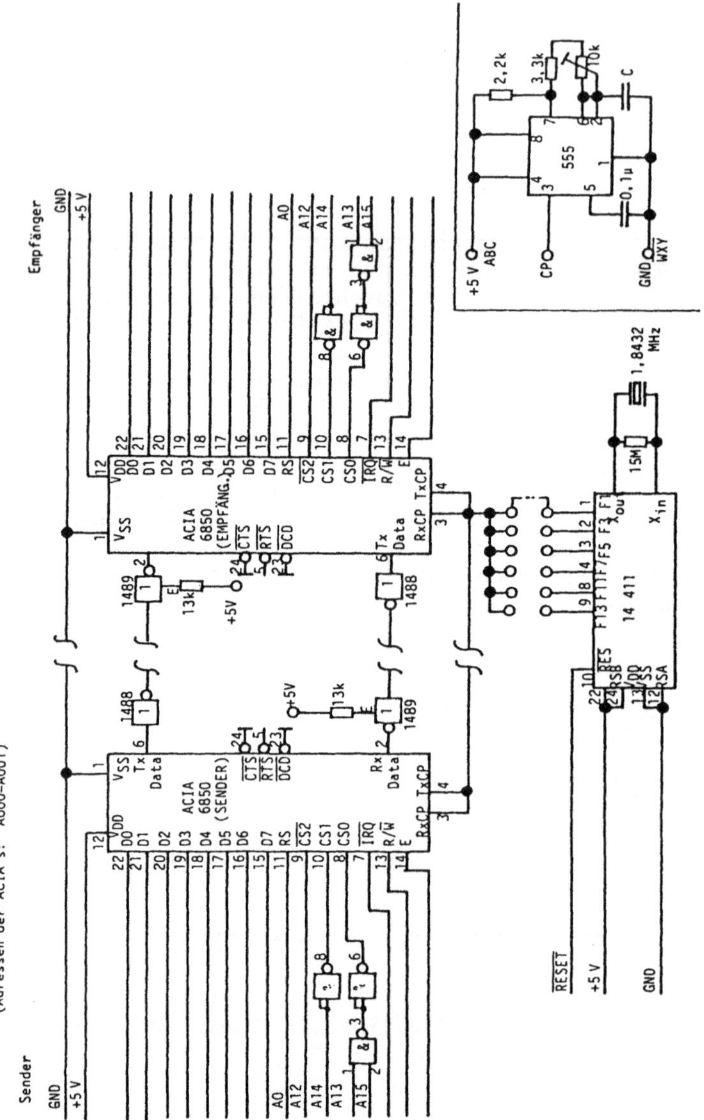

Bild 5.17 Datenverkehr zweier Mikrocomputer über ACIA und RS-232

Kit 1 arbeitet als Sender und sendet Kit 2 einen Datenblock mit der Anfangsadresse ANFADR = $E200 zu. Der Datenblock ist mit dem Steuerzeichen ETX = 03 abgeschlossen. Das Sendeprogramm ist als Unterprogramm zu entwerfen, das vom HP immer dann aufgerufen wird, wenn ein Datenblock gesendet werden soll.

Kit 2 arbeitet als Empfänger und empfängt jedes einzelne Datenwort Interrupt-gesteuert. Im HP des Empfängers wird zunächst der ACIA initialisiert. Anschließend wird die Anfangsadresse des Bestimmungsblocks (ebenfalls ANFADR = $E200) in das Indexregister geladen. Dann springt der Rechner in eine Endlosschleife, in der er auf einen Interrupt wartet. Das eigentliche Empfangsprogramm ist als Interrupt-Routine zu entwerfen, die das Zeichen empfängt und in den neuen Datenblock an der entsprechenden Stelle abspeichert.

Besprechung:

Der externe Takt für die beiden ACIAs sei sehr niederfrequent; d.h., die Übertragungsrate in Baud sehr niedrig. Damit ist es sinnvoll, daß der empfangende Rechner jedes einzelne Zeichen Interrupt-gesteuert empfängt. Er kann in der Zwischenzeit etwas anderes tun. Eine andere Möglichkeit wäre: Nur das erste Zeichen des Datenblocks löst einen Interrupt aus. Das Einlesen der übrigen Zeichen wird dadurch gesteuert, daß das Empfangsregister auf "voll" oder "leer" getestet wird (Polling).

Senderprogramm: Nach der Initialisierung der ACIA springt die CPU in das UP Senden. Wenn der gesamte Datenblock gesendet ist, kommt sie zurück und geht in den Wartezustand.
Im UP Senden wird zunächst das IX mit der Anfangsadresse ANFADR = $E200 geladen. Die nächsten Befehle testen das Bit b1 im Statusregister. Dieses zeigt mit b1 = 1 an, daß das Sende-Datenregister leer ist und damit das nächste Zeichen eingeschrieben werden kann. Sobald das Zeichen ETX = 03 erreicht ist, springt die CPU ins HP zurück.

Empfängerprogramm: Ist im Empfangsschieberegister ein vollständiges Zeichen eingetroffen, so überträgt die ACIA-Steuerung dieses in das Empfangs-Datenregister. Da der Empfänger-Interrupt freigegeben ist, wird das HP des Empfängers unterbrochen, und in die Interrupt-Empfangsroutine gesprungen, die das Zeichen einliest. War es noch nicht das letzte Zeichen, wird die Blockanfangsadresse neu geladen und dann erst ins HP zurückgesprungen.

Programmierung des Controlregisters im Empfänger:

7 Bit + gerade Parität + 2 Stopbit: $b_2 = b_3 = b_4 = 0$

Takt 1:1: $b_0 = b_1 = 0$

Empfangsmode mit Empfänger-Interrupt-Freigabe b7 = 1

1	0	0	0	0	0	0	0	
b7	b6	b5	b4	b3	b2	b1	b0	≙ $80

Programm für Empfänger:

Der Rechner empfängt jedes Zeichen Interrupt-gesteuert

```
                        *Serieller Datenverkehr
                        *zwischen zwei Mikrocomputern
                        *ueber ACIA
                        *
                        *
                        *EMPFAENGERPROGRAMM
                        *(Der Rechner empfaengt jedes
                        * Zeichen Interrupt-gesteuert)
                        *
0000                            ORG     $0000
                  E800  CS      EQU     $E800
                  E801  DA      EQU     $E801
                  0200  ANFADR  EQU     $0200
                        *
                        *
                        *HAUPTPROGRAMM
                        *
0000 86   03                    LDA     #$03
0002 B7   E800                  STA     CS           ACIA-Initialisierung
0005 86   80                    LDA     #$80
0007 B7   E800                  STA     CS
000A 8E   0200                  LDX     #ANFADR
000D BF   0014                  STX     IXHILF
0010 1C   EF                    CLI
0012 20   FE            M1      BRA     M1
0014                    IXHILF  RMB     $02
                        *
                        *
                        *INTERRUPT-EMPFANGSROUTINE
                        *
0016 9E   14            DATEIN  LDX     IXHILF
0018 F6   E800                  LDB     CS
001B B6   E801                  LDA     DA
001E C5   70                    BITB    #$70
0020 26   02                    BNE     FALSE
0022 A7   84                    STA     ,X
0024 30   01            FALSE   LEAX    1,X
0026 9F   14                    STX     IXHILF
0028 81   03                    CMPA    #$03
002A 26   05                    BNE     BACK
002C 8E   0200                  LDX     #ANFADR
002F 9F   14                    STX     IXHILF
0031 3B                 BACK    RTI
                        *
                        *
03BD                            ORG     $03BD
03BD 0100               UIRQV   FDB     $0100        Anfadr. des Interruptpr.
                        *

0 ERROR(S) DETECTED

SYMBOL TABLE:

ANFADR 0200    BACK   0031    CS      E800    DA      E801    DATEIN 0016
FALSE  0024    IXHILF 0014    M1      0012    UIRQV   03BD
```

Programm für Sender:

ACIA Steuerwort wie im Empfängerprogramm, aber mit Empfänger-Interrupt gesperrt (das Sendeprogramm als Unterprogramm gestalten).

```
                         *Serieller Datenverkehr
                         *zwischen zwei Mikrocomputern
                         *ueber ACIA
                         *
                         *
                         *SENDERPRORAMM
                         *(Das Senderprogramm wird als UP gestaltet.)
                         *(ACIA-Steuerwort wie im Empfaengerproggramm,
                         * aber mit Empfaenger-Interrupt gesperrt)
                         *
0000                              ORG     $0000
                    E800 CS       EQU     $E800
                    E801 DA       EQU     $E801
                    0200 ANFADR   EQU     $0200
                         *
                         *
                         *HAUPTPRORAMM
                         *
0000 86   03                      LDA     #$03
0002 B7   E800                    STA     CS          ACIA-Initialisierung
0005 86   00                      LDA     #$00
0007 B7   E800                    STA     CS
000A BD   0100                    JSR     SENDEN
000D 3F                           SWI
                         *
                         *
                         *UNTERPROGRAMM
                         *
0100                              ORG     $0100
0100 8E   0200           SENDEN   LDX     #ANFADR
0103 F6   E800           WIED     LDB     CS
0106 C5   02                      BITB    #$02
0108 27   F9                      BEQ     WIED
010A A6   84                      LDA     ,X
010C B7   E801                    STA     DA
010F 30   01                      LEAX    1,X
0111 81   03                      CMPA    #$03
0113 26   EE                      BNE     WIED
0115 39                           RTS

0 ERROR(S) DETECTED

SYMBOL TABLE:

ANFADR 0200    CS      E800    DA      E801    SENDEN 0100    WIED    0103
```

5.7 IEC-Bus-Schnittstelle

Der IEC-Bus ist eine international gültige Schnittstellennorm, die es ermöglicht, Geräte unterschiedlicher Hersteller zusammenzuschalten. Ursprünglich war der IEC-Bus für den Bereich der elektronischen Meßtechnik geschaffen worden. Seit dem Siegeszug des Mikroprozessors hat er sich aber auch zu einem Standard für Computerperipherie entwickelt. Obwohl ursprünglich nicht für diesen Bereich konzipiert, ist er zur Zeit die einzige weltweit standardisierte Datenschnittstelle für Drucker, Floppylaufwerke, usw.

Das Bussystem kennen wir bereits vom Mikroprozessorbus her. Wie wir gesehen haben, ermöglicht es in einfacher Weise, viele verschiedene Bausteine miteinander zu verbinden. Auf die gleiche Weise ermöglicht es der IEC-Bus, viele unterschiedliche Geräte miteinander zu verbinden (maximal 15 Geräte). Aufgrund der geschichtlichen Entwicklung gibt es zwei Standards, die sich aber sehr ähnlich sind - den amerikanischen IEEE-Standard 488-1975 mit dem 24-poligen Amphenolstecker und für Europa die IEC-Norm 66.22 mit dem 25-poligen Connonstecker.

Der IEC-Bus besteht aus 8 Daten- und 8 Steuerleitungen. Alle Geräte hängen parallel an diesen Leitungen. Im Unterschied zum Mikroprozessorbus werden über die 8 Datenleitungen sowohl "echte" Daten als auch Adressen übertragen. Die Unterscheidung zwischen Daten und Adressen erfolgt durch die Steuerleitung ATN (Attention). Die einzelnen Bytes werden im ASCII-Code übertragen und zwar mit Hilfe eines 3-Draht-Handshake-Verfahren. Diese asynchrone Übertragungsart ist damit für Geräte mit sehr unterschiedlichen Übertragungsraten geeignet.

5.7.1 Funktionselemente

Bei einer Gerätekonfiguration am IEC-Bus unterscheidet man drei grundlegende Funktionselemente:

den Sender (Talker), der über den IEC-Bus Daten sendet
den Empfänger (Listener), der Daten empfängt
das Steuergerät (Controller), das den Datenverkehr steuert.

Es gibt Geräte, die alle drei Funktionen in sich vereinen. Sie steuern, sprechen und hören (Computer). Es gibt Geräte, die nur sprechen (Lochstreifenleser) oder nur hören können (Drucker). Und es gibt Geräte, die sprechen und hören können (Digitalvoltmeter). Wichtig sind zwei Dinge: Während einer Zeit darf nur ein Talker aktiv sein, also Daten auf den Bus senden, und nur ein Controller darf steuern. Dagegen können zur gleichen Zeit mehrere Empfänger aktiv sein, also Daten empfangen.

Controller. Durch Aussenden einer bestimmten Adresse weist der Controller den einzelnen am IEC-Bus angeschlossenen Geräten die Talker bzw. die Listener-Funktionen zu. Der Controller kann sich auch selbst zum Talker oder Listener machen, falls es die Aufgabe erfordert. Durch spezielle Befehle ruft der Controller ein oder mehrere Geräte auf. Normalerweise wird diese Controllerfunktion heute von einem Mikrocomputer wahrgenommen, da dessen Programmierbarkeit einen hohen Komfort bei der Datenübertragung ermöglicht.

Talker und Listener. Das Digitalvoltmeter ist ein typisches Beispiel für ein Gerät, das beide Funktionen in sich vereint, wenngleich natürlich immer nur eine Funktion wirksam sein kann. Was das Digitalvoltmeter gerade tun soll, legt der Controller fest, und zwar durch Aussenden der Talker- bzw. der Listener-Adresse. Ein möglicher Ablauf kann z.B. folgendermaßen aussehen: Das Digitalvoltmeter wird zunächst als Listener adressiert und erhält die Befehle, die Meßgröße und den Meßbereich einzustellen. Anschließend wird es als Talker adressiert und gibt den Meßwert als Daten auf den IEC-Bus.

Nur-Listener. Dies sind Geräte, die Nachrichten nur empfangen können, wie Drucker oder Funktionsgeneratoren.

Nur-Talker. Dies sind Geräte, die Nachrichten nur senden können, wie z.B. Lochstreifenleser.

5.7.2 Signalleitungen

Der IEC-Bus besteht aus 16 Leitungen, die in drei Gruppen aufgeteilt werden (Bild 5.18):

Datenbus Transfer-Bus Management-Bus.

Datenbus. Der Datenbus besteht aus 8 bidirektionalen Datenleitungen, die mit DIO1 bis DIO8 gekennzeichnet werden (DIO = Data-Input-Output). Das niederwertigste Bit ist dabei der Datenleitung DIO1 zugeordnet. Die Datenleitungen sind die eigentlichen Informationsträger auf dem Bus. Über sie werden

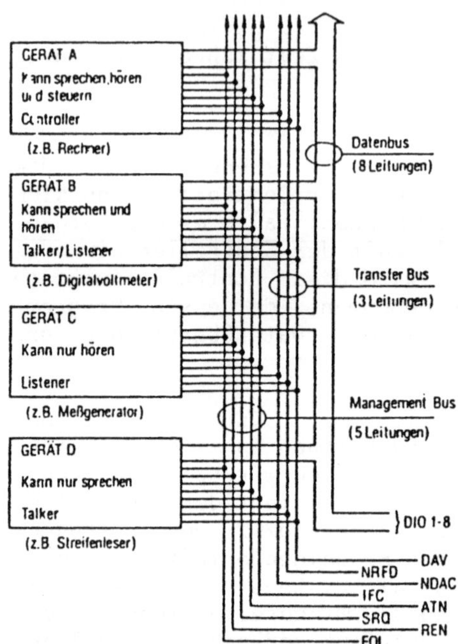

Bild 5.18 Struktur und Grundfunktionen des IEC-Bus

Daten, Adressen und Befehle übertragen. Im Gegensatz zum Mikroprozessorbus gibt es beim IEC-Bus viel weniger Leitungen. Die Übertragung von Adressen und Steuersignalen erfolgt mit über den Datenbus. Dies kann natürlich nur nacheinander geschehen. Man nennt das *Zeitmultiplex*. In diesem Fall muß über eine zusätzliche Leitung mitgeteilt werden, ob die über den Bus übertragenen Signale Daten oder Adressen sind. Dieses Signal heißt beim IEC-Bus ATN (*Attention*) und wird im Controller erzeugt. Bei ATN = 1 werden Adressen bzw. Befehle übertragen. Man spricht auch von *Schnittstellennachrichten*. Bei ATN = 0 werden Daten übertragen. Man spricht in diesem Fall auch von *Gerätenachrichten*. Die Übertragung aller Nachrichten erfolgt im Dreidraht-Handshake-Verfahren, das anschließend noch genauer besprochen wird.

Management-Bus. Die fünf Signale des Management-Bus dienen der Steuerung des Datenverkehrs über den Datenbus. Das Signal ATN haben wir bereits kennengelernt. Die restlichen vier Steuersignale sind:

IFC (*Interface clear*). Dieses Signal bringt sämtliche Geräteschnittstellen am IEC-Bus in den Ruhezustand, der dem Einschaltzustand entspricht. Diese Leitung wird nur vom Controller aktiviert, und zwar in der Regel nach dem Einschalten.

REN (*Remote enable*). Auch das REN-Signal kann nur vom Controller kommen. Es wird nach dem Einschalten aktiviert und bleibt dann für die Dauer des Betriebs im aktiven Zustand. Das REN-Signal schaltet sämtliche Frontplatten-Bedienelemente der am IEC-Bus hängenden Geräte ab. Damit kann das Gerät nur auf Befehle vom Bus her reagieren.

SRQ (*Service request*). Jedes Gerät kann über diese Leitung an den Controller eine Bedienungsanforderung schicken. Dies kann z.B. notwendig werden, wenn während einer Messung eine Fehlerbedingung auftritt (z.B. Meßbereichsüberschreitung), die das Meßgerät selbst nicht bewältigen kann. Oder über den Fernschreiber soll ein Steuerzeichen an den Controller weitergegeben werden. Auch dazu kann die SRQ-Leitung verwendet werden. Das Fernschreiber-Interface zieht die Leitung auf Low-Pegel.
Beim Eintreffen des SRQ-Signals unterbricht der Controller sein eigenes Programm, stellt fest, welches Gerät die Unterbrechung verursacht hat, und bedient dieses Gerät, indem er z.B. ein Unterprogramm abarbeitet.

EOI (*End or Identify*). Dieses Signal hat zwei Funktionen. Der Talker verwendet es, um das Blockende anzuzeigen. Einige Her-

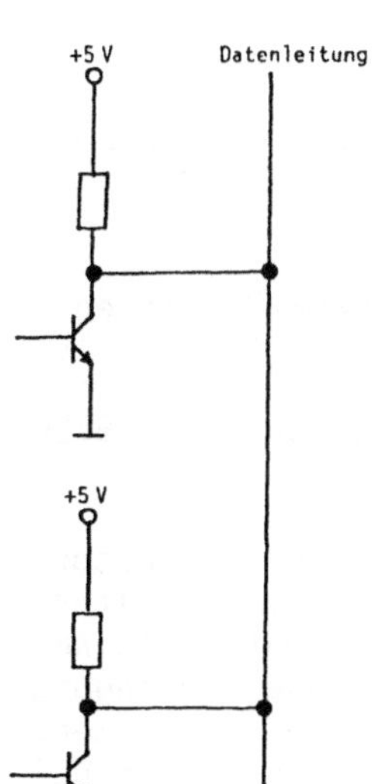

Bild 5.19 Aktive-Low-Logik bei Open-Collector

steller verwenden dazu aber auch die ASCII-Steuerzeichen CR und LF (Carriage Return und Line Feed). Wenn EOI zur Anzeige des Blockendes verwendet wird, ist die Leitung ATN nicht aktiviert. Wenn der Controller bei aktiviertem ATN-Signal (ATN = 1) das EOI-Signal aussendet, dann dient das der Identifizierung des Gerätes, das eine Service-Request-Anfrage gestartet hat.
Es sei an dieser Stelle ausdrücklich darauf hingewiesen, daß beim IEC-Bus alle Signale aktive-Low-Signale sind, d.h.:

0 bedeutet: Leitung nicht aktiv (High-Pegel)
1 bedeutet: Leitung aktiv (Low-Pegel).

Dieser Umstand hängt mit der Tatsache zusammen, daß beim IEC-Bus mit TTL-Pegeln gearbeitet wird, und zwar mit Open-Collector-Ausgängen. Bei dieser Art von Ausgängen kann der Ruhezustand nur High-Pegel sein. Der aktive Zustand, mit dem eine bestimmte Aussage gemacht wird, kann dann nur ein Low-Pegel sein, wenn diese Nachricht von allen Sendern aussendbar sein soll (Bild 5.19).

Transfer-Bus. Alle Nachrichten über den Datenbus werden im Handshake-Betrieb übermittelt. Zur Steuerung dieses Datenverkehrs dienen drei Leitungen:

DAV (Data valid)
NRFD (Not ready for data)
NDAC (No data accepted).

DAV wird gesendet, wenn die Daten auf der Datenbusleitung gültig sind.
NRFD wird von allen Geräten gesendet, die für die Aufnahme eines Nachrichtenwortes noch nicht bereit sind.
NDAC wird von den Geräten gesendet, die das auf dem Bus stehende gültige Datenwort noch nicht übernommen haben.

5.7.3 Nachrichtenübertragung im Dreidraht-Handshake-Verfahren

Das Dreidraht-Handshake-Verfahren soll anhand von Bild 5.20 erklärt werden.

Die NRFD-Leitung ist bei jedem Gerät in Open-Collector-Technik ausgeführt. Alle Anschlüsse sind also mit dieser Leitung WIRED-AND-verknüpft. Erst wenn alle Geräte zur Datenaufnahme bereit sind, wird diese Leitung Eins. Wenn diese Bedingung erfüllt ist, kann der Sender die Daten auf den Bus schicken. Nach einer kurzen Einschwingzeit setzt der Sender das DAV-Signal auf Low und erklärt damit die Daten auf dem Bus als gültig. Sobald der Listener das DAV-Signal empfängt, weiß er, daß sich auf dem Datenbus ein neues Byte befindet. Er nimmt daraufhin das

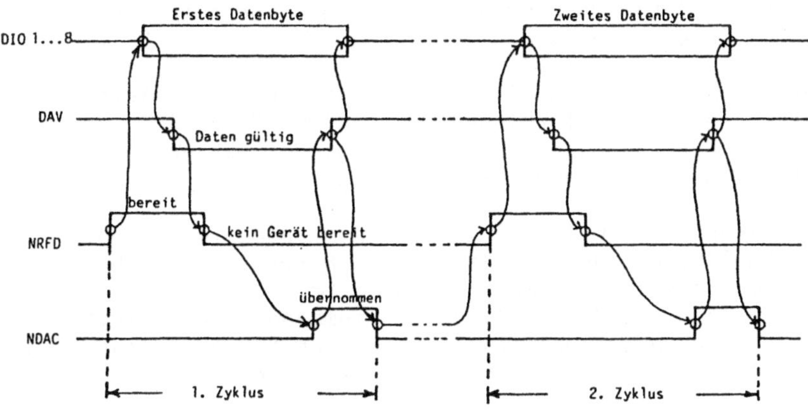

Bild 5.20 Dreidraht-Handshake-Verfahren beim IEC-Bus

NRFD-Signal weg und zeigt damit dem Talker an, daß er im Augenblick keine neuen Daten gebrauchen kann. Nach einer bestimmten Zeit, die vom Gerät abhängt, meldet der Listener über die NDAC-Leitung dem Sender zurück, daß die Daten übernommen wurden. Da es sich bei dem NDAC-Signal ebenfalls um ein WIRED-AND-verknüpftes Signal handelt, geht die NDAC-Leitung erst dann auf High, wenn alle adressierten Hörer die Daten vollständig übernommen haben. Daraufhin kann der Talker die Daten und das DAV-Signal vom Bus wegnehmen, d.h., DAV wird wieder Eins. Dies wiederum zeigt den Hörern, daß ihr NDAC-Signal angekommen ist. Sie setzen es deshalb auf Null zurück. Damit ist der erste Übertragungszyklus beendet und der Bus ist in seinem Ruhezustand. Es beginnt die Verarbeitung der Daten. Ist die Verarbeitungsphase zu Ende und sind alle Geräte wieder bereit, geht das Signal NRFD wieder auf Eins und der nächste Zyklus beginnt.

5.7.4 Adressen und Befehle

Für die Adressen und Befehle müssen laut Norm ASCII-Zeichen verwendet werden. Die Daten müssen nicht im ASCII-Code übertragen werden, wenngleich die meisten Anwender diesen Code sowohl für die Adressen als auch für die Daten benutzen.

Adressen. Jedes der maximal 15 anschließbaren Geräte wird über eine bestimmte Adresse angesprochen, die (meist auf der Geräterückseite) fest eingestellt wird. Die Gruppe der Höreradressen ist gekennzeichnet durch D6 = 1 und D7 = 0. Die niederwertigen fünf Adreßbits D1 bis D5 bilden die gerätetypische Adresse. Die Gruppe der Sprecheradressen ist festgelegt durch D6 = 0 und D7 = 1. Die fünf Bits D1 bis D5 bilden auch hier wieder die Geräteadresse. Wenn man also z.B. beim Digitalvoltmeter, als Speicheradresse das ASCII-Zeichen "V" (10100110) wählt, dann wird man für die Höreradresse die "6" (0110110) wählen; denn die letzten fünf Stellen stimmen dann überein.

Das Zeichen "?" (0111111) ist als Kommando festgelegt. Es bedeutet "Unlisten" und schaltet alle Hörer ab. D.h., nach diesem Kommando sind alle Hörer nicht mehr adressiert. Ebenso ist das Zeichen "←" (1011111) als Kommando festgelegt. Es bedeutet "Untalk" und schaltet den aktuellen Sprecher aus. Man kann also 31 Sprecher- und 31 Höreradressen frei wählen.

Befehle. Die ASCII-Kombinationen, bei denen gilt D6 = D7 = 0, sind die Befehle. Es gibt *Universalbefehle*, bei denen zusätzlich gilt D5 = 1, und *adressierte Befehle*, bei denen gilt D5 = 0. Adressierte Befehle können nur auf adressierte Geräte wirken. Die Universalkommandos gehen grundsätzlich an alle Geräte.

Alle Befehle und Adressen stellen Nachrichten dar, die über den Bus immer zusammen mit dem ATN-Signal (ATN = 1) übertragen werden. Im anderen Fall handelt es sich um Daten.

5.7.5 Schaltungsbeispiel mit dem GPIA 68488

Der General Purpose Interface Adapter (GPIA) MC 68488 von Motorola bietet bis auf die Controllerfunktion alle für den IEC-Bus notwendigen Schnittstellenfunktionen.

Anschlüsse des GPIA:

Prozessorseite:

DB0 - DB7	:	Datenbus des Prozessors
$\overline{\text{CS}}$	:	Chip Select
R/$\overline{\text{W}}$	:	Read/Write-Leitung
RS0, RS1, RS2	:	Register Select, dient der Adressierung der 15 Register
$\overline{\text{IRQ}}$	:	Interrupt Request-Leitung
$\overline{\text{RESET}}$	:	Reset
E	:	Taktsignal
DMA-Grant DMA-Request	}	DMA-Controlleitungen

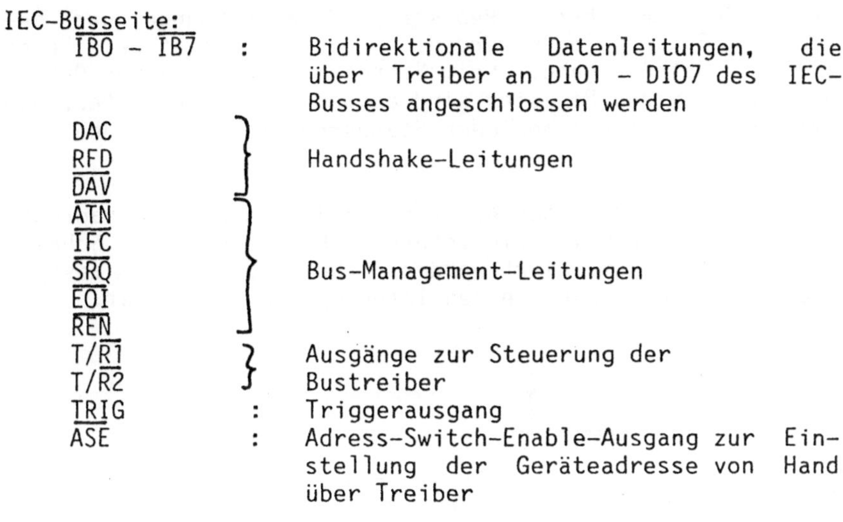

IEC-Busseite:

$\overline{IB0}$ - $\overline{IB7}$	:	Bidirektionale Datenleitungen, die über Treiber an DIO1 - DIO7 des IEC-Busses angeschlossen werden
DAC, RFD, $\overline{DAV}$	}	Handshake-Leitungen
$\overline{ATN}$, $\overline{IFC}$, $\overline{SRQ}$, $\overline{EOI}$, $\overline{REN}$	}	Bus-Management-Leitungen
T/$\overline{R1}$, T/$\overline{R2}$	}	Ausgänge zur Steuerung der Bustreiber
$\overline{TRIG}$	:	Triggerausgang
$\overline{ASE}$	:	Adress-Switch-Enable-Ausgang zur Einstellung der Geräteadresse von Hand über Treiber

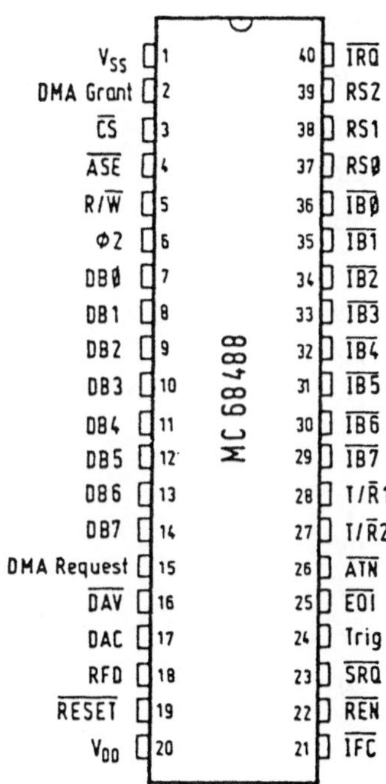

Bild 5.21 Pinbelegung des GPIA 68488

Register. Der GPIA hat 15 Register, 7 davon können nur beschrieben, und 8 nur gelesen werden. Register 7 dient beim Lesen ($R/\overline{W}$ = 1) der Dateneingabe, beim Schreiben ($R/\overline{W}$ = 0) der Datenausgabe. Die übrigen Register sind entweder Steuerregister, die den Betriebsmodus festlegen oder Statusregister, die den Betriebszustand anzeigen.

Mit Hilfe von Register 4, z.B., wird die Geräteadresse eingestellt; Register 0 ist ein Interrupt-Register. Beim Schreiben können Interrupts maskiert werden. Beim Lesen kann festgestellt werden, welches Gerät einen Interrupt ausgelöst hat.

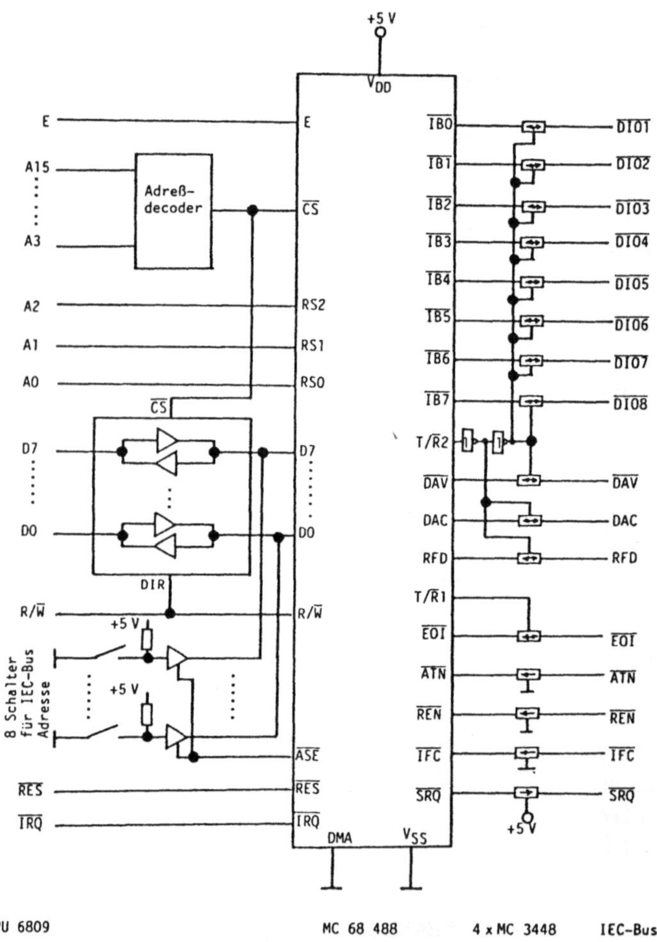

Bild 5.22 Anschluß des GPIA an 6809 und IEC-Bus

Bild 5.22 zeigt, wie man mit Hilfe des GPIA 68488 ein 6809-Mikroprozessorsystem an den IEC-Bus ankoppeln kann. Da eine tiefergehende Behandlung des Bausteins im Rahmen dieses Buches nicht möglich ist, sei der Leser auf das Datenblatt verwiesen.

5.7.6 Mechanische und elektrische Spezifikationen

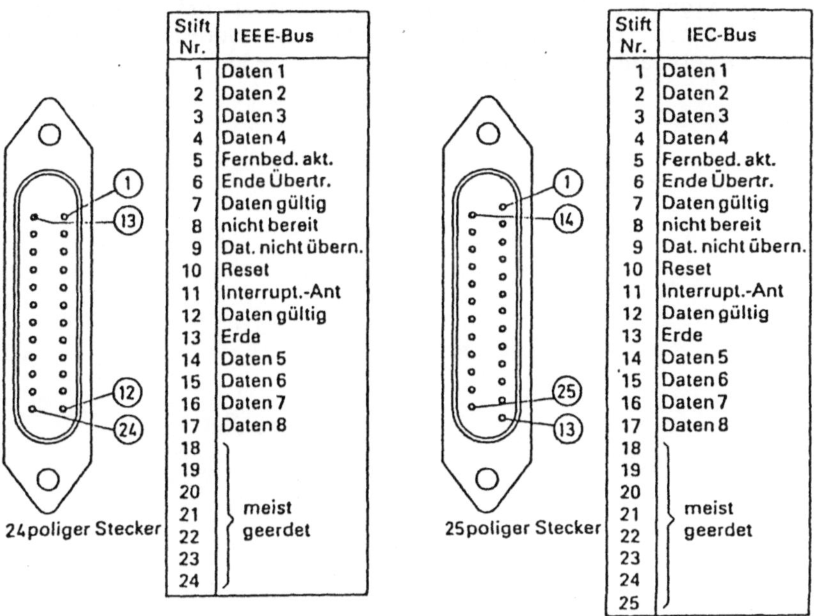

Stift Nr.	IEEE-Bus
1	Daten 1
2	Daten 2
3	Daten 3
4	Daten 4
5	Fernbed. akt.
6	Ende Übertr.
7	Daten gültig
8	nicht bereit
9	Dat. nicht übern.
10	Reset
11	Interrupt.-Ant
12	Daten gültig
13	Erde
14	Daten 5
15	Daten 6
16	Daten 7
17	Daten 8
18–24	meist geerdet

Stift Nr.	IEC-Bus
1	Daten 1
2	Daten 2
3	Daten 3
4	Daten 4
5	Fernbed. akt.
6	Ende Übertr.
7	Daten gültig
8	nicht bereit
9	Dat. nicht übern.
10	Reset
11	Interrupt.-Ant
12	Daten gültig
13	Erde
14	Daten 5
15	Daten 6
16	Daten 7
17	Daten 8
18–25	meist geerdet

Bild 5.23 Anschlußbelegung des 24-poligen IEEE-Steckers und des 25-poligen IEC-Steckers

Die mechanischen Festlegungen betreffen hauptsächlich die Steckverbinder (Bild 5.23 zeigt die beiden Stecker) und das Verbindungskabel. Die Stecker sind so ausgeführt, daß sie in Huckepackanordnung aufeinander aufgesetzt werden können.

Die maximal zulässige Kabellänge pro Gerät beträgt 2 m; insgesamt darf sie nicht mehr als 20 m betragen.

Die elektrischen Festlegungen der IEC-Bussignale sind im wesentlichen die gleichen wie bei TTL-Gattern, bis auf die Festlegung der Logikwerte.

High (≧+2V) ≙ logisch 0
Low (≦+0,8V) ≙ logisch 1

Für Signale, die von mehreren Schnittstellen gleichzeitig entweder aktiv wahr oder aktiv falsch gesendet werden können (SRQ, NRFD, NDAC) müssen Treiber mit Open Collector verwendet werden. Für Signale, die immer nur von einem Sprecher aus aktiviert werden können (DIO1-8, DAV, ATN) können sowohl Treiber mit Open Collector als auch Tri-State verwendet werden.

6 Einführung in maschinenorientiertes Programmieren mit dem 6809

6.1 Programmierungstechniken

6.1.1 Arbeitsweise beim Programmieren

Programmieren bedeutet das Erstellen einer Folge von Anweisungen, die in einer Programmiersprache abgefaßt sind. Das Problem muß vorher vollständig und genau beschrieben werden.

Programme sind Teil der Software. Jedes Computersystem setzt sich aus *Hardware* und *Software* zusammen. Zur Software gehören nicht nur Programme, sondern auch organisatorische Vorarbeiten, wie die Erstellung von Datenflußplan und Programmablaufplan. Die Kostenanteile von Hard- und Software haben sich in letzter Zeit sehr stark zu Ungunsten der Software entwickelt. (Die Hardware wird immer komplexer, und die Programmierleistung immer teurer.) Es wird also in Zukunft ein wichtiges Problem sein, gute Software ökonomisch herzustellen. Die Software ist ein sehr weites Gebiet. An dieser Stelle soll dem mehr in Hardware Vorgebildeten eine Einführung in die Software gegeben werden.

Der erste Schritt besteht darin, sich über die richtige Arbeitsweise beim Programmieren klar zu werden. Um das Programm so schnell wie möglich auf dem Rechner laufen zu lassen, beginnt der Anfänger oft mit dem Codieren des Programms, bevor er die Lösung des Problems vollständig durchdacht hat. Die Folge sind Fehler, höhere Testzeiten, Neuschreiben des Programms und damit allgemein ein höherer Zeitaufwand.

Beim Programmieren kann man etwa folgende Phasen unterscheiden:

1. Entwurfphase
   Aufgabenspezifikation (Lösungsverfahren)
   Erstellung eines Algorithmus
   Flußdiagramm/Struktogramm
2. Programmierung (Codierung)
   Umsetzen des Flußdiagramms in Assembleranweisungen

3. Übersetzung
   Assembler-Compiler
4. Test
5. Dokumentation

Entwurfsphase. Ziel der Entwurfsphase ist es, eine mehr oder minder klare Aufgabenstellung so exakt zu formulieren und schriftlich zu fixieren, daß eine Bearbeitung durch den Rechner möglich wird. Die Randbedingungen sind dabei genau und vollständig zu klären. Auch Überlegungen über die zeitlichen Bedingungen (z.B. Notwendigkeit von Interrupts) und den zu erwartenden Speicherplatzbedarf sind an dieser Stelle anzustellen.

Auf der einen Seite steht eine speziell auf das Problem zugeschnittene Lösung, die wenig Zeit und damit wenig Kosten verursacht. Auf der anderen Seite ermöglicht eine allgemeinere Lösung des Problems eine universellere Anwendung und damit ebenfalls eine Kostensenkung.

Eine in der Umgangssprache formulierte Aufgabe versteht der Rechner nicht. Es muß eine eindeutige Bearbeitungsvorschrift, ein *Algorithmus* entworfen werden. Im Bereich der Mathematik liegen Algorithmen als Formeln vor. In anderen Bereichen müssen Algorithmen erst gesucht werden. Man kann den Algorithmus auch als eine umgangssprachliche Problemlösungsbeschreibung bezeichnen. Ein Algorithmus löst nicht nur ein Problem, sondern eine bestimmte Klasse von Problemen.

Wichtige Hilfsmittel bei der Problemlösung sind Flußdiagramme und die in letzter Zeit immer häufiger verwendeten Struktogramme.

Ein *Flußdiagramm* bzw. ein *Programmablaufplan* ist die graphische Beschreibungsform eines Programms. Die verwendeten Symbole sind in DIN 66001 genormt. Das Flußdiagramm ermöglicht die übersichtliche Darstellung eines komplexen Problems. Ein Lösungsweg ist durch mehrere Flußdiagramme mit unterschiedlichem Detaillierungsgrad beschreibbar. In einem ersten groben Diagramm werden umfangreiche Teilaufgaben in einem Symbol zusammengefaßt. Beim letzten fein strukturierten Diagramm, das dann auch Grundlage für die Programmierung ist, entspricht ein Symbol einem Befehl oder einer Befehlsfolge.

Ein andere Methode der Darstellung ist das *Struktogramm*. Es besteht aus sogenannten Strukturblöcken, die die Darstellung eines modular aufgebauten Programms ermöglichen. Bei diesem Verfahren wird das Programm von oben nach unter entwickelt (*Top-down design*). Die Aufgabe wird zuerst in große logische Blöcke zerlegt, die dann zunehmend verfeinert werden. Das Programm besteht dann aus vielen, kleinen überschaubaren Modulen, die einfach strukturiert sind und nur wenige Verbindungen untereinander haben. Ein so aufgebautes Programm ist leicht auf Fehlerfreiheit zu überprüfen, einfach zu testen und zu warten und auch leichter an veränderte Problemstellung anzupassen.

Programmierung. In dieser Phase wird das Flußdiagramm in die entsprechende Programmiersprache umgesetzt. Bei der Programmierung von Mikroprozessoren ist dies sehr oft die Assemblersprache. Dabei werden die einzelnen Befehle mit ihren mnemonischen Abkürzungen niedergeschrieben. Man nennt diese Phase auch Codieren. Gleich nach dem Codieren sollte man von Hand einen ersten Test durchführen. Dies verkürzt die spätere, eigentliche Testphase am Rechner in den meisten Fällen. Auch eine ausführliche Kommentierung des Programms erleichtert die spätere Arbeit mit dem Programm.

Übersetzung. Bevor auf das Übersetzen eingegangen wird, soll ein kurzer Überblick über die Programmiersprachen gegeben werden:

Quellensprache (Primärsprache)	Objektsprache (Maschinensprache)
Assemblersprache (Maschinenorientierte Sprache) FORTRAN, ALGOL, COBOL, BASIC (Problemorientierte Sprachen)	

Die *Quellensprache* oder Primärsprache ist eine symbolische Programmiersprache, in der der Programmierer sein erstes Programm schreibt, in die er also sein Flußdiagramm oder Struktogramm umsetzt. Diesen Vorgang nennt man Codieren. Symbolische Programmiersprachen vereinfachen die Codierung.

Die *Objektsprache* oder Maschinensprache kann der Rechner direkt lesen. Sie besteht aus einer Folge von Nullen und Einsen. Es würde für den Programmierer einen enormen Aufwand darstellen, sämtliche Befehle und Daten als Bitmuster niederzuschreiben. Daher schreibt der Programmierer sein Programm immer in einer Quellensprache.

Die Quellensprache kann maschinenorientiert sein. Man nennt sie in diesem Fall *Assemblersprache*. Jedem Befehl in der Quellensprache (Primärsprache) entspricht ein Befehl in der Objektsprache (Maschinensprache). Adressen und Operanden werden mit symbolischen Namen oder Abkürzungen dargestellt. Sie sind so für den Menschen leichter zu merken und zu handhaben. Die Programmierung in Assemblersprache erfolgt aber maschinengebunden, also auf einen bestimmten Mikroprozessor bezogen.

Die Quellensprache kann auch problemorientiert sein. *Problemorientierte Programmiersprachen* (auch höhere Programmiersprachen genannt) sind z.B. FORTRAN, ALGOL, COBOL und BASIC. Sie ermöglichen die Programmerstellung in einer Form, die sich nicht mehr auf einen bestimmten Mikroprozessor bezieht. Bei problemorientierten Sprachen wird ein Befehl in mehere Befehle in Maschinensprache umgewandelt.

Der *Assembler* ist ein *Übersetzerprogramm*, das das Quellenprogramm (geschrieben in Assemblersprache) in das Objektprogramm (also in Maschinensprache) umsetzt. Dabei setzt der Assembler auch die richtigen Werte für die symbolischen Adressen und Operanden ein. Assembliert wird in mindestens zwei Durchgängen:

1. Im ersten Durchlauf führt der Assembler die Adreßberechnung durch. Das gesamte Quellenprogramm wird dazu eingelesen. Eine Liste aller symbolischen Adressen wird erstellt und die zugehörigen aktuellen Adressen ermittelt.
2. Im zweiten Durchlauf wird die eigentliche Übersetzung vorgenommen. Dies macht der Assembler an Hand einer Liste, in der zu jedem mnemonischen Operationscode das entsprechende Bitmuster im Maschinencode vermerkt ist. Die aus dem ersten Durchlauf bekannten Bitmuster der Operanden können ebenfalls eingesetzt werden. Damit ist das Maschinenprogramm fertig.

Das Ergebnis des Assemblierens kann in zwei Formen ausgegeben werden:

1. *Maschinenprogramm*: Der Assembler gibt auf einen Datenträger (z.B. Lochkarten) ein Maschinenprogramm aus, das dann in den Computer geladen werden kann.
2. *Listing*: Das Listing enthält das Quellenprogramm, welches vom Assembler mit zusätzlichen Informationen versehen wurde. Die Listings ermöglichen die Prüfung des Programms. Programme werden in Form von Listings dokumentiert.

Natürlich kann man auch von Hand assemblieren. Bei kleineren Systemen (Kits) schaut der Programmierer selbst in der von der Firma mitgelieferten Befehlsliste nach und setzt für jeden mnemonischen Befehl das entsprechende Bitmuster ein oder tippt das hexadezimale Äquivalent in eine Hexadezimaltastatur ein. Natürlich muß er auch die Adreßberechnungen für Sprungbefehle selbst vornehmen.

Residente Assembler sind Assembler, die auf dem Mikrocomputer selbst laufen.

Cross-Assembler sind Assembler, die auf einem anderen System (Mikrocomputer oder EDV-Anlage) laufen.

Ein *Compiler* ist ein Programm zum Übersetzen eines in einer höheren Programmiersprache geschriebenen Quellenprogramms in das Objektprogramm (Maschinencode). Compiler sind aufwendiger als Assembler und benötigen daher auch viel mehr Speicherplatz. Sie ermöglichen allerdings das komfortable Programmieren in einer höheren Programmiersprache.

BASIC-Programme werden nicht in den Maschinencode übersetzt, sondern bei der Ausführung zeilenweise interpretiert. Das entsprechende Programm heißt *Interpreter*.

Test. Im allgemeinen wird ein Programm beim ersten Testlauf nicht fehlerfrei sein. Es ist daher wichtig bei der Fehlersuche systematisch vorzugehen. Dem Programmierer stehen eine Reihe von Software-Entwicklungshilfen zur Verfügung, von denen die wichtigsten nachfolgend kurz besprochen werden. Eine erste Prüfung des Programms sollte am Schreibtisch erfolgen, nachdem das Quellenprogramm geschrieben ist. Danach wird das Programm auf dem Rechner selbst getestet, und zwar mit Daten, die zu bereits bekannten Ergebnissen führen. Bevor das Programm voll einsatzbereit ist, sind mehrere Stufen zu durchlaufen. Für jede Stufe werden vom Hersteller Hilfsprogramme angeboten - sogenannte Entwicklungsprogramme.

Es gibt grundsätzlich zwei Möglichkeiten für den Programmierer, sein Programm zu testen. Entweder er benutzt das Mikroprozessorsystem für das, wozu das Programm gedacht ist, oder er läßt sich an eine Großrechenanlage anschließen. Das letztere Verfahren nennt man *Timesharing*. Der Teilnehmer bedient ein sogenanntes "Terminal", das über Fernsprechleitungen der Post an einen Großrechner angeschlossen ist. Der Großrechner bietet komfortable Programmiermöglichkeiten, das Mikroprozessorsystem ermöglicht einen praxisnahen Test.

Ein *Editor* hat zwei Aufgaben:

1. Er ermöglicht das Eingeben von Quellenprogrammen. Es wird ein maschinell lesbarer Datenträger erstellt.
2. Er erlaubt das Korrigieren und Erweitern von Quellenprogrammen.

Der Editor ist ein Programm, das entweder in einem ROM gespeichert ist oder auf einer Floppy Disk abgelegt ist. Im ersten Fall genügt zur Eingabe des Editors das Eintippen eines Steuerzeichens und eines Startzeichens. Im zweiten Fall wird die Eingabe des Editors durch einige Steuerzeichen bewirkt, die am Anfang des Editorfiles stehen und die das Laden des Editor-Programms bewirken. Man nennt das "Bootstrap"; denn eigentlich ist der Editor notwendig, damit ein Programm in den Rechner eingelesen werden kann.

Steht das Mikroprozessorsystem unter der Aufsicht des Editors, wird das Programm in den "Text-buffer" eingelesen. Es können nun Tippfehler korrigiert oder auch zusätzliche Zeilen eingefügt werden. Anschließend kann das "gesäuberte" Quellenprogramm (in Assemblersprache) auf eine Floppy Disk ausgegeben werden. Es liegt dort nun zum Assemblieren bereit. Dieser Vorgang wurde bereits weiter oben beschrieben.

Der *Loader* ist ein weiteres Entwicklungshilfsprogramm. Er dient zum Laden von übersetzten Programmen von einem maschinell lesbaren Datenträger (z.B. Lochstreifen) in den Arbeitsspeicher des Mikroprozessorsystems, denn jedes Programm (auch ein Entwicklungshilfsprogramm) muß in den Arbeitsspeicher des Prozessors, bevor man es zum Laufen bringen kann. Bei Entwicklungsprogrammen entsteht dann das Problem der Urladung, das zum Beispiel durch "Bootstrap" oder auch hardwaremäßig gelöst werden kann.

Das *Simulatorprogramm* ermöglicht das Simulieren eines Mikroprozessors auf einem großen Computer. Eine bestimmte Hardware-Konfiguration wird also softwaremäßig nachgebildet.

Das *Debug-Programm* ist ein Hilfsprogramm für die Fehlersuche im Anwenderprogramm. Ein Debugger hat verschiedene firmenabhängige Funktionen, von denen nachfolgend einige aufgezählt werden sollen.

1. Eine beliebige Speicherzelle muß adressiert und korrigiert werden können: Memory Change
2. Die CPU soll an beliebiger Stelle angehalten, und der Inhalt sämtliche Register und Flags angezeigt, bzw. ausgedruckt werden können: Register Display
3. Die CPU soll nur eine Instruktion ausführen und dann von Hand weiter geschaltet werden können: Single Step
4. Die CPU soll an vorher markierten Stellen angehalten werden können: Breakpoints

Diese und andere Funktionen ermöglichen das Überprüfen und Ändern von Daten und Befehlen.

Dokumentation. Für ein gutes Programm ist eine Dokumentation notwendig. Dazu gehören unter anderem eine allgemeine Programmbeschreibung, sowie die Bedienungsanleitung. Ein anderer Pro grammierer muß in der Lage sein, ein Programm zu benutzen oder es zu ändern.

6.1.2 Flußdiagramm

Die von einem Computer zu lösenden Probleme sind oft sehr komplex; entsprechend komplex sind die Programme. Zur Erstellung einer ersten übersichtlichen Darstellung verhilft das Flußdiagramm, bzw. der Programmablaufplan. Das Flußdiagramm ist die graphische Beschreibungsform eines Programms. Ein Programm ist durch mehrere Flußdiagramme unterschiedlich detailliert beschreibbar. Ein grob strukturiertes Diagramm faßt umfangreiche Teilaufgaben in einem Symbol zusammen, während ein feiner strukturiertes mehr auf Programmierungsdetailles eingeht. In beiden Fällen steht ein Symbol für mehrere Maschineninstruktionen. Die Sinnbilder sind nach DIN 66001 festgelegt. Die wichtigsten sind im Bild 6.1 aufgeführt.

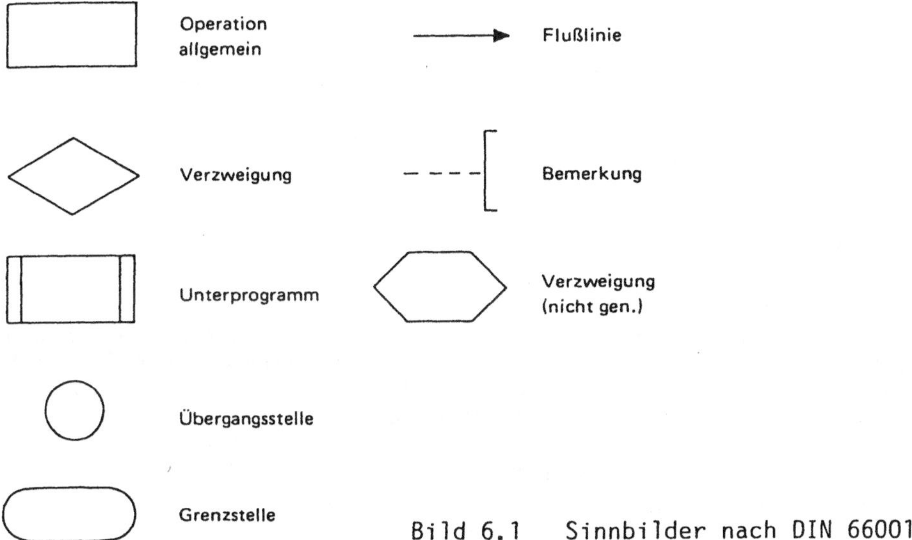

Bild 6.1 Sinnbilder nach DIN 66001

6.1.3 Verzweigung, Verteiler

Oft müssen Zahlen miteinander verglichen werden. Ein Vergleich bewirkt eine Verzweigung. Je nachdem die Bedingung erfüllt ist oder nicht, bearbeitet der Rechner die nächste Anweisung oder verzweigt zu einem anderen Programmteil. Der Rechner kann auch zurückspringen und den gleichen Programmteil nochmals bearbeiten.

Muß ein Programm nach mehr als zwei Stellen verzweigen, spricht man von Verteilern. Eine Größe, die mehrere Werte annehmen kann, führt auf einen Verteiler. Bei jedem Wert verzweigt der Rechner auf einen bestimmten Programmteil. Bild 6.2a zeigt, wie Verteiler ausgeführt werden.

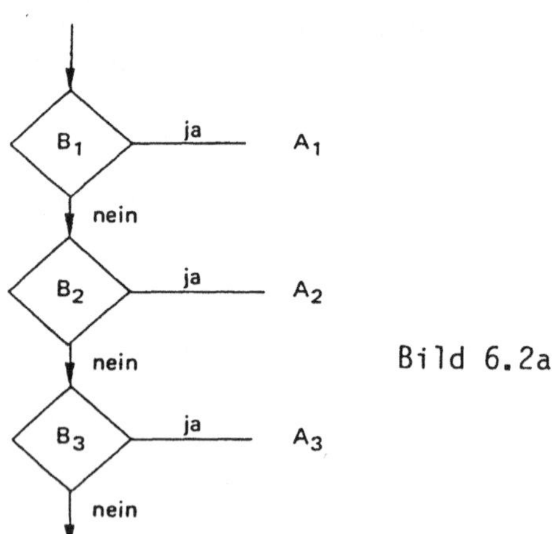

Bild 6.2a Verteiler

6.1.4 Schleifen

Programmierschleifen dienen der wiederholten Ausführung eines Programmteils. Den Aufbau einer Programmierschleife zeigt Bild 6.2b. Sie besteht aus vier Teilen:

1. Initialisierung (Schleifenkriterium)
2. Bearbeitung
3. Schleifenkriterium verändern
4. Endabfrage

Es gibt drei verschiedene Möglichkeiten, eine Schleife zu gestalten.

Abweisende Schleife. Die Tätigkeit wird abgewiesen, wenn das Schleifenkriterium nicht erfüllt ist. Oder anders gesagt: Die Anweisungen werden nur solange ausgeführt, solange die Ausführungsbedingung gilt.

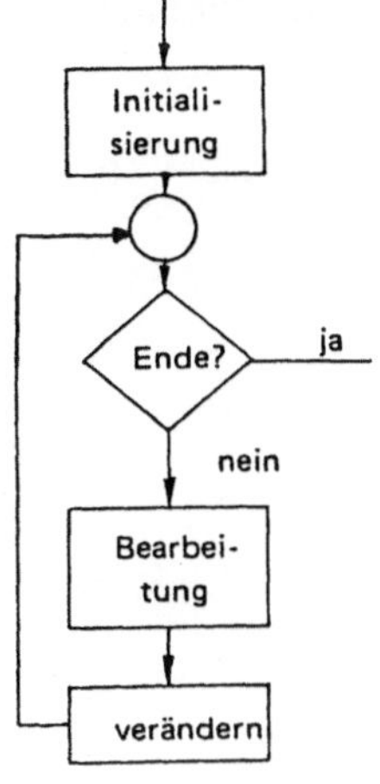

Bild 6.2b Schleife

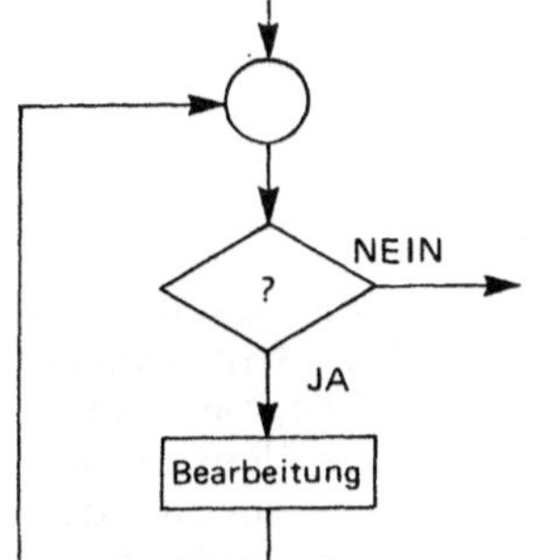

Bild 6.2c Abweisende Schleife

Nichtabweisende Schleife. Die Anweisung wird solange ausgeführt, bis die Schleifenendbedingung erfüllt ist.

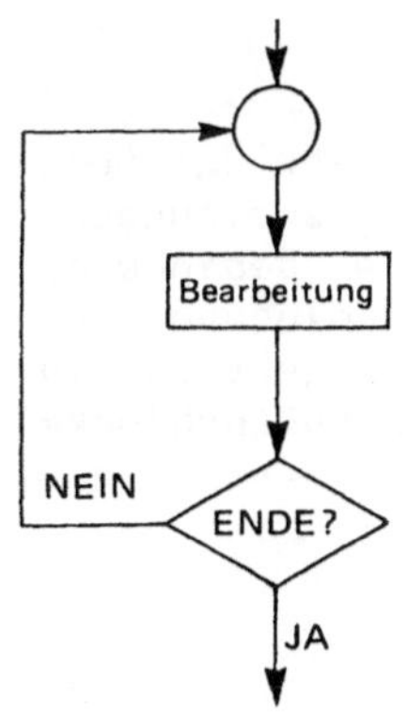

Bild 6.2d Nichtabweisende Schleife

Abbruchschleife. Diese Schleife kann nur durch eine Abbruchbedingung verlassen werden.

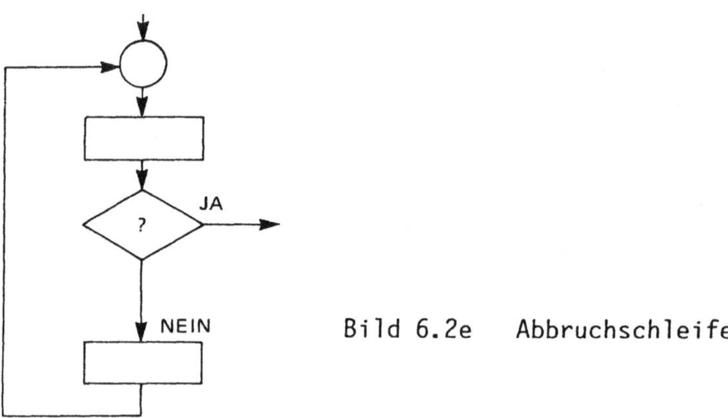

Bild 6.2e Abbruchschleife

6.1.5 Struktogramme

Das Flußdiagramm verführt den Programmierer dazu, in seinem Programm zu verzweigen, wo es ihm gerade paßt. Die Zusammenführung erfolgt dann oft in einem ganz anderen Programmteil. Bei komplizierten Aufgaben leidet darunter schnell die Übersichtlichkeit. Eine Abhilfe bringen die Struktogramme, durch die nicht nur der Programmfluß, sondern auch die Programmstruktur deutlich wird. Ein Struktogramm besteht aus den sogenannten *Strukturblöcken*. Jeder Strukturblock stellt eine in sich geschlossene, logische Einheit dar. Er hat nur einen Eingang und einen Ausgang.

Verzweigung:

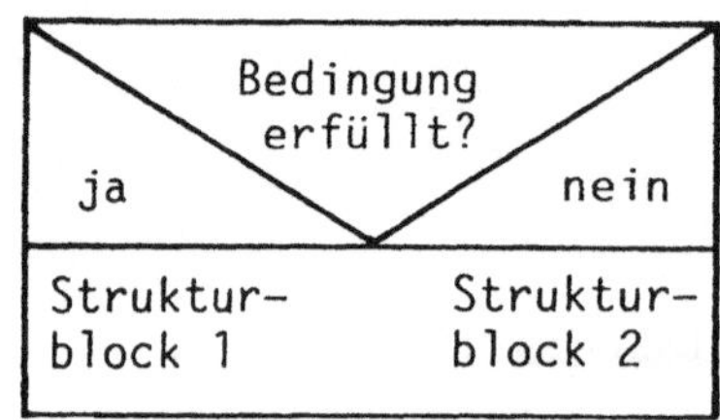

Dieses Sinnbild dient zur Darstellung von bedingten Verzweigungen. Das Dreieck enthält die Bedingung. Je nachdem, ob die Bedingung erfüllt ist oder nicht, geht es in einen der beiden Strukturblöcke weiter.

Schleife:

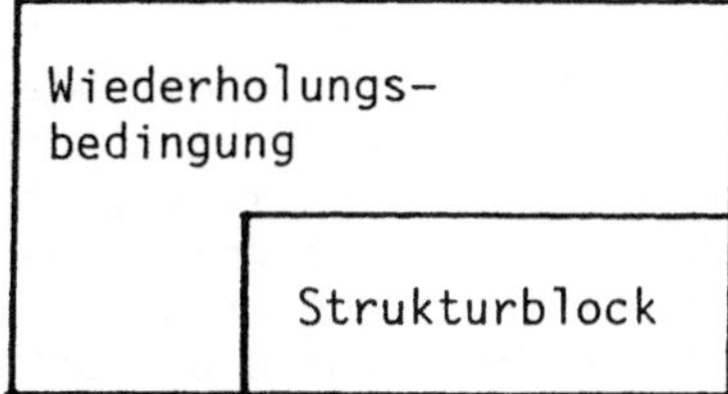

Dieses Sinnbild dient zur Darstellung einer Schleife, bzw. Wiederholung. Links oben im Bild wird angegeben, wie oft die Anweisung wiederholt werden soll, bzw. wann die Operationen im Strukturblock zu beenden sind.

Bild 6.3 Beispiele für Struktogrammsinnbilder

6.1.6 Unterprogrammtechniken

Ein Unterprogramm, auch *Subroutine* genannt, ist ein Programm, das für eine spezielle Aufgabe entwickelt wurde, die sich im Hauptprogramm öfter wiederholt. Auch wenn ein Programm vielseitig verwendbar sein soll, wird es als Unterprogramm geschrieben. Es wird dann bei Bedarf durch das Hauptprogramm aufgerufen. Im Hinblick auf eine übersichtliche und flexible Problemlösung sollte der Programmierer danach trachten, sein Programm aus mehreren Unterprogrammen aufzubauen. Wenn er dann noch die Unterprogramme mit einer guten Dokumentation versieht und archiviert, kann er sich eine sehr nützliche Programmbibliothek aufbauen. Benutzt der Programmierer ein Unterprogramm, so muß er über dessen Aufbau nicht informiert sein. Er muß allerdings über das Hauptprogramm die Operanden zur Verfügung stellen, mit denen das Unterprogramm arbeiten soll. Außerdem muß er angeben, wohin die Ergebnisse abgespeichert werden sollen.

Zur Bearbeitung von Unterprogrammen werden drei Befehle benötigt, die zwar schon kurz vorgestellt wurden, auf die hier aber noch etwas näher eingegangen werden soll.

BSR	Branch to Subroutine
JSR	Jump to Subroutine
RTS	Return from Subroutine

Die beiden Befehle BSR und JSR dienen zum Aufrufen eines Unterprogramms durch das Hauptprogramm. Der einzige Unterschied zwischen den beiden Befehlen ist die Adressierungsart. Der BSR-Befehl benutzt die Relative- und der JSR-Befehl die Indexed- oder Extended-Adressierung.

Stößt die CPU beim Abarbeiten des Hauptprogramms auf einen JSR-Befehl, so springt sie zu der im Operandenteil des JSR-Befehls angegebenen Anfangsadresse des Unterprogramms. Dies geschieht dadurch, daß diese Anfangsadresse in den Programmzähler geladen wird. Gleichzeitig wird die nächste Adresse im Hauptprogramm, wo die CPU bei linearer Bearbeitung des Programms eigentlich weitermachen würde, in einem besonderen Speicherbereich, dem Stack, abgespeichert. Dies geschieht automatisch und ermöglicht auf einfache Weise nach Abarbeiten des Unterprogramms die Rückkehr in das Hauptprogramm. Mit der Eigenschaft, die Rückkehradresse im Stack abzuspeichern, unterscheidet sich der JSR-Befehl vom JMP-Befehl, dessen Einsatz wegen dieses Mangels bei Unterprogrammen nicht möglich ist. Zeitlich gesehen sieht die Abarbeitung des JSR-Befehls durch die CPU so aus:

Zuerst wird der Inhalt des Programmzählers, also die Rückkehradresse, im Stack abgespeichert.
Anschließend wird der Programmzähler mit der Anfangsadresse des Unterprogramms geladen.

Der letzte Befehl eines Unterprogramms muß immer ein RTS-Befehl sein. Er bewirkt die Rückkehr vom Unterprogramm zum Hauptprogramm, indem der alte Programmzählerstand, also die Rückkehradresse, vom Stack geholt wird und wieder in den Programmzähler eingeschrieben wird.

Die Tatsache, daß bei einem Unterprogramm-Aufruf die Rückkehradresse automatisch gerettet wird und nicht z.B. am Ende eines Programms jedesmal neu geschrieben werden muß, ermöglicht ein wiederholtes Aufrufen des Unterprogramms von verschiedenen Stellen im Hauptprogramm. Bild 6.4 illustriert das Gesagte.

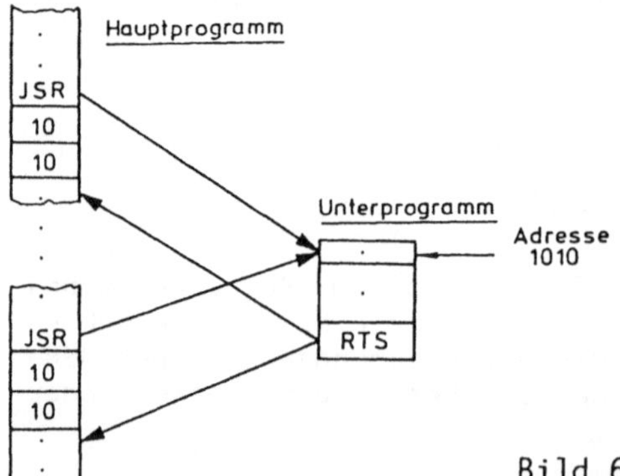

Bild 6.4 Aufruf eines Unterprogramms

Ein Unterprogramm kann auch ohne weiteres von einem anderen Unterprogramm aufgerufen werden. Man spricht dann von einem verschachtelten Unterprogramm (*nested subroutine*). Die Rückkehradressen aller weiteren Unterprogramme werden ebenfalls auf dem Stack abgespeichert. Da jedes Unterprogramm mit einem RTS-Befehl abschließen muß, werden die Rückkehradressen in der gleichen Reihenfolge auch wieder vom Stack abgerufen. Die richtige Rückkehradresse befindet sich also immer am oberen Ende des Stack. Theoretisch können beliebig viele Verschachtelungen vorgenommen werden (bei entsprechend großen Stack), allerdings wird die Korrektur von Fehlern schwieriger.

6.2 Assemblerprogrammierung

6.2.1 Die Assemblersprache

Am Beginn der Programmierung steht das Problem. Am Ende stehen Nullen und Einsen im Speicher. Diese Binärzeichen bilden die Befehle und Konstanten, mit denen der Computer arbeitet. Die Darstellung von Programmen muß zunächst in einer für den Menschen verständlichen, externen Form geschehen. Diese wird dann in einer vom Mikroprozessor verarbeitbaren, maschineninterner Form überführt. Die Art und Weise des Vorgehens soll an einem Beispiel verdeutlicht werden.

Problembeschreibung. Zwei jeweils 8 Bit lange, vorzeichenlose Dualzahlen sollen addiert, und das Ergebnis abgespeichert werden. Die beiden Zahlen stehen in den Speicherplätzen mit Namen SUMMA1 und SUMMA2. Das Ergebnis soll nach SUMME gespeichert werden.

Symbolisches Programm. Wie in Kapitel 1 bereits gezeigt, besteht das Programm im Speicher aus binären Operationscodes und binären Adressen. Die dort eingeführte hexadezimale Darstellung stellt eine Kurzschreibweise dar, die die Lesbarkeit des Progamms nur unwesentlich erhöht. Man benutzt daher beim Programmentwurf für die Operationscodes Symbole, die leicht zu merken sind. Diese Symbole heißen *Mnemonics* und sind in der Befehlstabelle des Mikroprozessor-Herstellers vermerkt. Auch für die Adressen benutzt man zunächst beim Entwurf eines symbolischen Programms frei wählbare Namen. Bild 6.5 zeigt einen Vordruck, der den Programmentwurf in symbolischer Form erleichtert.

Marke	Opcode	Operand	Kommentar

Bild 6.5 Vordruck für den Entwurf eines Assemblerprogramms

Das Markenfeld ist das erste Feld. Es kann auch leer sein. Marken bestehen aus maximal sechs Zeichen. Sie können Adressen darstellen, die Sprungziele bilden. Für diesen Zweck werden Marken sehr oft von Sprung- und Verzweigungsbefehlen verwendet. Marken können auch symbolische Namen für Operanden und Operandenadressen darstellen. Das Format einer Programmzeile ist übrigens so festgelegt, daß jedes Feld vom anderen durch ein Leerzeichen (space) getrennt ist.

Das Opcode-Feld enthält die Befehle in mnemonischer Form. Der Programmierer entnimmt sie der Befehlstabelle des Herstellers. Sie sind für jeden Prozessor anders.

Operanden können symbolische Namen für Register oder Daten sein.

Kommentare stehen im rechten Feld. Sie werden nicht für den Rechner übersetzt, sondern erleichtern dem Anwender das Wiedereinfinden in das Programm.

Bild 6.6 zeigt das Beispielprogramm in symbolischer Darstellung. Man nennt ein solches Programm Assemblerprogramm.

Marke	Opcode	Operand	Kommentar
START	LDA	SUMMA1	
	ADDA	SUMMA2	
	STA	SUMME	
ENDE	SWI		
SUMMA1	RMB	1	
SUMMA2	RMB	1	
SUMME	RMB	1	

Bild 6.6 Beispielprogramm in symbolischer Darstellung

Ein in Assemblersprache geschriebenes Programm wird natürlich nicht vom Rechner verstanden. Es muß erst in die binäre Form, bzw. in die kürzere hexadezimale Form übersetzt werden. Man nennt diese binäre Form den Maschinen-Code (Object-Code). Für die Übersetzung gibt es drei Möglichkeiten:

1. Hand-Assemblierung. Der Programmierer nimmt die Übersetzung selbst vor. Er benutzt dazu die Befehlstabelle des Herstellers, die die Operationscodes in hexadezimaler Form enthalten. Auch die relativen Adressen muß der Anwender selbst berechnen. Manchmal hilft ihm dabei eine Routine im Monitorprogramm. Bild 6.7 zeigt unser Beispielprogramm in hexadezimaler Form.

SPEICHER Adresse	Inhalt
0000	96
0001	07
0002	9B
0003	08
0004	97
0005	09
0006	3F
0007	--
0008	--
0009	--

Bild 6.7 Hexadezimales Programm

In dieser Form kann das Programm jetzt über eine Hextastatur oder auch über eine ASCII-Tastatur eingegeben werden. Die Umwandlung von der hexadezimalen in die binäre Form wird dann vom System vorgenommen.

Die Hand-Assemblierung ist für längere Programme ungeeignet, da sie sehr fehlerbehaftet ist.

2. Resident-Assemblierung. Für komfortables Assemblieren ist ein Mikroprozessor-Entwicklungssystem notwendig. Es enthält einen residenten *Assembler*. Dies ist ein Übersetzungsprogramm, das das symbolische Programm in die binäre Darstellung umwandelt. Der Assembler kann entweder in einem ROM gespei-

chert sein oder bei einem Floppy Disk orientierten System auf einer Floppy. Ein weiteres Hilfmittel zur Programmentwicklung ist der *Editor*.

Mit Hilfe des Editors schreibt der Anwender sein Quellenproramm (*source code*) in Assemblersprache. Dieses wird zunächst als sogenanntes *Text file* im *Edit-Buffer* zwischengespeichert. Von dort holt es dann der Assembler, übersetzt es in die binäre Form, den sogenannten Maschinencode (*Object code*) und legt ein *Binärfile* an, welches dann im RAM vom Prozessor abgearbeitet werden kann.

3. Cross-Assemblierung. Steht dem Anwender ein Großcomputer zur Verfügung, so kann er einen Cross-Assembler benutzen, der das für den jeweiligen Mikroprozessor geschriebene Programm übersetzt. Das Binärfile kann dann entweder zur Verarbeitung in das Prozessorsystem gebracht werden (down loading) oder von einem Simulationsprogramm abgearbeitet werden.

6.2.2 6809-Assembler-Syntax

Damit der Assembler das Quellenprogramm korrekt übersetzen kann, muß bei der Programmentwicklung mit Hilfe des Editors die vom Hersteller vorgeschriebene Syntax eingehalten werden. Ein formell fehlerfrei erstelltes Programm kann natürlich immer noch logische Fehler enthalten. Als Beispiel wird nachfolgend der FLEX-Assembler der Firma TSC beschrieben.

Jede Zeile eines Quellenprogramms besteht aus vier Feldern: *Label*, *Opcode*, *Operand* und *Comment*. Die einzelnen Felder sind durch ein Leerzeichen (space) voneinander getrennt. Das Opcode-Feld muß immer besetzt sein, die anderen können besetzt sein.

Label-Feld. Eine *Marke* kann aus beliebig vielen Zeichen bestehen, wovon aber nur die ersten sechs vom Rechner ausgewertet werden. Jede Marke muß mit einem Buchstaben beginnen und mit einem Leerzeichen abgeschlossen sein. Fehlt die Marke, so muß die Zeile mit einem Leerzeichen beginnen.

Opcode-Feld. Dieses Feld enthält die 6809-Opcodes (mnemonics), bzw. die 6809 Assembleranweisungen (pseudo-opcode). Die Assembleranweisungen werden später noch genauer besprochen. Auch das Opcode-Feld muß durch ein Leerzeichen abgeschlossen sein.

Operand-Feld. Die meisten Befehle benötigen zu ihrer Ausführung einen Operanden, entweder ein Datenwort oder eine Adreßinformation. Ob dieses Feld besetzt ist, hängt davon ab, ob der zugehörige Opcode einen Operanden benötigt. Das Operandenfeld wird mit einem Leerzeichen abschlossen, sofern noch ein Kommentar folgt, sonst mit CR (Carriage Return).

Das Operand-Feld kann eine oder mehrere Registerspezifikationen enthalten, je nach vorangegangenem Befehl. So erfordern die Befehle EXG und TFR zwei Registerangaben, die durch Kommas getrennt werden. Die Befehle PUSH und PULL erlauben die Angabe einer beliebigen Anzahl von Registern, ebenfalls durch Kommas getrennt. Die indizierte Adressierung erfordert ebenfalls eine Registerangabe. Die möglichen Registernamen sind: A, B, CC, DP, X, Y, U, S, D, PC.

Das Operand-Feld kann auch einen mathematischen Ausdruck enthalten. Dieser Ausdruck kann aus Zahlen, ASCII-Zeichen oder Marken bestehen, die logisch oder arithmetisch miteinander verknüpft werden. Bei nicht extra gekennzeichneten Zahlen handelt es sich um Dezimalzahlen. Hexadezimalzahlen werden durch ein vorangestelltes Dollarzeichen markiert (z.B $A009). Dualzahlen werden mit dem Zeichen % markiert (z.B. %11000110). ASCII-Zeichen werden durch einen Apostroph ' gekennzeichnet. (z.B. LDA #'B lädt den Hexcode des Zeichens B, also $42 in den Akku A.) Werden im Operandenfeld Marken verwendet, so sollten sie irgendwo anders im Programm definiert sein. Das Operand-Feld kann auch das Zeichen * enthalten, welches den Programmzähler kennzeichnet. Für den Stern wird der Inhalt des Programmzählers eingesetzt, also die Adresse, unter der das erste Byte des Befehls steht, der den Stern als Operanden enthält.

Comment-Feld. Das Kommentarfeld kann auch leer sein. Es wird auf jeden Fall mit einem CR abgeschlossen. In einem Programm können auch beliebige Kommentarzeilen eingefügt werden. Sie müssen alle mit einem Stern beginnen (z.B * Kommentartext CR).

Assembler-Anweisungen (Pseudo-Opcodes). Es handelt sich um Befehle für den Assembler, die während des Übersetzens ausgeführt werden. Diese Pseudobefehle werden also nicht in Binärcode übersetzt. Nachfolgend sollen die wichtigsten Assembler-Anweisungen kurz besprochen werden.

ORG (Origin = Ursprung) definiert die erste Adresse des nachfolgenden Programmteils (z.B. ORG $E000, d.h. alle nachfolgenden Bytes werden von der Adresse E000 an durchnummeriert).

Es ist z.B. sinnvoll, den Variablenbereich vom Programmbereich durch zwei verschiedene ORG-Anweisungen zu trennen.

EQU (Equal = gleich) ordnet einem Namen einen Operanden zu. Der Operand kann wiederum ein Name oder auch eine Zahl sein (z.B.: OUT EQU $8000; das Ausgaberegister mit der hexadezimalen Adresse 8000 erhält den symbolischen Namen OUT).

END Diese Anweisung steht am Ende des Programms. Sie beendet die Übersetzung.

RMB (Reserve Memory Bytes = reserviere Speicher Bytes) Diese Anweisung reserviert eine beliebige Anzahl von Speicherplätzen für die Datenabspeicherung (z.B. RMB 4; von der Adresse an, die der RMB-Anweisung zugeordnet wird, werden vier Speicherplätze reserviert). Vor der RMB-Anweisung kann eine Marke stehen (z.B. SUMME RMB 2; unter dem Namen Summe werden zwei Bytes reserviert).

FCB (Form Constant Byte = bilde Konstantenbyte) Unter der Adresse, wo FCB steht, wird eine 1-Byte-lange Zahl abgelegt. Die FCB-Anweisung kann mehrere durch Komma getrennte Operanden enthalten. Es kann auch eine Marke vorangestellt werden (z.B. EGON FCB $FF; unter dem Namen EGON soll die Zahl FF gespeichert werden).

FDB (Form Double Constant Byte = bilde Doppelbytekonstante) Der einzige Unterschied zu FCB ist die Länge der Konstanten, nämlich zwei Byte.

FCC (Form Constant Character = bilde Konstantzeichen) Mit Hilfe dieser Anweisung kann eine Kette von ASCII-Zeichen (string) als Hexzahlen in aufeinanderfolgende Speicherzellen abgespeichert werden. (z.B.: MARKE FCC /DIES IST EIN STRING/)

Übersetzungsablauf. Der TSC-Assembler ist ein sogenannter "2 pass assembler". D.h., die Übersetzung erfolgt in zwei Durchläufen. Im ersten Durchlauf wird eine Symboltafel für die Marken erstellt, und die Mnemonics werden durch den binären Opcode ersetzt. Im zweiten Durchlauf werden dann die im Operandenfeld stehenden Namen durch die in der Symboltafel stehenden numerischen Werte ersetzt, relative Adressen werden berechnet, ein Listing wird erstellt. Das Listing enthält verschiedene Optionen, z.B. Fehlermeldung, Symboltafel usw. Bild 6.8 zeigt das Listing einer Druckerausgaberoutine.

Bild 6.8 Listing einer Druckerausgaberoutine

```
                8001    PIA      EQU    $8001
                        *
                        *PRINTER INITIALIZATION
                        *
CCC0                             ORG    $CCC0
CCC0 86    3A           PINIT    LDA    #$3A
CCC2 B7    8003                  STA    PIA+2
CCC5 86    FF                    LDA    #$FF
CCC7 B7    8001                  STA    PIA
CCCA 86    3E                    LDA    #$3E
CCCC B7    8003                  STA    PIA+2
CCCF 39                          RTS
                        *PRINTER READY ROUTINE
CCD0 7D    8001         PREADY   TST    PIA
CCD3 73    CCE3                  COM    PFLAG
CCD6 39                          RTS
                        *
                        *CHECK FOR PRINTER READY
                        *
CCD8                             ORG    $CCD8
CCD8 7D    CCE3         PCHK     TST    PFLAG
CCDB 2B    05                    BMI    PCHKX
CCDD 7D    8003                  TST    PIA+2
CCE0 2B    EE                    BMI    PREADY
CCE2 39                 PCHKX    RTS
                        *PRINTER READY FLAG
CCE3 FF                 PFLAG    FCB    $FF
                        *
                        *PRINTER OUTPUT CHARACTER ROUTINE
                        *
CCE4                             ORG    $CCE4
CCE4 8D    F2           POUT     BSR    PCHK
CCE6 2A    FC                    BPL    POUT
CCE8 7F    CCE3                  CLR    PFLAG
CCEB B7    8001                  STA    PIA
CCEE 86    36                    LDA    #$36
CCF0 8D    02                    BSR    POUTB
CCF2 86    3E                    LDA    #$3E
CCF4 B7    8003         POUTB    STA    PIA+2
CCF7 39                          RTS
                                 END

0 ERROR(S) DETECTED

SYMBOL TABLE:

PCHK    CCD8    PCHKX   CCE2    PFLAG   CCE3    PIA     8001    PINIT   CCC0
POUT    CCE4    POUTB   CCF4    PREADY  CCD0
```

6.3 Programmierbeispiele

6.3.1 Addition von Dualzahlen

An den nachfolgenden einfachen Additionsbeispielen sollen die verschiedenen Adressierungsarten vorgeführt werden.

a) Addition von zwei 8-Bit-Dualzahlen mit Immediate-Adressierung

```
                          *PRORAMM 6.3.1A
                          *
0000 86    43             START    LDA     #67
0002 8B    52                      ADDA    #82
0004 3F                   ENDE     SWI

0 ERROR(S) DETECTED

SYMBOL TABLE:

ENDE    0004    START   0000
```

Addiert werden die beiden Dezimalzahlen 67 und 82. Das Ergebnis steht im Akkumulator A.

b) Addition von zwei 8-Bit-Dualzahlen mit Direct-Adressierung

```
                          *PROGRAMM 6.3.1B
                          *
0000 96    07             START    LDA     $07
0002 9B    08                      ADDA    $08
0004 97    09                      STA     $09
0006 3F                   ENDE     SWI

0 ERROR(S) DETECTED

SYMBOL TABLE:

ENDE    0006    START   0000
```

Addiert werden die Inhalte der Speicherzellen 07 und 08. Das Ergebnis wird in 09 abgespeichert.

c) Addition von zwei 8-Bit-Dualzahlen mit Extended-Adressierung

```
                        *PROGRAMM 6.3.1C
                        *
 0000 B6    E00A        START   LDA     $E00A
 0003 BB    E00B                ADDA    $E00B
 0006 B7    E00C                STA     $E00C
 0009 3F                ENDE    SWI

0 ERROR(S) DETECTED

SYMBOL TABLE:

ENDE    0009    START   0000
```

Addiert werden die Inhalte der Speicherzellen E00A und E00B. Das Ergebnis wird in E00C abgespeichert.

d) Addition von zwei 16-Bit-Dualzahlen mit Direct-Adressierung

Zahlenbeispiel:

2C42	0010110001000010
+7369	+0111001101101001
9FAB	1001111110101011

Adresse	Inhalt
0060	2C
0061	42
0062	73
0063	69
0064	9F
0065	AB

```
                        *PROGRAMM 6.3.1D
                        *
 0000 DC    60          START   LDD     $60
 0002 D3    62                  ADDD    $62
 0004 DD    64                  STD     $64
 0006 3F                ENDE    SWI

0 ERROR(S) DETECTED

SYMBOL TABLE:

ENDE    0006    START   0000
```

Der Inhalt der Speicherzellen 60 und 61 wird in den Akkumulator D geladen. Dazu wird der Inhalt von 62 und 63 addiert. Das Ergebnis wird in 64 und 65 abgespeichert.

e) Addition in Zweierkomplementarithmetik

1. Aufgabe:
Es sollen die beiden Zahlen 42_{10} und 203_{10} (vorzeichenlose Dualzahlen) addiert werden.

2. Aufgabe:
Es sollen die beiden Zahlen 42_{10} und -53_{10} (in Zweierkomplementdarstellung) addiert werden.

Für beide Aufgaben ergibt sich das gleiche Programm:

```
                        *PROGRAMM 6.3.1E
                        *
0000 86    2A           START    LDA     #42
0002 8B    CB                    ADDA    #203
0004 97    10                    STA     $10
0006 3F                 ENDE     SWI

0 ERROR(S) DETECTED

SYMBOL TABLE:

ENDE    0006    START   0000
```

Die CPU addiert die beiden Bitmuster. Es hängt von der Interpretation des Programmierers ab, in welcher Darstellung er die Bitmuster benutzen will.
Bei der ersten Aufgabe ist das Ergebnis F5, was dort 245_{10} bedeutet. (42 + 203 = 245)
Bei der zweiten Aufgabe ist das Ergebnis ebenfalls F5, was hier aber -11_{10} bedeutet. (+42 - 53 = -11)

6.3.2 Löschen, Suchen, Sortieren und Verschieben von Speicherinhalten

a) Löschen eines Speicherbereichs

Beispiel:

Ein Bereich von 10_{16} Speicherplätzen mit der Anfangsadresse 0050_{16} soll gelöscht werden. IX wird mit 0050 und Akku B, der als Zähler dient, wird mit 10 geladen.

```
                          *PRORAMM 6.3.2A
                          *
0000 8E    0050                  LDX    #$0050
0003 C6    10                    LDB    #$10        HAUPTPROGRAMM
0005 9D    10                    JSR    $0010
0007 3F                          SWI


0010                             ORG    $0010
0010 6F    84             M0     CLR    ,X
0012 30    01                    LEAX   1,X         UNTERPROGRAMM
0014 5A                          DECB
0015 26    F9                    BNE    M0
0017 39                          RTS

0 ERROR(S) DETECTED

SYMBOL TABLE:

M0      0010
```

b) Suchen der kleinsten Zahl

Aus einer Liste von n Zahlen (vorzeichenlose Dualzahlen) soll die kleinste Zahl gesucht werden und in die Speicherstelle 0060 geschrieben werden. Die Liste beginnt bei Adresse 0062. Die Länge der Liste steht im Speicherplatz 0061.

```
                          *PRORAMM 6.3.2B
                          *
0000 D6    61                    LDB    $61
0002 4F                          CLRA
0003 43                          COMA
0004 8E    0062                  LDX    #$0062
0007 A1    84             M1     CMPA   0,X
0009 25    02                    BCS    M2
000B A6    84                    LDA    0,X
000D 30    01             M2     LEAX   1,X
000F 5A                          DECB
0010 26    F5                    BNE    M1
0012 97    60                    STA    $60
0014 3F                          SWI

0 ERROR(S) DETECTED

SYMBOL TABLE:

M1      0007    M2      000D
```

Der Akkumulator wird mit FF vorgesetzt. Dies ist die größte vorzeichenlose Dualzahl von 8 Bit Länge. Durch das Programm wird der Akkumulator A mit einem kleineren Wert geladen, falls es eine kleinere Zahl in der Liste gibt. Das Programm arbeitet nicht für Zahlen in Zweierkomplementdarstellung, weil die negativen Zahlen scheinbar größer als die positiven sind (MSB = 1).

Flußdiagramm:

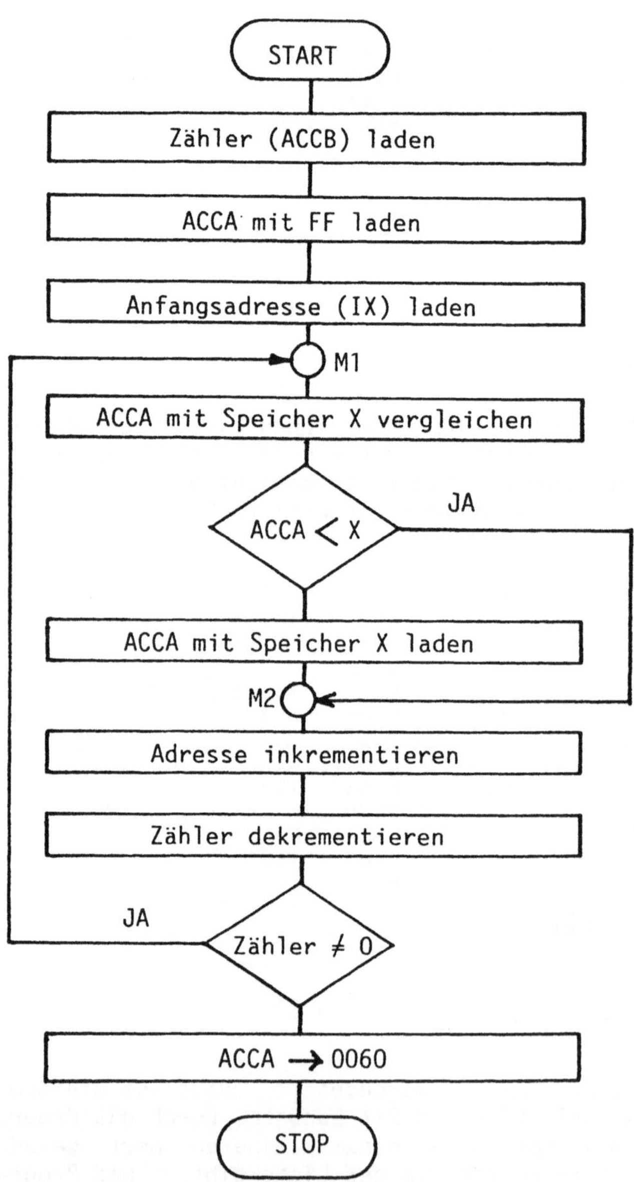

c) Sortieren von Zahlen

Es soll eine beliebige Zahlenfolge aus vorzeichenlosen Dualzahlen nach fallenden Werten sortiert werden. Die Liste beginnt bei der Adresse 0063. Die Länge der Liste steht in 0060. Die Speicherplätze 0061 und 0062 können als Zähler verwendet werden. Entwickeln Sie zunächst ein Flußdiagramm und schreiben Sie dann das Programm.

Beispiel:

Adresse	Inhalt	
0060	08	Listenlänge
0061	--	Zähler 1 (Listenlänge)
0062	--	Zähler 2 (Anzahl der Vertauschungen)
0063	07	Listenanfang
0064	4A	
0065	13	
0066	E0	
0067	28	
0068	67	
0069	A5	
006A	0A	

Es gibt viele unterschiedliche Sortierverfahren. Es soll hier ein relativ langsames, aber einfaches Verfahren angewandt werden.
Zähler 2 wird gelöscht. Zwei jeweils aufeinanderfolgende Zahlen werden verglichen. Stehen sie nicht in der richtigen Reihenfolge, werden sie vertauscht und der Zähler 2 inkrementiert. Ist die Liste durchgearbeitet, wird Zähler 2 abgefragt. Ist er nicht Null, so wurde beim letzten Durchgang ein Zahlenpaar vertauscht. Das heißt, die Liste muß nochmals durchgearbeitet werden. Dazu muß vorher der Zähler 2 wieder zurückgesetzt werden, damit er für den neuen Durchgang bereit ist. Ist Zähler 2 aber Null, so stehen alle Zahlen in der richtigen Reihenfolge und der Sortiervorgang kann beendet werden. Der jeweilige Durchlauf für das Vergleichen wird von Zähler 1 (Listenlänge) gesteuert.
An einem Beispiel soll gezeigt werden, wie das Programm arbeitet.

Beispiel:

1. Durchlauf:	07	4A	13	E0	28	67	A5	0A
	4A	07						
		13	07					
			E0	07				
				28	07			
					67	07		
						A5	07	
							0A	07

Zähler 2 $\neq$ 0, also

2. Durchlauf:	4A	13	E0	28	67	A5	0A	07
	4A	E0	13					
			28	13				
				67	13			
					A5	13		
						13	0A	07

Zähler 2 $\neq$ 0, also

3. Durchlauf:	4A	E0	28	67	A5	13	0A	07
	E0	4A						
		4A	28					
			67	28				
				A5	28			
					28	13	0A	07

Zähler 2 $\neq$ 0, also

4. Durchlauf:	E0	4A	67	A5	28	13	0A	07
	E0	4A						
		67	4A					
			A5	4A	28	13	0A	07

Zähler 2 $\neq$ 0, also

5. Durchlauf:	E0	67	A5	4A	28	13	0A	07
	E0	67						
		A5	67	4A	28	13	0A	07

Zähler 2 $\neq$ 0, also

6. Durchlauf:	E0	A5	67	4A	28	13	0A	07

Keine Vertauschungen, Zähler 2 = 0, Sortierung beendet.

Flußdiagramm:

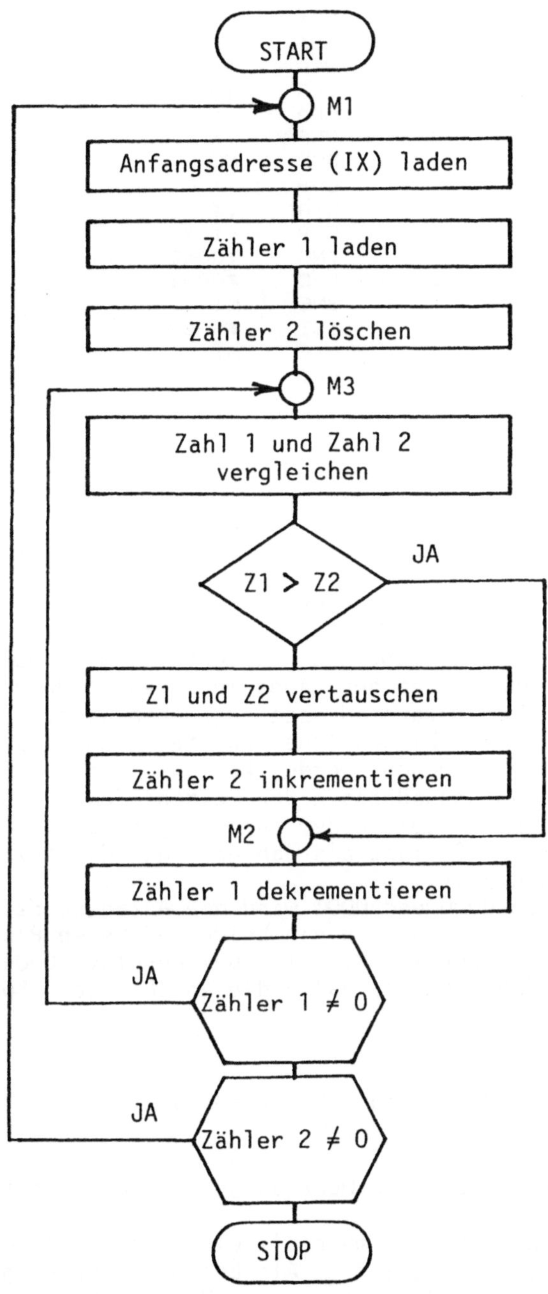

```
                          *PROGRAMM 6.3.2C
                          *
0000 8E    0063           M1         LDX    ##$0063
0003 96    60                        LDA    $60
0005 97    61                        STA    $61
0007 0F    62                        CLR    $0062
0009 A6    80             M3         LDA    ,X+
000B A1    84                        CMPA   ,X
000D 24    08                        BCC    M2
000F E6    84                        LDB    ,X
0011 A7    84                        STA    ,X
0013 E7    1F                        STB    -1,X
0015 0C    62                        INC    $0062
0017 0A    61             M2         DEC    $0061
0019 26    EE                        BNE    M3
001B 0D    62                        TST    $0062
001D 26    E1                        BNE    M1
001F 3F                              SWI

0 ERROR(S) DETECTED

SYMBOL TABLE:

M1       0000    M2       0017    M3       0009
```

d) Verschieben von Speicherbereichen

Dieses Programm verschiebt eine Zahlentafel mit beliebiger Anfangsadresse und beliebiger Länge in einen anderen Speicherbereich, dessen Anfangsadresse angegeben wird. Das Beispiel zeigt, wie die beiden Indexregister X und Y als sogenannte Datenzeiger verwendet werden können. Beide Register werden mit den Anfangsadressen der beiden Speicherbereiche geladen und nach Abarbeiten der zugehörigen Befehle um 1 erhöht. Der Akku B dient als Zähler, der die Anzahl der Speicherplätze auszählt.
Unter den Adressen 0000 und 0001 wird die Anfangsadresse von Bereich 1 eingeschrieben, in die beiden nächsten Plätze die Anfangsadresse von Bereich 2. In Speicherplatz 0004 steht die Länge der Zahlentafel, also die Anzahl der Speicherplätze.

6.3.3 Operationen mit Zahlen in Mehrfachgenauigkeitsdarstellung

a) Inkrementieren einer Zahl in Mehrfachgenauigkeitsdarstellung

Die Aufgabe, eine Zahl von mehr als ein Byte Länge zu inkrementieren, tritt häufig auf. Als Beispiele seien ganannt: Weiterschalten eines Datenzeigers, Weiterschalten eines

```
                         *PROGRAMM 6.3.2D
                         *
0010                              ORG     $0010
0010 D6    04                     LDB     $04
0012 9E    00                     LDX     $00
0014 109E  02                     LDY     $02
0017 A6    80            M1       LDA     ,X+
0019 A7    A0                     STA     ,Y+
001B 5A                           DECB
001C 26    F9                     BNE     M1
001E 3F                           SWI

0 ERROR(S) DETECTED

SYMBOL TABLE:

M1      0017
```

Ereigniszählers in einer Schleife. In jedem Fall muß das niederwertigste Byte (LSB) des Datenwortes inkrementiert werden, und falls es 0 wird, muß das nächste Byte inkrementiert werden und so fort. Besteht die Zahl nur aus zwei Byte, so wird einfach das Indexregister mit der Zahl geladen, und der Befehl LEAX 1,X angewandt.
Das nachfolgende Programm zeigt die Inkrementierung einer Zahl, deren Bytes in aufeinanderfolgenden Speicherplätzen stehen, und zwar mit dem LSB unter der niedrigsten Adresse. Diese niedrigste Adresse muß bei Programmbeginn im Indexregister stehen, ebenso die Anzahl der Bytes in Akku B.
Das Programm wurde als Unterprogramm geschrieben und hat den Namen INKR. Im Beispiel ist die Zahl 5 Bytes lang und steht in den Speicherplätzen 0000-0004.
Das kurze Hauptprogramm lädt das Indexregister IX und den Akku B. Natürlich kann das Unterprogramm in jedes andere Hauptprogramm eingebaut werden.

```
                         *PRORAMM 6.3.3A
                         *
 0010                              ORG     $0010
 0010 8E    0000                   LDX     #$0000     ADRESSE VON LSB IN IX
 0013 C6    05                     LDB     #$05       ANZAHL DER BYTES IN AKKU B
>0015 BD    0019                   JSR     INKR       SPRUNG IN UP INKR
 0018 3F                           SWI
 0019 6C    80            INKR     INC     ,X+
 001B 26    03                     BNE     M1         FALLS NICHT 0,ZURUECK IN HP
 001D 5A                           DECB
 001E 26    F9                     BNE     INKR
 0020 39                  M1       RTS

0 ERROR(S) DETECTED

SYMBOL TABLE:

INKR    0019    M1      0020
```

b) Dekrementieren einer Zahl in Mehrfachgenauigkeitsdarstellung

Beispiel:

00000001 11111111

⋮

00000001 00000000
00000000 11111111

Wenn das niederwertige Byte beim Dekrementieren von 00 auf FF geht, muß das nächste Byte dekrementiert werden, also eine "1" vom höherwertigen Byte "geborgt" werden. Wir können nicht den DEC-Befehl verwenden, da er das Bedingungsregister nicht so beeinflußt, daß man einen Wechsel des jeweiligen Byte von 00 auf FF erkennt. Statt dessen wird vom jeweiligen Byte 1 subtrahiert. Dann zeigt das C-Flag an, wann vom höherwertigen Byte eine 1 geborgt werden muß, wann also das höherwertige Byte dekrementiert werden muß. Im übrigen gleicht dieses Programm dem vorhergehenden.

```
                              *PROGRAMM 6.3.3B
                              *
 0010                                   ORG     $0010
 0010 8E    0000                        LDX     #$0000
 0013 C6    05                          LDB     #$05
>0015 BD    0019                        JSR     DEKR
 0018 3F                                SWI
 0019 A6    84                DEKR      LDA     ,X
 001B 80    01                          SUBA    #$01
 001D A7    80                          STA     ,X+
 001F 24    03                          BCC     M1
 0021 5A                                DECB
 0022 26    F5                          BNE     DEKR
 0024 39                      M1        RTS

0 ERROR(S) DETECTED

SYMBOL TABLE:

DEKR    0019    M1      0024
```

c) Bildung des Zweierkomplements einer Dualzahl in Mehrfachgenauigkeitsdarstellung

Wie bereits bekannt, kann man im Dualzahlensystem zwei Komplemente bilden: Das Einerkomplement und das Zweierkomplement. Das Einerkomplement wird gebildet, indem jedes Bit invertiert wird. Dies geschieht im Programm durch den Befehl COM. Das Zweierkomplement entsteht aus dem Einerkomplement

durch Addition einer 1. Im Programm wird das Zweierkomplement einer Zahl mit dem Befehl NEG gebildet. Das folgende Programm soll das Zweierkomplement einer Zahl bilden, die aus mehreren Byte besteht. Auch bei diesem Programm steht die Adresse des LSB wieder im IX und die Anzahl der Bytes in Akku B, bevor in das UP gesprungen wird.
Anhand von zwei Beispielen wird zunächst der Algorithmus erklärt:

Beispiel 1:

```
00000011 00000000   Zahl
11111100 11111111   Einerkomplement
              + 1
-----------------
11111101 00000000   Zweierkomplement
```

Beispiel 2:

```
00000001 00000001   Zahl
11111110 11111110   Einerkomplement
              + 1
-----------------
11111110 11111111   Zweierkomplement
```

Wie die Beispiele zeigen, wird vom LSB in jedem Falle mit Hilfe des NEG-Befehls das Zweierkomplement gebildet. Wenn diese Operation das Byte zu 0 macht, wird das C-Flag gesetzt. Damit wird vom nächsthöheren Byte ebenfalls das Zweierkomplement gebildet. Ist das C-Flag nicht gesetzt, wird von allen übrigen Bytes mit Hilfe des COM-Befehls das Einerkomplement gebildet.

```
                          *PROGRAMM 6.3.3C
                          *
 0010                             ORG    $0010
 0010 8E    0000                  LDX    #$0000
 0013 C6    05                    LDB    #$05
>0015 BD    0019                  JSR    KOMPL
 0018 3F                          SWI
 0019 60    84            KOMPL   NEG    ,X
 001B 5A                  M1      DECB
 001C 26    01                    BNE    M2
 001E 39                          RTS
 001F 30    01            M2      LEAX   1,X
 0021 24    F6                    BCC    KOMPL
 0023 63    84                    COM    ,X
 0025 20    F4                    BRA    M1

O ERROR(S) DETECTED

SYMBOL TABLE:

KOMPL  0019    M1     001B    M2     001F
```

d) Verschieben von Dualzahlen in Mehrfachgenauigkeitsdarstellung

Eine Dualzahl wird mit 2 multipliziert, indem man die ganze Zahl um eine Stelle nach links verschiebt und ins LSB eine 0 einschreibt. Die Division durch 2 erfolgt durch Stellenverschiebung nach rechts. Das nachfolgende Programm verschiebt eine Zahl aus mehreren Bytes um eine Stelle nach links.

Beispiel:

00000101 = 5
00001010 = A

```
                              *PROGRAMM 6.3.3D
                              *
 0010                                 ORG     $0010
 0010 8E    0000                      LDX     #$0000
 0013 C6    05                        LDB     #$05
>0015 BD    0019                      JSR     ROL
 0018 3F                              SWI
 0019 1C    FE                ROL     ANDCC   #%11111110
 001B 69    84                M1      ROL     ,X
 001D 5A                              DECB
 001E 26    01                        BNE     M2
 0020 39                              RTS
 0021 30    01                M2      LEAX    1,X
 0023 20    F6                        BRA     M1

0 ERROR(S) DETECTED

SYMBOL TABLE:

M1      001B    M2      0021    ROL     0019
```

e) Addition von Dualzahlen in Mehrfachgenauigkeitsdarstellung

Zwei Zahlen bestehen aus n Bytes. Sie sollen addiert werden. Die Anzahl n der Bytes steht in Speicherplatz 0060. Die Adresse des niederwertigsten Byte von Summand 1 (LSB1) steht in Speicherplatz 0061 und 0062. Die Adresse des niederwertigsten Byte von Summand 2 (LSB2) steht in Speicherplatz 0063 und 0064. 0065 und 0066 dienen als Zwischenspeicher für das Indexregister. Summand 1 wird nicht mehr benötigt und kann durch die Summe überschrieben werden.

Beispiel:

```
        0060   03     Anzahl der Bytes
        0061   E0     Adresse des LSB1
        0062   00        "
        0063   E0     Adresse des LSB2
        0064   10        "
        0065   --     HILFSP
        0066   --       "
          .                         Ergebnis
          :
        E000   A4                   E000    CC
        E001   15                   E001    CC
        E002   36                   E002    CC
          .
          :
        E010   28
        E011   B7
        E012   96

                 MSB        LSB

        Zahl 1     3 6 1 5 A 4
        Zahl 2   + 9 6 B 7 2 8
                   C C C C C C
```

Flußdiagramm:

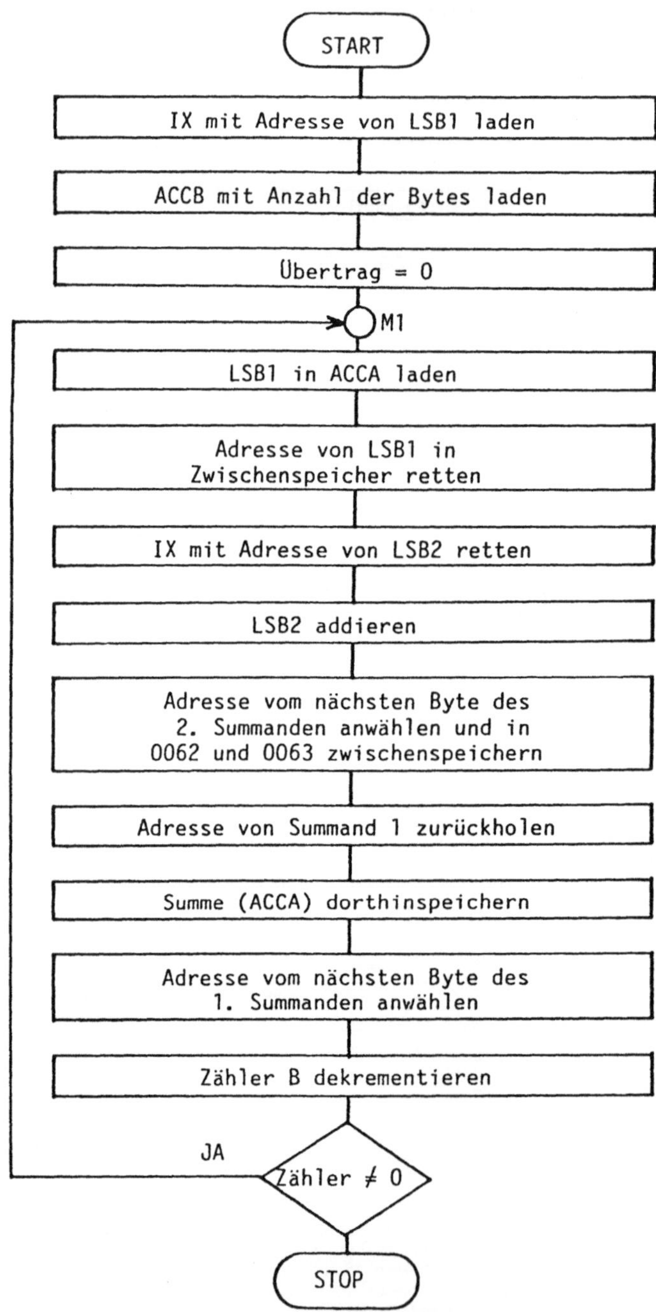

```
                              *PROGRAMM 6.3.3E
                              *
0000 D6   60                        LDB     $60
0002 9E   61                        LDX     $61
0004 109E 63                        LDY     $63
0007 1C   FE                        ANDCC   #%11111110
0009 A6   84                  M1    LDA     ,X
000B A9   A0                        ADCA    ,Y+
000D A7   80                        STA     ,X+
000F 5A                             DECB
0010 26   F7                        BNE     M1
0012 3F                             SWI

0 ERROR(S) DETECTED

SYMBOL TABLE:

M1       0009
```

f) Addition von BCD-Zahlen in Mehrfachgenauigkeitsdarstellung

Zwei mehrstellige BCD-Zahlen sollen addiert werden. Die Anzahl n der Bytes steht in Speicherplatz 0060. Die Adresse des niederwertigsten Byte von Summand 1 (LSB1) steht in Speicherplatz 0061 und 0062. Die Adresse des niederwertigsten Byte von Summand 2 (LSB2) steht in Speicherplatz 0063 und 0064. Summand 1 kann mit der Summe überschrieben werden.

Beispiel:

```
        0060   03      Anzahl der Bytes
        0061   E0      Adresse des LSB1
        0062   00          "
        0063   E0      Adresse des LSB2
        0064   10          "
          .
          .                            Ergebnis
          .
        E000   18                      E000    09
        E001   34                      E001    32
        E002   65                      E002    19
          .
          .
          .
        E010   91
        E011   97
        E012   53

                    MSB        LSB

        Zahl 1      6 5 3 4 1 8
        Zahl 2      5 3 9 7 9 1
                (1) 1 9 3 2 0 9
```

Ist die Summe zweier BCD-Zahlen größer als 9, so muß das Ergebnis korrigiert werden. Der Mikroprozessor 6809 hat dazu den Befehl DAA (decimal adjust accumulator). Der DAA-Befehl führt zunächst zwei Tests durch: Es wird geprüft, ob eine Pseudotetrade vorliegt oder ob entweder das H-Flag oder das C-Flag gesetzt ist. Fällt einer dieser Tests positiv aus, so wird korrigiert. Das Programm unterscheidet sich von dem vorhergehenden Programm nur durch den DAA-Befehl, der das BCD-Format herstellt. Der DAA-Befehl muß unmittelbar hinter dem Additionsbefehl stehen.

```
                          *PROGRAMM 6.3.3F
                          *
0000 D6   60                    LDB     $60
0002 9E   61                    LDX     $61
0004 109E 63                    LDY     $63
0007 1C   FE                    ANDCC   #%11111110
0009 A6   84              M1    LDA     ,X
000B A9   A0                    ADCA    ,Y+
000D 19                         DAA
000E A7   80                    STA     ,X+
0010 5A                         DECB
0011 26   F6                    BNE     M1
0013 3F                         SWI

0 ERROR(S) DETECTED

SYMBOL TABLE:

M1       0009
```

6.3.4 Codes und Codewandlung

a) Bestimmung der Blocklänge

Von einem Speicherblock, dessen Ende durch das Zeichen 0D (Wagenrücklauf - ASCII "CR") markiert wird, ist die Länge zu bestimmen (Anzahl der Speicherplätze). Die Anfangsadresse des Blocks steht in den Speicherstellen 0060 und 0061. Die Länge ist in 0062 zu speichern.

```
                              *PROGRAMM 6.3.4A
                              *
0000 5F                            CLRB
0001 9E    60                      LDX     $60
0003 86    0D                      LDA     #$0D
0005 A1    84             M1       CMPA    ,X
0007 27    05                      BEQ     M2
0009 5C                            INCB
000A 30    01                      LEAX    1,X
000C 20    F7                      BRA     M1
000E D7    62             M2       STB     $62
0010 3F                            SWI

0 ERROR(S) DETECTED

SYMBOL TABLE:

M1      0005    M2      000E
```

b) Ergänzung von ASCII-Zeichen auf gerade Parität

Bei der Datenübertragung können auf dem Übertragungsweg Störungen auftreten. Zur Fehlererkennung und Fehlerkorrektur werden verschiedene Verfahren angewandt. Eine sehr einfache Methode ist das Anfügen eines Paritätsbit (Prüfbit), durch das das Codewort auf gerade oder ungerade Parität ergänzt wird. Es wird die binäre Quersumme errechnet und auf eine gerade oder ungerade Zahl ergänzt. Durch das Anfügen eines Paritätsbits läßt sich das Auftreten eines Übertragungsfehlers pro Codewort erkennen.
Die 7-Bit-ASCII-Zeichen eines Datenblocks sollen durch Anfügen einer 1 bzw. 0 im MSB auf gerade Parität ergänzt werden. Die Blocklänge steht im Speicherplatz 0060. Die Anfangsadresse des Datenblocks steht in 0061 und 0062.

Beispiel:

	vorher	nachher	
0060	04	04	Zähler
0061	E0	E0	Anfangsadresse
0062	00	00	Anfangsadresse
⋮			
E000	37	B7	
E001	41	41	
E002	55	55	
E003	58	D8	

Es müssen alle Bits des Datenworts addiert werden. Ist die Summe eine ungerade Zahl, wird das MSB auf 1 gesetzt, sonst auf 0.

Flußdiagramm:

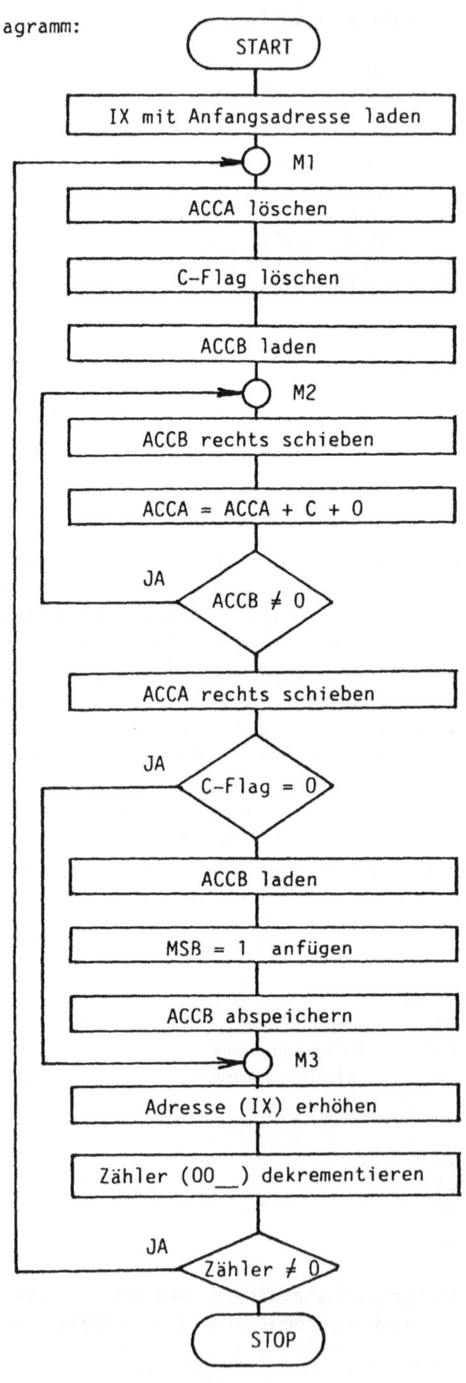

```
                              *PROGRAMM 6.3.4B
                              *
0000 9E    61                          LDX     $61
0002 4F                       M1       CLRA
0003 1C    FE                          ANDCC   #%11111110
0005 E6    84                          LDB     ,X
0007 54                       M2       LSRB
0008 89    00                          ADCA    #$00
000A 5D                                TSTB
000B 26    FA                          BNE     M2
000D 46                                RORA
000E 24    06                          BCC     M3
0010 E6    84                          LDB     ,X
0012 CA    80                          ORB     #$80
0014 E7    84                          STB     ,X
0016 30    01                 M3       LEAX    1,X
0018 0A    60                          DEC     $0060
001A 26    E6                          BNE     M1
001C 3F                                SWI

0 ERROR(S) DETECTED

SYMBOL TABLE:

M1      0002    M2      0007    M3      0016
```

c) Codewandlung von Hexadezimalzahlen in ASCII-Zahlen

Die Codes, mit denen Computer rechnen, sind für den Menschen nicht besonders leicht lesbar. Die Codes wiederum, die für den Menschen leicht zu handhaben sind, sind meist nicht besonders gut für den Computer geeignet. Daher ist die Codewandlung eine in der Praxis häufige Aufgabe. Für viele Codewandlungen gibt es Hardware-Aufbauten. Im folgenden soll eine Softwarelösung besprochen werden.

In Speicherplatz 0060 steht eine zweistellige Hexzahl. Die beiden Hexziffern sind in ASCII-Zeichen umzuwandeln. Die höherwertige Ziffer ist nach 0061 und die niederwertige nach 0062 zu speichern.

Beispiel:

```
0060  5C
0061  35
0062  43
```

Bei den Ziffern 0 bis 9 gelangt man vom Hexcode in den ASCII-Code durch Addition von $00110000_2 = 30_{16}$.

Um im ASCII-Code von 9 auf A zu kommen, müssen sieben Kombinationen übersprungen werden.
Bei den Ziffern A bis F müssen zunächst ebenfalls 30_{16} addiert werden, und zusätzlich noch der Versatz von 07.
Von der eigentlichen Umwandlung ist die höherwertige Ziffer um 4 Stellen nach rechts zu schieben.

Flußdiagramm:

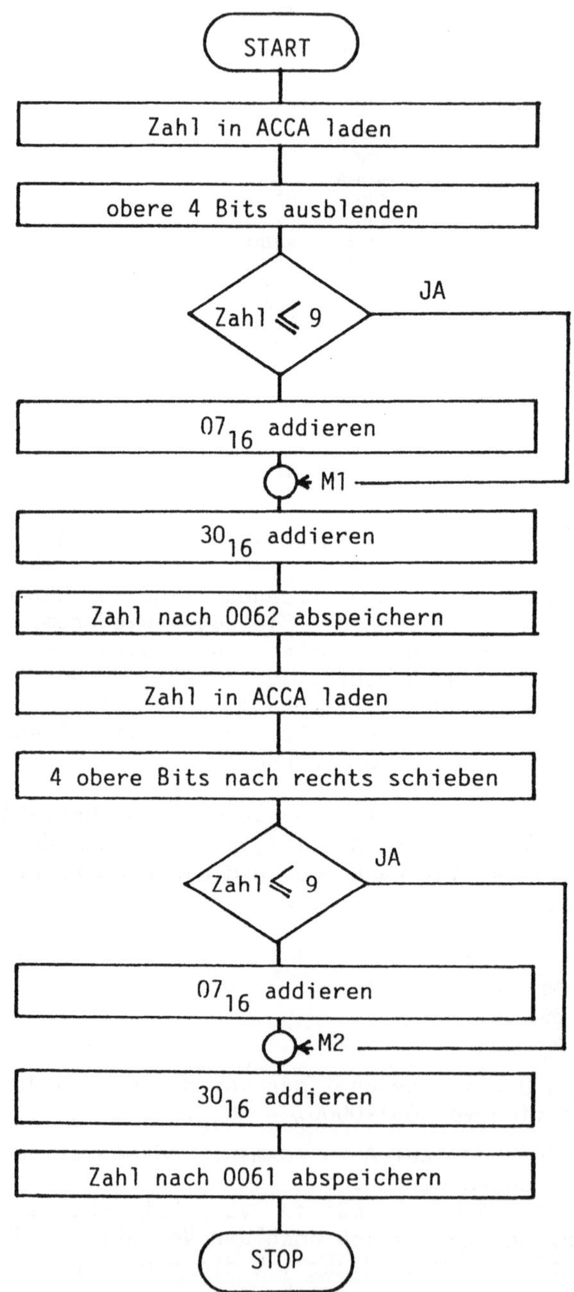

```
                          *PROGRAMM 6.3.4C
                          *
0000 96    60                       LDA    $60
0002 84    0F                       ANDA   #$0F
0004 81    09                       CMPA   #$09
0006 23    02                       BLS    M1
0008 8B    07                       ADDA   #$07
000A 8B    30             M1        ADDA   #$30
000C 97    62                       STA    $62
000E 96    60                       LDA    $60
0010 44                             LSRA
0011 44                             LSRA
0012 44                             LSRA
0013 44                             LSRA
0014 81    09                       CMPA   #$09
0016 23    02                       BLS    M2
0018 8B    07                       ADDA   #$07
001A 8B    30             M2        ADDA   #$30
001C 97    61                       STA    $61
001E 3F                             SWI

0 ERROR(S) DETECTED

SYMBOL TABLE:

M1        000A    M2        001A
```

d) Umwandlung einer mehrstelligen Zahl im BCD-Code in eine Dualzahl

In der Mikroprozessortechnik kommen verschiedene Codes zum Einsatz, da es keinen Code gibt, der für alle Probleme gleichermaßen geeignet ist.

Wenn Dualzahlen mit 7-Segment-Anzeigen dargestellt werden sollen, muß man decodieren. Es gibt dafür eine Hardware-Lösung, nämlich integrierte Decodierbausteine. Man kann die Decodierung aber auch der CPU überlassen, also die Decodierungsaufgabe mit Software lösen. Ein Beispiel dafür wurde in 3.2.2 gegeben. Ein weiteres Beispiel ist die Umwandlung zwischen alphanumerischen Codes, wie z.B. dem Baudot- und dem ASCII-Code. Diese Umwandlung wird oft mit einer Vergleichstabelle gelöst, die in aufeinanderfolgenden Speicherplätzen die zu dem entsprechenden Zeichen gehörenden Bit-Kombinationen der beiden Codes enthält. Das auszugebende Wort steht im Akku. Es wird mit dem Bitmuster in der Tabelle verglichen, dessen Adresse im IX steht. Wird Gleichheit festgestellt, so steht unter der nächsten Adresse das Bitmuster des anderen Code.

Bei der Ein- und Ausgabe von Zahlen ist für den Menschen der BCD-Code besonders gut geeignet. Der Mikroprozessor 6809 ist nun zwar dafür eingerichtet, im BCD-Code zu rechnen, da aber BCD-Zahlen etwa 22% mehr Speicherplatz benötigen und Rechnungen aufwendiger sind, wird oft intern mit Dualzahlen gearbeitet. Dann ist bei der Ein- und Ausgabe eine Konvertierung nötig. Für eine solche Konvertierung soll in diesem Kapitel ein Beispiel gegeben werden.

Das nachfolgende Programm wandelt eine dreistellige BCD-Zahl in eine Dualzahl um. Die Dualzahl wird über den aufgegliederten Ausdruck berechnet. Die BCD-Zahl steht in drei aufeinanderfolgenden Speicherplätzen mit dem MSB unter der niedrigsten Adresse. Man nennt das *ungepackte Darstellung*. Im Speicherplatz 0001 stehen die Hunderterziffern, im nächsten die Zehnerziffern und im nächsten die Einerziffern. Das Bitmuster 00000010 repräsentiert also die Zahl 400. Die Dualzahl wird in Speicherplatz Nr. 0000 eingeschrieben. In diesem Beispiel hat die Dualzahl eine Länge von 8 Bit. Die größte umzuwandelnde BCD-Zahl ist damit 255.

Beispiel:

Für die Zahl 245 lautet der aufgegliederte Ausdruck 245 = 2•100 + 4•10 + 5.

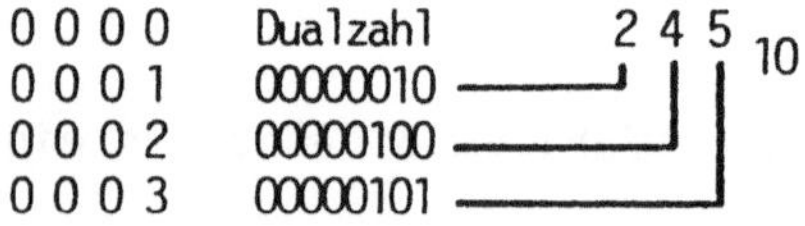

0000	Dualzahl	245_{10}
0001	00000010	→ 2
0002	00000100	→ 4
0003	00000101	→ 5

Die Multiplikation der BCD-Ziffern mit den Stellenwerten wird auf verschiedene Weise ausgeführt, um einige Möglichkeiten zu demonstrieren. (Natürlich kann man auch ein Multiplikationsunterprogramm verwenden.)
Behandlung der Hunderter:
Der Akku wird gelöscht. Anschließend wird die Zahl 64_{16} ($=100_{10}$) so oft addiert, wie die Hunderter-BCD-Ziffer angibt. Das Ergebnis wird in den Speicherplatz für die Dualzahl (0000) eingeschrieben.

Behandlung der Zehner und Einer:
Multiplikation mit 2 bedeutet einmal links schieben und rechts "0" einlesen. Multiplikation mit 8 bedeutet, dreimal schieben und rechts "0" einlesen. Das kann jeweils mit dem Befehl ASLA erreicht werden. Ist der Zehnerwert im Akku berechnet, wird noch der Einerwert aus dem Platz 0003 addiert und ebenso der schon berechnete Hunderterwert, der im Platz 0000 zwischengespeichert wurde. Das Endergebnis wird vom Akku in den Platz 0000 geladen.

```
                          *PROGRAMM 6.3.4D
                          *
0000                               ORG    $0000
0000                      DUALZ    RMB    1
0001                      HUND     RMB    1
0002                      ZEHN     RMB    1
0003                      EIN      RMB    1
                          *
                          *
0010                               ORG    $0010
0010 0F    00                      CLR    $0000    SPEICHERPL FUER DUALZAHL LOESCHEN
0012 86    01                      LDA    #$01     LADE HUND IN  A
0014 27    08                      BEQ    M1       FALLS 0,BEARBEITE ZEHNER UND EINER
0016 5F                            CLRB            LOESCHE B
0017 DB    64             M2       ADDB   100      ADDIERE 100
0019 4A                            DECA            HUND UM 1 ERNIEDRIGEN
001A 26    FB                      BNE    M2       FALLS NICHT 0,ADDIERE WEITER
001C D7    00                      STB    $00      HUND ZWISCHENSPEICHERN
001E 86    02             M1       LDA    #$02     LADE ZEHN IN  A
0020 48                            ASLA            MIT 2 MULTIPL. UND DIESEN WERT
0021 1F    89                      TFR    A,B      IN B ZWISCHENSPEICHERN
0023 4D                            TSTA
0024 48                            ASLA            NOCH ZWEIMAL VERSCHIEBEN, ALSO
0025 48                            ASLA            MIT 8 MULTIPLIZIEREN
0026 34    04                      PSHS   B
0028 AB    E0                      ADDA   ,S+
002A 9B    00                      ADDA   $00      HUND ADDIEREN
002C 9B    03                      ADDA   $03      EIN ADDIEREN
002E 97    00                      STA    $00      ERGEBN IN PLATZ 0000 ABSPEICHERN
0030 3F                            SWI

0 ERROR(S) DETECTED

SYMBOL TABLE:

DUALZ  0000   EIN    0003   HUND   0001   M1     001E   M2     0017
ZEHN   0002
```

6.3.5 Zeitschleifen

Eine bei der Ein-/Ausgabe häufig auftretende Aufgabe ist die Erzeugung von Zeitintervallen. Anwendungsbeispiele sind: Entprellen von Schaltern, Impulse definierter Länge und Frequenz für Steuerzwecke (Ampelsteuerung, Schrittmotor, Fernschreiber).

Zeitintervalle kann man auf drei Arten erzeugen:
1. mit monostabilen Kippstufen
2. mit einem programmierbaren Zeitgeber
3. mit Hilfe von Software durch Zeitschleifen

Das Software-Verfahren soll hier behandelt werden. Es ist preisgünstig, belastet aber die CPU.

Handelt es sich um sehr kurze Verzögerung (z.B. 2 bis 20 µs), so können einfach entsprechend viele NOP-Befehle eingefügt werden. Ein NOP-Befehl beansprucht 2 CPU-Zyklen. Im Kit

GSL09 hat der Systemtakt eine Frequenz von 1 MHz. Das entspricht einer Periodendauer von 1 µs. Ein NOP-Befehl liefert also eine Verzögerung von 2 µs.

Sollen längere Zeiten erreicht werden, wird folgendes Verfahren angewandt:
1. Register mit einem bestimmten Wert laden
2. Register dekrementieren
3. Wenn das Register noch nicht leer ist, Schritt 2 wiederholen.
Für dieses Verfahren kann man die beiden Akkumulatoren oder die Indexregister benutzen.

Man kann Zeitschleifen auch ineinanderschachteln, um noch längere Zeitintervalle zu erhalten (mehrstufige Zeitschleifen). Wenn die innere Zeitschleife abgearbeitet ist, wird die äußere dekrementiert, worauf zunächst wieder die innere abgearbeitet wird, usw.

Zeitschleifen gestaltet man als Unterprogramme. Bevor man in das Zeit-Unterprogramm springt, sollte man die Akkumulatorinhalte auf den Stack, bzw. den Indexregisterinhalt in zwei Speicherzellen laden, damit diese nicht vom Zeit-Unterprogramm zerstört werden.

Aufgabe:

An Kanal B des User-PIA sind 8 LEDs angeschlossen. Die Adressen des PIA lauten: E002 - DRB/DDRB, E003 - CRB. Alle 8 LEDs sollen blinken. Die Blinkfrequenz soll durch eine zweistufige Zeitschleife mit Hilfe der beiden Indexregister erzeugt werden. Schreiben Sie ein Unterprogramm ZEIT 2A mit der Anfangsadresse $0300, das vom Blinkprogramm aufgerufen wird. Verwenden Sie ACCB für die äußere und ACCA für die innere Schleife.
Testen Sie Ihr Programm mit verschiedenen Werten für die Zähler 1 und 2.

Berechnung des Zeitintervalls:

```
Anzahl der      LDA   DECB   BNE        DECA   BNE
Zyklen   =  B•[( 2  +   2  +  3 ) + A•(  2  +  3 )]
         =  B•[7 + A•5]
```

Bei einer Taktperiode von 1 µs/Zyklus ergibt die innere Schleife eine Verzögerung von (7 + 5A Zyklen)•1 µs/Zyklus =
Die maximale Verzögerung ergibt sich damit bei einem Akkumulatorinhalt von 00 mit (7 + 256•5)•1 µs = 1,287 ms.

Eine Verzögerung von 1 ms ergibt sich mit der inneren Schleife bei $(7 + A \cdot 5) \cdot 1 = 1000$

$$A = 198{,}6_{10} \triangleq C6_{16}$$

Die maximale Verzögerung der Gesamtschleife ergibt sich mit 00 in den beiden Akkumulatoren zu

$256 \cdot (7 + 256 \cdot 5) \cdot 1\ \mu s = 329{,}472\ ms$

Aufgabe:

Verwenden Sie für die zweistufige Zeitschleife die beiden Indexregister, und zwar Y für die äußere und X für die innere Schleife.

Berechnung des Zeitintervalls:

Anzahl der Zyklen

$$\begin{aligned} & \quad\ \ \text{LDX} \quad \text{LEAY} \quad \text{BNE} \qquad\quad \text{LEAX} \quad \text{BNE} \\ Z &= Y \cdot [(\ 3 \ + \ 5 \ + \ 3\ ) + X(\ 5 \ + \ 3\ )] \\ &= Y \cdot (11 + 8 \cdot X) \end{aligned}$$

Bei einer Taktperiode von 1 µs/Zyklus ergibt die innere Schleife eine Verzögerung von $(11 + 8 \cdot X)$Zyklen $\cdot$ 1 µs/Zyklus.
Die maximale Verzögerung ergibt sich damit bei einem Indexregisterinhalt von 0000 mit $(11 + 8 \cdot 65536)\mu s = 524299\ \mu s \approx 0{,}5$ s.
Eine Verzögerung von 1 ms ergibt sich mit der inneren Schleife bei $(11 + 8 \cdot X)\mu s = 1000\ \mu s$

$$X = 123{,}625_{10} \approx 007B_{16}$$

Die maximale Verzögerungszeit der Gesamtschleife ergibt sich bei 0000 in den beiden Indexregistern und bei einer Taktperiode von 1 µs zu

$$2^{16}(11 + 8 \cdot 2^{16}) \cdot 1\ \mu s = 65536(11 + 8 \cdot 65536) \cdot 1\ \mu s \approx 34360\ s \approx 9{,}5\ \text{Std.}$$

Eine Verzögerung von 1 s ergibt sich mit der Gesamtschleife bei

$$Y \cdot (11 + 8 \cdot 2^{16})\mu s = 10^6\ \mu s$$
$$Y = 1{,}9_{10} \approx 0002_{16}$$

Eine Verzögerung von 1 Minute ergibt sich mit der Gesamtschleife bei

$$Y \cdot (11 + 8 \cdot 2^{16})\mu s = 60 \cdot 10^6\ \mu s$$
$$Y = 114_{10} \approx 0072_{16}$$

Eine Verzögerung von 1 Stunde ergibt sich mit der Gesamtschleife bei

$$Y \cdot (11 + 8 \cdot 2^{16})\mu s = 3{,}6 \cdot 10^3 \cdot 10^6 \mu s$$
$$Y = 6866{,}3_{10} \approx 1AD2_{16}$$

Flußdiagramm:

einstufige Zeitschleife

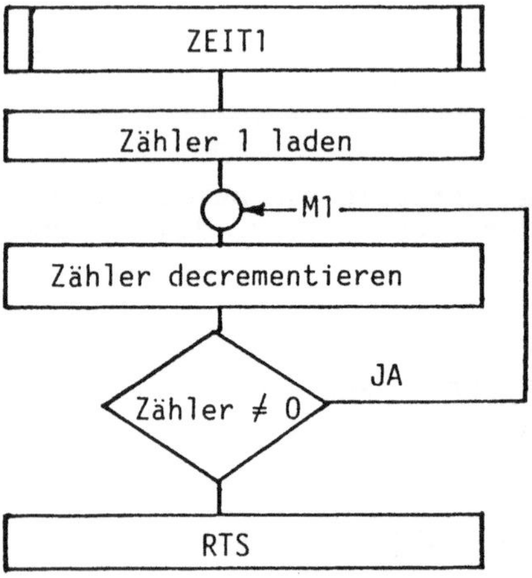

ZEIT1

Zähler 1 laden

M1

Zähler decrementieren

Zähler ≠ 0 — JA

RTS

zweistufige Zeitschleife

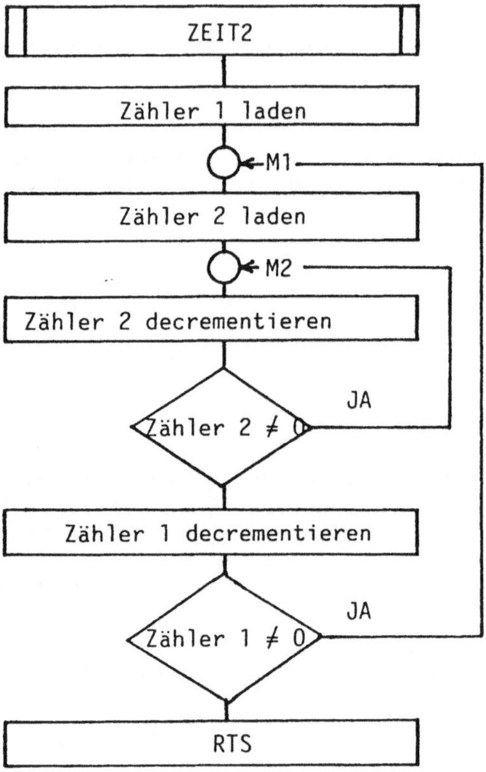

ZEIT2

Zähler 1 laden

M1

Zähler 2 laden

M2

Zähler 2 decrementieren

Zähler 2 ≠ 0 — JA

Zähler 1 decrementieren

Zähler 1 ≠ 0 — JA

RTS

```
                          *PROGRAMM 6.3.5A
                          *
0300                              ORG    $0300
0300 C6    00             ZEIT2A  LDB    #$00
0302 86    00             MM1     LDA    #$00
0304 4A                   MM2     DECA
0305 26    FD                     BNE    MM2
0307 5A                           DECB
0308 26    F8                     BNE    MM1
030A 39                           RTS

0 ERROR(S) DETECTED

SYMBOL TABLE:

MM1      0302    MM2      0304    ZEIT2A 0300
```

```
                           *PROGRAMM 6.3.5B
                           *
  0300                             ORG     $0300
  0300 108E 0000           ZEIT2B  LDY     #$0000
  0304 8E   0000           MM1     LDX     #$0000
  0307 30   1F             MM2     LEAX    -1,X
  0309 26   FC                     BNE     MM2
  030B 31   3F                     LEAY    -1,Y
  030D 26   F5                     BNE     MM1
  030F 39                          RTS

0 ERROR(S) DETECTED

SYMBOL TABLE:

MM1     0304    MM2     0307    ZEIT2B 0300
```

```
                           *PRORAMM 6.3.5C
                           *
  0000                             ORG     $0000
                 E002      PIA     EQU     $E002
                 0300      ZEIT2B  EQU     $0300
                           *
  0000 7F   E003                   CLR     PIA+1       INITIALISIERUNG PIA
  0003 86   FF                     LDA     #$FF
  0005 B7   E002                   STA     PIA
  0008 86   04                     LDA     #$04
  000A B7   E003                   STA     PIA+1
  000D 86   FF             BLINK   LDA     #$FF        BEGIN DES HAUPTPROGR.
  000F B7   E002                   STA     PIA
  0012 BD   0300                   JSR     ZEIT2B
  0015 86   00                     LDA     #$00
  0017 B7   E002                   STA     PIA
  001A BD   0300                   JSR     ZEIT2B
  001D 20   EE                     BRA     BLINK

0 ERROR(S) DETECTED

SYMBOL TABLE:

BLINK   000D    PIA     E002    ZEIT2B 0300
```

7 Der 6809 im praktischen Einsatz

7.1 Einfache Anwendungen zum Experimentieren

7.1.1 Arbeiten mit dem Experimentierboard

Die Experimentierplatine GSL09 (Bild 7.1) soll dem Anwender helfen, sich anhand von konkreten Schaltungsübungen mit den Problemen der Interface-Technik vertraut zu machen. Sie wurde unter zwei Gesichtspunkten entwickelt. Zum einen soll sie dem Anwender die Möglichkeit bieten, sich anhand praktischer Versuche in die Digitalelektronik einzuarbeiten; zum anderen bildet sie den Interfaceteil zu dem im Kapitel 4 besprochenen GLS09-Mikroprozessor-Lehrsystem. Mit Hilfe dieser Platine wird es möglich, Prozesse zu simulieren oder zusätzliche Schaltungen aufzubauen und auf einfache Weise an den Rechner anzuschließen.

Mit dem GSL09-Mikrocomputer wird das Experimentierboard über ein 24-poliges Flachbandkabel verbunden. Es läßt sich aber auch an jedem anderen Computer betreiben, sofern dieser ein Parallelport besitzt.

Der Experimenter enthält folgende Baugruppen:

8 prellfreie Schalter
8 grüne und 8 rote LEDs mit Treiber
2 7-Segment-Anzeigen Decoder
1 Lautsprecher mit Treiber
Interruptsimulation
2 Digital-/Analogwandler
1 Taktgenerator
4 x 4 Tastatur
3 Experimentierstreifen

Die nachfolgenden Beispiele des Kapitels 7.1 wurden mit dem Experimenter GSL09 durchgeführt, können aber natürlich ebenso mit einer selbsterstellten Experimentiereinrichtung ausgeführt werden.

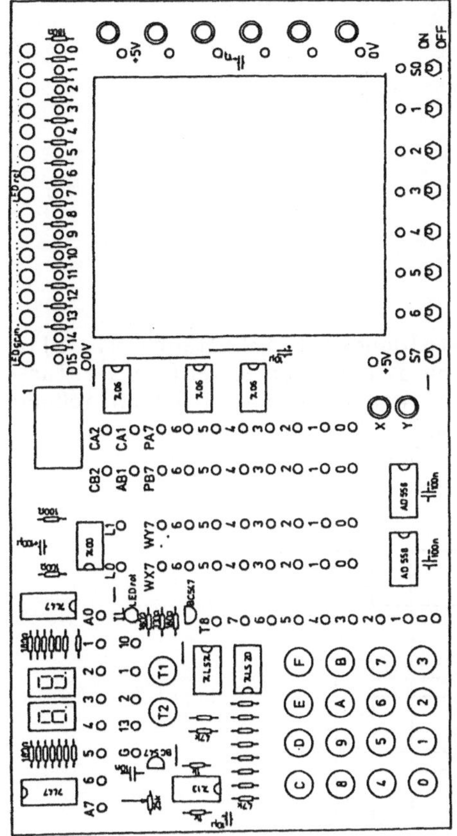

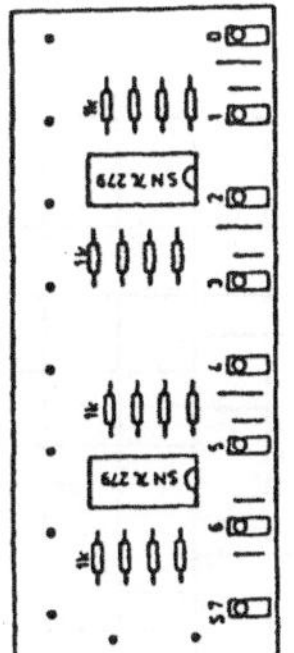

Bild 7.1 Experimentierboard

7.1.2 Automatische Ampelsteuerung

Aufgabe:

Für eine Straßenkreuzung, bestehend aus Hauptstraße H (mit Fußgängerüberweg F) und Nebenstraße N ist eine automatische Ampelsteuerung (ohne Unterbrechung durch Fußgänger) zu bauen und das zugehörige Steuerprogramm zu entwerfen.

Besprechung:

Die einzelnen Lampen der Ampelanlage sind an Kanal B eines PIA angeschlossen, und zwar mit folgender Zuordnung:

PB0 - Fußgängerampel grün
PB1 - Fußgängerampel rot

PB2 - Hauptstraße Ampel rot
PB3 - Hauptstraße Ampel gelb
PB4 - Hauptstraße Ampel grün
PB5 - Nebenstraße Ampel rot
PB6 - Nebenstraße Ampel gelb
PB7 - Nebenstraße Ampel grün

Die Adressen der PIA lauten

E002 - DRB/DDRB
E003 - CRB

Zunächst sind mit Hilfe des nachfolgenden Impulsdiagramms alle möglichen Ampelzustände im richtigen zeitlichen Ablauf zu erfassen und in binärer Form in die Tabelle einzutragen. Anschließend sind diese Zustände in hexadezimaler Form in den Speicher zu schreiben. Per Programm ist dieser Speicherbereich dann im richtigen Zeittakt zur Anzeige zu bringen.

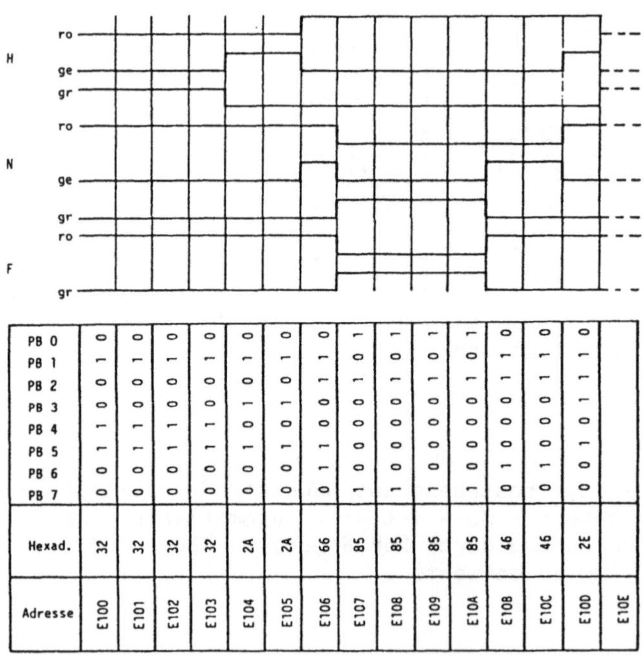

	E100	E101	E102	E103	E104	E105	E106	E107	E108	E109	E10A	E10B	E10C	E10D	E10E
PB 0	0	0	0	0	0	0	0	1	1	1	1	0	0	0	
PB 1	1	1	1	1	1	1	1	0	0	0	0	1	1	1	
PB 2	0	0	0	0	0	0	1	1	1	1	1	1	1	1	
PB 3	0	0	0	0	1	1	0	0	0	0	0	0	0	1	
PB 4	1	1	1	1	0	0	0	0	0	0	0	0	0	0	
PB 5	1	1	1	1	1	1	1	0	0	0	0	0	0	1	
PB 6	0	0	0	0	0	0	1	0	0	0	0	1	1	0	
PB 7	0	0	0	0	0	0	0	1	1	1	1	0	0	0	
Hexad.	32	32	32	32	2A	2A	66	85	85	85	85	46	46	2E	
Adresse	E100	E101	E102	E103	E104	E105	E106	E107	E108	E109	E10A	E10B	E10C	E10D	E10E

Bild 7.2 Ampelsteuerung - Impulsdiagramm und Speicherbelegung

Zur zeitlichen Verzögerung der Signale kann eine in Kapitel 6.3.5 besprochene Zeitschleife verwendet werden.

```
                            *PROGRAMM 7.1.2
                            *
                     E002   PIA      EQU     $E002
                            *
0000                                 ORG     $0000
0000 7F     E003                     CLR     PIA+1
0003 86     FF                       LDA     #$FF
0005 B7     E002                     STA     PIA
0008 86     04                       LDA     #$04
000A B7     E003                     STA     PIA+1
000D 8E     0100            AUSG     LDX     #TABEL
0010 A6     80              M0       LDA     ,X+
0012 B7     E002                     STA     PIA
0015 BD     0300                     JSR     ZEIT2B
0018 8C     010E                     CPX     #TABEL+14
001B 26     F3                       BNE     M0
001D 20     EE                       BRA     AUSG
                            *
                            *
0100                                 ORG     $0100
0100 32                     TABEL    FCB     $32
0101 32                              FCB     $32
0102 32                              FCB     $32
0103 32                              FCB     $32
0104 2A                              FCB     $2A
0105 2A                              FCB     $2A
0106 66                              FCB     $66
0107 85                              FCB     $85
0108 85                              FCB     $85
0109 85                              FCB     $85
010A 85                              FCB     $85
010B 46                              FCB     $46
010C 46                              FCB     $46
010D 2E                              FCB     $2E
                            *
                            *
0300                                 ORG     $0300
0300 108E 0000              ZEIT2B   LDY     #$0000
0304 8E     0000            M1       LDX     #$0000
0307 30     1F              M2       LEAX    -1,X
0309 26     FC                       BNE     M2
030B 31     3F                       LEAY    -1,Y
030D 26     F5                       BNE     M1
030F 39                              RTS

0 ERROR(S) DETECTED

SYMBOL TABLE:

AUSG   000D   M0     0010   M1     0304   M2     0307   PIA    E002
TABEL  0100   ZEIT2B 0300
```

7.1.3 Lauflichtsteuerung mit Interrupt

Am Kanal B eines PIA werden über Treiber (7406) 8 Leuchtdioden angeschlossen. Die Schutzwiderstände betragen 180 Ohm. Die Adressen des PIA lauten:

E002 - DRB/DDRB
E003 - CRB

Das Programm schiebt ein Bitmuster vorwärts (von PB0 bis PB7). Zwischen jedem Schiebeschritt findet eine Verzögerung statt. Anschließend wird ein anderes Bitmuster rückwärts geschoben (von PB7 bis PB0). Auch hier wird zwischen jedem Schritt verzögert. Anschließend wird wieder vorwärts geschoben. Der Rechner befindet sich in einer Endlosschleife.

Das Bitmuster für die beiden Schieberichtungen ist vom Programmierer frei wählbar. Es wird für das Vorwärtsschieben in Speicherplatz Nr. 000C eingeschrieben (hier 01), für das Rückwärtsschieben in Speicherplatz Nr. 001A (hier 80). Die Verzögerungszeit kann in den Plätzen 0027 und 0028 programmiert werden. Bei den hier gewählten Bitmustern läuft ein Licht immer vor und zurück.

Dieses endlos laufende Programm kann von einem Interruptsignal unterbrochen werden. Das Interruptsignal kommt von einem Schmittrigger und wird durch einen Taster ausgelöst. Das Kontrollregister in dem PIA ist so programmiert, daß eine positive Flanke an CB1 den Interrupt auslöst.

Unter der Adresse 0005 steht der Befehl LDA #$07. Anschließend folgt der Befehl STA PIA+1. Damit wird in das Kontrollregister des PIA das Bitmuster 07 geladen. Damit ist b0 = 1 und b1 = 1. Diese beiden Bits aktivieren CB1 in der beschriebenen Weise. Für genauere Erklärungen sei auf das Applikationsbuch verwiesen.

Nach Auslösen des Interrupts wird das IRQB1 Interrupt Flag (Bit 7) gesetzt. Anschließend springt die CPU in das Interrupt-Service-Programm, das unter der Adresse 0030 beginnt. Es bringt in diesem Beispiel alle 8 LEDs zum Blinken. Die Anzahl der Blinkvorgänge kann in Speicherplatz Nr. 0031 programmiert werden. Nach Abarbeiten des Interruptprogramms arbeitet die CPU im Hauptprogramm weiter.

Der Ladebefehl unter der Adresse 0043 dient nur dazu, das IRQ-Flag im PIA zurückzusetzen; denn dieses Flag kann nur durch einen Lesevorgang von der CPU zurückgesetzt werden, oder aber durch einen System-Reset.

```
                          *PROGRAMM 7.1.3
                          *
                   E002   PIA       EQU     $E002
                          *
 0000 86    FF                      LDA     #$FF        PIA-INITIALISIERUNG
 0002 B7    E002                    STA     PIA
 0005 86    07                      LDA     #$07
 0007 B7    E003                    STA     PIA+1
 000A 1C    FE            M1        ANDCC   #%11111110
 000C 86    FE                      LDA     #%11111110 BITMUSTER F. VORW. LADEN
 000E B7    E002          M2        STA     PIA
 0011 8D    13                      BSR     M5
 0013 48                            ASLA
 0014 25    02                      BCS     M3
 0016 20    F6                      BRA     M2
 0018 1C    FE            M3        ANDCC   #%11111110
 001A 86    80                      LDA     #%10000000 BITMUSTER F.RUECKW. LADEN
 001C B7    E002          M4        STA     PIA
 001F 8D    05                      BSR     M5
 0021 44                            LSRA
 0022 25    E6                      BCS     M1
 0024 20    F6                      BRA     M4
 0026 8E    8FFF          M5        LDX     #$8FFF      VERZOEGERUNGSSCHLEIFE
 0029 30    1F                      LEAX    -1,X
 002B 26    F9                      BNE     M5
 002D 39                            RTS
                          *
                          *
 0030                               ORG     $0030
 0030 C6    0A            BLINK     LDB     #$0A        ANZAHL DER BLINKVORG. IN B SPEIC
 0032 86    FF            M6        LDA     #$FF
 0034 B7    E002                    STA     PIA
 0037 8D    ED                      BSR     M5
 0039 86    00                      LDA     #$00
 003B B7    E002                    STA     PIA
 003E 8D    E6                      BSR     M5
 0040 5A                            DECB
 0041 26    EF                      BNE     M6
 0043 B6    E002                    LDA     PIA         IRQ-FLAG RUECKSETZEN
 0046 3B                            RTI
                          *
                          *
 03BD                               ORG     $03BD
 03BD 0030                          FDB     BLINK

0 ERROR(S) DETECTED

SYMBOL TABLE:

BLINK   0030   M1     000A   M2     000E   M3     0018   M4     001C
M5      0026   M6     0032   PIA    E002
```

7.1.4 Anschluß von 7-Segment-Anzeigen

Verwendet wird die Anzeige TIL 312 mit gemeinsamer Anode. Die Schaltung zeigt Bild 7.3. Jedes einzelne Segment wird über Kanal B des PIA und über die Treiber SN 74LS244N direkt angesteuert. Die Zuordnung der Segmente zu den einzelnen Ports von Kanal B des PIA ist folgende:

Port	PB7	PB6	PB5	PB4	PB3	PB2	PB1	PB0
Segment	DP	g	f	e	d	c	b	a

H-Pegel: Segment dunkel
L-Pegel: Segment hell

Adressen des PIA: E002 - DRB/DDRB
E003 - CRB

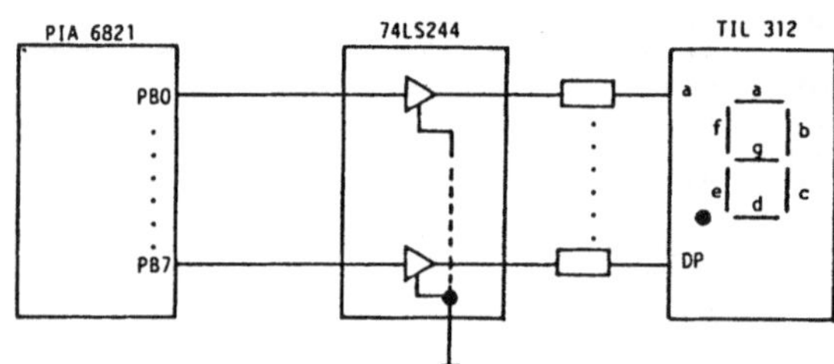

Bild 7.3: Anschluß einer 7-Segment-Anzeige

Aufgabe:

Auf dem Display sollen in aufsteigender Folge die Hexadezimalzahlen von 0 bis F angezeigt werden. Anschließend soll wieder bei 0 begonnen werden.

Besprechung:

Zunächst ist für alle Hexadezimalzahlen in einer Tabelle das entsprechende 7-Segment-Muster einzuschreiben. Die Anfangsadresse dieser Tabelle steht im Indexregister. Der Akkumulator A dient als Zähler. In ihm steht die jeweils anzuzeigende Hexadezimalzahl. Durch den indizierten Ladebefehl wird dann das zu dieser Hexzahl gehörige 7-Segment-Muster aus der Tabelle in den Akkumulator geholt und von dort über den PIA zur Anzeige gebracht.

```
                    *PRORAMM 7.1.4
                    *
              E002  PIA     EQU    $E002
                    *
0000                        ORG    $0000
0000 86    FF               LDA    #$FF
0002 B7    E002             STA    PIA
0005 86    04               LDA    #$04
0007 B7    E003             STA    PIA+1
000A 4F             MO      CLRA
000B 17    00F2     M1      LBSR   ANZEI
000E 17    02EF             LBSR   ZEIT2B
0011 4C                     INCA
0012 81    10               CMPA   #$10
0014 27    F4               BEQ    MO
0016 20    F3               BRA    M1
                    *
                    *
0100                        ORG    $0100
0100 8E    0110     ANZEI   LDX    #TABEL
0103 E6    86               LDB    A,X
0105 F7    E002             STB    PIA
0108 39                     RTS
                    *
                    *
0110                        ORG    $0110
0110 C0             TABEL   FCB    $C0
0111 F9                     FCB    $F9
0112 A4                     FCB    $A4
0113 B0                     FCB    $B0
0114 99                     FCB    $99
0115 92                     FCB    $92
0116 82                     FCB    $82
0117 F8                     FCB    $F8
0118 80                     FCB    $80
0119 98                     FCB    $98
011A 88                     FCB    $88
011B 83                     FCB    $83
011C C6                     FCB    $C6
011D A1                     FCB    $A1
011E 86                     FCB    $86
011F 8E                     FCB    $8E
                    *
                    *
0300                        ORG    $0300
0300 108E 0010      ZEIT2B  LDY    #$0010
0304 8E    0000     MM1     LDX    #$0000
0307 30    1F       MM2     LEAX   -1,X
0309 26    FC               BNE    MM2
030B 31    3F               LEAY   -1,Y
030D 26    F5               BNE    MM1
030F 39                     RTS

0 ERROR(S) DETECTED

SYMBOL TABLE:

ANZEI  0100  MO     000A  M1     000B  MM1   0304  MM2   0307
PIA    E002  TABEL  0110  ZEIT2B 0300
```

7.1.5 Anschluß einer Tastatur

Bild 7.4 zeigt, wie man mit Hilfe eines PIA eine Tastatur aus 4 x 4 Tasten an den Rechner anschließen kann. Die Schaltung zeigt auch noch, wie man beim Drücken einer beliebigen Taste ein Interruptsignal erzeugen kann. Darauf soll aber nachfolgend nit weiter eingegangen werden.

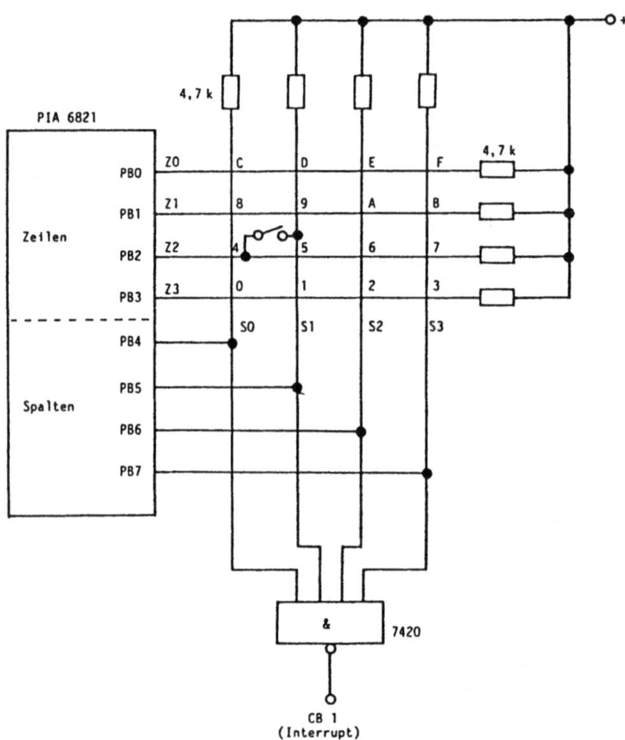

Bild 7.4 Anschluß einer Hexadezimaltastatur

Aufgabe:

Es ist ein Programm zu entwerfen, das bei Drücken einer Taste den zugehörigen Hexadezimalwert einliest und in Speicherstelle 0060 schreibt. Das Programm muß nicht entprellen.

Besprechung:

Es sollen hier zwei Verfahren besprochen werden: "row scanning" und "line reversal technique".

Verfahren 1: Row Scanning.

Der PIA ist so zu initialisieren, daß PB0 bis PB3 als Ausgänge und PB4 bis PB7 als Eingänge arbeiten.

Der Akkumulator B dient zur Speicherung der Tastennummer; er wird zu Anfang auf $10_{16} = 16_{10}$ gesetzt und dann nach Abfragen der jeweiligen Tasten decrementiert.

Zunächst legt die CPU die Zeile Z0 auf 0 und prüft anschließend die Spalten S0 bis S3. Ist keine der Tasten C, D, E oder F gedrückt, blieben die Eingänge PB4 bis PB7 auf 1 und die CPU legt die zweite Zeile (Z1) auf 0. Außerdem wird ACCB um 4 vermindert, denn die ersten 4 Tasten waren nicht gedrückt.

Stellt sich nun in der zweiten Zeile beim Prüfen der vier Spalten heraus, daß nicht alle 1 sind, dann ist eine Taste in dieser Zeile gedrückt und das Programm muß herausfinden welche.

```
                        *PROGRAMM 7.1.5A
                        *
                 E002   PIA      EQU    $E002
                        *
0000 7F    E003                  CLR    PIA+1       PIA INITIALISIEREN
0003 8E    0F04                  LDX    #$0F04      PB0-PB3 SIND AUSG
0006 BF    E002                  STX    PIA         PB4-PB7 SIND EING
0009 86    FE           ROWSCAN  LDA    #%11111110 ERSTE ZEILE (Z0) AUF NULL
000B B7    E002                  STA    PIA         LEGEN
000E C6    10                    LDB    #$10        TASTENNUMMER AUF ANFANSWERT
0010 B6    E002         NEXZEI   LDA    PIA         SPALTEN HOLEN
0013 84    F0                    ANDA   #$F0        HAT EINE DER 4 SPALEN
0015 81    F0                    CMPA   #$F0        NULL-POTENTIAL?
0017 26    09                    BNE    SPSUCH      JA,DANN SPALTE SUCHEN
0019 78    E002                  ASL    PIA         NEIN,DANN NAECHSTE ZEILE NULL
001C C0    04                    SUBB   #$04        TASTENNR UM 4 ERNIEDR.
001E 26    F0                    BNE    NEXZEI      FALLS B NICHT 0,NEXZEI
0020 20    E7                    BRA    ROWSCAN
0022 5A                 SPSUCH   DECB               TASTNR DECREM.
0023 48                          ASLA               IST NAECHSTE SPALTE 0?
0024 25    FC                    BCS    SPSUCH      NEIN,PRUEFE NAECHSTE
0026 D7    60                    STB    $60
0028 3F                          SWI

0 ERROR(S) DETECTED

SYMBOL TABLE:

NEXZEI 0010   PIA    E002   ROWSCA 0009   SPSUCH 0022
```

Dazu schiebt es das in den Akkumulator A gelesene Bitmuster von Kanal B nach links, decrementiert bei jedem Schieben die Tastennummer (ACCB) und das solange bis die 0 im C-Flag erscheint. Die Tastennummer zu diesem Zeitpunkt wird dann in Speicherplatz 0060 geschrieben.

Verfahren 2: Line Reversal.

Die 8 Leitungen von Kanal B werden in 4 Ausgänge (PB0 bis PB3) und in 4 Eingänge (PB4 bis PB7) aufgeteilt. Dies geschieht durch Laden des Datenrichtungsregisters mit 0F. Über das Datenregister werden dann 4 Nullen ausgegeben (PB0 bis PB3). Nur wenn eine Taste gedrückt wird, erzeugt die Null in der entsprechenden Zeile (Eingang) eine Null. Damit ist die Spalte erkannt.

Nun werden einfach die Richtungen des Datentores umgekehrt. Die Ausgänge werden zu Eingängen und umgekehrt. Dies erreicht man durch Komplementieren des Datenrichtungsregisters. Das eingelesene Bitmuster wird nun wieder ausgegeben. Da die Taste noch gedrückt ist, wird jetzt die entsprechende Zeilenleitung auf Null gelegt. Damit ist die Taste eindeutig identifiziert. Man muß jetzt noch in den zugehörigen Hexcode umwandeln.

In der Tabelle sind die Bitmuster aufgeführt, wie sie sich beim Drücken der entsprechenden Hexadezimaltaste ergeben.

	Bitmuster in ACCA	
Hexadezimalzahl	Hex	binär
0	E7	11100111
1	D7	11010111
2	B7	10110111
3	77	01110111
4	EB	11101011
5	DB	11011011
6	BB	10111011
7	7B	01111011
8	ED	11101101
9	DD	11011101
A	BD	10111101
B	7D	01111101
C	EE	11101110
D	DE	11011110
E	BE	10111110
F	7E	01111110

Mit diesem Verfahren kann man leicht Mehrfachbetätigung erkennen, die immer dann aufgetreten sein muß, wenn in dem Bitmuster mehr als zwei Nullen enthalten sind.

```
                         *PRORAMM 7.1.5B
                         *
                   E002  PIA      EQU    $E002
                         *
0000 7F      E003                CLR    PIA+1
0003 8E      0F04                LDX    #$0F04
0006 BF      E002                STX    PIA
0009 86      F0          LINREV  LDA    #$F0
000B B7      E002                STA    PIA
000E B6      E002                LDA    PIA
0011 7F      E003                CLR    PIA+1
0014 73      E002                COM    PIA
0017 C6      04                  LDB    #$04
0019 F7      E003                STB    PIA+1
001C B7      E002                STA    PIA
001F B6      E002                LDA    PIA
0022 81      FF                  CMPA   #$FF
0024 27      E3                  BEQ    LINREV
0026 8E      0100                LDX    #TABELLE
0029 A1      80          MO      CMPA   ,X+
002B 26      FC                  BNE    MO
002D 97      60                  STA    $0060
002F 3F                          SWI
                         *
                         *
0100                             ORG    $0100
0100 E7                  TABELLE FCB    $E7
0101 D7                          FCB    $D7
0102 B7                          FCB    $B7
0103 77                          FCB    $77
0104 EB                          FCB    $EB
0105 DB                          FCB    $DB
0106 BB                          FCB    $BB
0107 7B                          FCB    $7B
0108 ED                          FCB    $ED
0109 DD                          FCB    $DD
010A BD                          FCB    $BD
010B 7D                          FCB    $7D
010C EE                          FCB    $EE
010D DE                          FCB    $DE
010E BE                          FCB    $BE
010F 7E                          FCB    $7E

0 ERROR(S) DETECTED

SYMBOL TABLE:

LINREV 0009   MO     0029   PIA    E002   TABELL 0100
```

7.1.6 Der 6809 als Musikgenerator

An PB0 und PB1 des PIA wird über NAND-Gatter ein Lautsprecher angeschlossen. Bild 7.5 zeigt die Schaltung. Der PIA hat die Adressen E002 - DRB/DDRB; E003 - CRB.

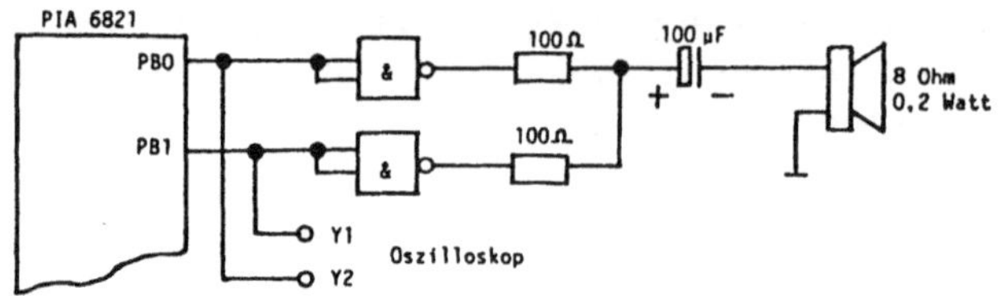

Bild 7.5 Anschluß eines Lautsprechers

Rechteckgenerator.

Aufgabe:

Die CPU soll ein Rechtecksignal erzeugen, das an den Lautsprecher und (oder) an ein Oszilloskop ausgegeben wird.

```
                      *PROGRAMM 7.1.6A
                      *
                E002  PIA      EQU    $E002
                      *
0000 7F   E003                 CLR    PIA+1
0003 8E   FF04                 LDX    #$FF04
0006 BF   E002                 STX    PIA
0009 86   03                   LDA    #$03        PB0=PB1=1
000B A7   02          M2       STA    2,X
000D C6   55                   LDB    #$55        ACCB LEGT DIE FREQUENZ FEST
000F 5A               M1       DECB
0010 26   FD                   BNE    M1
0012 43                        COMA               INVERTIEREN
0013 20   F6                   BRA    M2

0 ERROR(S) DETECTED

SYMBOL TABLE:

M1      000F    M2      000B    PIA     E002
```

Musikgenerator.

Aufgabe:

Anhand des Flußdiagramms soll ein Programm zur Erzeugung von Musik geschrieben werden. Der Bereich, in dem die Töne gespeichert sind, wird zum U-Stack erklärt. So kann sehr einfach mit dem Befehl PULU der jeweilige Ton geholt werden. Für die Zähler werden folgende Register gewählt:

Zähler 1:	Stackpointer U	(Adresse des Tons)
Zähler 2:	Indexregister X	(Tonlänge)
Zähler 3:	Akkumulator B	(Tonhöhe)

Das Rechtecksignal wird mit dem Akkumulator A erzeugt.

Flußdiagramm:

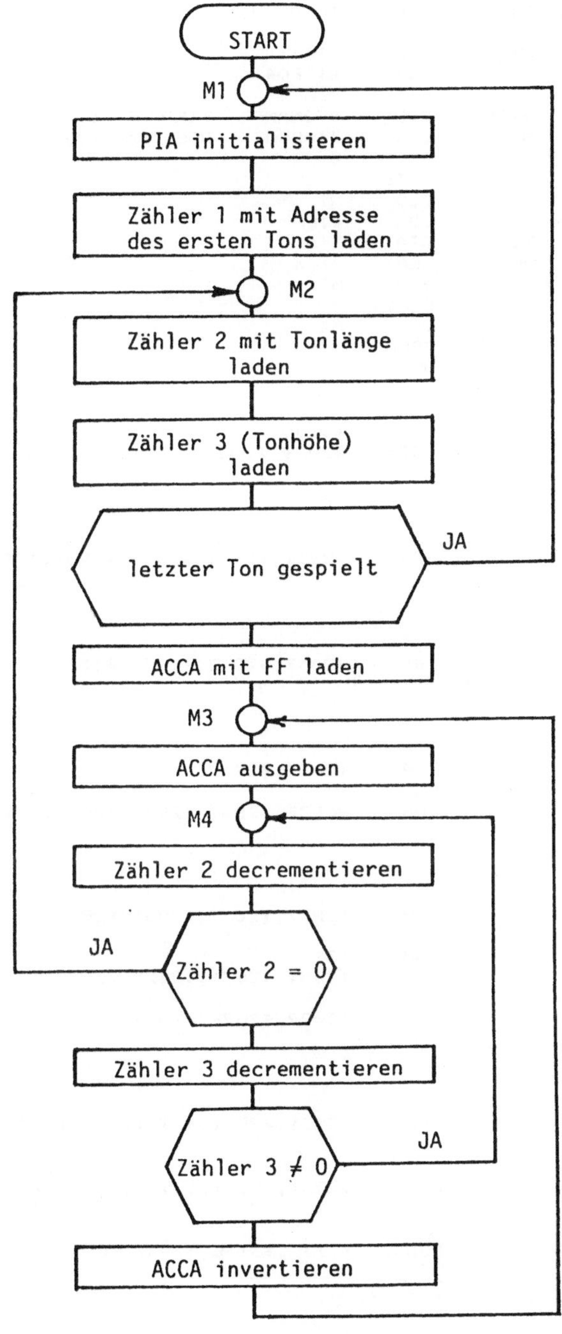

```
                         *PROGRAMM 7.1.6B
                         *
                  E002   PIA      EQU    $E002
                         *
  0000 7F    E003        M1       CLR    PIA+1
  0003 8E    FF04                 LDX    ##$FF04
  0006 BF    E002                 STX    PIA
  0009 CE    0100        START    LDU    #TONANF    LIEDANFANG
  000C 8E    0D00        M2       LDX    ##$0D00    BESTIMMT DIE TONLAENGE
  000F 37    04                   PULU   B
  0011 5D                         TSTB
  0012 27    EC                   BEQ    M1
  0014 86    FF                   LDA    ##$FF
  0016 B7    E002        M3       STA    PIA
  0019 30    1F          M4       LEAX   -1,X
  001B 27    EF                   BEQ    M2
  001D 5A                         DECB
  001E 26    F9                   BNE    M4
  0020 43                         COMA
  0021 20    F3                   BRA    M3
                         *
                         *
  0100                            ORG    $0100
  0100 2029 2029         TONANF   FDB    $2029,$2029,$2931,$2931,$2931,$2931,$2029,$
029
  0104 2931 2931
  0108 2931 2931
  010C 2029 2029
  0110 2931 2931                  FDB    $2931,$2931,$2931,$2931,$2B37,$2B37,$313E,$
13E
  0114 2931 2931
  0118 2B37 2B37
  011C 313E 313E
  0120 2B37 2B37                  FDB    $2B37,$2B37,$313E,$313E,$313E,$313E,$313E,$
13E
  0124 313E 313E
  0128 313E 313E
  012C 313E 313E
  0130 2B37 2B37                  FDB    $2B37,$2B37
  0134 37                         FCB    $37
  0135 2B37 2B37                  FDB    $2B37,$2B37,$2931,$2931,$242B,$242B,$242B,$
42B
  0139 2931 2931
  013D 242B 242B
  0141 242B 242B
  0145 2B37 2B37                  FDB    $2B37,$2B37,$2931,$2931
  0149 2931 2931
  014D 31                         FCB    $31
  014E 2931 2931                  FDB    $2931,$2931,$242B,$242B
  0152 242B 242B
  0156 2029 2029                  FDB    $2029,$2029,$2029,$2029,$2931,$2931,$2029,$
029
  015A 2029 2029
  015E 2931 2931
  0162 2029 2029
  0166 2931 2931                  FDB    $2931,$2931,$2931,$2931,$2029,$2029
  016A 2931 2931
  016E 2029 2029
  0172 2931 2931                  FDB    $2931,$2931,$2931,$2931,$2B37,$2B37
  0176 2931 2931
  017A 2B37 2B37
  017E 313E 313E                  FDB    $313E,$313E,$2B37,$2B37
  0182 2B37 2B37
```

```
 0186 313E 313E              FDB     $313E,$313E,$313E,$313E,$313E,$313E
 018A 313E 313E
 018E 313E 313E
 0192 00                     FCB     $00

0 ERROR(S) DETECTED

SYMBOL TABLE:

M1     0000   M2     000C   M3     0016   M4     0019   PIA    E002
START  0009   TONANF 0100
```

7.1.7 Der 6809 als Funktionsgenerator

Will man mit dem Mikroprozessor auch analoge Vorgänge beeinflussen, so muß man Digital/Analog-Wandler anschließen (Bild 7.6).

Bei dem D/A-Wandler AD558 handelt es sich um einen 8-Bit-Wandler. Er wird an +5V betrieben. Es können in diesem Fall Ausgangsspannungen von 0V bis 2,56V erzeugt werden.

Die drei Spannungsausgänge (Pin 14, 15, 16) sind miteinander verbunden. Da die D/A-Wandler über den PIA des Kit verbunden sind, wurden die Eingänge $\overline{CE}$ und $\overline{CS}$ auf Masse gelegt.

Der eine D/A-Wandler wird von Kanal A des PIA-Bausteins angesteuert. Sein Ausgang ist mit X bezeichnet. Hier wird in der Regel der X-Eingang des Oszilloskops angeschlossen.

Der andere D/A-Wandler wird von PIA-Kanal B angesteuert. Sein Ausgang ist mit Y bezeichnet. Hier wird der Y-Kanal des Oszilloskops angeschlossen.

Die Adressen des PIA lauten:
E000 - DRA/DDRA
E001 - CRA
E002 - DRB/DDRB
E003 - CRB

Der D/A-Wandler AD558 ist ein 8-Bit-Wandler; d.h., er kann 2^8 = 256 verschiedene Spannungswerte erzeugen. Der Gesamtspannungshub des D/A-Wandlers ist auf 2,56V eingestellt. Wird z.B. $FF an den D/A-Wandler ausgegeben, so entspricht das 2,56V. Bei $00 ergibt sich 0V.

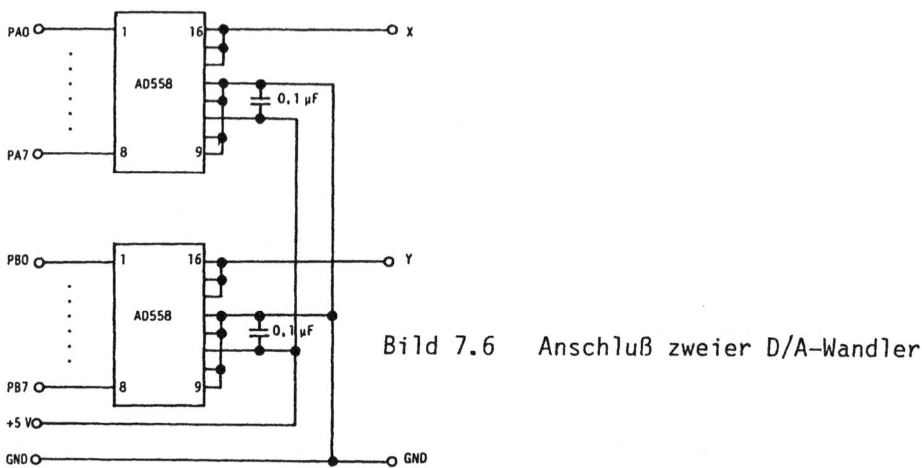

Bild 7.6 Anschluß zweier D/A-Wandler

Rechteck/Dreieck-Generator.

Aufgabe:

Mit Hilfe eines D/A-Wandlers sollen auf dem Oszilloskop verschiedene Schwingungen (Rechteck, Dreieck) generiert werden. Die Periodendauer ist durch ein Zeit-Unterprogramm festzulegen.

```
                          *PROGRAMM 7.1.7A
                          *
                          *ERZEUGUNG EINES RECHTECKS
                          *
                   E002   PIA      EQU     $E002
                          *
 0000 7F    E003                   CLR     PIA+1
 0003 8E    FF04                   LDX     #$FF04
 0006 BF    E002                   STX     PIA
 0009 86    FF                     LDA     #$FF
 000B B7    E002          M1       STA     PIA
 000E BD    0300                   JSR     ZEIT2B
 0011 43                           COMA
 0012 20    F7                     BRA     M1
                          *
                          *
 0300                              ORG     $0300
 0300 108E  0001          ZEIT2B   LDY     #$0001
 0304 8E    0001          MM1      LDX     #$0001
 0307 30    1F            MM2      LEAX    -1,X
 0309 26    FC                     BNE     MM2
 030B 31    3F                     LEAY    -1,Y
 030D 26    F5                     BNE     MM1
 030F 39                           RTS

0 ERROR(S) DETECTED

SYMBOL TABLE:

M1      000B    MM1     0304    MM2     0307    PIA     E002    ZEIT2B 0300
```

```
                         *PROGRAMM 7.1.7B
                         *
                         *ERZEUGUNG EINES DREIECKS
                         *
                   E002  PIA         EQU    $E002
                         *
0000 7F   E003                       CLR    PIA+1
0003 8E   FF04                       LDX    #$FF04
0006 BF   E002                       STX    PIA
0009 86   FF             M0          LDA    #$FF
000B B7   E002           M1          STA    PIA
000E BD   0300                       JSR    ZEIT2B
0011 4A                              DECA
0012 26   F7                         BNE    M1
0014 B7   E002           M2          STA    PIA
0017 BD   0300                       JSR    ZEIT2B
001A 4C                              INCA
001B 81   FF                         CMPA   #$FF
001D 26   F5                         BNE    M2
001F 20   E8                         BRA    M0
                         *
                         *
0300                                 ORG    $0300
0300 108E 0001           ZEIT2B      LDY    #$0001
0304 8E   0001           MM1         LDX    #$0001
0307 30   1F             MM2         LEAX   -1,X
0309 26   FC                         BNE    MM2
030B 31   3F                         LEAY   -1,Y
030D 26   F5                         BNE    MM1
030F 39                              RTS

0 ERROR(S) DETECTED

SYMBOL TABLE:

M0      0009    M1      000B    M2      0014    MM1     0304    MM2     0307
PIA     E002    ZEIT2B  0300
```

Sinusgenerator.

Aufgabe:

Es ist ein Sinussignal zu erzeugen. Berechnen Sie mit einem Taschenrechner die Funktionswerte. Wandeln Sie diese in die entsprechenden Hexadezimalzahlen um und legen Sie diese im Speicher ab Adresse $0100 ab. Schreiben Sie ein Programm, das diese Spannungswerte über einen D/A-Wandler fortlaufend zur Anzeige bringt, so daß sich ein stehendes Bild ergibt.

Zeichnen Sie zwei Kurven mit unterschiedlicher Auflösung, indem Sie einmal für die Zeitachse nur 16 verschiedene Werte verwenden und einmal 128. Bezüglich der Genauigkeit der Funktionswerte ist die Gesamtauflösung des Wandlers (256) auszunützen.

```
                      *PROGRAMM 7.1.7C
                      *
                      *SINUSGENERATOR
                      *
              E002    PIA       EQU    $E002
                      *
0000 7F   E003                  CLR    PIA+1
0003 8E   FF04                  LDX    #$FF04
0006 BF   E002                  STX    PIA
0009 CE   0100        M1        LDU    #$0100
000C A6   C0          M2        LDA    ,U+
000E B7   E002                  STA    PIA
0011 BD   0300                  JSR    ZEIT2B
0014 1183 0110                  CMPU   #$0110
0018 26   F2                    BNE    M2
001A 20   ED                    BRA    M1
                      *
                      *
0100                            ORG    $0100
0100 80B1 DAF6                  FDB    $80B1,$DAF6,$FFF6,$DAB1
0104 FFF6 DAB1
0108 804F 250A                  FDB    $804F,$250A,$000A,$254F
010C 000A 254F
                      *
                      *
0300                            ORG    $0300
0300 108E 0001        ZEIT2B    LDY    #$0001
0304 8E   0001        MM1       LDX    #$0001
0307 30   1F          MM2       LEAX   -1,X
0309 26   FC                    BNE    MM2
030B 31   3F                    LEAY   -1,Y
030D 26   F5                    BNE    MM1
030F 39                         RTS

0 ERROR(S) DETECTED

SYMBOL TABLE:

M1     0009   M2     000C   MM1    0304   MM2    0307   PIA    E002
ZEIT2B 0300
```

Erzeugung stehender Bilder mit Hilfe zweier D/A-Wandler.

Aufgabe:

Es ist ein Programm zu entwerfen, das mit Hilfe zweier D/A-Wandler auf dem Oszilloskopschirm einfache geometrische Figuren sichtbar macht. (Ecken eines Quadrats, Rechtecks, Dreiecks, usw.)

Besprechung:

Kanal A des PIA steuert über den einen D/A-Wandler die x-Ablenkung des Oszilloskops.
Kanal B des PIA steuert über den anderen D/A-Wandler die y-Ablenkung.

Für das Bild stehen maximal $2^8 \cdot 2^8 = 65536$ Bildpunkte zur Verfügung.

Wird an Kanal A des PIA 00_{16} gelegt, so gibt der D/A-Wandler 0 V ab, und der Strahl befindet sich damit am linken Rand des Schirms. Bei der Ausgabe von FF_{16} befindet er sich am rechten Rand.

Wird an Kanal B des PIA 00_{16} gelegt, so befindet sich der Strahl am unteren Schirmrand, bei FF_{16} am oberen (siehe Bild 7.7).

Jeder Punkt ist also durch die Angaben seiner x- und y-Koordinaten bestimmt. Soll ein Punkt zum Leuchten gebracht werden, so muß zunächst seine x-Koordinate und dann seine y-Koordinate bestimmt werden und in dieser Reihenfolge auch im Speicher abgelegt werden.

Das zugehörige Programm ruft dann der Reihe nach jeden Punkt zunächst mit seiner x- und dann mit seiner y-Koordinate auf und bringt ihn über die D/A-Wandler zur Anzeige. Sind alle Punkte erzeugt, fängt das Programm wieder von vorn an, damit sich ein stehendes Bild ergibt.

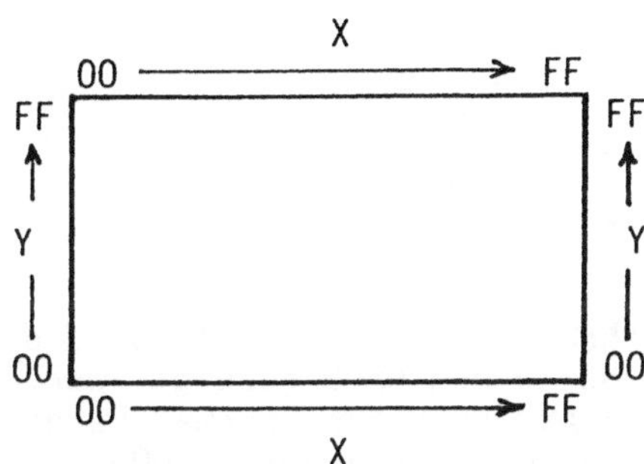

Bild 7.7 Bildaufbau

```
                    *PRORAMM 7.1.7D
                    *
                    *ERZEUGUNG STEHENDER BILDER
                    *
             E000   PIA     EQU    $E000
                    *
0000 7F   E001              CLR    PIA+1       INITIALISIERUN DER PIA
0003 7F   E003              CLR    PIA+3
0006 8E   FF04              LDX    #$FF04      BEIDE KANAELE AUSGANG
0009 BF   E000              STX    PIA
000C BF   E002              STX    PIA+2
000F 8E   0100      M1      LDX    #$0100
0012 A6   80        M2      LDA    ,X+
0014 B7   E000              STA    PIA         X-ABLENKUNG
0017 A6   80                LDA    ,X+
0019 B7   E002              STA    PIA+2       Y-ABLENKUNG
001C 8C   0108              CPX    #$0108
001F 26   F1                BNE    M2
0021 20   EC                BRA    M1
                    *
                    *
0100                        ORG    $0100
0100 00                     FCB    $00         X SPEICHERBELEGUNG FUER DIE
0101 00                     FCB    $00         Y VIER ECKPUNKTE
0102 FF                     FCB    $FF         X EINES QUADRATES
0103 00                     FCB    $00         Y
0104 FF                     FCB    $FF         X
0105 FF                     FCB    $FF         Y
0106 00                     FCB    $00         X
0107 FF                     FCB    $FF         Y

0 ERROR(S) DETECTED

SYMBOL TABLE:

M1      000F    M2      0012    PIA     E000
```

7.1.8. Schrittmotorsteuerung

An einem einfachen Programmbeispiel soll die Ansteuerung eines Schrittmotors durch den 6809 gezeigt werden. Verwendet wird der Schrittmotor ARDM50/8 der Firma Berger, Lahr, einschließlich dem zugehörigen Steuergerät D080. Die Schaltung zeigt Bild 7.8.

Richtungssignal: PB1 = 0 → R = 1; L = 0 → Linkslauf
PB1 = 1 → R = 0; L = 1 → Rechtslauf

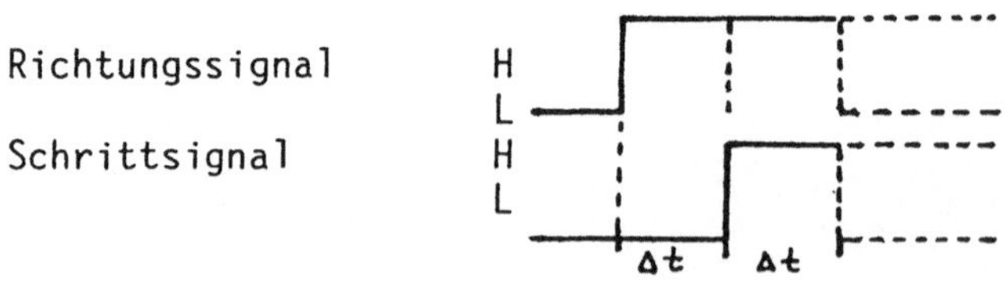

Richtungssignal H L

Schrittsignal H L

Δt Δt

L/H-Übergang an Pin 12 ist aktiv.

Gesamtstromaufnahme bei 18 V: I = 650 mA.

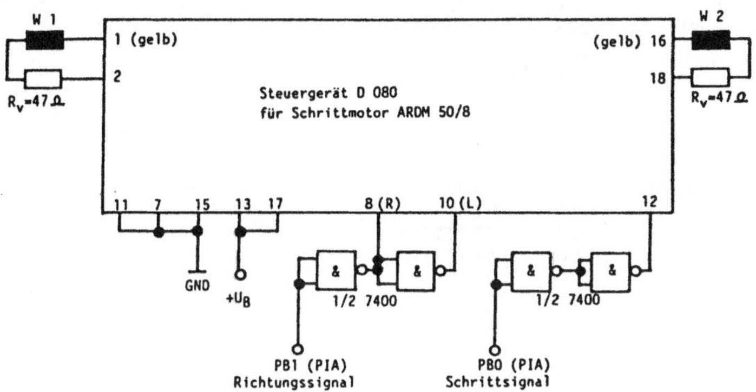

Bild 7.8 Anschluß eines Schrittmotors

Aufgabe:

Es ist ein Programm zu entwerfen, daß den Motor um 10 Schritte rechts (oder links) dreht. Lassen Sie den Motor mit verschiedenen Drehzahlen laufen, indem Sie in der Zeitschleife die Indexregister mit unterschiedlichen Werten laden.

```
                         *PROGRAMM 7.1.8
                         *
                  E002   PIA      EQU    $E002
                         *
 0000 7F   E003                   CLR    PIA+1
 0003 8E   FF04                   LDX    #$FF04
 0006 BF   E002                   STX    PIA
 0009 C6   0A                     LDB    #$0A      SCHRITTZAEHLER AUS 10 SETZEN
 000B 8D   23            M1       BSR    RECHTS
 000D 5A                          DECB
 000E 26   FB                     BNE    M1
 0010 3F                          SWI
                         *
                         *
 0030                             ORG    $0030
 0030 86   02            RECHTS   LDA    #$02
 0032 B7   E002                   STA    PIA
 0035 BD   0300                   JSR    ZEIT2B
 0038 86   03                     LDA    #$03
 003A B7   E002                   STA    PIA
 003D 39                          RTS
                         *
                         *
 0040                             ORG    $0040
 0040 86   00            LINKS    LDA    #$00
 0042 B7   E002                   STA    PIA
 0045 BD   0300                   JSR    ZEIT2B
 0048 86   01                     LDA    #$01
 004A B7   E002                   STA    PIA
 004D 39                          RTS
                         *
                         *
 0300                             ORG    $0300
 0300 108E 0002          ZEIT2B   LDY    #$0002
 0304 8E   0A00          MM1      LDX    #$0A00
 0307 30   1F            MM2      LEAX   -1,X
 0309 26   FC                     BNE    MM2
 030B 31   3F                     LEAY   -1,Y
 030D 26   F5                     BNE    MM1
 030F 39                          RTS

0 ERROR(S) DETECTED

SYMBOL TABLE:

LINKS  0040   M1     000B   MM1    0304   MM2    0307   PIA    E002
RECHTS 0030   ZEIT2B 0300
```

7.2 Logikanalyse – der 6809 in der Meßtechnik

(Dipl.-Ing. R.R.Safferthal, DOLCH LOGIC INSTRUMENTS, Dietzenbach)

Logikanalyse ist gewissermaßen die ureigene Meßtechnik des Mikroprozessors. Erst mit dem Erscheinen der Prozessoren entwickelte sich diese Technik, weil das herkömmliche Instrument zur zeitbezogenen Darstellung von elektrischen Signalen, das Oszilloskop, kapitulieren mußte vor der Vielzahl der parallel darzustellenden Signale und der Notwendigkeit, auch nichtrepetierende Vorgänge zu erfassen. Das Speicheroszilloskop ist dabei kein Ausweg, denn über zwei parallel aufgezeichnete Meßpunkte kommt man normalerweise nicht hinaus.

7.2.1 Funktionsweise eines Logikanalysators

Ein *Logikanalysator* für einen Kanal (äquivalent einem Einkanaloszilloskop) läßt sich als Schieberegiser auffassen. In dieses Register werden die Informationen mit einem Takt hineingeschoben, bis das Register gefüllt ist. Der Inhalt des Schieberegisters nach dem Füllen (der Aufzeichnung) gibt eine Abbildung des zeitlichen Verlaufs der Logikpegel an seinem Eingang wieder. Dabei muß noch ein Komparator vor das Schieberegister geschaltet sein, um Signale des Meßpunktes, die auch in einer Digitalschaltung immer analogen Charakter haben, mit einem Schwellwert zu vergleichen und so logisch "0" und "1" zu erkennen.

Schaltet man eine größere Anzahl solcher Schieberegister parallel, dann kann gleichzeitig eine Signalerfassung an entsprechend vielen Meßpunkten erfolgen. Standardgeräte verfügen heute über 32 Kanäle oder mehr und erlauben damit beispielsweise die gleichzeitige Aufzeichnung der Vorgänge auf den 16 Adreßleitungen, 8 Datenleitungen und weiteren 8 Kontrolleitungen wie z.B. R/$\overline{W}$, BA, BS, $\overline{RESET}$, $\overline{NMI}$, $\overline{IRQ}$, $\overline{FIRQ}$ und E. Damit ist natürlich ein weitaus umfassenderer Überblick als mit einem zweikanaligen Oszilloskop möglich. Alle Signale werden ja - bedingt durch den gemeinsamen Aufzeichnungstakt, - im Zeitbezug gespeichert und können nach der Aufzeichnung auch so auf dem Bildschirm des Analysators zur Darstellung gebracht werden. Wichtig ist dabei auch, daß die Aufzeichnung beliebig lang betrachtet werden kann. Ein repetierendes Signal wie beim Oszilloskop ist somit nicht mehr erforderlich, um ein stehendes Bild zu erhalten. (Logikanalysatoren verwenden zur Darstellung keine Oszilloskopröhren, sondern Monitorröhren, auf denen ein Rasterbild geschrieben wird.)

Für den Anwender wäre allerdings eine Anordnung wie bisher beschrieben wenig hilfreich. Die Schieberegister würden mit einem Takt ab einem Startzeitpunkt gefüllt und die Aufzeichnung nach dem Auffüllen beendet. Damit ergäbe sich nur ein Bild der aufgezeichneten Signale in Relation zum Startzeitpunkt. Oft ist aber dieser nicht bekannt (das Gerät wird ja mit einem Tastendruck gestartet, der nichts mit dem gerade laufenden Prozessorzyklus zu tun hat) oder man möchte erst ab einem bestimmten Punkt aufzeichnen.

Hier kommt die *Triggerung* ins Spiel. Läßt man die beschriebene Schieberegisteranordnung nicht nach dem Auffüllen automatisch anhalten, dann werden laufend neue Daten ins Schieberegister eingetaktet und am Ende gehen gleichzeitig die ältesten, noch gespeicherten Informationen verloren. Mit einer Bitmustererkennung über alle Kanäle kann eine laufende Aufzeichnung angehalten werden, sobald eine bestimmte, vom Benutzer definierte Bedingung erkannt wird. Das kann beispielsweise das Adressieren einer individuellen Speicherstelle sein, wobei dann die Adresse und damit der Zustand aller 16 Adreßleitungen das Triggerkriterium darstellen. Ganausogut ist es möglich, auf Interrupts zu triggern. Jede nur vorstellbare Kombination ist möglich. Dabei muß sich das Bitmuster (normalerweise *Triggerwort* genannt) nicht über alle benutzten Kanäle erstrecken, nur die für die Triggerbedingung wesentlichen werden definiert. Würde der Analysator sofort beim Erkennen der Triggerbedingung stoppen, hätte das Gerät nur Daten von der Zeit vor der Triggerbedingung abgespeichert. Das ist nicht immer sinnvoll. Es ist daher möglich, nach dem Erkennen des Bitmusters noch einige Zeit bis zum entgültigen Stoppen vergehen zu lassen, sodaß auch noch nachfolgende Daten aufgezeichnet werden. Diese Stopverzögerung (*Triggerdelay*) ist ebenfalls vom Benutzer einstellbar, sodaß der Triggerpunkt zeitlich verschiebbar innerhalb der aufgezeichneten Daten liegt.

Hier findet sich ein weiterer gravierender Vorteil gegenüber dem Oszilloskop, wo der Triggerpunkt immer links am Bildrand erscheint und eine Abbildung des Signals sich auf die Zeit nach dem Triggern erstreckt. Beim Logikanalysator kann der Triggerpunkt durch das verschiebbare Triggerdelay genausogut ganz rechts auf dem Bildschirm liegen und somit seine Vorgeschichte dargestellt sein. Man kann also sehen, was zum Triggern führte.

Die bisher beschriebenen Möglichkeiten stellen aber nur das absolute Minimum dessen dar, was ein moderner Logikanalysator bei der Triggererkennung zu leisten vermag. Genaue Angaben müssen dabei den Datenblättern der diversen Hersteller entnommen werden, da eine detaillierte Beschreibung ein eigenes Buch füllen könnte.

Die üblichen Darstellungsformen der vom Logikanalysator aufgezeichneten Daten sind das Zeitdiagramm und die Datenliste. Im *Zeitdiagramm* werden alle Kanäle als Kurvenzug wie beim Oszilloskop dargestellt, wobei im Unterschied zu diesem gleichzeitig bis zu 16 Kanäle dargestellt sein können. Die Kurvenzüge bestehen aber nur aus idealisierten High- und Low-Pegeln entsprechend des Inhaltes der Aufzeichnung, die ja durch den jedem Kanal vorgeschalteten Komparator rein digital ist. Das Bestimmen von Anstiegszeiten o.ä. ist somit unmöglich, - hier liegt das Einsatzgebiet des Oszilloskops!

In der *Datenlistendarstellung* wird die Zeitdiagrammdarstellung ersetzt durch eine Auflistung der gespeicherten Information in binärer, oktaler, hexadezimaler oder ASCII-codierter Darstellung. Stellt man beispielsweise die Daten- und Adreßleitungen eines Mikroprozessors hexadezimal dar, kann man sehr viel leichter als im Zeitdiagramm einen Überblick über die Prozessoraktivitäten gewinnen.

Generell ist die Logikanalyse ein derartig weites Gebiet, daß im vorliegenden Rahmen kein Überblick möglich ist. Weitergehende Fragen beantworten die einschlägige Fachliteratur und die Datenblätter und Applikationsschriften der Hersteller.

7.2.2 Anschluß eines Logikanalysators an den 6809

Logikanalysatoren werden mit sogenannten *Probes* an die Meßpunkte einer digitalen Schaltung angeschlossen. Im Normalfall befestigt man die Clips der einzelnen Kanäle an den IC-Pins. Dabei ist dafür Sorge zu tragen, daß kein Kontakt zu einem Nachbarpin entsteht. Das sollte auch nicht kurzzeitig während des Anclipsens geschehen, da sonst das zu testende System "abstürzen" kann. Insbesondere bei mikroprozessorgesteuerten Geräten kann nach dem Anklemmen ein Reset nicht schaden, um die einwandfreie Funktion sicherzustellen. Hat man viele Verbindungen am gleichen IC herzustellen, ist die Verwendung eines Clips mit entsprechender Polzahl praktisch, an dessen oben herausgeführten Kontaktstiften ein leichtes Anschließen der Analysatorprobes möglich ist. Solche Adaptionshilfen werden teilweise für spezielle, mikroprozessorspezifische Logikanalysatoranpassungen (sogenannten *Personality Probes*) gleich festverdrahtet mitgeliefert. Dabei reduziert sich der Arbeitsaufwand für den Benutzer erheblich und die Möglichkeit eines falschen Anschlusses wird eliminiert.

Beim 6809 wird man im allgemeinen den Datenbus, den Adreßbus und eine Anzahl Steuerleitungen anschließen wollen. Damit ist aber auch schon die benötigte Kanalzahl des Logikanalysators vorgegeben. Weniger als 32 Kanäle sind nahezu sinnlos, mehr können nie schaden. Die Kanalzahl ist aber auch eine Kostenfrage.

Normalerweise werden bei den Analysatoren einzelne Kanäle zu Gruppen von meist acht Kanälen zusammengefaßt. Eine solche Gruppe bezeichnet man mit *Pod*. Es ist sinnvoll, einen Pod mit gleichartigen Signalen zu belegen, beispielsweise mit dem Datenbus. Zwei weitere Pods können dann an den Adreßbus angeschlossen sein und die Kontrollsignale sind ebenfalls auf einer solchen Kanalgruppe zusammengefaßt. Derart geordnet lassen sich die

Informationen nach der Aufzeichnung leichter auswerten und die Gerätebedienung vereinfacht sich erheblich.

Die Probes der Logikanalysatoren haben Eingangswiderstände im Bereich von 50 kOhm bis zu 1 MOhm bei einer Parallelkapazität von einigen Picofarad. Der Meßpunkt wird somit nur minimal belastet. Trotzdem ist es eine gute Praxis, Probes nicht an Quarzanschlüsse wie XTAL und EXTAL anzuklemmen; dadurch kann der Oszillator gestört werden.

Andererseits ist auch dort Vorsicht geboten, wo mit Sicherheit feststeht, daß allein durch das Anklemmen der Probes eine Fehlfunktion der Schaltung entsteht. Man suche hier nicht die Schuld beim Meßgerät, denn man kann davon ausgehen, daß eine Schaltung, die derart kritisch ist, auch sonst wenig zuverlässig arbeiten wird. Die Belastung durch die Probes ist immer erheblich kleiner als eine mögliche Belastungsschwankung durch Bauteiletoleranzen.

Praktisch ist es auf jeden Fall, wenn zusätzlich zu den normalen Probes noch ein spezieller Adapter für den Prozessor, im vorliegenden Fall für den 6809, zur Verfügung steht. Neben dem schnellen und fehlerfreien Anschluß bieten derartige Personality Probes oft weitere, ungemein nützliche Zusatzfunktionen, von denen noch die Rede sein wird.

7.2.3 Aufzeichnungsprobleme

Timingmessungen. Für die Bestimmung von Zeitbeziehungen am 6809 und seiner Peripherie benötigt man den Analysator mit seinen Standardprobes, die beliebig, der Meßaufgabe entsprechend, in der Schaltung angeschlossen werden. Nachfolgend werden sich die meisten Angaben auf einen Anschluß direkt an der CPU beziehen, ein sinngemäßer Anschluß an allen anderen Punkten des Prozessorsystems ist selbstverständlich ebenso möglich und oft unumgänglich. Als Takt wird ein intern im Logikanalysator erzeugter, quarzgenauer Zeitimpuls verwendet, der das genaue Ausmessen einer Aufzeichnung erlaubt. Je schneller der Takt ist, desto besser wird die zeitliche Auflösung der Aufzeichnung. Oft kann man aber den Takt nicht beliebig schnell wählen. Es muß nämlich sichergestellt sein, daß der gesamte Vorgang, den man sehen will, im Speicher Platz findet. Hat der Speicher beispielsweise eine Tiefe von 256 Bit und man zeichnet mit einer Taktrate von 20 ns (50 MHz) auf, dann kann man im Logikanalysator nur einem Abschnitt von 5,12 Mikrosekunden abspeichern. Daher ist die Speichertiefe neben der Kanalzahl und der maximalen Abtastrate die dritte wesentliche Kenngröße eines Logikanalysators. Geräte mit Speichertiefen unter 1024 Bit sind heute eigentlich nicht mehr zeitgemäß. (Außnahmen gelten beispielsweise für spezielle Speicher mit Abtastraten von einigen hundert MHz.)

Als Beispiel für eine Timingmessung an der CPU soll eine Bestimmung der Zugriffszeit auf einen Speicher besprochen werden. Diese Zugriffszeit ist im Wesentlichen durch die Laufzeiten in Treibern und Adreßdecodern und der individuellen Zugriffszeit des untersuchten Speicherbausteins gegeben. In jedem Fall müssen aber für einen einwandfreien Betrieb des Mikroprozessorsystems die Daten so rechtzeitig an den Pins der CPU stabil anliegen, daß sie korrekt übernommen werden können.

Zur Lösung der Aufgabe geht man so vor: An den Analysator wird der komplette Adreß- und Datenbus angeschlossen. Zusätzlich zeichnet man auch die Signale E, BA, BS, R/$\overline{W}$ und bei Bedarf MRDY auf. Getriggert werden muß auf die gültige Adresse einer Speicherstelle im fraglichen Baustein. Nehmen wir an, es handle sich um ein RAM von 2 kByte Größe, beginnend auf der Adresse 4000 hex. Dann kann die Triggerbedingung lauten:
Adresse = 0100 0000 0000 0000 binär (= 4000 hex) und E = "1" und BA = "0" und BS = "0" und R/$\overline{W}$ = "1". Der Analysator wird nach dem Start so lange aufzeichnen, bis er diese Kondition findet und dann stoppen. Diese Bedingung ist aber schon zu Beginn der zweiten Hälfte des gültigen Speicherzugriffs auf die Adresse 4000 Hex gegeben, sobald E High wird. Hat man kein zusätzliches Triggerdelay eingestellt, ist dies der Zeitpunkt der letzten vom Logikanalysator aufgezeichneten Information. Das, was man eigentlich sehen wollte, liegt nicht im Speicher! Die Einstellung eines Triggerdelays verhindert diesen Fehler. Geht man davon aus, daß E bei einem Takt von 1 MHz für ca. 500 ns High ist und daß die Daten mit einer Setup-Zeit von 80 ns vor der fallenden Flanke von E stabil sein müssen, (genau das wollen wir ja sehen!) dann darf das Triggerdelay nicht weniger als 500 ns betragen. Bei einer Taktrate von z.B. 20 ns müssen somit noch mindestens 25 Takte nach Erfüllung der Triggerbedingung aufgezeichnet werden. Im allgemeinen wird man den Triggerpunkt aber noch mehr in die Mitte des Bildes legen.

Nach erfolgter Aufzeichnung kann festgestellt werden, wie lang es dauert, bis alle Datenbits den zu erwartenden Zustand eingenommen haben. Verbleibt dann noch mehr als die geforderte Setzup-Zeit an den CPU-Pins, dann wird das System aus CPU und Speicher korrekt arbeiten. Normalerweise kann aber nicht auf allen Datenleitungen eine Änderung erwartet werden, da einige Leitungen u.U. ihren Zustand nicht ändern. Es ist wichtig, Datenbusse komplett auf Erfüllung der Zugriffszeitenbedingung hin zu prüfen, – insbesondere dann, wenn der Speicher nicht physikalisch Bytebreit organisiert ist und sich aus mehreren ICs zusammensetzt. Der Test sollte somit auf mehreren Adressen erfolgen, bis man sicher weiß, daß alle Bits rechtzeitig kommen. Der Test auf mehreren Adressen eines Speichers ist auch deshalb wichtig, weil man zufällig eine Speicherstelle mit unterdurchschnittlich kurzer Zugriffszeit erwischt haben könnte.

Benutzt die Schaltung zur Anpassung an Speicher mit großer Zugriffszeit das Signal MRDY, dann läßt sich natürlich auch dessen Zeitverhalten aufzeichnen und mit den Erfordernissen vergleichen.

Will man demgegenüber das Timing eines Speicherschreibzyklusses überprüfen, wird sinnvollerweise eine äquivalente Messung direkt am betroffenen Speicher vorgenommen.

Störspitzenerkennung. In jedem System treten Störspitzen auf. Solange ihre Amplituden unterhalb bestimmter Grenzen bleiben, sind sie nicht störend. Aber auch die zeitliche Lage ist bedeutungsvoll. Ein Spike auf der Datenleitungen während eines Speicherlesezyklusses ist ziemlich ungefährlich, solange er nicht zu dem Zeitpunkt auftritt, an dem die CPU den Datenbus abfragt. Störspitzen können sich also hier nur um die fallende Flanke von E herum negativ bemerkbar machen.

Grundsätzlich ist es aber so, daß bei der Aufzeichnung mit einer im Analysator generierten Taktrate, - man nennt das *interne Clock* oder auch asynchrone Aufzeichnung, - Spikes nur dann erkannt und als Änderung des Logikpegels aufgezeichnet werden, wenn sie zufällig auf den Abtastzeitpunkt fallen. Alle Störspitzen zwischen zwei Takten gehen verloren! Will man trotzdem eine Aussage über Störspitzen haben, kann der in vielen Logikanalysatoren vorhandene Betriebsmodus *Latch* oder *Glitch* benutzt werden, um die Spikes einzufangen, auch wenn sie asynchron zum Takt liegen. Diese Zusatzfunktion ist allerdings meist nicht auf allen Kanälen verfügbar. Auf dem Bildschirm wird ein erkannter Spike als Zusatzpuls oder Nadel dargestellt.

Messungen des Störabstands sind ebenfalls mit dem Logikanalysator möglich. Normalerweise geht man in einem Prozessorsystem, das wie der 6809 mit TTL-Pegeln arbeitet, von einer Logikschwelle von 1,4 V aus. Ist das Signal an der Probe zum Abtastzeitpunkt kleiner als dieser Wert, wird ein Low-Pegel aufgezeichnet. Bei mehr als 1,4 V gelangt ein High-Pegel in den Speicher des Analysators. Dieser Schwellwert stellt gewissermaßen einen Kompromiß dar. Eigentlich müßten zwei Grenzwerte verfügbar sein: 0,8 V als Obergrenze eines akzeptablen Low-

Pegels und 2,0 V als Untergrenze eines ausreichenden High-Pegels. Alle Zustände zwischen den beiden Schwellwerten müßten als undefiniert abgespeichert werden. Nun ließe sich der Zustand eines Meßpunktes allerdings nicht mehr in einem Bit beschreiben, da er ja drei verschiedene Zustände einnehmen kann. Damit wäre auch die doppelte Menge Speicher innerhalb des Analysators erforderlich, was die Geräte erheblich verteuerte. Daher verzichtet man meist auf dieses Feature. Trotzdem kann man leicht feststellen, ob zu kritischen Zeitpunkten Überschreitungen der Grenzpegel vorkommen. Man macht zwei Aufzeichnungen mit den jeweiligen Grenzwerten und analysiert diese auf Pegelüberschreitungen an den entscheidenden Punkten des Timings.

Alle Aufzeichnungsmodi, die asynchron, also mit internem Takt arbeiten, sind mehr oder minder auf die Untersuchung von Hardware-Problematiken abgestellt. Hat man ein Prozessorsystem entworfen und aufgebaut, ist es sicher zuerst notwendig, durch weitgehend hardwareorientierte Messungen das physikalische Funktionieren der Schaltung sicherzustellen. Dazu ist der Logikanalysator meist unabdingbar. Er gehört zum Meßplatz ebenso wie das Oszilloskop und der Emulator, ohne daß ein Gerät das andere ersetzen kann.

Wird nach der hardwaremäßigen Inbetriebnahme eines Mikroprozessorsystems erstmals Software installiert, ändern sich die Einsatzbedingungen für den Analysator erheblich und neue, bisher nicht benutzte Möglichkeiten des Gerätes werden dominant.

Die synchrone Aufzeichnung. Synchrone Aufzeichnung mit einem Logikanalysator bedeutet, daß der Aufzeichnungstakt synchron zu den Aktivitäten im getesteten System ist, also aus diesem entnommen wird. Dabei steht nicht die Feststellung irgendwelcher Zeitbeziehung im Vordergrund, sondern die Kontrolle der Systemaktivitäten in Bezug auf Programmabläufe. Synchrone Aufzeichnung dient aber auch der Informationsverdichtung. Wurde beispielsweise ein Buszyklus eines 6809 mit 1 MHz Zyklusrate mit einer internen Analysatortaktrate von 20 ns aufgezeichnet, dann entfallen auf diesen einen Buszyklus 50 Abtastungen, was bei Hardwareuntersuchungen aus Gründen der Zeitauflösung erforderlich ist.

Hat man dieses Stadium aber hinter sich, und möchte eigentlich nur noch Programmaktivitäten aufzeichnen, genügt es, während jedes Buszyklusses einmal Adressen, Daten und einige Kontrollsignale abzufragen. Geschieht das zum richtigen Zeitpunkt, erhält man alle Adressen mit der zugehörigen Information ohne Redundanz. In der Datenliste kann dann leicht der Programmverlauf verfolgt werden, insbesondere dann, wenn für Daten und Adressen die hexadezimale Darstellung gewählt wurde. Für den Befehl STA 1093, der auf der Adresse 2000 steht, ergibt sich die folgende Aufzeichnung, wenn der Akku A zuvor den Wert 55 enthielt:

```
2000  B7   (Opcode Fetch)
2001  10   (Destination Address Upper Byte)
2001  93   (Destination Address Lower Byte)
FFFF  FF   (Unvalid Memory Access)
1000  55   (Memory Write to Destination)
```

Für jeden der 5 Zyklen, die der Befehl zu Ausführung benötigt, wurde eine Aufzeichnung gemacht. Damit sind alle Informationen gespeichert worden, die zur Auswertung nötig sind.

Eine exakte Aufzeichnung muß allerdings auch noch die Kontrollsignale umfassen, um die Adreß- und Dateninformation richtig auswerten zu können.

Der gesamte Befehl belegt jetzt im Analysator nur noch 5 Speicherstellen, während er unter den oben genannten Bedingungen der asynchronen Aufzeichnung 250 Speicherstellen in Anspruch genommen hätte, ohne dabei für die Programmverfolgung zusätzliche Information zu liefern.

7.2.4 Die Disassemblierung

Ein Datenlisting, das durch eine synchrone Aufzeichnung gewonnen wurde, wie es im vorigen Abschnitt beschrieben ist, erlaubt schon eine einfachere Programmablaufverfolgung als eine asynchrone Aufzeichnung. Trotzdem hat man sich bei der Darstellung des Ergebnisses noch nicht allzuweit vom Maschinencode entfernt und bewegt sich damit auf einem recht primitiven Level. Man muß die Hexadezimalcodes per Hand in Assemblersprache umwandeln.

Moderne Logikanalysatoren verfügen im Zusammenspiel mit den sogenannten Personality Probes über die Möglichkeit, eine synchrone Aufzeichnung in disassemblierter Form darzustellen und damit noch einfacher auswertbar zu machen. Die Aufzeichnung kann dann direkt mit einem Programmlisting verglichen werden. Dabei sorgt die Personality Probe für einen einfachen, weil vorverdrahteten Anschluß an den Prozessor. Gleichzeitig wird der richtige Zeitpunkt des Taktes sichergestellt und die einzelnen Informationen in geordneter Weise zum Logikanalysator übertragen, sodaß die Anschlußarbeit für den Anwender auf ein Minimum reduziert ist.

Eine wichtige Aufgabe ist die Steuerung des Disassemblers. Da der 6809 keine spezielle Statusinformation liefert, wenn er das erste Byte eines neuen Befehls liest, muß das Disassemblierungsprogramm irgendwie gesagt bekommen, wo denn nun Befehlsanfänge in der Aufzeichnung des Analysators zu finden sind. Würde es nämlich mit - beispielsweise - dem zweiten Byte des Befehls, der im vorstehenden Abschnitt als Beispiel dient, beginnen, lautete das Ergebnis nicht STA, sondern es ergäbe sich der Second Page-Befehl CMPD (Opcode 1093). Die gesamte Disassemblierung wäre fehlerhaft.

Eine Möglichkeit der Steuerung besteht darin, dem Benutzer die Aufgabe zuzuweisen, einen Opcode per Hand zu identifizieren und von dort den Disassemblierungsvorgang zu starten. Das ist unkomfortabel und sollte bei Analysatoren neueren Datums der Vergangenheit angehören. Ein derartig gestarteter Disassembler ist immer nur so zuverlässig wie sein Benutzer!

Bei modernen Logikanalysatoren übernimmt die Personality Probe die Generierung eines Kennzeichnungsbits in Echtzeit während der Aufzeichnung. Das Bit wird parallel zu Daten und Adressen zum Logikanalysator übertragen und dort nach Beendigung der Aufzeichnung durch die Disassemblierungssoftware ausgewertet. Eine Fehlbedienung ist damit nahezu ausgeschlossen.

In das vom Disassembler generierte Listing werden dann noch die Buszyklen mit zusätzlichen Schreib- oder Leseoperationen eingeblendet, sodaß der Anwender einen vollständigen Überblick über die Aktivitäten des Mikroprozessors gewinnt. Nimmt man wiederum den schon mehrfacht behandelten Befehl als Beispiel, so wird er wie folgt wiedergegeben:

```
2000  B71093   STA 1093
1093  55       mem - write
```

Alle für diesen Befehl relevanten Informationen sind somit auf dem Bildschirm in zwei Zeilen zusammengefaßt und können mit einem Programmlisting verglichen werden. Über das gedruckte Listing hinaus bekommt der Benutzer durch das Einfügen der Schreibzyklusinformation zusätzlich Gewißheit über den tatsächlich abgespeicherten Wert aus dem Akku A.

Geht man davon aus, daß ein Logikanalysatorspeicher 1024 Bit tief ist und ein durchschnittlicher Befehl des 6809 in der Grössenordnung von 5 bis 6 Buszyklen liegt, dann lassen sich mit einer Aufzeichnung ca. 200 Befehle in Echtzeit erfassen. Wo das nicht ausreicht, kann auf die optional verfügbaren Speichertiefen von normalerweise 4096 Bit zurückgegriffen werden, die aktuelle Analysatoren bieten.

7.2.5 Datenqualifikation

Mit dem Begriff *Datenqualifikation* werden alle Verfahren bezeichnet, die eine weitere Verbesserung in Bezug auf die Treffsicherheit mit der genau die gewünschten Daten ohne Redundanz erfaßt werden, bieten. Im allgemeinen geht es dabei um das Unterdrücken unerwünschter Datenströme innerhalb der Informationen, die der Logikanalysator aufnimmt.

Data Qualified Recording. Bei der datenqualifizierten Aufzeichnung wird bei jedem Takt des Analysators entschieden, ob die zur Aufzeichnung anstehende Information einem vorgegebenen Muster entspricht und damit in den Speicher des Logikanalysators übernommen wird oder nicht. Beispielsweise wäre es möglich, auf $R/\overline{W}$ = "0" zu qualifizieren und damit nur Schreibzyklen des 6809 aufzuzeichnen. Alle Takte, bei denen $R/\overline{W}$ logisch "1" ist, werden nicht in den Speicher übernommen. Solch eine Aufzeichnung kann selbstverständlich nicht disassembliert werden, da in ihr keine Opcodes enthalten sind.

Bei einem guten Analysator bleibt die Triggerung von der Qualifizierung ausgenommen, d.h. daß auch auf Informationen getriggert werden kann, die nicht mit aufgezeichnet werden, da sie die Qualifizierungsbedingung nicht erfüllen.

Als Anwendungsbeispiel ist die nachstehende Konstellation denkbar: In einem Programm soll eine Reihe von Variablen im Speicher abgelegt werden. Das Programm als solches ist ausgetestet und funktioniert einwandfrei. Man ist aber an den Variablen selbst interessiert, kann diese aber nicht bei einer herkömmlichen Aufzeichnung auf einmal in den Speicher des Analysators bekommen, da Programm und Schreibzyklen zusammen die Speicherlänge des Logikanalysators überschreiten. Man hilft sich, indem auf die Startadresse des Programms getriggert wird und gleichzeitig eine auf Schreibzyklen qualifizierte Aufzeichnung erfolgt. Im Logikanalysator finden sich dann alle schreibenden Speicherzugriffe des Mikroprozessors, beginnend nach der Adresse, auf die getriggert wurde.

Andere Qualifizierungen sind selbstverständlich genauso möglich. Man kann beispielsweise nur Opcodes aufzeichnen und damit ein noch längeres Stück eines Programms überblicken (aber wiederum nicht disassemblieren) oder man zeichnet parallel zu den Signalen an den Pins der CPU weitere Punkte aus der Prozessorperipherie auf und qualifiziert darauf. Wie bei der Triggerung sind beliebige Kombinationen denkbar.

Area Trace. *Area Trace* ist ein Verfahren, bei dem ähnlich wie bei der zuvor beschriebenen datenqualifizierten Aufzeichnung mit jedem Takt des Analysators entschieden wird, ob die an seinen Eingängen anliegenden Bitmuster abzuspeichern sind. Jedoch ist hier die Qualifizierung nicht so universell ausgelegt, sondern bezieht sich allein auf Adressen, die am Prozessor aufgenommen werden. Damit kann man eine Aufzeichnung auf bestimmte Adreßbereiche begrenzen oder umgekehrt einzelne Adreßbereiche ausblenden. Fragt beispielsweise ein Programm sehr häufig ein Keyboard ab und diese Subroutine ist bekanntermaßen fehlerfrei, so ist mit Hilfe von Area Trace eine Ausblendung möglich, sodaß nur die wesentlichen Teile der zu untersuchenden Programmteile aufgezeichnet werden. Bei geschickter Wahl der Bereichsgrenzen könnte man aber auch in diesem Fall feststellen, wann das Keyboard abgefragt wird und was dabei herauskommt.

Normalerweise bietet ein Logikanalysator die Möglichkeit, gleichzeitig mehrere Adreßbereiche (typisch: 4 bis 10) einzustellen. Dabei gibt man einfach die Anfangs- und Endadressen der interessierenden Abschnitte vor. Selbstverständlich erlauben die meisten Geräte auch hierbei das Triggern auf beliebige Bitmuster und somit auch auf Adressen aus nichtaufgezeichneten Bereichen. Eine Kombination mit anderen Qualifizierungsverfahren ist möglich. Man kann dann beispielsweise nur solche Schreibzugriffe aufzeichnen, die auf bestimmte Adressen gehen.

Eine interessante Möglichkeit ergibt sich, wenn es der Logikanalysator erlaubt, Area Trace abzuschalten aber trotzdem parallel zu einer normalen Aufzeichnung ein Bit abzuspeichern, das aussagt, ob sich der Prozessor innerhalb der eingestellten Adreßgrenzen bewegt. Dann ist es möglich, auf in der Ursache unbekannte Systemzusammenbrüche zu triggern. Das geht so: Läuft ein Programm normal, dann kann auch definiert werden, in welchem Adreßbereich es sich aufhalten muß. Ein "Absturz" wird nun eine unkontrollierten Adreßbereich ansprechen. Darauf kann man aber nicht triggern, da man nicht weiß, wie die Triggerbedingung lauten müßte. Hier hilft das Kennzeichnungsbit. Verläßt der Prozessor den vorgegebenen Adreßbereich, ändert sich auch dieses parallel zu den Daten- und Adreßinformationen aufgezeichnete Bit und genau darauf kann man triggern!

Das bis hierher beschriebene Verfahren ist aber noch nicht vollständig zufriedenstellend. Es sei nochmals an den Befehl STA 1093 auf der Adresse 2000 hex erinnert. Bei einer Aufzeichnung mit Area Trace mit den Grenzen 1F00 hex und 20FF hex würde zwar der Befehlscode aufgezeichnet, nicht aber der Schreibzyklus auf die Adresse 1093 hex, da diese außerhalb des eingestellten Bereichs liegt. Eine Zerstückelung eines Befehls erfolgte ebenfalls, wenn im genannten Beispiel ein 3-Byte-Befehl auf der Adresse 20FE hex begänne. Die ersten zwei Bytes wären innerhalb der aktiven Area, das dritte Byte nicht.

Um solchen Problemen vorzubeugen, kann bei intelligenten Area Trace-Verfahren ein Modus eingestellt werden, der die Qualifizierung mit den Befehlsanfängen synchronisiert. Beginnt ein Befehl innerhalb der Area, erfolgt eine komplette Aufzeichnung, auch wenn das Ende außerhalb zu finden ist. Umgekehrt erfolgt keine Aufzeichnung bei einem Befehlsanfang außerhalb des definierten Adreßbereiches. Damit ist natürlich auch das Problem des Schreibens oder Lesens einer Variablen, die nicht in der Area gespeichert ist, gelöst (siehe obiges Beispiel).

Trace On/Off. Mit *Trace On/Off* ist ebenfalls eine Qualifizierung der Aufzeichnung möglich. Anders als bei den beiden Verfahren zuvor, gewinnt man hier die Qualifizierungsbedingung nicht unmittelbar aus dem gerade anliegenden Bitmuster. Bestimmte Muster geben die Aufzeichnung frei, die dann solange erfolgt, bis sie durch das Auftreten eines weiteren Bitmusters wieder gestoppt wird. Dabei ist es nicht erforderlich, daß die Startbedingung während der ganzen freigegebenen Aufzeichnung ansteht. Sie ist nur am Start erforderlich.

Dieses Verfahren kann immer dann eingesetzt werden, wenn die zu untersuchende Information exakt zwischen zwei Bedingungen - Start- und Stopbedingung - zu finden ist. Es ist zu beachten, daß diese Bedingungen nicht etwa die Aufzeichnung des Logikanalysators selbst starten und stoppen; sie schalten die Qualifizierung ein und aus!

Die Trace On/Off-Qualifizierung kann beispielsweise angewandt werden, um Interrupt-Routinen zu testen. Man gibt die Qualifizierung mit dem Vektorfetch des 6809 frei und beendet sie mit dem Opcode des Befehls RTI. Dann werden alle Interrupt-Service-Routinen aufgezeichnet, unabhängig davon, in welchem Adreßbereich sie zu finden sind. Hier wäre eine Problemlösung mit Area Trace beispielsweise unmöglich.

7.2.6 Time Stamp

Immer dann, wenn ein Logikanalysator mit externem Takt getaktet wird, kann ein exaktes Ausmessen einer Aufzeichnung nicht erfolgen, da der Abstand der Takte unbekannt und variabel ist. Will man trotzdem den Zeitverlauf einer Aufzeichnung rekonstruieren, so muß parallel zur aufgezeichneten Information eine zusätzliche Angabe über den zeitlichen Abstand der Taktimpulse mitgespeichert werden können.

Die benötigte Zusatzinformation kommt aus einer "Uhr" mit einer Zeitauflösung von einigen zehn Nanosekunden. Ein Programm im Logikanalysator wertet diese nach der Aufzeichnung aus und generiert einen Zeitausdruck, der in der Datenlistendarstellung parallel zur Bitinformation eingeblendet wird. Somit kann auch bei externer Takterzeugung eine zeitliche Auswertung der Aufzeichnung erfolgen.

Darüber hinaus leistet Time Stamp bei jeglichen Arten von Aufzeichnungsqualifizierung gute Dienste. Bei der Qualifizierung entstehen immer Lücken, wo Informationen den Qualifizierungsbedingungen nicht genügten. Unabhängig davon, ob mit internem oder externem Takt aufgezeichnet wurde, ist die Größe dieser Lücken unbekannt. Läuft aber gleichzeitig die Time Stamp-Uhr mit, dann kann auch in solchen Fällen jede Aufzeichnung zeitlich zugeordnet werden.

7.3 CAD/CAM – der 6809 in der Steuer- und Regeltechnik

(Dipl.-Ing. Havel, COMPUTER GRAPHICS, München)

In diesem Kapitel soll der Leser einmal einen Einblick in den Aufbau und die Wirkungsweise eines graphischen interaktiven Computers bekommen. Beschrieben wird der GICO 1010, ein hochqualifiziertes CAD-System für den professionellen Einsatz. Es ist sowohl hardware- als auch softwaremäßig streng modular aufgebaut. Aus diesem Grunde ist das System auch zur graphischen Darstellung verschiedener Meßdaten gut geeignet.

7.3.1 Geräteausstattung

Der GICO 1010 ist ein spezieller modularer Graphikcomputer mit der CPU 6809 und einem extrem schnellen Graphikprozessor (1,5 Millionen Bildpunkte pro Sekunde). Er besitzt eine Standardspeicherkapazität von 256 kByte. Zwei Floppies mit jeweils 320 kByte und viele Schnittstellen gehören ebenfalls zur Ausstattung.

An den Computer können unter anderem die nachfolgenden Komponenten angeschlossen werden:
- Präzisionsplotter mit Digitizer, geeignet zum Folienplotten

- Dialogbildschirm für Klartextmeldungen in deutscher Sprache
- Farbgraphikbildschirm mit sehr langer Nachleuchtdauer, absolut flimmerfrei, 512 x 512 Auflösung
- Kompakter Text- und Graphikdrucker, vollgraphikfähig, 120 Zeichen/Sekunde
- Eingabetastatur für Texteingabe
- Joystick mit 48 Funktionstasten, akustische Eingabebestätigung

7.3.2 Funktionen

GICO 1010 Funktionen werden mit Hilfe der Tastatur und/oder des Joysticks aktiviert. Die Dialogführung erscheint in deutscher Sprache auf dem Dialogbildschirm. Achtfarbige Bilder werden auf dem graphischen Bildschirm angezeigt.

Ausgabe der Attributentafel. Es werden 15 Buchstabengrößen in 4 Orientierungen, 4 Linienarten und eine 8-farbige Skala ausgegeben. Durch Fadenkreuzpositionierung auf dem entsprechenden Attributensymbol erfolgt die Attributenzuweisung zu den darauffolgenden Zeichenaktivitäten.

Ausgabe der Symboltafel. Anwendungsspezifische Symbole (z.B. Elektronikbauteile, Bestückungssymbole, ...) repräsentiert durch einen Symbolsatz werden auf dem graphischen Bildschirm angezeigt. Es können beliebig viele Symbolsätze erstellt werden. Alle Symbole sind direkt vom Anwender interaktiv generierbar.

Ausgabe einer Anwendertafel. Anwendertafeln dienen zur Aufnahme der eigentlichen Zeichnungen. Standardmäßig werden 64 zusammenhängende Anwendertafeln verwaltet, damit ergibt sich eine Gesamt-Systemauflösung von 4096 x 4096 Bildpunkten.

Auf einer Anwendertafel können sowohl variable graphische Elemente als auch feste Symbole aus einem Symbolsatz fixiert werden. Es sind folgende Unterfunktionen realisiert: Verschieben (auch von Beschriftungen), Drehen, Kippen, Duplizieren, selektives Löschen, Zuweisen von Texten und Vektoren (Makros) zu Symbolen u.a. Die Objektidentifizierung kann wahlweise durch den Objektnamen, Duplikatnummer oder Fadenkreuzposition erfolgen. Ein Objekt-Rangbereich ist frei wählbar. Farbenänderung ist auch nach dem Fixieren möglich.

Sowohl die festen Symbole als auch die variablen Elemente sind während ihrer Bearbeitung sichtbar (Gummifaden).

Eine während der Generierung der variablen Elemente sichtbare inkrementale Ausgabe (Tachoeffekt) stellt die aktuelle Größe der Elemente dar.

Rücksetzen der Anwendertafel. Die interne Bilddatenverwaltung aller zur Zeit aktiven Anwendertafeln wird rückgesetzt. Wenn erwünscht, bleibt das aktuelle Bild auch nach dem Rücksetzvorgang sichtbar, um eine neue, bildpunktgenau angepaßte Bilddatei einrichten zu können.

Ebenenverwaltung. GICO 1010 verwaltet zwei logische Hauptebenen (vergleichbar mit zwei übereinander liegenden transparenten Folien), die jeweils in 8 Farbunterebenen unterteilt sind. Alle 16 Ebenen sind selektiv ansprechbar sowie ein- und ausblendbar.

Damit ist beispielsweise möglich:

- Zeichnen in eine Ebene ohne die anderen Ebenen zu verändern,
- Beliebiges Umschalten zwischen den Ebenen,
- Kopieren mit oder ohne Löschen von der aktiven Hauptebene in die passive Hauptebene,
- Graphische Ausgabe aller Ebenen selektiv oder gemeinsam,
- Unabhängiges Verschieben und/oder Kippen der aktiven Hauptebene ohne Beeinflußung der passiven Hauptebene.

Diese Bildebenenverwaltung ist für die Leiterplattenentwicklung vorteilhaft anwendbar.

Bildoperationen. Die aktiven Anwendertafeln können mit dem Ziel verkleinert werden, daß die gesamte, aus allen 64 Anwendertafeln bestehende Zeichnung insgesamt sichtbar wird. Diese Zeichnung kann nun als Einheit verschoben und/oder gekippt werden. Während der Bildbewegung kann per Tastendruck der Zeichnungsmaßstab verändert, sowie die logische Bildebene gewechselt werden.

Ein weisses Quadrat erscheint. Es kennzeichnet die Bildfläche einer Anwendertafel von den 64. Die Lage kann kontinuierlich verschoben werden, um einen gewünschten Ausschnitt zu bestimmen, der anschließend in voller Bildschirmgröße angezeigt wird.

Floppy-Disk Operationen. Bilder können nach jedem Zeichenschritt auf eine Floppy-Disk abgespeichert werden (ca. 150 Bilder je Diskette). Bildlöschen (auf der Floppy-Disk) sowie Bildverzeichnisausgabe sind ebenfalls möglich.

Ähnliche Funktionen sind auch für die vorhandenen Symbolsätze verfügbar.

Erstellung von Textdateien für die Stücklistenausgabe mit dem im System enthaltenen, komfortablen Textverarbeitungssystem wird auch durch die Floppy-Disk Operation eingeleitet.

Rastereinstellung. Der Bediener kann zwei unterschiedliche Rasterschritt-Größen, die wahlweise zur Verfügung stehen, vorgeben. Eine neue Rasterschritteinstellung ist jederzeit möglich.

Diese Funktion ermöglicht genaues Erstellen jeder rasterorientierten Zeichnung.

Automatische Sicherung der Bilddaten. Nach Ablauf einer vorgebbaren Anzahl von Zeichenschritten (1 - 255) wird der aktuelle Bildinhalt automatisch auf eine Floppy-Disk gesichert.

Stückliste. Alle in der Zeichnung verwendeten Symbole werden mit verbaler Bezeichnung in eine Datei abgespeichert, die nach Bedarf ausgedruckt werden kann. Textzuweisungen zu Symbolen werden voll berücksichtigt. Die Anzahl der gleichartigen Symbole sowie deren Summe wird ermittelt.

Verbindungsliste. Alle in einem Schaltplan realisierten Verbindungen werden automatisch erfaßt und in Form einer Verbindungsliste auf die Floppy-Disk abgespeichert. Die durch diesen Vorgang entstandene Textdatei kann zu einem späteren Zeitpunkt ausgedruckt und als Vorlage für die Leiterplattenentflechtung verwendet werden. Beliebiges Anpassen an firmeneigene Formularblätter ist, wenn erwünscht, mit dem Textverarbeitungsprogramm zeitsparend leicht durchführbar.

Plotter-Operationen. Jede Zeichnung, die sich über alle 64 Anwendertafeln erstreckt, kann auf dem Präzisionsplotter auf einmal geplottet werden. Durch GICO 1010 Bedienung ist eine Maßstabsänderung vorgebbar. Ein dem angegebenen Maßstab entsprechender Rahmen wird in die zu plottende Zeichnung zur Kontrolle eingeblendet.

Die Stifthalter können Schreibstifte nach freier Wahl (Farbe/Strichstärke) aufnehmen. Dadurch hat der Bediener die Möglichkeit, die zu plottenden Farben/Strichstärken frei zu bestimmen. (Z.B. Bildschirmfarbe rot wird mit schwarzer Tusche, Strichstärke 0,35 geplottet.)

Selektives Plotten nur einer Farbe (entspricht nur einem Schreibstift) ist via Dialogeingabe möglich.

Man kann auch teilfertige Papierzeichnungen mit GICO 1010 weiterbearbeiten, indem sie digitalisiert (eingelesen) werden. Dazu wird statt eines Stiftes eine Lupe in den Plotterläufer eingesetzt und die Papierzeichnung wird im Dialog abgetastet. Sie erscheint auf dem graphischen Bildschirm. Danach kann sie mit anwendungsspezifischen Symbolen/Elemente ergänzt und als Gesamtheit ausgeplottet werden.

Anwendungsbeispiele: Ausfüllen von Zeichnungsköpfen, Einzeichnen der Elektroinstallation in einen Architektenplan, usw.

Die Plottergeschwindigkeit ist per Dialog in 38 Schritten einstellbar (Folienplot). Zeichnungsrotation um 90 Grad auf dem Plot ist realisiert. Eine Zollskalierung (Leiterplatten) ist ebenfalls vorhanden.

Ein anderes Gerät als HP 7475A (z.B. ein Fotoplotter) ist anschließbar.

Graphische Druckerausgabe. Die aktuelle Anwendertafel (1 aus 64) wird graphisch ausgedruckt.

CAD-Schaltplan. Mit dieser Funktionsgruppe können beliebige Leitungsverbindungen in einem Schaltplan überprüft werden. Alle Verbindungen mit gleichem "Potential" erscheinen in roter Farbe. Verbindungspunkte werden kontaktmäßig berücksichtigt.

Ein Bauteil kann durch Eingabe des gesuchten Namens ermittelt und angezeigt werden. Bei Neupositionierung eines "verdrahteten" Symbols werden alle angeschlossenen Leitungen mitgezogen.

CAD-Leiterplatte. Nach Plazierung der erforderlichen Symbole sind Wrap-Verbindungen zu ziehen. Sie werden anschließend mit der Gummifaden-Technik in Leiterbahnen verlegt. Alle verlegten Leiterbahnen können per Tastendruck selektiv in Wrap-Verbindungen (kürzeste Strecke zwischen zwei Punkten) zurück umgewandelt werden.

Ein frei wählbarer Raster (z.B. 1/20") kann als visuelle Hilfe in die zu bearbeitende Leiterplatte eingeblendet werden. Bei Bauteilverschiebung werden angeschlossene Leiterbahnen mitgeführt.

Größere Flächen (z.B. Masse) sind durch die extrem schnell generierbaren Rechtecke darstellbar.

Automatische Bemaßung. Durch Eingabe einer bestimmten Länge wird die Liniengröße automatisch korrigiert, wobei alle angrenzenden Linien mitgezogen werden. Dadurch ist es möglich, eine Skizze auf dem Bildschirm anzufertigen, die später von GICO 1010 in die richtige Größe umgewandelt wird.

Spezielle Anwendungen. Durch die strenge GICO 1010 Modularität wurden spezielle, industrielle Anwendungen aus dem Bereich der Prozeßsteuerung und graphischen Meßdatendarstellung mehrfach realisiert.

Man kann mit allem verfügbaren GICO 1010-Komfort beliebige Bilder und Symbole interaktiv erstellen und auf eine Floppy-Disk abspeichern oder in EPROM einbrennen. Anschließend werden alle graphischen Funktionen anstatt mit den Dialoggeräten direkt mit Prozeßdaten gesteuert. Durch Verwendung der verfügbaren A/D-Wandlerkarte (16 Kanäle, 12 Bit, 32 mikrosek.) ist auch eine Analogwerteingabe problemlos möglich.

Die zu diesem Verwendungszweck notwendige Schnittstellenbeschreibung des graphischen Basissystems ist verfügbar.

Beispiele:

Für einen Druckgießmaschinen-Hersteller wurde die graphische Darstellung von Ausbreitungsgeschwindigkeit und vom Druckverlauf des aus Aluminium- und Kupferlegierungen bestehenden Metalls während des Fertigungsprozesses entwickelt.

Die mit GICO 1010 erstellten Symbole werden über eine Schnittstelle in den Echtzeit-Symbolgenerator übertragen und von Piloten unter simulierten Flugbedingungen in einem Closed-Loop-Simulator getestet. Vorteil: Alle Symbole sind bereits während der Generierung sichtbar.

7.3.3 Technische Daten

Rechner:	1 MC 6809 (Motorola), 64 kByte Arbeitsspeicher (Option 128 kByte), 3 Timer, 2 Serielle Schnittstellen, 2 Parallele Schnittstellen, 1 DMA Controller, 2 Floppy-Disk Laufwerke zu je 320 kByte 1 EF 9365 Graphikprozessor (Thomson CSF), 1,5 Mio. Bildpunkte pro Sek., 192 kByte Bildspeicher organisiert in 3 Farbebenen zu je 2 Seiten (insgesamt 2 x 8 Mischfarben), Erweiterung bis zu 256 Mischfarben möglich, RGD + SYNC Ausgangssignal, CCIR kompatibel,
Betriebs-software:	Betriebssystem FLEX09, Assembler, Debug, Textverarbeitungsprogramm (PASCAL, FORTRAN 77 und BASIC verfügbar),
Graphic Keyboard:	Joystick mit ausschlaggesteuerter Geschwindigkeit, 48 Funktionstasten, akustische Warnung nach Fehlbedingung,
Dialogbild-bildschirm:	14 Zoll, 24 Zeilen zu je 80 Zeichen, 2 Helligkeitsstufen,
Eingabetastatur:	erweiterte ASR-Tastatur mit Groß- und Kleinschreibung,
Farbgraphik-Bildschirm	In-line, 0,31 mm, 75 Ohm oder high, Fläche 250 x 190 mm, lange Nachleuchtdauer,
Drucker:	kompakte Bauweise, 120 Zeichen pro Sek., hohe Druckqualität, graphische Symbole, voll graphikfähig,
Plotter:	HP 7475A (Standard), DIN A3, 0,025 mm Auflösung, 38 Geschwindigkeitsstufen, Zollskalierung, viel Intelligenz. Ein anderer Plotter kann auf Wunsch angeschlossen werden.

Anhang

6809 STACKING ORDER

INCREASING MEMORY ↓

PULL ORDER
↓
CC
A
B
DP
X Hi
X Lo
Y Hi
Y Lo
U/S Hi
U/S Lo
PC Hi
PC Lo
↑
PUSH ORDER

6809 VECTORS

FFFE	Restart
FFFC	NMI
FFFA	SWI
FFF8	IRQ
FFF6	FIRQ
FFF4	SWI2
FFF2	SWI3
FFF0	Reserved

Simple Conditional Branches

Condition	*Complement*
BEQ	BNE
BMI	BPL
BCS	BCC
BVS	BVC

Signed Conditional Branches

Condition	*Complement*
BGT	BLE
BGE	BLT
BEQ	BNE
BLE	BGT
BLT	BGE

Unsigned Conditional Branches

Condition	*Complement*
BHI	BLS
BHS	BLO
BEQ	BNE
BLS	BHI
BLO	BHS

HEXADECIMAL AND DECIMAL CONVERSION

HOW TO USE THE TABLES

CONVERSION TO DECIMAL Find the decimal weights for corresponding hexadecimal characters beginning with the least significant character. The sum of the decimal weight is the decimal value of the hexadecimal number.

CONVERSION TO HEXADECIMAL Find the highest decimal value in the table which is lower than or equal to the decimal number to be converted. The corresponding hexadecimal character is the most significant character. Subtract the decimal value found from the decimal number to be converted. With the difference, repeat the process to find subsequent hexadecimal characters.

HEXADECIMAL AND DECIMAL CONVERSION							
15 BYTE 8				7 BYTE 0			
15 CHAR 12		11 CHAR 8		7 CHAR 4		3 CHAR 0	
HEX	DEC	HEX	DEC	HEX	DEC	HEX	DEC
0	0	0	0	0	0	0	0
1	4 096	1	256	1	16	1	1
2	8 192	2	512	2	32	2	2
3	12 288	3	768	3	48	3	3
4	16 384	4	1 024	4	64	4	4
5	20 480	5	1 280	5	80	5	5
6	24 576	6	1 536	6	96	6	6
7	28 672	7	1 792	7	112	7	7
8	32 768	8	2 048	8	128	8	8
9	36 864	9	2 304	9	144	9	9
A	40 960	A	2 560	A	160	A	10
B	45 056	B	2 816	B	176	B	11
C	49 152	C	3 072	C	192	C	12
D	53 248	D	3 328	D	208	D	13
E	57 344	E	3 584	E	224	E	14
F	61 440	F	3 840	F	240	F	15

POWERS OF TWO	
2^n	n
1	0
2	1
4	2
8	3
16	4
32	5
64	6
128	7
256	8
512	9
1 024	10
2 048	11
4 096	12
8 192	13
16 384	14
32 768	15
65 536	16
131 072	17
262 144	18
524 288	19
1 048 576	20

ASCII CHARACTER SET (7 BIT CODE)								
MS CHAR / LS CHAR	0 000	1 001	2 010	3 011	4 100	5 101	6 110	7 111
0 0000	NUL	DLE	SP	0	@	P	\`	p
1 0001	SOH	DC1	!	1	A	Q	a	q
2 0010	STX	DC2		2	B	R	b	r
3 0011	ETC	DC3	#	3	C	S	c	s
4 0100	EOT	DC4	$	4	D	T	d	t
5 0101	ENO	NAK	%	5	E	U	e	u
6 0110	ACK	SYN	&	6	F	V	f	v
7 0111	BEL	ETB		7	G	W	g	w
8 1000	B6	CAN	(	8	H	X	h	x
9 1001	HT	EM	)	9	I	Y	i	y
A 1010	LF	SUB	*		J	Z	j	z
B 1011	VT	ESC	+		K	[	k	
C 1100	FF	FS			L	\	l	|
D 1101	CR	GS			M	]	m	
E 1110	SO	RS	.		N	^	n	
F 1111	SI	VS	/	?	O	_	o	DEL

INDEXED ADDRESSING POST BYTE REGISTER BIT ASSIGNMENTS

POST-BYTE REGISTER BIT								INDEXED ADDRESSING MODE
7	6	5	4	3	2	1	0	
0	X	X	X	X	X	X	X	EA = ,R ± 4 BIT OFFSET
1	X	X	0	0	0	0	0	,R+
1	X	X	X	0	0	0	1	,R++
1	X	X	0	0	0	1	0	,−R
1	X	X	X	0	0	1	1	,−−R
1	X	X	X	0	1	0	0	EA = ,R ± 0 OFFSET
1	X	X	X	0	1	0	1	EA = ,R ± ACCB OFFSET
1	X	X	X	0	1	1	0	EA = ,R ± ACCA OFFSET
1	X	X	X	1	0	0	0	EA = ,R ± 7 BIT OFFSET
1	X	X	X	1	0	0	1	EA = ,R ± 15 BIT OFFSET
1	X	X	X	1	0	1	1	EA = ,R ± D OFFSET)
1	X	X	X	1	1	0	0	EA = ,PC ± 7 BIT OFFSET
1	X	X	X	1	1	0	1	EA = ,PC ± 15 BIT OFFSET
1	X	X	1	1	1	1	1	EA = ,ADDRESS

ADDRESSING MODE FIELD

I FIELD
FOR B7 = 1: INDIRECT
FOR B7 = 0: SIGN BIT

REGISTER FIELD
00:R = X
01:R = Y
10:R = U
11:R = S

PUSH/PULL POST BYTE

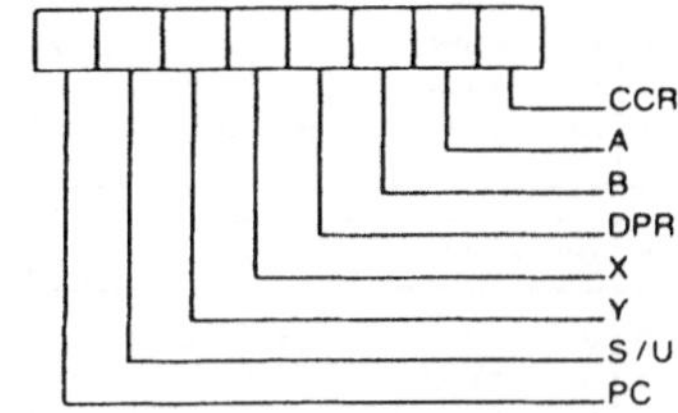

TRANSFER/EXCHANGE POST BYTE

SOURCE	DESTINATION

REGISTER FIELD

0000 = D (A B)	1000 = A
0001 = X	1001 = B
0010 = Y	1010 = CCR
0011 = U	1011 = DPR
0100 = S	
0101 = PC	

OP	MNEM	MODE	~	#
00	NEG	DIRECT	6	2
03	COM		6	2
04	LSR		6	2
06	ROR		6	2
07	ASR		6	2
08	ASL/LSL		6	2
09	ROL		6	2
0A	DEC		6	2
0C	INC		6	2
0D	TST		6	2
0E	JMP		3	2
0F	CLR	DIRECT	6	2
12	NOP	INHERENT	2	1
13	SYNC	INHERENT	2	1
16	LBRA	RELATIVE	5	3
17	LBSR	RELATIVE	9	3
19	DAA	INHERENT	2	1
1A	ORCC	IMMED	3	2

OP	MNEM	MODE	~	#
1C	ANDCC	IMMED	3	2
1D	SEX	INHERENT	2	1
1E	EXG		8	2
1F	TFR	INHERENT	7	2
20	BRA	RELATIVE	3	2
21	BRN		3	2
22	BHI		3	2
23	BLS		3	2
24	BHS/BCC		3	2
25	BLO/BCS		3	2
26	BNE		3	2
27	BEQ		3	2
28	BVC		3	2
29	BVS		3	2
2A	BPL		3	2
2B	BMI		3	2
2C	BGE		3	2
2D	BLT	RELATIVE	3	2

OP	MNEM	MODE	~	#
2E	BGT	RELATIVE	3	2
2F	BLE	RELATIVE	3	2
30	LEAX	INDEXED	4	2
31	LEAY		4	2
32	LEAS		4	2
33	LEAU	INDEXED	4	2
34	PSHS	INHERENT	5	2
35	PULS		5	2
36	PSHU		5	2
37	PULU		5	2
39	RTS		5	1
3A	ABX		3	1
3B	RTI		6/15	1
3C	CWAI		21	2
3D	MUL		11	1
3F	SWI		19	1
40	NEGA		2	1
43	COMA	INHERENT	2	1

OP	MNEM	MODE	~	#
44	LSRA	INHERENT	2	1
46	RORA		2	1
47	ASRA		2	1
48	ASLA/LSLA		2	1
49	ROLA		2	1
4A	DECA		2	1
4C	INCA		2	1
4D	TSTA		2	1
4F	CLRA		2	1
50	NEGB		2	1
53	COMB		2	1
54	LSRB		2	1
56	RORB		2	1
57	ASRA		2	1
58	ASLB/LSLB		2	1
59	ROLB		2	1
5A	DECB		2	1
5C	INCB	INHERENT	2	1

OP	MNEM	MODE	~	#
5D	TSTB	INHERENT	2	1
5F	CLRB	INHERENT	2	1
60	NEG	INDEXED	6	2
63	COM		6	2
64	LSR		6	2
66	ROR		6	2
67	ASR		6	2
68	ASL/LSL		6	2
69	ROL		6	2
6A	DEC		6	2
6C	INC		6	2
6D	TST		6	2
6E	JMP		3	2
6F	CLR	INDEXED	6	2
70	NEG	EXTENDED	7	3
73	COM		7	3
74	LSR		7	3
76	ROR	EXTENDED	7	3

OP	MNEM	MODE	~	#
77	ASR	EXTENDED	7	3
78	ASL/LSL		7	3
79	ROL		7	3
7A	DEC		7	3
7C	INC		7	3
7D	TST		7	3
7E	JMP		4	3
7F	CLR	EXTENDED	7	3
80	SUBA	IMMED	2	2
81	CMPA		2	2
82	SBCA		2	2
83	SUBD		4	3
84	ANDA		2	2
85	BITA		2	2
86	LDA		2	2
88	EORA		2	2
89	ADCA		2	2
8A	ORA	IMMED	2	2

OP	MNEM	MODE	~	#
8B	ADDA	IMMED	2	2
8C	CMPX	IMMED	4	3
8D	BSR	RELATIVE	7	2
8E	LDX	IMMED	3	3
90	SUBA	DIRECT	4	2
91	CMPA		4	2
92	SBCA		4	2
93	SUBD		6	2
94	ANDA		4	2
95	BITA		4	2
96	LDA		4	2
97	STA		4	2
98	EORA		4	2
99	ADCA		4	2
9A	ORA		4	2
9B	ADDA		4	2
9C	CMPX		6	2
9D	JSR	DIRECT	7	2

OP	MNEM	MODE	~	#
9E	LDX	DIRECT	5	2
9F	STX	DIRECT	5	2
A0	SUBA	INDEXED	4	2
A1	CMPA		4	2
A2	SBCA		4	2
A3	SUBD		6	2
A4	ANDA		4	2
A5	BITA		4	2
A6	LDA		4	2
A7	STA		4	2
A8	EORA		4	2
A9	ADCA		4	2
AA	ORA		4	2
AB	ADDA		4	2
AC	CMPX		6	2
AD	JSR		7	2
AE	LDX		5	2
AF	STX	INDEXED	5	2

OP	MNEM	MODE	~	#
B0	SUBA	EXTENDED	5	3
B1	CMPA		5	3
B2	SBCA		5	3
B3	SUBD		7	3
B4	ANDA		5	3
B5	BITA		5	3
B6	LDA		5	3
B7	STA		5	3
B8	EORA		5	3
B9	ADCA		5	3
BA	ORA		5	3
BB	ADDA		5	3
BC	CMPX		7	3
BD	JSR		8	3
BE	LDX		6	3
BF	STX	EXTENDED	6	3
C0	SUBB	IMMED	2	2
C1	CMPB	IMMED	2	2

OP	MNEM	MODE	~	#
C2	SBCB	IMMED	2	2
C3	ADDD		4	3
C4	ANDB		2	2
C5	BITB		2	2
C6	LDB		2	2
C8	EORB		2	2
C9	ADCB		2	2
CA	ORB		2	2
CB	ADDB		2	2
CC	LDD		3	3
CE	LDU	IMMED	3	3
D0	SUBB	DIRECT	4	2
D1	CMPB		4	2
D2	SBCB		4	2
D3	ADDD		6	2
D4	ANDB		4	2
D5	BITB		4	2
D6	LDB	DIRECT	4	2

OP	MNEM	MODE	~	#
D7	STB	DIRECT	4	2
D8	EORB		4	2
D9	ADCB		4	2
DA	ORB		4	2
DB	ADDB		4	2
DC	LDD		5	2
DD	STD		5	2
DE	LDU		5	2
DF	STU	DIRECT	5	2
E0	SUBB	INDEXED	4	2
E1	CMPB		4	2
E2	SBCB		4	2
E3	ADDD		6	2
E4	ANDB		4	2
E5	BITB		4	2
E6	LDB		4	2
E7	STB		4	2
E8	EORB	INDEXED	4	2

OP	MNEM	MODE	~	#
E9	ADCB	INDEXED	4	2
EA	ORB		4	2
EB	ADDB		4	2
EC	LDD		5	2
ED	STD		5	2
EE	LDU		5	2
EF	STU	INDEXED	5	2
F0	SUBB	EXTENDED	5	3
F1	CMPB		5	3
F2	SBCB		5	3
F3	ADDD		7	3
F4	ANDB		5	3
F5	BITB		5	3
F6	LDB		5	3
F7	STB		5	3
F8	EORB		5	3
F9	ADCB		5	3
FA	ORB	EXTENDED	5	3

OP	MNEM	MODE	~	#
FB	ADDB	EXTENDED	5	3
FC	LDD		6	3
FD	STD		6	3
FE	LDU		6	3
FF	STU	EXTENDED	6	3
1021	LBRN	RELATIVE	5	4
1022	LBHI		5(6)	4
1023	LBLS		5(6)	4
1024	LBHS/LBCC		5(6)	4
1025	LBCS/LBLO		5(6)	4
1026	LBNE		5(6)	4
1027	LBEQ		5(6)	4
1028	LBVC		5(6)	4
1029	LBVS		5(6)	4
102A	LBPL		5(6)	4
102B	LBMI		5(6)	4
102C	LBGE		5(6)	4
102D	LBLT	RELATIVE	5(6)	4

OP	MNEM	MODE	~	#
102E	LBGT	RELATIVE	5(6)	4
102F	LBLE	RELATIVE	5(6)	4
103F	SWI/2	INHERENT	20	2
1083	CMPD	IMMED	5	4
108C	CMPY		5	4
108E	LDY	IMMED	4	4
1093	CMPD	DIRECT	7	3
109C	CMPY		7	3
109E	LDY		6	3
109F	STY	DIRECT	6	3
10A3	CMPD	INDEXED	7	3
10AC	CMPY		7	3
10AE	LDY		6	3
10AF	STY	INDEXED	6	3
10B3	CMPD	EXTENDED	8	4
10BC	CMPY		8	4
10BE	LDY		7	4
10BF	STY	EXTENDED	7	4

OP	MNEM	MODE	~	#
10CE	LDS	IMMED	4	4
10DE	LDS	DIRECT	6	3
10DF	STS	DIRECT	6	3
10EE	LDS	INDEXED	6	3
10EF	STS	INDEXED	6	3
10FE	LDS	EXTENDED	7	4
10FF	STS	EXTENDED	7	4
113F	SWI/3	INHERENT	20	2
1183	CMPU	IMMED	5	4
118C	CMPS	IMMED	5	4
1193	CMPU	DIRECT	7	3
119C	CMPS	DIRECT	7	3
11A3	CMPU	INDEXED	7	3
11AC	CMPS	INDEXED	7	3
11B3	CMPU	EXTENDED	8	4
11BC	CMPS	EXTENDED	8	4

INSTRUCTION/	FORMS	INHERENT OP	~	#	DIRECT OP	~	#	EXTENDED OP	~	#	IMMEDIATE OP	~	#	INDEXED[1] OP	~	#	RELATIVE OP	~[5]	#	DESCRIPTION	5 H	3 N	2 Z	1 V	0 C
ABX		3A	3	1																B + X → X (UNSIGNED)	•	•	•	•	•
ADC	ADCA				99	4	2	B9	5	3	89	2	2	A9	4+	2+				A + M + C → A	↕	↕	↕	↕	↕
	ADCB				D9	4	2	F9	5	3	C9	2	2	E9	4+	2+				B + M + C → B	↕	↕	↕	↕	↕
ADD	ADDA				9B	4	2	BB	5	3	8B	2	2	AB	4+	2+				A + M → A	↕	↕	↕	↕	↕
	ADDB				DB	4	2	FB	5	3	CB	2	2	EB	4+	2+				B + M → B	↕	↕	↕	↕	↕
	ADDD				D3	6	2	F3	7	3	C3	4	3	E3	6+	2+				D + M:M + 1 → D	↕	↕	↕	↕	↕
AND	ANDA				94	4	2	B4	5	3	84	2	2	A4	4+	2+				A ∧ M → A	•	↕	↕	0	•
	ANDB				D4	4	2	F4	5	3	C4	2	2	E4	4+	2+				B ∧ M → B	•	↕	↕	0	•
	ANDCC										1C	3	2							CC ∧ IMM → CC					1
ASL	ASLA	48	2	1																A }	8	↕	↕	↕	↕
	ASLB	58	2	1																B } ▯ ← ▯▯▯▯▯▯▯▯ ← 0	8	↕	↕	↕	↕
	ASL				08	6	2	78	7	3				68	6+	2+				M } c b₇ b₀	8	↕	↕	↕	↕
ASR	ASRA	47	2	1																A }	8	↕	↕	•	↕
	ASR	57	2	1																B } ▯▯▯▯▯▯▯▯ → ▯	8	↕	↕	•	↕
	ASR				07	6	2	77	7	3				67	6+	2+				M } b₇ b₀ c	8	↕	↕	•	↕
BCC	BCC																24	3	2	Branch C = 0	•	•	•	•	•
	LBCC																10 24	5(6)	4	Long Branch C = 0	•	•	•	•	•
BCS	BCS																25	3	2	Branch C = 1	•	•	•	•	•
	LBCS																10 25	5(6)	4	Long Branch C = 1	•	•	•	•	•
BEQ	BEQ																27	3	2	Branch Z = 0	•	•	•	•	•
	LBEQ																10 27	5(6)	4	Long Branch Z = 0	•	•	•	•	•
BGE	BGE																2C	3	2	Branch ≥ Zero	•	•	•	•	•
	LBGE																10 2C	5(6)	4	Long Branch ≥ Zero	•	•	•	•	•
BGT	BGT																2E	3	2	Branch > Zero	•	•	•	•	•
	LBGT																10 2E	5(6)	4	Long Branch > Zero	•	•	•	•	•
BHI	BHI																22	3	2	Branch Higher	•	•	•	•	•
	LBHI																10 22	5(6)	4	Long Branch Higher	•	•	•	•	•
BHS	BHS																24	3	2	Branch Higher or Same	•	•	•	•	•
	LBHS																10 24	5(6)	4	Long Branch Higher or Same	•	•	•	•	•
BIT	BITA				95	4	2	B5	5	3	85	2	2	A5	4+	2+				Bit Test A (M ∧ A)	•	↕	↕	0	•
	BITB				D5	4	2	F5	5	3	C5	2	2	E5	4+	2+				Bit Test B (M ∧ B)	•	↕	↕	0	•
BLE	BLE																2F	3	2	Branch ≤ Zero	•	•	•	•	•
	LBLE																10 2F	5(6)	4	Long Branch ≤ Zero	•	•	•	•	•

INSTRUCTION/	FORMS	INHERENT			DIRECT			EXTENDED			IMMEDIATE			INDEXED[1]			RELATIVE			DESCRIPTION	5	3	2	1	0
		OP	~	#	OP	~	#	OP	~	#	OP	~	#	OP	~	#	OP	~[5]	#		H	N	Z	V	C
BLO	BLO																25	3	2	Branch Lower	•	•	•	•	•
	LBLO																10 25	5(6)	4	Long Branch Lower	•	•	•	•	•
BLS	BLS																23	3	2	Branch Lower or Same	•	•	•	•	•
	LBLS																10 23	5(6)	4	Long Branch Lower or Same	•	•	•	•	•
BLT	BLT																2D	3	2	Branch · Zero	•	•	•	•	•
	LBLT																10 2D	5(6)	4	Long Branch · Zero	•	•	•	•	•
BMI	BMI																2B	3	2	Branch Minus	•	•	•	•	•
	LBMI																10 2B	5(6)	4	Long Branch Minus	•	•	•	•	•
BNE	BNE																26	3	2	Branch Z ≠ 0	•	•	•	•	•
	LBNE																10 26	5(6)	4	Long Branch Z ≠ 0	•	•	•	•	•
BPL	BPL																2A	3	2	Branch Plus	•	•	•	•	•
	LBPL																10 2A	5(6)	4	Long Branch Plus	•	•	•	•	•
BRA	BRA																20	3	2	Branch Always	•	•	•	•	•
	LBRA																16	5	3	Long Branch Always	•	•	•	•	•
BRN	BRN																21	3	2	Branch Never	•	•	•	•	•
	LBRN																10 21	5	4	Long Branch Never	•	•	•	•	•
BSR	BSR																8D	7	2	Branch to Subroutine	•	•	•	•	•
	LBSR																17	9	3	Long Branch to Subroutine	•	•	•	•	•
BVC	BVC																28	3	2	Branch V 0	•	•	•	•	•
	LBVC																10 28	5(6)	4	Long Branch V 0	•	•	•	•	•
BVS	BVS																29	3	2	Branch V - 1	•	•	•	•	•
	LBVS																10 29	5(6)	4	Long Branch V = 1	•	•	•	•	•
CLR	CLRA	4F	2	1																0 · A	•	0	1	0	0
	CLRB	5F	2	1																0 · B	•	0	1	0	0
	CLR				0F	6	2	7F	7	3				6F	6 +	2 +				0 · M	•	0	1	0	0
CMP	CMPA				91	4	2	B1	5	3	81	2	2	A1	4 +	2 +				Compare M from A	8	↕	↕	↕	↕
	CMPB				D1	4	2	F1	5	3	C1	2	2	E1	4 +	2 +				Compare M from B	8	↕	↕	↕	↕
	CMPD				10 93	7	3	10 B3	8	4	10 83	5	4	10 A3	7 +	3 +				Compare M: M + 1 from D	•	↕	↕	↕	↕
	CMPS				11 9C	7	3	11 BC	8	4	11 8C	5	4	11 AC	7 +	3 +				Compare M: M + 1 from S	•	↕	↕	↕	↕
	CMPU				11 93	7	3	11 B3	8	4	11 83	5	4	11 A3	7 +	3 +				Compare M: M + 1 from U	•	↕	↕	↕	↕
	CMPX				9C	6	2	BC	7	3	8C	4	3	AC	6 +	2 +				Compare M: M + 1 from X	•	↕	↕	↕	↕
	CMPY				10 9C	7	3	10 BC	8	4	10 8C	5	4	10 AC	7 +	3 +				Compare M: M + 1 from Y	•	↕	↕	↕	↕

INSTRUCTION/	FORMS	INHERENT OP	~	#	DIRECT OP	~	#	EXTENDED OP	~	#	IMMEDIATE OP	~	#	INDEXED[1] OP	~	#	RELATIVE OP	~[5]	#	DESCRIPTION	5 H	3 N	2 Z	1 V	0 C
COM	COMA	43	2	1																$\bar{A} \rightarrow A$	•	↕	↕	0	1
	COMB	53	2	1																$\bar{B} \rightarrow B$	•	↕	↕	0	1
	COM				03	6	2	73	7	3				63	6+	2+				$\bar{M} \rightarrow M$	•	↕	↕	0	1
CWAI		3C	20	2																CC ∧ IMM → CC, Wait for Interrupt					1
DAA		19	2	1																Decimal Adjust A	•	↕	↕	0	↕
DEC	DECA	4A	2	1																A − 1 → A	•	↕	↕	↕	•
	DECB	5A	2	1																B − 1 → B	•	↕	↕	↕	•
	DEC				0A	6	2	7A	7	3				6A	6+	2+				M − 1 → M	•	↕	↕	↕	•
EOR	EORA				98	4	2	B8	5	3	88	2	2	A8	4+	2+				A ⊻ M → A	•	↕	↕	0	•
	EORB				D8	4	2	F8	5	3	C8	2	2	E8	4+	2+				B ⊻ M → B	•	↕	↕	0	•
EXG	R1, R2	1E	7	2																R1 ↔ R2[2]	•	•	•	•	•
INC	INCA	4C	2	1																A + 1 → A	•	↕	↕	↕	•
	INCB	5C	2	1																B + 1 → B	•	↕	↕	↕	•
	INC				0C	6	2	7C	7	3				6C	6+	2+				M + 1 → M	•	↕	↕	↕	•
JMP					0E	3	2	7E	4	3				6E	3+	2+				EA[3] → PC	•	•	•	•	•
JSR					9D	7	2	BD	8	3				AD	7+	2+				Jump to Subroutine	•	•	•	•	•
LD	LDA				96	4	2	B6	5	3	86	2	2	A6	4+	2+				M → A	•	↕	↕	0	•
	LDB				D6	4	2	F6	5	3	C6	2	2	E6	4+	2+				M → B	•	↕	↕	0	•
	LDD				DC	5	2	FC	6	3	CC	3	3	EC	5+	2+				M:M + 1 → D	•	↕	↕	0	•
	LDS				10 DE	6	3	10 FE	7	4	10 CE	4	4	10 EE	6+	3+				M:M + 1 → S	•	↕	↕	0	•
	LDU				DE	5	2	FE	6	3	CE	3	3	EE	5+	2+				M:M + 1 → U	•	↕	↕	0	•
	LDX				9E	5	2	BE	6	3	8E	3	3	AE	5+	2+				M:M + 1 → X	•	↕	↕	0	•
	LDY				10 9E	6	3	10 BE	7	4	10 8E	4	4	10 AE	6+	3+				M:M + 1 → Y	•	↕	↕	0	•
LEA	LEAS													32	4+	2+				EA[3] → S	•	•	•	•	•
	LEAU													33	4+	2+				EA[3] → U	•	•	•	•	•
	LEAX													30	4+	2+				EA[3] → X	•	•	↕	•	•
	LEAY													31	4+	2+				EA[3] → Y	•	•	↕	•	•
LSL	LSLA	48	2	1																A } C ← b_7 … b_0 ← 0	•	↕	↕	↕	↕
	LSLB	58	2	1																B }	•	↕	↕	↕	↕
	LSL				08	6	2	78	7	3				68	6+	2+				M }	•	↕	↕	↕	↕
LSR	LSRA	44	2	1																A } 0 → b_7 … b_0 → C	•	0	↕	•	↕
	LSRB	54	2	1																B }	•	0	↕	•	↕
	LSR				04	6	2	74	7	3				64	6+	2+				M }	•	0	↕	•	↕
MUL		3D	11	1																A × B → D (Unsigned)	•	•	↕	•	9
NEG	NEGA	40	2	1																$\bar{A} + 1 \rightarrow A$	8	↕	↕	↕	↕
	NEGB	50	2	1																$\bar{B} + 1 \rightarrow B$	8	↕	↕	↕	↕
	NEG				00	6	2	70	7	3				60	6+	2+				$\bar{M} + 1 \rightarrow M$	8	↕	↕	↕	↕
NOP		12	2	1																No Operation	•	•	•	•	•
OR	ORA				9A	4	2	BA	5	3	8A	2	2	AA	4+	2+				A ∨ M → A	•	↕	↕	0	•
	ORB				DA	4	2	FA	5	3	CA	2	2	EA	4+	2+				B ∨ M → B	•	↕	↕	0	•
	ORCC										1A	3	2							CC ∨ IMM → CC					7
PSH	PSHS	34	5+[4]	2																Push Registers on S Stack	•	•	•	•	•
	PSHU	36	5+[4]	2																Push Registers on U Stack	•	•	•	•	•

INSTRUCTION/		INHERENT			DIRECT			EXTENDED			IMMEDIATE			INDEXED[1]			RELATIVE				5	3	2	1	0
	FORMS	OP	~	#	OP	~	#	OP	~	#	OP	~	#	OP	~	#	OP	~[3]	#	DESCRIPTION	H	N	Z	V	C
PUL	PULS	35	5+[4]	2																Pull Registers from S Stack	•	•	•	•	•
	PULU	37	5+[4]	2																Pull Registers from U Stack	•	•	•	•	•
ROL	ROLA	49	2	1																A	•	↕	↕	↕	↕
	ROLB	59	2	1																B	•	↕	↕	↕	↕
	ROL				09	6	2	79	7	3				69	6+	2+				M c b_7 ← b_0	•	↕	↕	↕	↕
ROR	RORA	46	2	1																A	•	↕	↕	•	↕
	RORB	56	2	1																B	•	↕	↕	•	↕
	ROR				06	6	2	76	7	3				66	6+	2+				M c b_7 → b_0	•	↕	↕	•	↕
RTI		3B	6/15	1																Return From Interrupt					7
RTS		39	5	1																Return From Subroutine	•	•	•	•	•
SBC	SBCA				92	4	2	B2	5	3	82	2	2	A2	4+	2+				A − M − C → A	8	↕	↕	↕	↕
	SBCB				D2	4	2	F2	5	3	C2	2	2	E2	4+	2+				B − M − C → B	8	↕	↕	↕	↕
SEX		1D	2	1																Sign Extend B into A	•	↕	↕	0	•
ST	STA				97	4	2	B7	5	3				A7	4+	2+				A → M	•	↕	↕	0	•
	STB				D7	4	2	F7	5	3				E7	4+	2+				B → M	•	↕	↕	0	•
	STD				DD	5	2	FD	6	3				ED	5+	2+				D → M: M + 1	•	↕	↕	0	•
	STS				10 DF	6	3	10 FF	7	4				10 EF	6+	3+				S → M: M + 1	•	↕	↕	0	•
	STU				DF	5	2	FF	6	3				EF	5+	2+				U → M: M + 1	•	↕	↕	0	•
	STX				9F	5	2	BF	6	3				AF	5+	2+				X → M: M + 1	•	↕	↕	0	•
	STY				10 9F	6	3	10 BF	7	4				10 AF	6+	3+				Y → M: M + 1	•	↕	↕	0	•
SUB	SUBA				90	4	2	B0	5	3	80	2	2	A0	4+	2+				A − M → A	8	↕	↕	↕	↕
	SUBB				D0	4	2	F0	5	3	C0	2	2	E0	4+	2+				B − M → B	8	↕	↕	↕	↕
	SUBD				93	6	2	B3	7	3	83	4	3	A3	6+	2+				D − M: M + 1 → D	•	↕	↕	↕	↕
SWI	SWI[6]	3F	19	1																Software Interrupt 1	•	•	•	•	•
	SWI2[6]	10 3F	20	2																Software Interrupt 2	•	•	•	•	•
	SWI3[6]	11 3F	20	2																Software Interrupt 3	•	•	•	•	•
SYNC		13	≥2	1																Synchronize to Interrupt	•	•	•	•	•
TFR	R1, R2	1F	7	2																R1 → R2[2]	•	•	•	•	•
TST	TSTA	4D	2	1																Test A	•	↕	↕	0	•
	TSTB	5D	2	1																Test B	•	↕	↕	0	•
	TST				0D	6	2	7D	7	3				6D	6+	2+				Test M	•	↕	↕	0	•

INDEXED ADDRESSING MODES

TYPE	FORMS	NON INDIRECT Assembler Form	Post-Byte OP Code	+	+ #	INDIRECT Assembler Form	Post-Byte OP Code	+	+ #
CONSTANT OFFSET FROM R	NO OFFSET	, R	1RR00100	0	0	[, R]	1RR10100	3	0
	5 BIT OFFSET	n, R	0RRnnnnn	1	0	defaults to 8-bit			
	8 BIT OFFSET	n, R	1RR01000	1	1	[n, R]	1RR11000	4	1
	16 BIT OFFSET	n, R	1RR01001	4	2	[n, R]	1RR11001	7	2
ACCUMULATOR OFFSET FROM R	A—REGISTER OFFSET	A, R	1RR00110	1	0	[A, R]	1RR10110	4	0
	B—REGISTER OFFSET	B, R	1RR00101	1	0	[B, R]	1RR10101	4	0
	D—REGISTER OFFSET	D, R	1RR01011	4	0	[D, R]	1RR11011	7	0
AUTO INCREMENT/DECREMENT R	INCREMENT BY 1	, R+	1RR00000	2	0	not allowed			
	INCREMENT BY 2	, R++	1RR00001	3	0	[, R++]	1RR10001	6	0
	DECREMENT BY 1	, -R	1RR00010	2	0	not allowed			
	DECREMENT BY 2	, --R	1RR00011	3	0	[, --R]	1RR10011	6	0
CONSTANT OFFSET FROM PC	8 BIT OFFSET	n, PCR	1XX01100	1	1	[n, PCR]	1XX11100	4	1
	16 BIT OFFSET	n, PCR	1XX01101	5	2	[n, PCR]	1XX11101	8	2
EXTENDED INDIRECT	16 BIT ADDRESS	—	—	-	-	[n]	10011111	5	2

R = X, Y, U, or S
X = DON'T CARE

NOTES:

1. Given in the table are the base cycles and byte counts. To determine the total cycles and byte counts add the values from the '6809 indexing modes' table.
2. R1 and R2 may be any pair of 8 bit or any pair of 16 bit registers.
   The 8 bit registers are: A, B, CC, DP
   The 16 bit registers are: X, Y, U, S, D, PC
3. EA is the effective address.
4. The PSH and PUL instructions require 5 cycles plus 1 cycle for each *byte* pushed or pulled.
5. 5(6) means: 5 cycles if branch not taken, 6 cycles if taken.
6. SW1 sets I&F bits. SW12 and SW13 do not affect I&F.
7. Conditions Codes set as a direct result of the instruction.
8. Value of half-carry flag is undefined.
9. Special Case—Carry set if b7 is SET

LEGEND:

OP	Operation Code (Hexadecimal),	Z	Zero (byte)
	Number of MPU Cycles,	V	Overflow, 2's complement
#	Number of Program Bytes,	C	Carry from bit 7
+	Arithmetic Plus,	↕	Test and set if true, cleared otherwise
-	Arithmetic Minus,	•	Not Affected
·	Multiply	CC	Condition Code Register
$\bar{M}$	Complement of M,	:	Concatenation
→	Transfer Into,	ˬ	Logical or
H	Half-carry from bit 3,	˄	Logical and
N	Negative (sign bit)	⊻	Logical Exclusive or

Sachwortverzeichnis

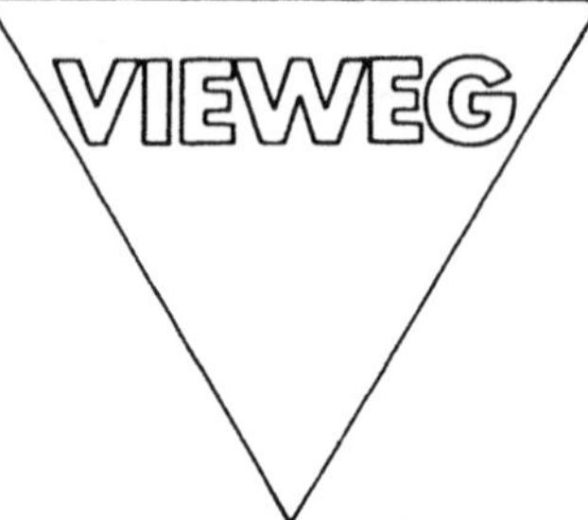

Harald Schumny

Mikroprozessoren 6502, 6800, 8080, Z80, 9900

Grundlagen – Programmierung – Vergleiche – Übungen

1983. VII, 240 S. 16,8 X 24 cm. Kart.

Das Buch „Mikroprozessoren" von Harald Schumny weist einige Besonderheiten auf:

1. Im Lehrteil werden in kompakter Form einige wesentliche Grundlagen der digitalen Datenverarbeitung dargestellt
2. Anhand des einfachen Modell-Mikrocomputers wird eine Einführung in die Mikro-Datenverarbeitung gegeben
3. Vier konkrete, weitverbreitete Lerncomputer mit den Prozessoren 6502, Z80 und 9900 werden, aufbauend auf der Modellcomputer-Beschreibung, in Betrieb genommen, wobei Verschiedenheit und Spezialitäten herauskommen
4. Im Arbeitsteil sind zwei Lerncomputer mit dem 8-Bit-μP 6502 einerseits und einem 16-Bit-μP 9900 andererseits gegenübergestellt.

Damit kann das Buch in folgender Weise kurz beschrieben werden:

Teil 1 – Grundlagen lernen

Dies ist der Lehrteil mit Grundbegriffen, Zahlensystemen, Codierungen; mit der Beschreibung eines Modellrechners und der Inbetriebnahme von vier Lerncomputern; mit der Diskussion von Basisoperationen, der μC-Hardware und der Programmierung von Mikrocomputern.

Teil 2 – Am Mikrocomputer arbeiten

Dies ist der Arbeitsteil, in dem durch Programmieren im Maschinencode zweier wichtiger Mikroprozessoren der Stoff vertieft wird.

Das Hauptanliegen des Buches ist im Arbeitsteil verwirklicht, nämlich die Arbeitsweise von Mikroprozessoren im Detail zu verstehen und an konkreten Versionen mit Programmierübungen soviel Sicherheit zu vermitteln, daß

- einerseits das selbständige Weiterarbeiten mit den vorgestellten Prozessoren möglich wird,
- andererseits der Wechsel zu anderen Mikroprozessoren hiernach gelingen sollte.

Der Arbeitsteil ist in 6 Kapitel gegliedert. Besprochen, geübt und gegenübergestellt werden Transferbefehle (2.1), Status-, Initialisierungs- und Kontrollbefehle (2.2), Sprungbefehle (2.3), Logik- und Schiebebefehle (2.4) sowie Arithmetikbefehle (2.5). In Kapitel 2.6 sind alle Adressierungsarten zusammengefaßt.

In einem Anhang wurden ergänzende Angaben zusammengestellt, beispielsweise die Befehlssätze, Befehlsausführungszeiten und die Beeinflussung der Statusbits.